走向生活儒学

ZOUXIANG SHENGHUO RUXUE

黄玉顺 著

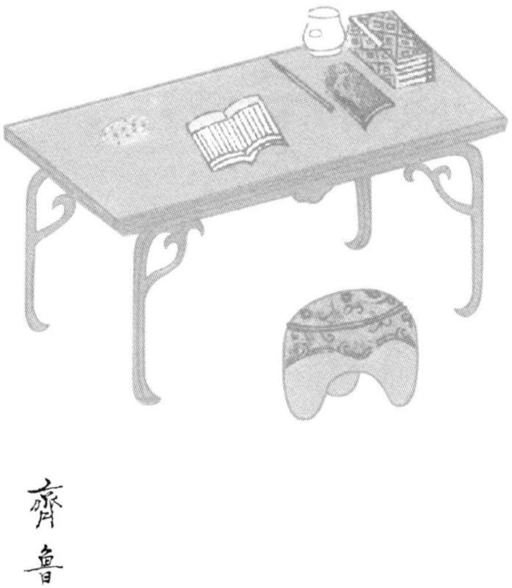

齊魯書社

泰山学者工程专项经费资助

序　言

本书是作者1998年至2004年间的学术论文的结集。之所以命名为"走向生活儒学"，是因为：这段时间正是作者酝酿"生活儒学"理论的时期（于2004年正式提出"生活儒学"）；这个时期发表的部分论文以及随后发表的一些论文，于2006年结集为《面向生活本身的儒学——黄玉顺"生活儒学"自选集》①出版；同年，生活儒学的代表性专著《爱与思——生活儒学的观念》②也正式出版。

所谓"生活儒学"，是作者创构的一种儒学理论，其宗旨是回答这样一个问题：如果承认，前现代的儒家形下学（如帝国时代皇权社会的伦理学及其政治哲学）及其为之奠基的形上学（如心性本体论）不能照搬到今天的现代性的生活方式中来，即必须重建儒家的形上学和形下学，那么，这在逻辑上就意味着：存在着某种观念，这种观念比形上学与形下学更为本源，然而这种观念又是儒学所固有的，不过后来被遮蔽和遗忘了。

因此，生活儒学在理论上的一个基本特征，就是突破两千年来传统哲学的那种"形上—形下"的观念架构，重新发现更加本源

---

① 黄玉顺：《面向生活本身的儒学——黄玉顺"生活儒学"自选集》，四川大学出版社2006版。

② 黄玉顺：《爱与思——生活儒学的观念》，四川大学出版社2006年版。

的观念层级，在这种本源上重建形上学、形下学，于是形成“本源—形上—形下”的三级观念系统。对于传统哲学来说，这是一种全新的视域：如果说，传统的形上学思考的是形而上的存在者，形下学思考的是形而下的存在者，它们都是存在者，而不是存在；那么，生活儒学揭示的则是存在，亦即生活。这正如老子所说：“天下万物生于有，有生于无。”（《老子·第四十章》）对应关系如下：

无—有—万物

存在—形而上者—形而下者

不过，对于儒家来说，作为“无”的“存在”或“生活”并不是指的道家之所谓“道”，而是儒家之“道”，即儒家所说的“仁爱”，亦即自然本真的情感。在儒家的观念中，仁爱情感乃是万事万物的大本大源，也是一切形而上者、形而下者的大本大源，所以也是一切形上学、形下学的大本大源。正是在这种本源上，儒家因应着生活方式的转换、社会形态的转型，不断地重建自己的形上学、形下学。

本书收录的文章并未达到生活儒学的这种思想视域，却是通往这种思想视域的准备，即本书书名所说的“走向生活儒学”。换言之，这些文章的观念仍属于传统哲学的那种“形上—形下”的观念系统。但是，对于生活儒学来说，这些观念并非毫无意义；相反，当生活儒学在生活本源上进一步重建形下学、形上学的时候，这些观念当中的若干资源都是可资利用的。因此，这些文章的结集出版是有必要的。

作者

2017年3月9日

目 录

第二编　西方哲学研究

第三编 中西哲学比较研究

第四编 马克思主义哲学研究

第五编　其他

第一编

中国哲学研究

生命结构与和合精神

——周易哲学论*

周易哲学的核心可归结为“阴阳”范畴，阴阳范畴的实质可概括为“生命的结构”。阴阳范畴的内容是一种生命忧患意识，阴阳范畴的形式是一种结构思维方法。作为生命结构的阴阳范畴，充分地体现了中国哲学的和合精神，因而周易生命结构哲学不仅具有中国的现实意义，而且具有世界的时代价值。

一

周易哲学可归约为阴阳问题，这大概是没有异议的。《庄子·天下》云：“易以道阴阳。”事实上，整个中国哲学在一定意义上也可以归约为阴阳问题。然而“易以道阴阳”需要说明，《易》并非从来就是讲阴阳的。阴阳范畴有个漫长的生成过程，分三阶段：(1)文字学阶段，“阴阳”二字并无哲学意义，与《易》亦无瓜葛。“阳”指向阳处，“阴”指背阳处。(2)自然哲学阶段，伯阳父首次以阴阳二气说明地震现象(《国语·周语上》)，此后不少思

---

* 原载《社会科学研究》1998 年第 1 期。

想家用阴阳范畴解释自然现实，甚至企图说明社会现象，但基本上仍属自然哲学范畴，即属自然“气”论，而且还未与《周易》发生关系。(3)“周易哲学”或者一般哲学阶段，其标志是《易传》的出现，认为阴阳范畴已经涵盖了“三才”(天道、地道、人道)。《易传》完成了阴阳范畴的生成，这就是说，“阴阳”这个语言形式获得了《周易》生命结构的哲学内容。“阴阳”从此成为中国哲学的基本思维模型。

阴阳范畴的内容，就是生命关怀，或曰生命忧患意识。《周易·系辞上传》一言以概之：“生生之谓易。”周易哲学就是生命哲学。《周易·系辞下传》云：“作《易》者其有忧患乎！”此即生命忧患意识。忧患的具体内容随时代而转变，但生命忧患本身是中国哲学永恒的主题。中国哲学乃是一种东方生命哲学。阴阳范畴之所以能成为中国哲学的核心范畴，正在于它契合了这种生命关怀。《易传》固然“广大悉备”，泛论天地人道，但其核心——阴阳范畴的原型，是男女交媾而孕育生命这个事实。《易传》中充满了性暗示——把男女交媾外推为天地交事，再抽象为阴阳交感，由此而化生万物，推衍万事。此即周易哲学阴阳范畴的逻辑诞生，《周易·系辞下传》一语括之：“男女构精，万物化生。”故李贽一语道破：“极而言之，天地一夫妇也。”(《焚书·夫妇论》)生命存在成为宇宙的本体，生命结构成为普遍的法则。此即中国哲学天人之际的实质。西方生命哲学将个体生命冲动本体化，而中国周易哲学则将人际生命交流本体化。中国哲学的形上本体“生命”不是一个实体，而是一个结构；不是一个外在于人的结构，而是人本身的生存结构。本质就在存在之中，形而上就在形而下之中。此即中国的生命本体论、生命形上学。所以，“天地之大德曰生”(《周易·系辞下传》)，“天地感而万物化生”(《周易·咸彖传》)。所以，

《周易》筮法凡阴阳交则吉，阴阳背则凶。阴阳和合，生命化育。

中国哲学的生命关怀，在三个层面上展开：

其一，民生与人生，或曰群体生命与个体生命。此即中国哲学的群己关系问题。儒家关怀群体生命，孔子主张“爱人”（《论语·颜渊》）、“务民之义”（《论语·雍也》）、“博施于民而能济众”（《论语·雍也》）。孟子的民本思想、对仁政及社会分工的探讨，荀子的王制思想和对“群”“分”的探讨，都是企图寻求一种群体生存的结构。“礼”便是群体生存的保障，君臣、父子等关系，无非阴阳结构。道家关注个体生命，老子研究“长生久视”（《老子·第五十九章》），庄子研究“保身”“全身”（《庄子·养生主》）；至于杨朱“贵生”“重己”以至于“一毛不拔”（《孟子·尽心上》），则把这种个体生命哲学推向了极端。儒、道都将《周易》奉为经典，儒道互补本质上是生命关怀的互补。

其二，生存与发展：或曰生命的维持与提升。群体的生存发展乃是近代以来中华民族的主题，也是当今世界的一大主题，其实也一直是中国哲学的主题。儒家关怀群体生命，讲集体的生存与发展。《论语·子路》载：“子适卫，冉有仆。子曰：‘庶矣哉！’冉有曰：‘既庶矣，又何加焉？’曰：‘富之。’曰：‘既富矣，又何加焉？’曰：‘教之。’”庶、富、教，这正是由求生存而求发展的阶梯。道家关注个体生命，讲个人的生存与发展：老子侧重生命的维持，庄子侧重生命的提升。

其三，肉体与心灵，或曰生命的存在与超越。此即中国哲学的身心关系问题。人总希求克服生命的有限，追求生命的无限。儒家诉诸群体，讲“三不朽”（立德、立功、立言）（《左传·襄公二十四年》）、“杀身成仁”（《论语·卫灵公》）、“舍生取义”（《孟子·告子上》），是将个体生命融入生生不息的群体生命之中。道家诉诸个体生命的形上依据“道”，就是诉诸“自然”这个大生命。老子偏重肉体存在，庄子偏重心灵超越。老子的“玄牝之门”“可以为天下母”“以顺众父”，几乎就是《周易》的原版。

二

阴阳范畴的形式方面，则是结构思维方法，可以从静态与动态两个维度上来把握。

静态的阴阳结构是一种“二元一体”关系模型。周易哲学讲“乾元”“坤元”，为二元本体。多元关系亦可以化约为二元。所谓“二元”，是讲阴阳双方的差异对立，其经典表述为“一分为二”，可界定为“同类异性”。男女是同类异性，乾坤、天地、阴阳也都是同类异性。非同类不相交，这是一个生命法则：“同声相应，同气相求”（《周易·乾文言》）；“风马牛，不相及”。非异性亦不相交，这又是一个生命法则：“二女同居，其志不同行”（《周易·睽象传》）；“和实生物，同则不继”（《国语·郑语》）。所谓“一体”，是讲阴阳双方的亲和统合，其经典表述为“合二而一”，可界定为“共存互补”。此即所谓“和”（孔子《论语·子路》）、所谓“交”（方以智《东西均·反因》）。不和不交，“夫妻反目”（《周易·小畜》）、“上下敌应”（《周易·艮象传》），是不符合生命结构法则的。

动态的阴阳结构则是一种公理方法。这种思维方法分为两步：首先寻求一种不证自明的公理，揭示一种一般关系、普遍结构；然后由此出发，推演出一系列定理，从而形成一个自足的解释系统。中国哲人从生命现象中发现了这种公理，即阴阳—生命结构，从而推演出一系列伦理—政治定理，形成了独具特色的中国传统文化体系。此即《系辞》所谓："引而伸之，触类而长之，天下之能事毕矣。"《周易》正是这样一个生命公理系统，把宇宙天地人物推演成一个生命大系统，阴阳结构就是它的公理。

三

不同时代的哲学家所面临的历史课题各不相同，但他们的致思取向惊人得一致，具体来说，中国哲学史表现为同一"生命结构"的主题变奏。所谓中国哲学的转型，不外乎是生命结构的具体历史内容的转换，亦即剥除其失去现实意义的内容，赋予其具有时代价值的内容。

这可以追溯到周公思想，可概括为一个中心、两个关系。一个中心就是周族的群体生命忧患，即周王朝的生死存亡问题，归结为"德"的问题。两个关系都是阴阳结构模式：一是天人关系，要求"以德配天"；一是君民关系，要求"敬德保民"。

进入子学时代，儒道墨法无不以生命结构为中心议题，其中儒、墨、法三家探索群体生命问题，道家探索个体生命问题。儒道二家上文已有讨论。墨家"兼爱""交利""尚同""非攻"，无非是在二元对立关系中求得亲和一致、消除"祸篡怨恨"，以利社会群体生存发展。甚至法家韩非，其实也是想要解决社会群体生存问题。他认为由于人性恶（得自其师荀子），"人民众而财货寡"，必须实行强有力的专制统治，才能维持群体的生存秩序。其师荀子以礼节群，而韩非则以法治群。

经学大师董仲舒全面继承和发展了先秦生命结构思想，完成了中国哲学的第一次历史大转型，从而确定了未来整个封建专制生命哲学的历史走向。他的阴阳学仍然是对群体生存结构的探讨，而且仍然是周公式的两大关系（天人关系、君臣关系）。

魏晋以降，作为一种历史的反拨，个体生命问题突显出来。道教哲学是很典型的个体生命哲学，追求得道成仙、长生不死。佛教则由超脱个体生死轮回（小乘）发展到普度众生（大乘）。最后禅宗又回到个体生命超越问题。玄学则企图调和“名教”与“自然”，亦即调和儒家群体生命关怀与道家个体生命关怀，但明显以个体生命超越为主导倾向，崇尚老庄，主张“超世而绝群，遗俗而独往”（阮籍《大人先生传》）、“越名教而任自然”（嵇康《释私论》）。

唐代韩李开启了宋明理学，历史的钟摆再次摆向群体生命问题。程朱理学全面总结了封建生命哲学，而其核心范畴“理”或“天理”本质上是群体生命结构的概括；而陆王心学则是对群体生命结构的另外一种概括。程朱认为性即理，天理即“生理”，“天只以生为道”（《二程遗书》），把生命本体宇宙论化；陆王则认为心即理，把生命本体心性论化。

中国哲学的第二次大转型从康有为开始，这个过程至今尚未结束。中国近代、现代、当代哲学的主题，是中华民族这个大群体的生存与发展问题。救亡保种、独立自强成为压倒一切的任务，“生存竞争”这类生物学命题一时间竟成为最富魅力的哲学话语。康有为的“三世说”，本质上是最早的民族生存发展战略。此间有一种很值得研究的现象，就是：一方面西方生命哲学得到相当程度的传播，如张君劢、李石岑、梁漱溟、朱谦之等均传播了西方生命哲学，同时蔡元培、鲁迅、王国维等人的思想均有相当厚重的生命哲学色彩；另一方面则是官方哲学呈现出相当突出的生命哲学倾向，如吴稚晖、戴季陶、蒋介石、陈立夫等的哲学。所谓现代新儒家，也只是传统生命哲学的现代化转换的一种尝试。然而有三个理论形态是这种时代精神的真正代表:孙文学说、毛泽东思想、邓小平理论。在孙文的三民主义中,民族主义是主体性前提,民权主义是工具性设施,唯民生主义才是实质性目标。孙中山认为:"人类求解决生存问题,才是社会进化的定律,才是历史的重心。"(《三民主义·民生主义》)但孙中山未能找到解决中华民族生存危机的有效途径。这个历史课题是由中国共产党人完成的:如果说毛泽东思想解决了中华民族的生存问题,那么邓小平理论就正在成功地解决中华民族的发展问题。

当今世界,人类依然面临着生存发展的种种问题。这些问题可分为两大类:一是人与自然界的关系问题,例如环境问题,生态系统就是一个巨大生命系统;一是人与人的关系问题,例如种族问题、妇女问题、人权问题等,都关系到人类社会的共同生存发展。又如当今世界的主题即和平与发展,也包括两大关系问题:一是东西关系问题,这不仅是一个和平问题,自苏联解体后,也是一个发展问题;二是南北(以及南南)关系问题,更是一个发展问题。解决这些问题,周易生命结构哲学或许能够给我们以启示。不论"热战"还是冷战思维都无助于问题的解决,亨廷顿的"文化冲突论"是不符合生命结构法则的。阴阳和合,共存互补,顺之则昌,逆之则亡。

老子哲学:生存之道*

老子哲学是一种生命哲学,老子之道即生存之道。老子关注的核心问题是生存问题,而“道”的形上本体只是被设定来解证生命问题的精神工具(“道”即“路”,并不是目的地本身),其认识论只是把握生命本质的途径(这也是“道”),其社会历史观也不过是一些关于生存之道的例证而已。

一、生存之道的关注

《老子》一书不过五千言,“道”字出现也不过73次,而有关生死存亡的字、词,出现的频率很高。“生”字出现38次,此外还有大量相似意义的字,如存、活、保、全、安、泰、长、久、养、育、身、寿、福、吉等;“死”字出现20次,此外也有大量相似意义的字,如灭、亡、没、殁、老、已、凶、杀、忧、患、祸、害、丧、殃、尤、殆等。两者合计,已远超过对“道”的陈说。

老子时时关注的,是一个人的生命如何能“天长地久”的问题,也就是说,他探讨的是“长生久视之道”(凡引自《老子》者,不再注章节)。怎样才能“无遗身殃”,这始终是老子萦怀不已的最

* 原载《四川大学学报》1998年第2期。

大问题。他的理想是:“盖闻善摄生者,陆行不遇兕虎,入军不被甲兵。兕无所投其角,虎无所措其爪,兵无所容其刃,夫何故?以其无死地。”生在这个险恶的世上,能够始终安然无恙便是莫大的幸福。他发现“强梁者不得其死”,而另一方面,“知止可以不殆”,“知足不辱,知止不殆,可以长久”,“不失其所者久,死而不亡者寿”(指陷于死地而大难不死)。他最担心的,就是从君主到百姓都不怕死,这样一来天下必乱,个人生命也就难保。所以,他告诫君主们:“奈何万乘之主,而以身轻天下?”他说“圣人亦不伤人”,因为“夫乐杀人者,则不可以得志于天下矣!”“是以圣人常善救人,故无弃人”,“无厌其所生”,“使民重死而不远徙”。这样天下才能太平,个人生命才有基本保障。

老子为什么对生存问题如此忧心忡忡?因为那是一个“出生入死”的世界:“生之徒十有三,死之徒十有三,人之生、动之死地亦十有三。”老子生活的时代至今难以确考,但可以肯定那是个动荡不安的时代。

但令人困惑的是,老子有时又否定生命。他说过:“夫唯无以生为者,是贤于贵生。”又说过:“吾所以有大患者,为吾有身;及吾无身,吾有何患?”既然人总是要死的,“天地尚不能久,而况于人乎!”那就干脆死掉,也就没有什么可怕的了。

其实,这并不是老子的本意。老子的真实妙道,在于通过否定生命来肯定生命。此话怎讲?如果说老子的正题是关怀生命,反题是否定生命,那么合题就是由“道”确证生命意义。换言之,老子否定的正是那种不符合生存之道的生存。这种否定之否定,便是老子的生命辩证法。例如,老子是这样来辩证地说明个人生命追求的:“天地所以能长且久者,以其不自生,故能长生。是以圣人后其身而身先,外其身而身存。”不汲汲于求生,结果反而能够长生。又如上引“天地尚不能久,而况于人乎”,老子又紧接着说:“故从事于道者同于道,德者同于德,失者同于失。”人随时有可能横死,而道是永存不灭的,所以,人要求长生就得求道,能“同于道”即长生,“失道”则夭死。另外,个体的生命安全与群体息息相关,老子又这样来说明群体生命:“民之轻死,以其上求生之厚,是以轻死。”“民不畏死,奈何以死惧之?若使民常畏死,而为奇者,吾得执而杀之,孰敢?”群体生命没有保障,是因为“民不畏死”,而根源则在“其上求生之厚”,结果必然天下大乱,统治者和被统治者都将求生不得。所以说到底,老子是关怀生命的。

二、生存之道的觉悟

老子的认识论,可确切称之为“生命认识论”,这就是说,他要认识的,是生命现象的一种规律,即生存之道。读老子书,容易产生一种错觉,以为老子否定一切认识:不要观察,不要知识,不要言论。其实老子是要观察的:“万物并作,吾以观复”;“以观其妙”“以观其徼”;“以身观身,以家观家,以乡观乡,以国观国,以天下观天下”。老子也讲知识:“知人者智,自知者明”;“能知古始,是谓道纪”。老子也要言论:“善言无瑕谪”;“美言可以市”。

老子确有不少否定认识的言论。例如:“慧智出,有大伪”;“绝圣弃智,民利百倍”;“俗人昭昭,我独昏昏;俗人察察,我独闷闷”;“知者不言,言者不知”;“道可道,非常道;名可名,非常名”;“多言数穷,不知守中”,等等。但如果据此以为老子否定一切认识活动,那就大错特错了。

第一,在对象上,老子否定对具体事物的认识,而肯定对唯一的“道”即生存之道的认识。老子认为,如果执迷于对具体事物的常识,只会导致偏颇、愚蠢、危害。“前识者,道之华而愚之始”;“其出弥远,其知弥少”;“民之难治,以其智多。故以智治国,国之贼;不以智治国,国之福”;“天下皆知美之为美,斯恶矣;皆知善之为善,斯不善矣!”只有认识把握“道”即生存之道,才能以一驭万,以不变应万变,一生平安。“既得其母(即道),以知其子”;“不知常(即道),妄作,凶;知常,容。容乃公,公乃王,王乃天,天乃道,道乃久,殁身不殆”。老子的这种观点,把对象的一般与个别、普遍和特殊对立起来,非此即彼,要求“去彼取此”,这本身也是一种偏颇。其实老子自己对一般的生存之道的解悟,也是从各种具体的生命现象中归纳出来的。

第二,在方法上,老子否定感情甚至理性,肯定内省或者直觉。老子认为,“道”是不可感知的,因而也是不可理喻的。它是一种“微妙玄通,深不可识”的东西,“迎之不见其首,随之不见其后”,“视之不见名曰夷,听之不闻名曰希,抟之不得名曰微:此三者不可致诘”。因此,对“道”的认识,不能通过感官、智能,只能通过直觉、内省。所以老子主张“塞其兑,闭其门”,认为可以“不出户,知天下;不窥牖,见天道”,“是以圣人不行而知,不见而名”。他还把认识方法的正确与否,提高到事关生死存亡的高度,“塞其兑,闭其门,终身不勤;开其兑,济其事,终身不救”。但事实上,我们从老子对生存之道的种种例证列举中可以看出,他还是“出户”“窥牖”了的,否则他也无从悟“道”。

其三,在程序上,老子主张舍博取约、舍多取一。这是因为“道”是普遍、一般,是一;具体的事或物是特殊、个别,是多。他说:“知者不博,博者不知。”因此,求道与求学的程序正相反:“为学日益,为道日损;损之又损,以至于无为。”“日益”是从一般到特殊,是演绎、具体化;“日损”是从特殊到一般,是归纳、抽象化。

三、生存之道的解证

中国哲学有一个很突出的特点，就是始终关注民生或者人生问题，或我生，或众生，正如《易·观》所谓“观我生，观其生”。所以，中国哲学乃是一种生存哲学或者生命哲学。儒家重群生，而发为仁政德治；道家重我生，其极致即杨朱的“贵生重己”。所以中国哲人很少存有单纯探究外界、自然的兴趣，因而罕有那种纯然的宇宙论、认识论。

继之而来的另外一个突出特点，就是假天道以证成人道，天道只是手段，人道才是目的。具体做法是一个三段式：把握人道（人生观、社会历史观），再把它外推为天道（自然观、宇宙观），最后又用天道反证人道。显然，这又是一种否定之否定。所以中国式的哲学自然观发展不出近代自然科学，因为它本来就不是天道，而是人道。

老子之道本来是人的生存之道，其要诀是坚持虚静、柔弱、随顺。其实这并不是面壁玄想出来的，而是观察的结果。“人之生也柔弱，其死也坚强；万物草木之生也柔脆，其死也枯槁。故坚强者死之徒，柔弱者生之徒。”“勇于敢，则杀；勇于不敢，则活。”“水，善利万物而不争”，“夫唯不争，故无尤”。“大国者，下流也，天下之牝也。天下之交也，牝恒以静胜牡，为其静也，故宜为下也。故大国以下小国，则取小国；小国以下大国，则取（于）大国。”这一切，不过是老子耳闻目睹的人类社会经验。

接着，老子就把他这种生存之道外推为宇宙自然普遍永恒之道。于是，人生观便扩张为一种宇宙观，就有了“玄之又玄，众妙之门”，“玄牝之门，是谓天地根”；就有了对宇宙本体“道”的种种描述、陈说；人之长寿不死的规律，变成了“道”之永存不灭的规律：“谷神不死”，“绵绵若存”，“独立而不改，周行而不殆”；“自古及今，其名不去”。总之，道的本质是：由于“无为”“不争”，故能“天长地久”。

生存之道被本体化以后，又反过来作为形上依据，证明人类的生存之道。第一件事是要把人道与天道挂起钩来，老子设定为：“人法地，地法天，天法道”；“孔德之容，唯道是从”。天地人物都应当遵从“道”的普遍法则，此之谓“德”。因为道是“万物之母”，“万物恃之而生”。这样一来，顺理成章，得了道便能有生命安全，失了道则失去生命保障。于是，老子得出结论：“有国之母（即道），可以长久，是谓深根固柢、长生久视之道”；“万物得一（即道）以生”，“万物无以生，将恐灭”；“物壮则老，是谓不道，不道，早已”；“既得其母，以知其子；既知其子，复守其母，没身不殆”。兜了一个圈子，又回到了人的生存上。老子的思想中充满着智慧，这首先是一种生存的智慧、生存的艺术。

一个“数的世界”

——汉语数字里的中国哲学蕴涵*

博大精深的中国传统哲学思想有一个很突出的特色，就是被凝结于汉字的十个基数“一、二、三……十”之中，从而呈现出一个“数的世界”。这与古希腊毕达哥拉斯的哲学实有异曲同工之妙。当然，西方哲学也有这种表现，例如对“一”与“多”关系的论述；但较之中国哲学具有的这种“数”的表述，西方哲学的同类表述可以说是零星的、偶然的。

这与中国哲学历来对“数”的重视有关。哲学乃是求“道”的，而在中国哲人心目中，“数”又是与“道”相通的。所以《老子》说：“道生一，一生二，二生三……”（《老子·第四十二章》）从文字学的角度考察，“数”本来便是“道”。具体说来，“数”与“术”通，“术”与“道”通。我们可以举出许多例证来说明这一点。

关于“数”与“术”通，例如《广雅·释言》说：“数，术也。”此说

---

* 此稿作于1998年，未刊。现在看来，文中的一些分析是不透彻的。但是，本文揭示了中国哲学早期宇宙论模式凝结于汉字十个基数之中这个事实，因此还是具有一定参考价值的。

乃是一种普遍看法。① 反之亦然，“术，数也”（《淮南子·本经训》“用兵有术矣”注）。这样注释是因为，“数”有规律，具有“道”“理”的意义：“数，理也”（《管子·法法》“国无常经，民力必竭，数也”注）；“数，犹理也”（《管子·霸言》“固其数也”注，又《后汉书·朱穆传》注）；“数，理数也”（《经典释文·老子》）；“数，道数也”（《吕览·壅塞》“世之直士其寡不胜众数也”注）。此“理”即“道”，所以宋儒普遍以“理”为“道”。此“理数”或“道数”又叫“道术”，庄子所说的“古之所谓道术者果恶乎在”就是这个意思，所以他所说的“道术将为天下裂”，也就是说的“其数散于天下”（《庄子·天下》）。可见“数”即“术”。

至于“术”与“道”通，那就更不待言了。《广雅·释室》说：“术，道也。”②就“术”的本义而言，其名词就是“路”的意思③，而“路”就是“道”；其动词就是“行”的意思，所行的也是“道”。根据《说文解字》，“术”（繁体作“術”）字从“行”，亦即从“彳”从“亍”；

① 此说另见于《庄子·天道》“有数存焉”释文引李善注、《列子·黄帝》“善游者数能”释文、《荀子·劝学》“其数则始乎诵经”注、《吕览·决胜》“知先后远近纵舍之数”注、《吕览·察贤》“任其数而已矣”注、《淮南子·原道训》“贵其周于数”注、《淮南子·主术训》“必不可之数也”注、《淮南子·泛论训》“则失贤之数也”注、《后汉书·王涣传》注，等等。《吕览·长攻》“固其数也”注云：“数，术。”

② 另见于《国语·鲁语》“皆是术也”注、《晋语》“尽戒之术也”注、《史记·乐书》“不接于心术”正义、《吕览·诬徒》“理义之术胜矣”注、《淮南子·主术训》注、《文选·蜀都赋》“当衢向术”注、《魏都赋》“永巷壶术”注，等等。另，《礼记·乐记》“不接心术”注、《谷梁传·宣公十五年》“灭国者三术”注：“术，犹道也。”

③ 如《后汉书·冯衍传》注：“术，路也。”《史记·袁盎晁错传》“术岸高”索隐、《汉书·燕刺王旦传》“横术何广广兮”注：“术，道路也。”《礼记·乐记》“性术之变”疏：“术，谓道路。”

"道"字从"辶"即"辵"("术"的动词形式作"述",亦从"辶"即"辵"),"辵"则从"彳"从"止"。两个字都有一个"彳",都与"行走"相关。当然,两者后来分化了,"道"是形而上的,"术"是形而下的。① 但就字源的本来意义而言,"术"与"道"是相通的。

所以归根到底,中国哲学寻求的"道"就是人生之路,亦即人生之"术"、人生之"数"。

(一)"一""二""五""八"的哲学意义

关于"一"字,东汉许慎《说文解字》是这样解释的:"惟初太始,道立于一;造分天地,化成万物。"根据这个解释,"一"是某种实体:既是道之本体("道立于一"),又是实体性的万物之本原("化成万物")。宇宙之初,一切规律都存在于"一"这个唯一的实体上;后来才从这个"一"分化出天和地,进而演化出万事万物。如此说来,"一"字似乎不是对数量的抽象,而是对宇宙本原的表征;亦即不是一种抽象的观念,而是一个具象的实体存在。要之,中国先哲是用"一"这么一道简单的刻画来表示他们所想见的宇宙的始基、存在的本体的。

这种以"一"为宇宙本原之符号的观念,确乎源远流长。《老子》就是这样认为的:"道生一,一生二,二生三,三生万物。"(《老子·第四十二章》)老子哲学的本体是"道",但老子所谓"道"就是"无":"天下万物生于有,有生于无。"(《老子·第四十章》)因此,在老子心目中,最初的"有"就是"一"了。其实这个"一"既是"有"又是"无"②,但是这里的"无"并非佛学所说的空无的意思,

① 《贾子·道术》:"道者,所从接物也……其末者,谓之术。"

② 例如《易·系辞上》"一阴一阳之谓道"疏、《管子·内业》"一物能化谓之神"注:"一,谓无也。"

而是无形的意思,如《淮南子·原道训》所说:“所谓无形者,一之谓也。”这就正如黑格尔所认为的,纯有即无。这个思想与庄子的思想是一脉相承的。《庄子·天地》:“泰初有无,无有无名,一之所起,有一而未形。”《列子·天瑞》也说:“一者,形变之始也。”《淮南子·诠言训》也写道:“一也者,万物之本也。”一代大儒董仲舒也认为:“一者,万物之所从始也。”(《汉书·董仲舒传》)凡此种种表明,以“一”为存在之本原,这是古代先哲们所公认的。而其所以如此,恐怕是因为它只是一股“元气”①,“天地未分之前,元气混而为一”(《周易正义》卷七),因而“视之不见名曰夷,听之不闻名曰希,抟之不得名曰微:此三者不可致诘,故混而为一”(《老子·第十四章》)。

关于数字“二”,《说文解字》“亟”字条讲:“二,天地也。”“五”字条讲:“从二,阴阳在天地间交午也。”这种解说表明,“二”象征天和地,上一划为天,下一划为地。这个解释跟他对“一”的解释吻合,“道立于一,造分天地”;也跟他对“地”字的解说一致,“元气(按:即‘一’)初分,轻、清、阳为天(按:即‘二’的上一划),重、浊、阴为地(按:即‘二’的下一划)。”元气初分之时,就是分为阴、阳二气的,《说苑·辨物》所谓“二者,阴阳之数也”。阴阳就是乾坤,乾坤就是天地,“二,谓乾与坤也”(《周易·系辞下》“因二以济民行”注)。这不禁令人想起《周易·系辞传》讲的“易有太极,是生两仪”之说。唐代孔颖达说:“太极谓天地未分之前,元气混而为一。”(《周易正义》卷七)宋代朱熹指出:“两仪者,阴阳也。”(《周易本义·序》)总之,“一”“二”两字描绘了一幅宇宙演

---

① 《淮南子·精神训》“一生二”注:“一者,元气也。”《管子·兵法》“明一者皇”注:“一者,气质未分,至一者也。”

化初期的图景:最初只是一股“元气”,这就是所谓的“一”;后来一分为二,由元气分化出“阴阳”二气;阴气和阳气又进一步分别凝成天和地。这幅图景,颇类似于德国哲人康德的“星云”假说。

从“一”到“二”的演化,使人想起“一分为二”这个成语。此语出自隋代杨上善:“一分为二,谓天地也。”(《内经·太素》杨上善注)可见这条成语原本是讲上述宇宙生成学说的;后来才逐渐转变为一种普遍的方法论,即朱熹所谓“一分为二,节节如此,以至于无穷,皆是一生两尔”(《朱子语类》);最后毛泽东总结概括为“一分为二,这是个普遍现象,这就是辩证法”。

如果说从“一”到“二”表现了由合而分,那么从“二”到“五”就表现了由分而合。对于“五”字,《说文解字》解释说:“五,五行也。从二,阴阳在天地间交午也。”何谓“交午”?《说文解字》指出:“午,啎也。”“啎,逆也。”“逆,迎也。”“迎,逢也。”可见“交午”就是“交逢”的意思,意味着两极相逢,指的是天地交合、阴阳交感。所以《释名·释天》指出:“午,仵也,阴气从下上,与阳相仵逆也。”《说文》也说:“午,啎也,五月阴气午逆,阳冒地而出。”《史记·律书》也讲:“午者,阴阳交,故曰午。”进一步说,“五”“午”从上古就是同音字,很可能原本就是同义词。① 这是音训。而许慎的分析是形训,认为“五”字的“二”表示天和地,中间的“×”则表示交合。

许慎对“五”字的整个解释,乍一看似乎是矛盾的:既认为“五”指天地交合,又认为“五”就是金木水火土“五行”。但与其说是矛盾的,毋宁说是相当深刻的。中国上古时期有两套最古老而长期并存的本体论观念,即周人表述于《周易》中的阴阳“两

---

① 关于“五”“午”二字的文字学解析,至今尚无确证。从音韵学角度看,这两个字都是疑纽、鱼韵,因此最初可能是同一个词的两种不同书写符号。

仪”观念和殷人表述于《尚书·洪范》中的“五行”观念。许慎对“五”的解释,透露出了这两套观念之间派生关系的一些信息:在“造分天地”到“化生万物”之间还有一个中介环节,这就是“五行”,即构成万物的五大元素;“五行”是万物之母,但首先是天地阴阳“两仪”之子。“五”字从字形看,表示的是天地交合;从字义看,则有“五行”的含义;于是“天地交合而生五行”这个思想,就被高度凝缩在了“五”这个单字里。这个思想,后来由北宋著名学者李觏概括为:“天降阳,地出阴,阴阳合而生五行。”(《删定易图序论》)

如果说由“二”到“五”是由分而合,那么由“五”到“八”则是再度由合而分。对于“八”字,《说文解字》解释道:“八,别也,象分别相背之形。”其中“别也”是声训(上古“八”“别”同音),“象分别相背之形”为形训。这就是说,“八”的意思是“分别”“分离”。

综上所述,“二”“五”“八”诸字构成了一个“分—合—分”的序列。

(二)“四”“六”“七”“九”的哲学意义

我们先来考察一下许慎在《说文解字》里对这几个数字的解说。“四,阴数也,象四分之形。”“六,《易》之数,阴变于六、正于八,从入从八。”“七,阳之正也,从一,微阴从中衺出也。”“九,阳之变也,象其屈曲究尽之形。”

从许氏的解释看,他把这四个字分为两类:偶数“四”“六”为阴性,奇数“七”“九”为阳性。按照上古文化观念,这当然是正确的。但是,许氏的说法也不完全可信:(1)他讲“四”字是“象四分之形”,这就可疑得很。所谓“四分”,即《周易》之所谓“四象”。对此,历来众说纷纭。三国吴虞翻认为:“四象,四时也。”(《周易集解》卷十四)唐代孔颖达认为:“四象者,谓金木水火。”(《周易正义》卷七)北宋邵雍认为:“四象,谓阴阳刚柔。”(《周易折中》卷十四)明清之际王夫之则认为:“天地之四象,阴阳刚柔也;《易》之四象,则吉凶悔吝也。”(《张子正蒙注·大易》)无论如何各执一词,他们有一点却很一致:“四分”问题必然同时涉及阴阳双方。这跟许慎自己所说的“四,阴数也”相矛盾,故“象四分之形”之说是靠不住的。(2)“八”字,上文已讨论过,意思是“别”,而“别”也是阴阳双方之事,因而不能把“八”单纯归为阴性,可见所谓“易之数,阴变于六、正于八”也不可信。

作为古文经学家的许慎,其诸多解说深受《周易》哲学的影响。然而《周易》古经里本身并没有“阴阳”之说,只有两种抽象符号“⚋”和“⚊”(这两种符号的名称为“六”和“九”)。《周易》大传的作者因此才开始引入“阴”“阳”概念,用以指称“⚋”和“⚊”。那么,“⚋”和“⚊”最初究竟是什么含义?又为什么称作“六”和“九”?这至今是个谜,现有的各种说法,似都缺乏充分依据。而本文的课题正有待于解答这个谜题。

如果依据“伏牺画卦”的传说,那这两个抽象符号产生的时代就实在太渺远了。它们的原始意蕴究竟是什么呢?我们认为,郭沫若先生的观点是迄今为止最具解释力的。他指出,这两个神秘的符号其实是原始先民们对男女生殖器的形象摹画,“八卦的根柢我们很鲜明地可以看出是古代生殖器崇拜的孑遗。画一以象男根,分而为二以象女阴,所以由此而演出男女、父母、阴阳、刚柔、天地的观念”①。郭先生这一令人豁然开朗的论断,早已并且还在继续不断

① 郭沫若:《郭沫若全集·历史编》第一卷《中国古代社会研究》,人民出版社1982年版,第33页。

地为文化人类学的丰富材料所证明。因此我们确信,作为中国哲学最高范畴的"阴阳"观念,最初是从"男女"观念升华而来的;作为中国哲学普遍范式的"阴阳交感",是对"男女交合"的模拟;而"天地交而生万物"的原型,就是"男女交而生子女"。①

《周易》中有许多材料可以作为旁证,兹举数例:咸卦,可以说是对男女交欢情景的一幕生动描写,其爻辞云,"咸其拇","咸其腓"(足肚),"咸其股"(大腿),"咸其脢"(背肉),"咸其辅、颊、舌"(脸颊、唇舌)。"咸"即"感",也就是男女交媾,所以《彖传》解释云:"咸,感也。……男下女,是以亨。"《序卦》解释咸卦云:"有男女然后有夫妇……夫妇之道不可以不久也。"②类似的描写还有《说卦》中对八卦的形容:"乾,健(刚劲)也;坤,顺(柔顺)也;震,动也;巽,入也;坎,陷也;离,丽(附着)也;艮,止也;兑,说(喜悦)也。"最有趣的是,《说卦》把八卦理解为夫妇生育儿女:"乾,天也,故称乎父;坤,地也,故称乎母;震一索而得男,故谓之长男;巽一索而得女,故谓之长女;坎再索而得男,故谓之中男;离再索而得女,故谓之中女;艮三索而得男,故谓之少男;兑三索而得女,故谓之少女。"

可见,《周易》的深层底蕴本是男女生殖,《易传》把它演绎为天地阴阳化生万物,即《系辞传上》所谓"生生之谓易"。而这中间的联系,是有蛛丝马迹可寻的。更有甚者,《周易》有时把男女生育子女跟天地化生万物直接等同起来:"男女构精,万物化生。"(《周易·系辞下》"构"同"媾")这就不仅是同构关系,简直是同

① 参见拙文《生命结构与和合精神——周易哲学论》,载《社会科学研究》1998年第1期。

② 参见拙著《易经古歌考释》对《咸》的解说,巴蜀书社1995年版。

一关系了。

既然“六”和“⚋”、“九”和“⚊”是同义的,那么,如果郭沫若先生的论断能够成立,则很容易推定:“六”代表女性生殖器,“九”代表男性生殖器。于是剩下的问题就是:“四”和“六”是什么关系?“七”和“九”是什么关系?从逻辑上不难推论,既然“四”和“六”同为阴数,那么很可能它们最初不过是对女性外阴的两种不同描画。我们仅从这两个字的篆体字形也不难看出,两者的形象是极为近似、类同的。这里,也可以把“四”和“六”的篆体字形跟“也”字的篆体字形加以对照,因为《说文解字》认为:“也,女阴也。”①同理,既然“七”和“九”同为阳数,那么很可能它们当初也不过是对男性阳具的两种不同的描画。我们同样可以从这两个字的篆体字形看出它们在形体上的类同。② 这就是《易经》以“六”指称“⚋”、以“九”指称“⚊”的原意之所在,也是《周易》以“阴阳”与“男女”相联系与对应的缘由之所在,更是后世易学家们以“四”与“六”为阴数、以“七”与“九”为阳数的渊源之所在。

至于“四”“象四分之形”,显然不是“四”字的本义,而是后起的观念:首先是“四”字被借指数目之“四”(此为“六书”之一的“假借”),然后又与“五行”观念结合,于是“四”就代表“四象”(金木水火)③、“四时”、“四方”④等。

---

① 虽然有人反对许慎对“也”字的解释,但未能提出令人信服的证据。

② 汉字常用不同的形象,描画相同的对象。例如“大”“天”“夏”等,都是对“人”之形象的不同侧面的描画,参见《说文解字》。

③ 《周易正义》卷七:“四象,谓金木水火。”

④ 《大戴礼记·易本命》:“四主时。”《释名·释天》:“四时,四方各一时。”

(三)再论“一”“二”“五”“八”的哲学意义

沿着以上生殖崇拜的线索,我们能够对“一”“二”“五”“八”诸字有新的发现。

上文已知,“五”是天地交感而生五行以至万物的意思。天地何以化育万物？通过交感。这明显是从男女通过交媾而生育人口的事实比拟得来的。《周易·系辞下》:“天地絪缊(氤氲),万物化醇;男女构精,万物化生。”这就径直把“天地”跟“男女”联系起来了。《周易·系辞下》:“乾道成男,坤道成女。”《周易·说卦》:“乾,天也,故称乎父。”其位居上。“坤,地也,故称乎母。”其位居下。这就表明,天地交感的观念直接得自男女交媾的动作位置形式。人们从男女相交而能生育子女,自然推想出天地相交而能化育万物。由此,我们可以推断:“五”字最初可能并非像许慎所说的是对天地交感的描写,而是对男女交合情景的直接描绘:“二”代表上男下女,“×”表示交合。此即《周易·咸彖》所谓“男下女,是以亨”,亨者,通也。由“五”的本义可以推知“二”的本义。上文已知,“二”表征天、地;现在可以推断,“二”最初可能是指男、女。“二”是“五”的前提,没有两性之分则无男女之交;“五”是“二”的必然结果,此即《周易·序卦》所谓“有男女然后有夫妇”。

上文已知,“八”跟“二”一样是“分”的意思。现在我们想进一步提出:“八”和“二”可能是同源词:从字形看,两者构成方式完全一致,都是以互相分离的两画来表示其“分”的意思;从字音讲,上古“二”属脂部韵,“八”属质部韵,脂、质二韵可以互通,这是古音学上的常识;在字义上,两者也是相通的,上文已有讨论。如此看来,既然“二”为男女之“分”,那么“八”即男女之“别”,这是极有可能的。

最大的困惑，是如何对“一”字做出合理的解释。上文谈到，“一”被视为宇宙之初的唯一本原，“二”乃由“一”分化而来。换言之，先有“一”，再有“二”。但是，这种解释必将面临一个巨大困难，那就是与中国传统哲学的所有本体范畴相悖。中国哲学较之西方哲学的重大特色之一，在于它拥有的全部本体范畴，几乎无一例外都是关系范畴，而非实体范畴；这些范畴所表现的总是一种二元关系，而且关系双方总是亲和的。

随举数例：道——《周易·系辞上》：“一阴一阳之谓道。”《论语·阳货》：“君子学道则爱人。”仁——《论语·颜渊》：“樊迟问仁。子曰：‘爱人。’”《孟子·尽心上》：“亲亲，仁也。”康有为《中庸注》：“仁，从二、人，人相偶，有吸引之意，即爱力也。”谭嗣同《仁学》：“仁从二从人，相偶之意也。”元——《易》有二元，《周易·彖传》“大哉乾元”，“至哉坤元”；《周易·系辞下》“乾，阳物也；坤，阴物也”；谭嗣同《仁学》“元，从二从儿。儿，古‘人’字。是亦‘仁’也”①。气——张载《正蒙·参两》：“一物两体，气也。”王夫之《张子正蒙注·太和篇》：“盖阴阳者，气之二体。”综上所述可见，中国哲学的本体可全部概括为“阴阳”范畴，也就是说，它们总是二元一体的：总是二元的，即一分为二的；又是一体的，即合二为一的。它们总是一而二、二而一的存在。因此，既非一生二，亦非二生一。正确的理解应为：一即二，二即一。所以，如果说“二”字的本义为男女为二，那么“一”字的本义就可能是男女合一。

（四）“三”“十”的哲学意义

“三，天、地、人之数也。”许慎《说文解字》给出的这个解释的

① 今有文字学家认为“元”表示人头，但这不是哲学上的解释。

意思是,“三”字的三画分别表示天、人、地。[1] 但按上述中国哲学的理解,人应该是天地交合之后的产物。《周礼・媒氏》“令男三十而娶,女二十而嫁”注云:“二、三者,天地相承、覆之数也。”地在下位而“承”上,天在上位而“覆”下,这里就透露出了天地交合实即男女交合的意味。人虽是天地的产儿,在天地之间,却是万物之灵,可谓是顶天立地的。所以《说文解字》释“大”字:“天大,地大,人亦大。故大象人形。”

不难看出,人的高度自信在“三”字上鲜明地表现了出来。对此,也可以从“三”字的另一种形式“参”字上加以玩味。如果说“三”是名词,表示人在天地之间存在这个事实,那么“参”就是其动词形式,表明人对天地的某种能动关系[2]:第一,人与天地并立,平分秋色,此即《中庸》所谓人能“与天地参”;第二,人与天地同功,造化万物,此即所谓人能“赞天地之化育”[3]。此等境界,真如孟子所说“上下与天地同流”(《孟子・尽心上》)。由“三”字传达出来的这种中国式的人本主义,后来成为中国传统哲学的基调之一。而这个基调的第一个音符,还是当推《周易》。《周易》称天、地、人为“三才”,《周易・系辞下》云:“《易》之为书也,广大悉备,有天道焉,有人道焉,有地道焉。”中国先民的这种人文精神就凝缩在“三”字之中。

最后,讨论“十”字。许慎《说文解字》云:“十,数之具也。

---

① 同类说法,例如《易・丰》“三岁不觌”注:“三者,天地人之数也。”《左传・昭公三十二年》“不及四十年”注:“三者,天地人之数。”《国语・周语》“纪之以三”注:“三,天地人也。”

② 《太平御览》卷七五〇引《风俗通》:“三为参。”《考工记・韗人》“上三正”注:“三,读当为参。”

③ “赞”即“参”,如“参赞”。

‘一’为东西，‘丨’为南北，则四方中央备矣。”这就是说，“十”字的形体结构表明其本义是“四方”（东西南北）或者“五方”（加上中央）。换句话说，就数量言，“十”字表示的不是十，而是四或五。“十”字的这种形义，其实就是现代数学平面直角坐标系统的格局。

但从“十”字本身尚看不出它与“阴阳”观念有何联系，所以后世学者又把“四方”归纳为“阴”（少阴、太阴）、“阳”（少阳、太阳）两大类，而这就是《周易》所谓“四象”的本质。到了战国时代，以邹衍为代表的阴阳家者流又进一步把“十”的这种本义跟“五行”学说配合起来，从而形成阴阳五行学说。至此，中国古典哲学的两套观念（即《周易》的阴阳“两仪”观和《洪范》的“五行”观）完全融为一体，并且从此以后，成为中国传统文化中的一种普适性思维模式。

那么，“十”或四方又是如何生成的呢？如果说“十”就是“四象”，在万物之列，那么，根据《周易·系辞上》“两仪生四象”、《周易·序卦》“有天地然后有万物”的原则，“十”就应该是阴阳交感或天地交合的产物。而这种生成，最终当然也是对男女生殖的比拟。可见“十”字里也一样存在着男女之道的隐喻。

以上全部分析表明，中国先哲以汉字的十个基本数字，对以“阴阳”范畴为核心的中国古典哲学思想进行了高度概括。这一概括源于人对自身的两性生活的观察理解与理性升华，而呈现为一个“数的世界”。

“科玄之争”再评价*

1923年2月14日，现代新儒家学者张君劢在清华大学作了题为“人生观”的演讲，对科学主义提出批评。演讲词随之发表于《清华周刊》第272期（以下引张氏语，未注明出处者，均见此文）①。同年4月，科学主义者丁文江在《努力周报》第48、49期上发表了《科学与玄学》一文，批驳了张君劢的人生哲学观并斥之为“玄学”（以下引丁氏语，未注明出处者，均见此文）②，由此引发了一场影响深远的“科玄之争”。

这场论战虽然已经过去整整75周年了，然而其中的是非曲直，直到今天，也不能说已经彻底弄清了。论战中提出的问题，直到现在仍然有重大的理论意义和现实意义。本文试图对此加以重新认识，以就教于海内学人。

---

* 原载《中国哲学史》1999年第1期；人大复印资料《中国哲学》1999年第9期全文转载。

① 张君劢：《人生观》，见汪孟邹辑《科学与人生观》，山东人民出版社1997年版。

② 丁文江：《玄学与科学——评张君劢的〈人生观〉》，见汪孟邹辑《科学与人生观》，山东人民出版社1997年版。

一

张君劢在演讲中说，诸君是学科学的，肯定以为天下事皆有公例，为因果律所支配；其实不然，在人生问题上，是漫无是非真伪之标准的。人与人不同，虽然“同为人生，因彼此观察点不同，而意见各异，故天下古今之最不统一者，莫若人生观”。他把人生观与科学做了一番比较，提出：

> 第一，科学为客观的，人生观为主观的。
>
> 第二，科学为论理（逻辑——引者注）的方法所支配，而人生观则起于直觉。
>
> 第三，科学可以以分析方法下手，而人生观则为综合的。
>
> 第四，科学为因果律所支配，而人生观则为自由意志的。
>
> 第五，科学起于对象之相同现象，而人生观起于人格之单一性。

于是，他得出结论说：“故科学无论如何发达，而人生观问题之解决，决非科学所能为力，惟赖诸人类之自身而已。”

乍一看，张君劢是在比较科学与人生观，其实，他的用心所在，是要比较中国和西方文化，比其高下，较其短长。一战之后，世界思潮为之一变，其在中国的表现就是“五四”后期的文化反思，有所谓“文化保守主义”的崛起，对“五四”抛弃传统、全盘西化的倾向提出批评，要求珍视中国传统的价值。于是，出现了梁启超《欧游心影录》、梁漱溟《东西文化及其哲学》这样的著作，诞生了“东方文化派”“现代新儒家”这样的思想派别。其中，张君劢是占有重要一席的。在他看来，一战爆发的根本原因在于文化，“而文化转移之枢纽，不外乎人生观”；“吾有吾之文化，西洋有西洋之文化”。虽各有千秋，然而西洋的“物质文明”的文化不足以解决人生观问题，所以导致了一战的灾难；唯有中国的“精神文明”的文化才能解决人生问题，这是因为“我国向重平和，向爱大同，自无走入偏狭爱国主义之危险”。

张君劢后来被视为现代新儒家第一代的一大代表，是其来有自的。他不仅当时便祖述中国文化，而且径直归宗儒家传统：“所谓古今大思想家，即对于此人生观问题，有所贡献者也。譬诸杨朱为我，墨子兼爱，而孔孟则折衷之者也。自孔孟以至宋元明之理学家，侧重内心生活之修养，其结果为精神文明。三百年来之欧洲，侧重以人力支配自然界，故其结果为物质文明。”“欧战终后，有结算二三百年之总帐（应作账）者，对于物质文明，不胜务外逐物之感。厌恶之论，已屡见不一见矣。此精神与物质之轻重，不可不注意者一也。”他随后又在《再论人生观与科学并答丁在君》①一文中，一反潮流，为“宋学”或“心性之学”辩护，并引西方人文主义思想，比之为宋儒之吸纳佛学，进而公开提倡“新宋学”，欲以此疗救世道人心。

丁文江在《玄学与科学——评张君劢的〈人生观〉》一文中，把张君劢的人生观哲学斥为“玄学”。“玄学”本指魏晋时期吸收儒家思想而以道家思想为主的哲学。但在丁文江的文章里，“玄学（Metaphysics）这个名词，是纂辑亚列士多德遗书的安德龙聂克士（Andronicus）造出来的”。可见丁文江指的是“形而上学”，即

---

① 张君劢：《再论人生观与科学并答丁在君》，见汪孟邹辑《科学与人生观》，山东人民出版社 1997 年版。

本体论哲学(Ontology)。应该说,这就是本来意义的“哲学”。我们知道,丁文江是一个科学主义者,而科学主义是“拒斥形而上学”的,他们认为,凡是不能为经验所证实、为逻辑所处理的,都是非科学的毫无意义的形而上学或“玄学”,都应该加以拒斥。① 所以,“玄学却是科学的对头”。于是,丁文江主要从以下几个方面对张君劢的演讲进行了批驳。

其一,“人生观能否同科学分家”? 细读丁文,我们发现丁文对张文的批驳可以归结为三点:(1)人生观不是主观的,而同样是客观实在的;(2)因此人生观是有客观的是非标准的,也是有公例可求的;(3)求其公例的方法,就是经验主义的归纳方法。丁指责张“拿主观客观来分别人生观同科学”,他自己在文章里却“没有法子把人生观同科学真正分家”(事实是,丁文江针对张文里所列的九大类人生观问题,又列出四类,并认为两者之间并没有本质区别;其实不然,丁文所列与张文所列是确有性质区别的)。丁文江认为,既然都是客观的事实,就都是有是非标准因而有统一的公例可求的。“人生观现在没有统一是一件事,永久不能统一又是一件事。”“何况现在‘无是非真伪之标准’,安见得就是无是非真伪之可求? ……要求是非真伪,除去科学方法,还有甚么方

① 魏晋玄学与西方形而上学有共通之处,两者都探究本体论问题;但亚里士多德采用的其实还是逻辑理性的方法,而何晏、王弼采用的是直觉的方法,两者是有根本区别的。另外,张君劢所说的“人生观”其实不是丁文江心目中的“玄学”。对此,当时林宰平就对丁文江提出批评:“原文题目是玄学与科学,他所批评的却是张君劢的人生观,一开头就很奇怪了。玄学是专讲本体论的,君劢先生在清华讲演对不对另是一个问题,但是他明明是讲他的人生观,并没有提到什么玄学。”(林宰平:《读丁在君先生的〈玄学与科学〉》,见汪孟邹辑《科学与人生观》,山东人民出版社 1997 年版。)

法?”“我们所谓科学方法,不外将世界上的事实分起类来,求他们的秩序。等到分类秩序弄明白了,我们再想出一句最简单明白的话来,概括这许多事实,这叫做科学的公例。”这显然是英美经验主义传统的归纳方法。

其二,“科学的智识论”。为了批驳张君劢对精神科学与物质科学的区分,丁文江阐述了他的“经验实在论”立场,包括这几层意思:(1)科学知识起于经验。“觉官感触是我们晓得物质的根本。”(2)另外一些知识起于由经验而进行的逻辑推理。他以“自觉”(自我意识)为例,“玄学家都说,自觉的研究是在科学范围之外。但是……我从我的自觉现象推论起来,说旁人也有自觉,是与科学方法不违背的”。以上丁文江所标举的经验与逻辑,是现代逻辑经验主义的两大“法宝”。但他最后必将偏离他的实在论立场,走向主观主义。(3)物质存在最终起于经验。归根到底,“我们所晓得的物质,本不过是心理上的觉官感触,由知觉而成概念,由概念而生推论。科学所研究的不外乎这种概念同推论,有甚么精神科学、物质科学的分别?”这些话简直就是贝克莱“存在即被感知”的翻版。正是从这种所谓“存疑的唯心论”(Skeptical Idealism)出发,经验主义走向了不可知论,由此排除本体,“拒斥形而上学”。丁文江列举了一串西方科学主义者,“他们以觉官感触为我们知道物体唯一的方法,物体的概念为心理上的现象,所以说是唯心。觉官感触的外界,自觉的后面,有没有物,物体本质是什么东西:他们都认为不知,应该存而不论,所以说是存疑。他们是玄学家最大的敌人,因为玄学家吃饭的家伙,就是存疑唯心论者所认为不可知的,存而不论的,离心理而独立的本体”。

其三,“对于科学的误解”。这里,丁文江倡导“科学万能论”。首先,一切问题没有科学不能研究的,除非它不是真问题,而是伪问题。“凡是真的概念推论，科学都可以研究，都要求研究”；“无论遇见甚么事，都能平心静气去分析研究，从复杂中求简单，从紊乱中求秩序；拿论理来训练他的意想，而意想力愈增；用经验来指示他的直觉，而直觉力愈活”。其次，“所以科学的万能，科学的普遍，科学的贯通，不在他的材料，在他的方法”。这种方法当然就是上文讲的经验归纳法和逻辑推理法。所以，最后，“科学不但无所谓向外（指张君劢指责科学‘务外逐物’——引者注），而且是教育同修养最好的工具”。

其四，“欧洲文化破产的责任”。丁文江不承认“欧洲文化破产”之说。这是正确的。但是，一战以来欧洲思想文化界确实产生了一种强烈的危机感，这也是不争的事实。他认为，“我所不得不说的是欧洲文化纵然是破产（目前并无此事），科学绝对不负这种责任，因为破产的大原因是国际战争。对于战争最应该负责的人是政治家同教育家。这两种人多数仍然是不科学的”。

其五，“中国的‘精神文明’”。他不同意“西方为物质文明，中国为精神文明”之说（这是正确的），认为中国与西方都有科学与玄学之别：“许多中国人不知道科学方法和近三百年经学大师治学的方法是一样的。”这里所说的经学就是乾嘉学派以来的考据之学。他盛赞“汉学”（考据之学），而痛斥“宋学”（心性之学），指责“宋学”高谈心性，百无一能，遇事束手无策，只会祸国殃民。这也是当时许多人的看法，甚至梁启超也是这么看的。当然，中国的考据之学与西方科学有相通之处，如重实证、归纳等；但两者到底有本质区别，属于根本不同的传统。再者，丁文江在这里的思路已经不知不觉地同于新儒家的了，似乎西方的现代科学在中国也已是“古已有之”的了。

此后加入论战的各家各派，其论题也大致在上述范围之内。

下面我们从思想文化背景、社会历史背景两个方面加以讨论。

二

这场“科玄之争”，是有深广的世界思想文化背景的。我们知道，现代世界的哲学界、思想界，分裂为科学主义和人文主义两股大潮。以丁文江、胡适之等为首的“科学派”，以张君劢、梁启超等为首的“玄学派”，分别代表了这两大世界思潮在中国思想文化界的传播。

西方科学主义和人文主义两大思潮的对立，是人类哲学史、思想史、精神史发展的必然。且就哲学来看，西方近代发生了所谓“认识论转向”，在我看来，毋宁说是“意识论转向”，也就是说，哲学研究从外向的对存在的研究转为内向的对人之自身意识或者精神、心灵的研究。

人的意识或精神生活，可从两个维度加以分析。第一个维度，依据心理学范畴二分法，可将人的意识或精神活动分为认知活动、意向活动两类。认知又包括感性和理性两种，意向则包括情感和意志两种。第二个维度，也是一种二分法，可将人的意识或精神分为显意识（有意识）和潜意识（无意识）。西方近代以来哲学对人的意识的探索，正是沿着这两个维度逐步扩展、渐次深入的。这个过程可以分为三个阶段。每个阶段里都存在两大对立的思潮。

第一个阶段是从培根、笛卡儿开始的，他们研究人类意识的认知部分，这就是所谓的“认识论转向”。培根着重研究认识的感性一面，发展了经验归纳逻辑，从而在英国开创了经验主义传统；

笛卡儿则着重研究认识的理性一面,发展了概念演绎逻辑,从而在大陆开创了理性主义传统;康德试图弥合这两大派的对立,为此写了《纯粹理性批判》。但是,这种努力后来在现代分析哲学的逻辑经验主义那里才得以完成。

第二个阶段是从意志主义的崛起开始的。从此,西方哲学进入了探索意向活动的时代。就此而言,叔本华是一个伟大的标志。当然,早在康德那里,意向活动就已经被深入探讨了,不仅如此,康德甚至企图打通情感与意志、意向与认识。他为此又写下了另外两大《批判》。随后的整个德国古典哲学,一直到黑格尔,都是意志与理性的同一,而不仅仅是理性主义(我甚至觉得,德国古典哲学的意志主义倾向要胜过其理性主义倾向;整体来说,德国哲学具有强烈的意志主义倾向)。但这种成功恰恰是一种失败,因为意志与理性(意向与认识)的不分。这妨碍了他们对意志本身进行较为透彻的研究。也正因为如此,我们对意志主义应给予足够的历史评价。从此,意志论与知识论开始对立,人文主义与科学主义开始对立。

至于第三阶段,我们不得不提到弗洛伊德,正是从他开始,西方哲学研究从显意识探索进入了潜意识领域。弗洛伊德的精神分析一开始就遭到猛烈攻击,可以说由此形成了"显意识研究"与"潜意识研究"的对立。不过,精神分析还是属于意向研究、人文主义思潮的,因而这个阶段也还是人文主义与科学主义的对立。这种对立直到今天可谓依然如故,是很值得我们反思的。

这种对立和论争在西方世界的科学主义与人文主义之间以及它们各自内部也同样存在,而且颇为激烈;并且这种广泛的思想文化论争往往与哲学领域的论争相联系。

20 世纪 20 年代的"科玄之争"正是西方世界的科学主义与人

文主义之争在中国的反响。我们知道，论战双方的代表人物不仅都对西方世界思想文化斗争的状况颇为熟悉，而且动辄称引西方思想文化名流的观点言论。但大体上来说，"科玄之争"还是与西方思想文化潮流的第二阶段相对应的，也就是说，大致是认知主义与意向主义之争：科学派持认知主义立场，以为认知就是一切，就是整个心灵、整个精神生活，所以，他们坚持"科学万能"；玄学派则针锋相对，持意向主义立场，急欲为意向活动在精神生活中争得一席之地（这块地盘，他们以为即"人生观"），然而有时也不免失之偏颇。

当然，对于这场论证的思想文化实质，论战双方并不十分明白（直到今天，也未必已经明白）。他们把问题归结为科学与人生观的关系，其实，这是不确切的。事实上，人生问题既与意向活动（意志、情感）有关，因而适用于所谓"人生观"；也与认知活动（感知、理智）有关，因而也适用于所谓"科学"。科学既可以研究自然界，也可以研究社会、人生、心灵界；意向既可以体验和评价人生，也可以体验和评价自然。

马克思曾说过，人们可以不同的方式来把握世界，这其中，当然也包括把握自然界和心灵界。我们可以对世界作认知的把握——感性的把握、理性的把握，也可以对它作意向的把握——意志的把握、情感的把握。所以，社会意识形式（注意，不是"意识形态"）便有种种互相不可替代的形式（参见下表）：作为社会认知形式的，有自然科学、社会科学（它们作为社会理性认识形式）及社会心理、舆论、新闻报道等（它们作为社会感性认识形式）；作为社会意向形式的，则有伦理道德规范、法律政治规范（它们作为社会意志形式）及文学、艺术等（它们作为社会情感形式）。

层次	认知形式	意向形式
感性层	社会感知形式（社会心理等）	社会情感形式（文学艺术等）
理性层	社会理智形式（科学技术等）	社会意志形式（伦理法律等）

不仅如此，这些社会意识形式还是可以互相把握的。意向可以对认知加以把握。例如，可以对科学技术成果进行伦理道德评价，如目前正在对“克隆技术”进行伦理的、法律的、政治的、经济的、社会的全面评价。这些评价所表达的是社会的意向。认知反过来也可以对意向加以把握。例如，可以对伦理道德、法律、政治、文学艺术进行科学的研究，结果就是形成了伦理学、法学、政治学、美学、文艺学等。这些研究所体现的是社会的认识。人们往往将这两类社会意识形式混淆了，例如，将法律（意志形式）与法学（认知形式）相混，将文学（创作、作品，情感形式）与文论（理论、方法，认识形式）相混。

因此，“科玄之争”的双方各有偏颇。把客观和主观、逻辑与直觉、因果法则与自由意志、分析与综合、共性与个性绝对对立起来，要么老死不相往来，要么以一方吞并另一方，以此说明科学与人生之关系，看不到两者之间的认知活动与意向活动的实质关系，更看不到两者之间既对立又统一的关系，就难免给人以隔靴搔痒、不得要领之感。

其实，科学知识确实有助于认识人生问题；反之，人生意向也确实可以体验评价科学问题。对于人生，也可以有两种不同的把握：认知的把握，即认知人生的真相；意向的把握，即体验人生的意义。对人生真相的认知是有客观标准的,在此,丁文江们是正确的;对人生意义的体验则是主观的或者说是主体性的,在此,张君劢们是正确的。张君劢可以说:吃酒吃菜,各有所爱。正确。丁文江可以说:爱喝酒是什么样子,爱吃菜是什么样子。同样正确。这是因为认识活动产生的是事实判断,意向活动产生的是价值判断,它们具有不同的性质、不同的功能。张君劢对"求真"与"爱真"的分辨,是颇有道理的。① 你可以把一件事情的真相认识得很清楚,但这未必能决定你的好恶取予;有时你已经对一件事情产生了好恶,却未必已对它有了清楚的认识。当然,这里已有了一定程度的认识。所以,一般来说,先认识,后评价;先有事实判断,后有价值判断。但这两者确有本质区别,不可混为一谈。

这里,有必要对所谓"人生观"概念加以辨析。对"人生观",可有两种理解:一是关于人生问题的认识,一是关于人生问题的意向。认识的问题是"实然""必然"的问题,是说"人生实际是什么样子";意向的问题是"应然""当然"的问题,是说"人生应当是什么样子"。前者是对人生的一种了解、认识,后者是对人生的一种理解、意向。笼而统之都称为"人生观",就难免会发生混乱。当然,"实然"与"应然"有关系,我们应先对人生"是怎样"有一个认识,再对人生"应怎样"有一个意愿,在这里,两种"人生观"概念是可以统一起来的;但这种统一的前提是先有一个分辨,因为它们毕竟还是两个不同层次的问题。

---

① 张君劢:《再论人生观与科学并答丁在君》,见汪孟邹辑《科学与人生观》,山东人民出版社 1997 年版。

三

以上的讨论重在说明“科玄之争”在世界范围内的思想文化背景。但如果仅仅这样来看“科玄之争”，那未免太简单化了。这场论战的发生还有社会现实方面的原因。下面，我们着重讨论一下“科玄之争”的社会历史背景。

当时除自由主义者（科学派）和文化保守主义者（玄学派）双方以外，马克思主义者后来也加入到论战中去了。他们对两派都提出了批评，但显然更偏向于科学派。例如陈独秀之批评科学派，是因为在他看来，科学派还算不上彻底的科学唯物论：“只可惜一班攻击张君劢、梁启超的人们，表面上好象是得了胜利，其实并未攻破敌人的大本营，不过打散了几个支队，有的还是表面在那里开战，暗中却已投降了。”（陈独秀《科学与人生观·序》）因此，总的看，科学主义是占了上风的。不特在这场论战中，事实上，在“五四”以来的中国，科学主义的势头日见强劲，人文主义可谓节节败退。这不是偶然的，是有其历史必然性的。

简单来说，现代中国迫切需要科学。为什么？这要从中华民族的现代历史任务中去寻求答案。什么历史任务？最大的历史任务，只有一个，那就是——现代化。这个现代化最迫切需要的是什么？那就是五四运动的两面大旗：民主，科学。根据生产力的观点，没有科学技术的发达，就没有现代化。然而自从近古以来，中国在科学技术上日渐落后了。应该说，这也是中国渐趋危亡之境的重要原因之一。近代以来的中国有识之士对这一点看得越来越清楚，对科学也越来越重视。科学乃现代中国之急需，诚如胡适所说：“中国此时还不曾享着科学的赐福，更谈不上科学带来的‘灾难’。”（胡适《科学与人生观·序》）其实，不仅科学主义者，就是文化保守主义者，也都明白科学对于中国之现代化的不可或缺。不论是东方文化派，还是现代新儒家，都不反对科学，反而努力要从传统的土壤中寻找出科学的种子。新儒家的“新外王”，就是要“开”出民主与科学之“新”来。这些情况表明，科学对中国现代知识分子确实有不可抗拒的魅力。难怪张君劢抱怨道：“盖二三十年来，吾国学界之中心思想，则曰科学万能。……一言及于科学，若临以雷霆万钧之力，唯唯称是，莫敢有异言。”（张君劢《再论人生观与科学并答丁在君》）

但中华民族的现代化绝不是一个孤立的事件，而是在由西方列强执牛耳的现代世界这个大环境中进行的。西方何以强？中国何以弱？人们不约而同地把目光投向了西方，投向了西方的科学技术、自由民主。这就是为什么“中西比较”始终是中国现代知识分子所热衷的话题的原因所在，也是为什么“西化派”在中国现代思想文化界总有一定市场的原因所在。“科玄之争”也是这种从近代就开始了的“中西之争”话题的延续，只不过这一次的话题集中在了“科学与人生之关系”上。

双方都承认，西方科学昌明，中国科学积弱。但是，这意味着什么？双方的理会却各执一端。按科学派的逻辑，西方之富强，端赖于科学；以进化论的“适者生存”原则来说，科学之于国运，可谓“有之则存，无之则亡”了。而玄学派则曰：科学固然是好，却只适用于物质文明，而对于精神文明，科学则无能为力；不特如此，如果一任科学泛滥，只见其物，不见其人，为“唯科学主义”，那就不仅必然导致精神文明坠失，而且最终必然导致强暴、战争，以至人类毁灭；这次大战的爆发便是一个明证。所以，科学派倾向于“西化”，玄学派倾向于“中体西用”，也就毫不足怪了。

平心而论，论战双方各有其真理，各有其迷误。这倒不是“各打五十大板”的意思。如果说科学派是主张“科学万能”，那么玄学派有时几乎就是认为“科学无能”，不仅无能，简直就是“成事不足、败事有余”。这两种态度显然都是偏激之见，我们不可不纠其偏、取其中。所以，我们的态度，用一句老话讲，或许应该“执两用中”（《礼记·中庸》）。当时的马克思主义者可能主观上是希望能够“执两用中”的。如陈独秀一方面批评玄学派云：“梁启超、张君劢这班人，当初未必不曾经过极肤浅的唯物即科学的人生观，只因他们未曾敲过社会科学（指唯物史观——引者注）的门，阅世又稍稍久远，接触了许多稀奇古怪的人生观，都和科学的原理原则相隔太远，于是他们的第一观念便是‘人生观超于科学以上’，‘科学决不能支配人生’。他们对科学的信仰如此破坏了。”另一方面又批评科学派云：“适之只重在我们自己主观的说明，而疏忽了社会一般客观的说明，只说明了科学的人生观自身之美满，未说明科学对于一切人生观之威权，不能证明科学万能，使玄学游魂尚有四出的余地。”（陈独秀《答适之》）

从陈独秀的议论中不难觉察，马克思主义者更偏爱科学派，甚至有“科学万能”的唯科学主义倾向：“我则以为，固然在主观上须建设科学的人生观之信仰，而更须在客观上对于一切超科学的人生观加以科学的解释，毕竟证明科学之威权是万能的，方能使玄学鬼无路可走，无缝可钻。”（陈独秀《答适之》）但他似乎忘记了，“科学”本身是一种观念形态的东西，如果认为它是历史变动的主要原因，或者甚至以为它是万能的，那就违背了马克思主义者自己的唯物史观。难怪胡适指出：“如果独秀真信仰他们的宣传事业可以打倒军阀，可以造成平民革命，可以打破国际资本主义，那么，他究竟还是丁在君和胡适之的同志，——他毕竟还信仰思想知识言论教育等事也可以变动社会,也可以解释历史,也可以支配人生观!”(胡适《科学与人生观·序》附注)(其实马克思主义者崇拜的所谓“科学”,与其说是科学主义的,毋宁说是意志主义的,但这应是另文讨论的问题了。)马克思主义者之所以常有相当严重的科学主义倾向,乃由于上述中华民族历史任务之大趋势。这也是可以理解的,是有其历史必然性的。然而所谓“可以理解”,并不是说“理当如此”。相反,今天,我们似乎应该注意对此加以反思,以力求避免陷于“唯科学主义”。

说到这里,我想起张东荪在《劳而无功——评丁在君先生口中的科学》一文中的一番话:“我尝说科学好像一把快刀,一切东西碰着了必迎刃而解……但是只有一个东西,仍然在外,即是能宰割一切的刀其自身。”这个譬喻很有意思,值得咀嚼:那刀毕竟不过工具而已,根本还在那操刀的人本身。科学主义的要害就在其见物不见人。从这个意义上来看,所谓“执两用中”也还是不够妥帖的说法。如果说科学是刀,那么意向就是操刀的人。刀怎么能跟人相提并论呢!

天人体用、贞一不二

——新唯识论与周易哲学之比较*

熊十力先生作为现代新儒家的形上学奠基人，愈益受到学界普遍关注；但是他创立的“新唯识论”与《周易》哲学的关系，还没有得到应有的深入研讨。然而熊氏自己认定：“余平生之学，频涉诸宗，卒归本《大易》。七十年来所悟、所见、所信、所守在兹。”①“《新论》谈本体，以体用不二为宗极，毕竟归本《大易》。”②足见把握其与《周易》的关系，乃是理解“新唯识论”的一大关键。

熊氏哲学，我以为可以概括为三个“不二”：天人不二，体用不二，性修不二。天人不二讲人和自然界的同一关系，体用不二讲本体和现象、实体和功能亦即心和物的同一关系，性修不二讲先天德性和后天学养的同一关系。其中体用关系是其核心，即他所谓的“吾学贵在见体”。

那么，他这三个“不二”果然是“归本《大易》”，抑或如他自己

* 原载《人文杂志》1999年第5期。

① 熊十力：《新唯识论（壬辰删定本）赘语》，见《体用论》，中华书局1994年版，第4页。

② 熊十力：《新唯识论（壬辰删定本）删定记》，见《体用论》，中华书局1994年版，第6页。

在别处所说的“余因有不满于(佛教)空宗,复澄思默究,乃不期而触悟《大易》,始信象山‘六经皆我注脚’之言,确然不妄”[①]那样,《易经》也只是他自家思想的“注脚”?下面,我们分别来讨论这三个“不二”。

一、天人不二

所谓“天人不二”,是说天与人、天道与人道、宇宙本论与人心性体是一个东西。这是熊氏“新唯识论”的一个基本思想,认为本心便是本体。“本论所云心与生命、精神三名词,其名虽殊,而所目则一。以其为本来灵明净妙之体,是为吾身之主宰,则名曰心。……又以其为生生不息真几,则名曰生命。……又以其迥超物外,神用不测,刚健不挠,是为万有之原,则名曰精神。故三名虽异,而实无别体。”[②]这种天人不二的思想,一上来就确定了熊氏哲学的基本性质。

应当指出:“天人不二”与通常所谓“天人合一”并不是一个意思。近年对“天人合一”这个命题有许多讨论,尽管歧见纷呈,但有一点可以肯定:所谓“合一”决非“同一”或者“不二”。“合”与“分”对待,而且以“分”为前提。在我看来,儒家“天人合一”的思想,可以用《中庸》开宗明义那三句话来概括:“天命之谓性,率性之谓道,修道之谓教。”(《礼记·中庸》)这里略作分梳:(1)所谓“天命”,是自天言;自人言,则谓之“得天”。得天为性,故人性

---

① 熊十力:《新唯识论(壬辰删定本)删定记》,见《体用论》,中华书局1994年版,第6页。

② 熊十力:《新唯识论》(语体文本),中华书局1985年版,第520页。

即“天性”,此①乃谓之天人合一。(2)率性为道,率(随顺)人性即率天性,故而人道即天道,此亦谓之天人合一。(3)修道为教,要义在于由“知性”而“知天”(孟子),故可以说“修道为天”,此亦谓之天人合一。得天为性,率性为道,修道为天,此含三层意思,为一循环,实乃儒家“天人合一”思想之要领。简言之,可谓天人“合”而不“同”,或“通”而不“同”;换言之,天人一而二、二而一,不可简单说为“天人不二”。

《中庸》这个思想其实也符合《周易》的意思。得天为性,这个“性”的狭义指人性(人之禀性)。在《周易》中,人与天并非一个东西。《序卦》:“有天地然后有万物,有万物然后有男女,有男女然后有夫妇,有夫妇然后有父子……”(《周易》)这就是说,天与人并不是同一的,对人来说,天具有先在性。进一步讲,“性”在广义上指物性(万物禀性)。在《周易》中,天对万物具有先在性。《序卦》:“有天地,然后万物生焉。”《乾彖》:“乾道变化,各正性命。”乾为天,乾道即天道。先有天道变化,然后才有万物各得其性。正是“乾元”即天,通过“云行雨施”,这才“首出庶物”“品物流行”(《周易·乾彖》)。(这里的“物”,理当包括“人”)可见人与天并不是相同的,而只可说是相通的;不是同一,而是统一(既有统一的一面,亦有对立的一面)。所以,根据《周易》《中庸》,“天人不二”是不确切的。

当然,熊十力没有说过“天人不二”这个话。但是,其思想之实质是天人不二,也就是说,他认为天和人是一个东西②,用他的

---

① 此文发表时,“此”作“引”,乃属排版错误。——作者新注

② 此文发表时,作“认为天和人不是一个东西”,其中“不”字明显是衍文。——作者新注

话讲，就是“本心”与“本体”是一个东西。例如，他曾一再强调：吾人的生命与宇宙大生命，原是一个东西，“吾人识得自家生命即是宇宙本体，故不得内吾身而外宇宙。吾与宇宙，同一大生命故。此一大生命非可剖分，故无内外”①。这实在有乖于《周易》思想，因为依照《周易》的意思，“《易》之为书也，广大悉备，有天道焉，有人道焉，有地道焉”（《周易·系辞传》）。在《周易》中，“天道”（包括“地道”）与“人道”是分开说的。天人之际固然可感可通，然而毕竟“有二”。

二、体用不二

所谓“体用不二”，是说体和用、本体和现象、实体和功能是一个东西；联系到《周易》，是说乾和坤是一个东西；进一步讲，乾坤和太极（“太易”）也都是一个东西。

在熊氏“新唯识论”中，“体用”是其核心范畴。联系到《周易》，在熊氏看来，“体”指乾元，“用”指坤元。应当承认，熊氏对“体”“本体”或“实体”的理解是相当精到的，在他看来，所谓“体”并不是西方人所理解的那样一个实在的东西、一个物、一个叫“substance”的存在；所以他说：“《易》曰：‘生生之谓易。’而又曰：‘易无体。’此明生者未尝有独存的自体可得，其旨实通《般若》。”②“故三藏十二部经中，从来没有道得实体是怎样的一个物事，只在变易法中见不变易，即说不变易名‘如’，亦即名体而已。（《大易》变易不易二义，亦是此旨）”“何谓不变？曰：以化言之，

① 熊十力：《新唯识论》（语体文本），中华书局1985年版，第535页。
② 熊十力：《新唯识论》（文言文本），中华书局1985年版，第142页。

万变之繁，万象之纷，皆有则而不可乱。此有则而不可乱者，《易》所谓‘至动而贞夫一’也，即此见不变也。”①此不变之体，熊十力谓之“恒转”，“遂为本体安立一个名字，叫做恒转。恒字是非断的意思，转字是非常的意思。非常非断，故名恒转”②。所谓“非常非断”，便是《周易》“变易不易”的意思。

然而熊氏认为，此“恒转”即“乾”。“乾”是实体和本体，“坤”是功能和现象；“乾”是心，“坤”是物。这是因为，在他看来，“乾”代表了“辟”这么一种具有本体性、精神性的积极力量，“坤”则代表了“翕”这么一种倾向物化的消极力量。他说：“我的意思，是拿乾卦☰来表示辟，拿坤卦☷来表示翕。”③又说：“《易》曰：‘乾知大始。’乾谓本心，亦即本体。”④又说：“《易》以乾元为万物之本体，坤元仍是乾元，非坤别有元也。”⑤其实，这不符合《周易》的思想。

在《周易》哲学里，乾、坤都不足以担当本体；“太极”（即“易”）才是“体”，乾坤是其“用”而已。《系辞传》说：“易有太极，是生两仪。”“两仪”即阴阳，即乾坤。太极“生”阴阳或乾坤，过去被认为是宇宙论，是在讲宇宙之生成，那是误解。后来周敦颐的《太极图说》也被视为宇宙论，其实也是误解。所谓“本体”，常有二义：一指本原，二指本质。宇宙论（Cosmology）讲本原，存在论（Ontology，亦称本体论）讲本质。《周易》中太极与两仪的问题并不是宇宙论问题，而是存在论问题。这里，乾和坤是对等的，都是

---

① 熊十力：《破破新唯识论·寅项》，中华书局 1985 年版，第 171 ~ 172 页。

② 熊十力：《新唯识论》（语体文本），中华书局 1985 年版，第 315 页。

③ 熊十力：《新唯识论》（语体文本），中华书局 1985 年版，第 512 页。

④ 熊十力：《新唯识论》（语体文本），中华书局 1985 年版，第 251 页。

⑤ 熊十力：《新唯识论》（语体文本），中华书局 1985 年版，第 568 页。

现象,不是本质。

同时,“乾坤”又是功能范畴。在这个问题上,熊十力是很有见地的。过去,谁也没有把“乾坤”与“实体和功能”联系起来过。然而,熊氏认为“乾”是实体,“坤”是功能。这是不符合《周易》思想的。根据《周易》,乾、坤都是功能,太极是其实体。这里我想指出,熊十力关于《周易》的思想,在本体论问题上,往往自相矛盾。他有时以乾为体,以坤为用,如前所述;有时却又以太极为体,而同时以乾坤为用,如说:“太极,本体之名;两仪,谓阴阳。”①“翕辟元是本体之流行,故现作此两种动势,并不是对立的两种东西。”②这是一种正确的理解(乾坤为翕辟两种“动势”,同时都是③本体之流行),却不在《新唯识论》的正文之中。

熊十力又认为,“乾”阳为心,“坤”阴为物。他讲:“夫阴者,所以表物质,阳者,所以表生命或心灵。”④照他的意思,“乾坤”表示“翕辟”两种势用,“辟”为动、为心,“翕”为静、为物。他说:“心者本体,在《易》则谓之乾。”⑤“乾卦,三爻皆奇数,吾借以表示辟。坤卦,三爻皆偶数,吾借以表示翕。翕即成物,物界是有待的,故用偶数。辟者神也,神无形而不可分割,故用奇数。”⑥这也是与《周易》思想大相径庭的。在《周易》中,乾坤关系决非心物关系。《系辞传》说:“乾知大始,坤作成物。”这话是很容易引起误解的,

① 熊十力:《新唯识论》(语体文本)附录《答问难》,中华书局1985年版,第670页。

② 熊十力:《新唯识论》(语体文本),中华书局1985年版,第512页。

③ 发表时脱“都是”二字,作者注。

④ 熊十力:《新唯识论》(语体文本),中华书局1985年版,第650页。

⑤ 熊十力:《新唯识论》(文言文本),中华书局1985年版,第104页。

⑥ 熊十力:《新唯识论》(语体文本),中华书局1985年版,第325页。

值得仔细推敲。首先要注意的是,这两句话的句子结构完全相同。“大始”和“成物”是对应的,也就是说,“大始”是说事物的开始,“成物”是说事物的完成,总之,是讲事物的过程:自物之始,至物之成。其次,这两句话在修辞上叫作“互文”,也就是说,不论乾还是坤,都是既“知”又“作”的(都是动词)。乾坤既然知作物之始、物之成,它们本身当然就不是物。乾不是物,坤同样不是物。不是物,是心否?从其能“知”“作”看,似心。其实这是一种比拟,犹如说乾坤是功能,这有“能”有“功”也是一种比拟,不能据此而断定为人心。根据《周易》,乾坤指天地,其实这里所谓的“天地”,同样既非心亦非物,而是指宇宙本体之两大基本势能。在《周易》中,乾坤、天地、阴阳是同等范畴,均非实体,而是功能。

另一点易致误解的是,乾坤意指阴阳,阴阳谓之“二气”,而“气”一向被理解为物质实体。如此看来,乾坤当然是物了。其实,把阴阳二气理解为物质实体,这实在是对中国哲学的误读。在中国哲学中,所谓“阴阳”之“气”绝不是什么实体,而是一种功能范畴。在这个问题上,熊十力的悟性确实超过许多人,在他看来,“坤”是一种功能(但他仍然认为,“乾”是实体)。其实在《周易》中,乾坤都是功能,是两种互补的“势”或“力”;它们的实体就是“太极”或“易”。对“易有太极,是生两仪”的正确理解应为:作为存在之“大全”,易或太极具有阴阳两种基本功能或势力。根据上述,熊十力讲“体用不二”,是有问题的,也与《周易》的意思不侔。《周易》既不认为乾与坤不二,也不认为乾坤与太极不二。乾与坤是阴阳两大基本势能的对立统一,乾坤与太极则是功能与实体的对立统一。

其实熊十力自己也明白,他讲的“乾坤”与《周易》讲的并不是一回事:“《新论》言翕辟,实与《系传》言坤静翕动辟之文无关。

《新论》辟字之义甚渊深广远，与《系传》言坤‘其动也辟’自不相同。《新论》说一翕字，与《系传》言坤‘其静也翕’义亦自别。”①《系辞传》讲：“夫乾，其静也专，其动也直，是以大生焉；夫坤，其静也翕，其动也辟，是以广生焉。”这里的意思是说，不论乾还是坤，都是既静也动、既翕也辟的，两者同为造成天地万物生生不息、流行不止的两种基本的对立统一力量。而在新唯识论中，则是乾主辟，坤主翕，实与《周易》大异其趣。

另外，熊十力以乾元为“心”，涉及心性问题，这也是《周易》与《中庸》共同关怀的问题。这个问题也涉及“天人之辩”。《系辞传》讲的“一阴一阳之谓道”，是讲的天道；讲的“继之者善也，成之者性也”，是②讲的人道，即《中庸》所说的“率性之谓道”。然而“继之”者，继天也；“成之”者，成天也。人之善性既能继天，且能成天，这就说明人是天的一部分，人道是天道的一部分。可见“率性”简直就是“替天行道”了。在这个意义上，人与天是相通的、统一的、“合一”的。合一但不同一，仍不可说“不二”。

三、性修不二

所谓“性修不二”，用《中庸》的术语讲，是说“率性”与“修道”并没有区别，两者是一回事。熊十力讲：“天人合德，性修不二故，学之所以成也。《易》曰：‘继之者善，成之者性。’全性起修名继，全修在性名成。本来性净为天，后起净习为人。……在《易》，乾

① 熊十力：《新唯识论》（语体文本），中华书局1985年版，第647页。

② 此“是”字，发表时误作“时”。——作者新注

为天道,坤为人道。坤以顺承天,故为善继乾健之德。"①意思是说:"性"是天性,本净;"修"是人为,由习而净。这是不错的。但他同时认为,"乾"代表性,"坤"代表修,两者"不二"。这就不对了,既不合于《周易》之意,也与《中庸》相左。

《中庸》所谓"修道",就是《大学》所谓"致知"(《礼记·大学》)。致知对人自己来说就是"知性",对自然界来说就是"知天"。所以孟子讲:"知其性,则知天矣。"(《孟子·尽心上》)因为人性便是天性。"知性"正如《系辞传》讲的"成性存存,道义之门"。"知天"则是《系辞传》讲的"仰以观于天文,俯以察于地理"。而《系辞传》所谓"乐天知命",则是兼讲这两个方面的"致知":知命即知性(认识自己;《中庸》讲"天命之谓性"),乐天即知天。《周易》其书本身便是这种"致知"的一个结果,即《系辞传》所谓"圣人有以见天下之赜,而拟诸其形容,象其物宜,是故谓之象;圣人有以见天下之动,而观其会通,以行其典礼,系辞焉以断其吉凶,是故谓之爻";"天地变化,圣人效之;天垂象见吉凶,圣人象之"。

这种"修道",显然②与所谓"率性"是大不一样的。率性是说按本性或天性行事,不假思索,不假安排。这正是《系辞传》所讲的:"百姓日用而不知,故君子之道鲜矣。"可见"率性为道"虽然也算人道,却不足以称为"君子之道"。君子之道不仅要求自发、"自在"的"率性",而且要求自觉、"自为"的"修道"。这显然是两种不同的境界。当然,"性"与"修"、"率性"与"修道"有共通之处,否则,就不可能从自发到自觉;但两者之间毕竟存在一个自觉

① 熊十力:《新唯识论》(语体文本),中华书局1985年版,第622页。
② 这里的"显然",发表时误作"虽然"。——作者新注

与否的区分,不得混同。所以,不宜简单化地讲“性修不二”。

综上所论,可知熊氏“新唯识论”不能说是“归本《大易》”的。不仅是早年的《新唯识论》,即便是晚年专就《周易》“乾坤”来阐发其思想的《乾坤衍》,也不能说是以《大易》为宗的。读熊氏书,于此不可不辨。话虽如此说,熊十力仍不失为或者说正因为如此才成为现代新儒家最富于原创性的思想大师。

我读熊十力,曾作诗一首,今录于此,以示敬意:

百年谁是出群才?唯识子真翻别裁。
儒释之间君自立,陆王而后我重来。
体用圆融一源出,物心翕辟二门开。
良苦用心有谁解?令人一读一哀哉!

儒家哲学的“三句真谛”

——《中庸》开篇三句的释读*

自治儒学以来，日久不得要领，但见歧义纷呈，难以融会贯通。近日重温《中庸》，忽觉豁然开朗，不但对儒学顿感心领神会，而且对整个中国哲学，亦觉同条共贯、殊途同归。《中庸》开宗明义，我以为“天命之谓性，率性之谓道，修道之谓教”（《礼记》）这三句话已经把儒学说透了，乃至已经把整个中国哲学说透了，堪称“三句真谛”。此说恐不免令人感到唐突，故以此文略作一番分说。

一

首先，这里做两点说明：

其一，第一句“天命之谓性”，是讲人性的形而上学依据的。然而所谓“天命为性”，是自天而言；如果自人而言，则应说是“得天为性”。得天命而成的人性，叫“德性”（德者，得也）。德性得自天，这就叫“得天为性”。不仅人，万物也都是得天为性的，此即

* 原载《中州学刊》1999 年第 5 期。

《周易》所谓“乾道变化,各正性命”(《周易·乾彖传》)。物得天而为物性,人得天而为人性。故曰:得天为性。

其二,第三句“修道之谓教”,是讲人生修养问题的。中国哲学之讲人生修养,不论儒道,还是释禅,其终极都是“天”(当然,各家对“天”的理解不尽相同,然而亦有相通之处,详下)。如孟子讲由“尽心”而“知性”,由“知性”而“知天”(《孟子·尽心上》)。其实知性本身已是一种知天了,因为性自天得,故称“天性”。“知性”是知这个小“天”,“知天”是知那个大“天”;而这两个天本来是相通的,所以才能由知性而知天。这有点像西文的“human nature”(人性),本来便是一种“nature”(自然)。人即天,人道即天道。在这个意义上应说:修道为天。

熊十力认为“性修不二”,“性”即《中庸》所谓“率性”,“修”即《中庸》所谓“修道”;“不二”言其一致、一贯。率性者率其天性,修道者修其天道;无天道则无天性,无天性亦无由修天道。但所谓“不二”的说法到底不十分贴切,修道与率性毕竟不一样:率性是《中庸》所谓“自诚(而)明”,修道是所谓“自明(而)诚”。因“性相近”(《论语·阳货》),故可以“尊德性”(《礼记·中庸》),自诚而明(由率性而明道);又因“习相远”(《论语·阳货》),故犹须“道问学”(《礼记·中庸》),“自明而诚”(由修道而知天)。《中庸》所谓“修道之谓教”,偏重于“道问学”“自明诚”;而我所谓“修道之谓天”,偏重于“尊德性”“自诚明”。毕竟明以诚为本,修以性为本,性基于天,故修亦基于天。修道既基于天(天性),又归于天(天道),故曰:修道为天。

所以,《中庸》那三句话可以复述为:得天之谓性,率性之谓道,修道之谓天。这是一个环,环上有三个点,即天、性、道;有三段弧(过程),即天—性、性—道、道—天。这三个点、三段弧覆盖了古今中外一切哲学的基本课题。

二

第一个点:天。对“天”的探索,是所谓“本体论”(狭义)的事情。所谓“本体”,包含两层意思:万物的本原(Origin),这是宇宙论的课题(详下);万物的“本质”(Essence),这是本体论(狭义)的课题。而这两者有时是不可分的,如“天”便是。这里就“天”被理解为存在的本质来看,儒道释是相通的:无论我们认为他们的看法属于哲学意义上的(或唯心的或唯物的)还是神学意义上的,都会陷于褊狭,因为“天”本身就是个非分析性的概念,既是自然(所谓“唯物”的)、理念(所谓“唯心”的),也是上帝(所谓“神学”的)。儒道释,莫不然。“天何言哉”(《论语·阳货》),“天地不仁”(《老子》),这是自然之天;“天地之大德曰生”(《易传》),这是理念之天;“天之未丧斯文”(《论语·子罕》),这是神性之天。其实它们是同一个“天”,即万有之同一本质。

第二个点:性。对“性”的探索,是所谓“人性论”的事情。这里与下面所讲的人性的来源或其形而上学的依据不同,是讲人性的具体内容及其本质的。道家认为人性(固有本然)即自然,老子多谓之“道”,庄子常谓之“天”;儒家认为人性即仁义礼智孝悌忠信等,但也认为这些都是天性,也是一种自然。儒、道都认为“性”乃“得天”,即出于自然,但两家对“自然”的理解不一样。这里我们不妨借冯友兰先生的“境界说”来加以说明。冯先生谈论了四种境界:自然,功利,道德,天地。道家崇尚“自然境界”,而儒家虽注重“道德境界”,但其最终追求的是“天地境界”。我们通常对儒家思想有误会,以为它是与自然对立的。其实不然,“天地境界”正是一种更为高级的“自然”境界，相对于“自然境界”来说，是“否定之否定”。它与道家的区别在于，道家是反功利、反道德的，儒家追求的最高境界是超功利、超道德的。儒家认为，道家那样的“自然”“是禽兽也”（《孟子·滕文公下》）；“功利”是小人的境界；“道德”也只能算是君子的境界；“天地”才算得上是圣人的境界，即孔子讲的“吾与点”（《论语·先进》）、“从心所欲不逾矩”（《论语·为政》）。两者的区别就在这一“反”一“超”之间，但两者都是自然，都是“天”。

第三个点：道。对“道”的探索，是所谓“规律论”的事情。分而论之，“道”有广狭二义：《中庸》“率性之谓道”，此“道”专指人道，为狭义（“天下之达道五”，即君臣、父子、夫妇、昆弟、朋友，也是人道）；“修道之谓天”，此“道”兼指人道与天道，为广义（“和也者，天下之达道也”，此道兼指人道与天道）。合而论之，儒家认为，人道与天道是相通的，因为人性是天命，所以人道是天道的体现。这一点对理解儒家哲学至为重要，即在“道”这个问题上尤其体现了“天人合一”的观念。

《中庸》对“天、性、道”三个“点”的把握，涵盖了本体论、人性论和规律论的范畴。

三

第一段弧：天一性。这是讲“天命”，从人来看，则是讲“得天”、讲人性的来源（即“得天为性”）。在西方哲学里，这属于宇宙论的问题，而在中国哲学中，其目的则在于揭示宇宙万物及其物性，尤其是人及其人性的生成过程。上文说“天”为宇宙万物之本质，这是中国哲学本体论（狭义）的观点；这里讲“天”为宇宙万物尤其是人之本原，则是中国哲学宇宙论的观点。中国哲学的宇宙论尤其关注人、人性的生成，追寻人之本、生之本。

不过，人们常把中国哲学尤其是儒家哲学归为所谓人本主义，其实大谬不然。中国哲学是以天或自然为本的。它虽以天为本，却是以人为天下贵、以人为目的的；它虽以人为目的，却又不是人类中心主义的。以天为本、以人为贵，此为中国哲学尤其是儒家哲学的一大特征。

人以天为本，"得天之谓性"，人们对此有误解，以为人性就是指与生俱来的本能。告子的"性无善恶"之说，即基于此。这是对"天"的含义的误读。当"天"指自然时，它有两层含义：一是当"天""人"相对（自然、社会相对）时，指狭义的自然；二是人也是天（社会也是自然）。按照老子的意思，不论在自然界还是在人类社会中，只要"无为"，便是"自然"。借用西方的说法，"天"谓"自在的"，"人"谓"自为的"，倒不在乎它是社会现象还是自然现象。社会现象就其"自在"（不为人自觉）的一面来看，也是"天"。人性的基础，既有自然之天，亦有社会之天。对孟子讲的"良知良能"，也应作如是观。天德良知并不只是先天固有的，它也包括后天从社会中获致的东西。

真正的理论困难，在于确定人性之善或恶。从逻辑上讲，如果社会有善有恶，人性也应有善有恶，因而"率性"（如孔子所谓"从心所欲"）就是危险的；反之，如果要讲"率性"，就只能坚持孟子的性善论，那就只能认为社会只有善而无恶。但事实上社会确实有善有恶，因此，解决这个理论困难的唯一出路就是：把"性"接受社会影响的方面，规定为社会影响善的一面。此"善"的方面，即所谓社会性的"天"（此类似于"人化的自然"之说；魏晋玄学所谓"名教出于自然"也是这个意思）。儒家正是这样解决问题的，他们把社会之“天”形成的“性”规定为“仁义礼智”等。所谓“仁义礼智根于心”(孟子语),等于说“仁义礼智根于天”。此即所谓“得天为性”的意思。

上述之本体论(狭义)与宇宙论两层,便构成整个存在论(Ontology,即广义本体论)。

第二段弧:性—道。这是讲“率性为道”,属于人生论的问题(上言“人性论”和此言“人生论”,通常统属所谓“人生哲学”,或者说,人生问题不能不以人性问题为基础)。用孟子的话讲,“率性”就是“尽心”。此所谓“心”指人的“本心”,就是本性。孟子说:“尽其心者,知其性也;知其性,则知天矣。”(《孟子·尽心上》)这里,“率性为道”之所谓“道”,无疑首先指“人道”,但人道亦属天道的一个部分,所以,由“率性”可以“知天”,也就是说,由尽“人道”可以知“天道”。由于人之性是天之命,类似康德所谓“绝对命令”,尽心率性便是从命,所以,率性而为,那就是“道”。

当然,正如前面说过的,“率性”的前提是“性善”论。这是孟子一派的看法,亦是儒家的主流;若依荀子的“性恶”论,那就不能“率性”,而应该“化性起伪”(《荀子》)了。但这不是儒家的正宗,即与思孟学派的《中庸》不侔。

第三段弧:道—天。这是讲“修道”,讲“修道为天”。在哲学上,这属于认识论的问题(上言“规律论”和此言狭义“认识论”,都属于广义认识论,这里,“规律论”其实只是其中的“真理论”)。此所谓“认识论”包括认知性的认识论和意向性的道德论。西哲更重前者,中哲更重后者。前面说过,由于“性相近”,便可以“自诚(而)明”,“率性”而行;同时,由于“习相远”,故亦须“自明(而)诚”,“修道”以待。这是因为:“自诚明,谓之性;自明诚,谓之教。”(《礼记·中庸》)对此,《中庸》的说法是:“诚者,天之道也;诚之者,人之道也。诚者,不勉而中,不思而得,从容中道,圣人也;诚之者,择善而固执之者也。”所谓“诚者”,就是“率性为道”,因为性乃天性;而“诚之者”,就是“修道为教”或曰“修道为天”,是乃人为。

所谓“修道”,即《大学》所谓“格物致知”。儒家认为,“修身”也就是要“修道”。首先需要“存养”、发挥自己的善性,此即《中庸》所谓“率性”“自诚明”,《大学》所谓“正心诚意”;同时需要通过一定“功夫”,从而“扩充”、发展自己的善端,此即《中庸》所谓“修道”“自明诚”,《大学》所谓“格物致知”。“致”什么“知”? 知“性”(天性)与“道”(天道)。

以上是《中庸》对“天—性”“性—道”“道—天”三段“弧”的把握,涵盖了宇宙论、人生论和认识论的范畴。由此可见,《中庸》开篇三句话具有极大的涵盖力,恰如《周易》所谓“广大悉备:有天道焉,有人道焉,有地道焉”(《周易·系辞下传》)。

四

中国哲学之独到处,不仅在于如上所述的对所有哲学课题之涵盖,还尤其在于其融会贯通之处,即能够将上述内容“打成一片”,此不是所谓“方以智”的,而是“圆而神”的。中国哲学之所以能将天地人物打成一片,是因为它始终是以“人”为其终极关怀的。谈“天”而不离“人”。这个观念源远流长,“天”字本身也透露着这个消息(小篆“天”字与“人”字同形,与“颠”字同义,表示头顶、在人之上,也就是说,天是以人为参照系的)。

“天”与“人”的沟通,在“性”(得天为性),又在“道”(人道亦是天道)。《中庸》讲“性”与“道”,其实都是在讲“人”与“天”的关系:讲"性"是说明天是人的根本,讲"道"是说明人是天的完成(不论"率性"还是"修道",都是通过"知天""事天",从而"成己""成人""成物",进而"参赞化育"的)。所以,《中庸》指出:"诚者非自成己而已也,所以成物也。""唯天下至诚,为能尽其性;能尽其性,则能尽人之性;能尽人之性,则能尽物之性;能尽物之性,则可以赞天地之化育;可以赞天地之化育,则可以与天地参矣。"这突出体现了虽然以天为本然而以人为贵的思想。

但这与其说是人类中心主义的,不如说是"自然至上主义"的,或者说,这是人类中心主义(就其以人为贵而言)与自然至上主义(就其以天为本而言)的统一。因为它既视自然(天)为万物(当然也包括人)之父母、存在之原、生命之本,又视"人"为"天"(自然)之骄子、天之最后完成,在这个意义上,离开了人,天就是未完成、没有终极意义的了。

在我看来,此即"中庸"之意。程子曾说:"不偏之谓中,不易之谓庸。中者,天下之正道;庸者,天下之定理。"①所谓"不易",是说它是常道;所谓"不偏",是说它是对天人关系的正解,既不唯天,亦不唯人,而是从这个圆或环中去凸显人,求其通,从而"得其环中","以应无穷"(《庄子・齐物论》)。此所谓"中",又有"中和"之意。《中庸》指出:"中也者,天下之大本也;和也者,天下之达道也。"那么何谓"中和"?"喜怒哀乐之未发,谓之中;发而皆中节,谓之和。"所谓"未发",即指人之"得天为性";"已发",即指人之"率性为道"。"性"正是天与人的沟通,"道"亦如"性"。这就是本文所说的"天、性、道"构成的"环",也就是朱子所说的:

---

① 朱熹:《四书章句集注・中庸章句集注》,中华书局1983年版,第17页。

《中庸》“首明道之本原出于天，而不可易；其实体备于己，而不可离”①。朱子此言，上句讲道本于天（董仲舒所谓“道之大原出于天”），下句讲天备于性（孟子所谓“万物皆备于我”）。所以，《中庸》指出：人能够“致中和”，便会“天地位焉，万物育焉”。

《中庸》开篇三句，确实不但是儒学而且是整个中国哲学的“三句真谛”。难怪朱子盛赞之：“善读者玩索而有得焉，则终身用之，有不能尽者矣。”②

---

① 朱熹：《四书章句集注·中庸章句集注》，中华书局1983年版，第18页。

② 朱熹：《四书章句集注·中庸章句集注》，中华书局1983年版，第17页。

重返中华文明“轴心时代”

——高正先生《诸子百家研究》读后*

人类思想文化至今尚未完全走出几千年前“轴心时代”确立的基本思维范式，以至于我们不得不一再地回过头去重新阅读、诠释那个时代的哲人们留下的文本。中华文明的轴心时代，就是春秋战国时期的“百家争鸣”时期。那个时代的诸子百家学说，就是“轴心时代”的文化结晶。值此世纪之交的炎黄子孙，重读这些原典，是大有裨益的。

摆在我们面前的高正先生所著的这本《诸子百家研究》①，就是这方面的一个新成果。全书三编，实分两类：下编为“考据之学”，专事“文本”原典的解读；上、中编则是“义理之学”，是对诸子思想的“诠释”。

我以为，这样的安排真可谓“切中时弊”。现今有的学人，思想很“新潮”，发论很宏阔，却是连古人的书都没读懂，就在那里高谈阔论，雄视天下，此即古人所谓“游谈无根”，“想当然耳”。这种人实在应该补补考据课，先从“读书识字”学起；至于要发表高

---

* 原载《哲学研究》1999 年第 3 期。

① 高正：《诸子百家研究》，中国社会科学出版社 1997 年版。

见，则不妨迟迟。① 另一些人则又是另一番光景，满腹诗书，满口辞章，之乎也者，子曰诗云，仿佛"高邮王父子，栖霞郝夫妇"再世；可惜没有思想，只有"思想的外壳"。这种状态令我想起扬子云的那句话："雕虫篆刻，壮夫不为。"而高正先生则兼得考据之"实"、义理之"虚"，这在今天，实属难能。

高正先生擅考据之学，其目录、版本、校勘，其文字、音韵、训诂，颇得乾嘉之遗风。观其书，乃知"实事求是"之固然。书中文字考校的例子，如1973年长沙马王堆出土的古帛书之一，人称《十大经》或《十六经》，乃是黄老学派的重要文献；高正先生认为，该帛书之题名，当属"十四经"之形近而讹，乃由战国大篆转写为汉隶时所致，由此推定此帛书并无散佚或增益。音韵通转的例子，如《庄子·齐物论》"师旷之枝策也"，其中"枝"字，旧注或训为"柱"，或训为"持"，或训为"支"，均觉未稳；据文献载，师旷其人目盲，故须拄杖探路，"枝策"便是"拄杖"之意；从音韵上考察，"枝"与"拄"声纽相同，其语义之相通亦必是其来有自的。语义训诂的例子，如对《公孙龙子·指物论》的疏解，迭出新意，多有发明。比如"指物论"之题旨，旧说"指"通"旨"，谓"概念"，"指物"谓概念与事物；高正先生解为"论认识(指)、事物(物)之关系"，就是一种新说；且能广征博引，证成一家之言，虽未必为定论，亦足以广见闻。《公孙龙子》素以难读莫解著称，高正先生的训释是很值得参考的。

此书的义理分疏、思想研究部分也是颇见功力的。例如《诸子百家概要》一章，是对中国轴心时代的一个宏观全景描写。这种描写在这样狭小的篇幅里是很难驾驭的，高正先生却显得相当

---

① "迟迟"发表时被编辑改为"迟点"，今据原稿订正。——作者新注。

从容自如，从百家之说的渊源、缘起到各家之说的师承、特色，评析曲直，有点有面，提纲挈领，实非一日之功，必属十年之剑。不过，我对此书设立“诸子百家之学的终结”，而把“儒家”置入其中，又把董仲舒放入其内，总觉不妥。倘以儒家为百家之一，则百家之学何尝终结？而董仲舒之学，尤不可谓为儒家之终结。在我看来，董学乃是儒学的第一次历史大转型（儒学的第二次大转型，肇始于近代康有为）。对此，有机会时再请教于高正先生。

我个人对《稷下学派论“心”》一章尤其是“孟子论‘心’和‘浩然之气’”一节，颇感兴趣。孟子之学最重本心，所谓“求其放心”“存心”“尽心”“养心”“养吾浩然之气”。高正先生对此所作的评析疏通，实获我心。惜乎尚有意犹未尽之感，可能是限于篇幅吧？他日得间，自应当面讨教。

《荀子的生平和思想》一章则是相当翔实的。尤其是书中指出的，荀子虽然非常重视“明分使群”之“礼”，但是并不赞成宗法制度，这确实是真知灼见。荀子主张礼法兼治、王霸并用，提出“隆礼尊贤而王，重法爱民而霸”。这“贤”与“法”跟其他儒家人物所提的“贤”与“法”是大有区分的，毋宁说可以与法家、墨家相通，不可不辨。

由荀子之说，我不禁想到高正先生在《先秦道家思想评议》一章中提出的一个思想，我以为那是此书“义理”中最中肯的东西，即他对中国社会“历史周期律”的探索。中国传统社会总是在一治一乱的周期性动荡之中循环停滞，高正先生认为这是宗法制度固有的规律。道家反对宗法制，固然不错，但反对一切等级制形式，这就陷于偏颇了。在这方面，荀子的“明分使群”、墨子的“尚贤”更为合理，因为根据系统论的观点，任何社会都是需要某种等级结构的，不仅古代社会，现代民主社会亦然；导致“历史周期律”

的主要原因，不在等级制，而在宗法制。把现代民主制与“等级制”联系起来，给以现代系统科学的解释，从而寻求摆脱中国社会“历史周期律”的途径，不仅在理论上给人耳目一新之感，而且显然具有重要的现实意义。

由于高正先生兼考据与义理之功，也就能有一种独到的视角。例如清代朴学，其考据成就是世所公认的；然而对其义理蕴涵，人多轻易鄙薄，以为但有学问，而无思想，似乎用得上那一句名言：“这尊雕像多美啊！可惜没有灵魂！”高正先生却做了一篇《清代考据家的义理之学》，详论考据家的义理之盛，凿凿言之，不由你不信服。

总之，高书的成功，如本文题目所言，当得益于“重返中华文明‘轴心时代’”①的历史需要。当然，“重返”不是“发思古之幽情”，而是有益于当下的文化建设。这就是“正本清源”。克罗齐所谓“一切历史都是现代史”的论点，正体现了建立在“正本清源”基础上的自我意识。②“本”不“正”，“源”不“清”，“历史”的“文化”或“文化”的“历史”又怎能成为“信史”？历史虽然留下某些遗憾，但能认真对之实事求是地加以总结，不正有助于后来者扬憾存正、继续前进吗？

① 发表时脱“文明”二字，今据原稿补正。——作者新注。

② 发表时作“自我意识史”，多出一“史”字，今据原稿删除。——作者新注。

雷锋精神的中国传统文化蕴涵*

雷锋精神曾经激励了中国大陆的几代人，至今仍是主流意识中某种崇高精神品格的象征。据说西方国家也很注意雷锋精神，例如美国著名的西点军校，就将雷锋精神作为军人品格的楷模。那么，究竟何谓“雷锋精神”？虽然人们对此已经有过许多诠释，但至今未必能说对它已经有了足够深刻的认识。这里，我只想谈一谈雷锋精神作为中国传统文化精神的一种特定体现及它所蕴涵着的中国传统的精神基质。

雷锋曾说：

> 人的生命是有限的，可是，为人民服务是无限的。我要把有限的生命，投入到无限的为人民服务之中去。

从《雷锋日记》中抄录的这段名言，是我们许多人耳熟能详甚至自幼就会朗朗背诵的。但是，人们未必领悟到了它深刻的内涵。你恐怕想不到，雷锋在这里所思考的，竟然是古今中外许多

---

* 此稿写作于1999年，未刊。文章思考“生命存在”问题，意在探讨中国文化传统尤其是儒家文化传统中“不朽”观念具有的特质及其在现代中国人精神生活中的表现形式。

哲学家、思想家都在苦苦思索的一个重大问题，那就是生命的有限性与无限性的矛盾问题，即生命存在的“速朽”与“不朽”问题。这实在是人生哲学的一个根本问题，因为，哲学本质上是“人学”，其核心就是人生的意义和价值问题。

个人的生命是短促而有限的，正如曹操所谓“对酒当歌，人生几何？譬如朝露，去日苦多！”（《短歌行》）这是古往今来一直困扰着人们的一个严重问题。从凡夫俗子，到帝王将相、圣贤豪杰、文人骚客，人们一直企图找到一条能够超越生命的有限性以使生命无限的途径。而尤为令人惊异的是，古今中外的人们，几乎不约而同地采取了一种共同的态度，就是把自身有限的生命存在投入到某种无限的对象之中，以求“不朽”。这种“投入”，其实就是哲学和宗教的“超越性”(The Transcendental)的体现：人作为超越者(Transcender)，天生是一个形而上学的存在者；他总要选择一个投入的对象，这个对象总是一个超越性存在(Transcendence)。区别仅仅在于他们选择了不同的投入对象而已。

宗教就是一种极为典型的克服人生命有限性的超越努力。但它选择投身的无限性对象，乃是一种“彼岸”世界的存在。例如西方宗教选择了上帝、天国；作为中国本土宗教的道教，选择了神仙、仙境。人通过“修炼”而成仙，就能升入彼岸仙境。上帝是永恒的，神仙是长生不死的，天国、仙境都是不朽的境界。佛教企图超脱“生死轮回”，其实也是出于同样的超越动机。例如密宗所谓“即身成佛”，更与道家的成仙相通。另一方面，宗教的超越必须设定一个自身不朽的主体，那就是对“灵魂不灭”的预设。但是，例如从东汉王充作《论衡·论死》以来，随着无神论思想的发展，越来越多的人逐渐感觉到，宗教的超越主体只是一种海市蜃楼式的幻影，是一种真正如佛教所说的“无我”或者“空”的东西。雷锋所说的"一个人的生命是有限的",正说出了人们好不容易才明白的一条极为朴素平凡的真理。

哲学其实也是一种克服人生命有限性的超越努力。但它选择的投身对象,与宗教的大异其趣:不是虚幻的,而是实在的;不是信仰的,而是理性的。为此,我们不妨考察一下中国的两大哲学传统,即儒家哲学和道家哲学(注意,不是道教哲学)。

道家哲学的核心问题正是个人的生命问题。① 所以,后来的追求长生不老的道教,才会把道家的鼻祖老子引为自己的祖师爷。换句话说,道家的宗旨就是所谓"道之真,以持生"(《吕览·贵生》)。道家哲学坦然地承认,人(个人)的生命是有限的,"天地尚不能久,而况于人乎?"(《老子·第二十三章)然而"道"是无限的,人一旦"得道",就能够"长生久视"(《老子·第五十九章)。而道家所谓"道",源出"自然",所以,人要想"摄生""达生"即通过求道而获得永恒,达到那种"天地与我并生,而万物与我为一"(《庄子·齐物论》)的境界,唯一途径就是:"人法地,地法天,天法道,道法自然。"(《老子·第二十五章》)翻开《老子》《庄子》,发现其中充满了对人的生命的忧虑、思索、终极关怀;而不论是老子的"绝仁弃义""绝圣弃智""致虚极,守静笃"(《老子·第十九章》《老子·第十六章》),还是庄子的"逍遥""坐忘""堕肢体,黜聪明"(《庄子·大宗师》),说到底,就是教人通过效法自然、与大自然"玄同",以达到某种无限的超越境界。

应该说,道家哲学对个人生命、个体价值的看重,有它的现实

---

① 参见拙文《老子哲学:生存之道》,载《四川大学学报(哲学社会科学版)》1998 年第 2 期;《生命结构与和合精神——周易哲学论》,载《社会科学研究》1998 年第 1 期。

意义。但它有时不免走向极端，导致杨朱那样的“重己”“贵生”乃至“一毛不拔”的绝对利己主义。而更大的问题是，大自然固然是一种无限性的存在，“先天地生而不为久，长于上古而不为老”（《庄子·大宗师》），但是，它在本质上毕竟并不是“人的存在”。这种“无知无欲”的大自然的无限性，充其量不过是物理学所谓“物质不灭定律”那样的无限性。道家那种“圣人之生也天行，其死也物化”（《庄子·刻意》）的追求，获得的只是自然物的无限性，而非人本身的无限性。这样的无限性，其实恰好是对作为一种社会存在的人本身生命存在的否定。实际上，老子、庄子之所以不朽，恰恰是因为他们自己从事的是一种非自然的行为，即因心忧天下生民而著书立说——此即儒家所谓“立言”。

儒家哲学同样关注个人生命问题，但它选择投身的超越性存在对象不是人以外的自然，而是人本身；但又不是作为个体的“我”、个人，而是作为群体的类、社会，即如孙中山所说的“人民的生活，社会的生存，国民的生计，群众的生命”（《三民主义·民生主义》）。即便是儒家强调的“修身”，其目标也是“齐家、治国、平天下”。个人是有限的、速朽的，家、国、天下——人的群体才是无限的、不朽的。保证群体永存的法则，就是仁、义、礼、智、忠、孝等群体伦理原则。于是，儒家认为，通常情况下的“仁者爱人”“克己复礼”（《论语·颜渊》），极端情况下的“杀身成仁”（《论语·卫灵公》）、“舍生取义”（《孟子·告子上》），就是用以超越生命的有限性、实现生命无限性的恒定法则。

儒家的这种人生哲学显然比道家的更“实用理性”，因为他们追求的不是那种非人化的自然无限性，而是人本身的人文无限性。当然，儒家哲学在人的问题上也不是没有缺陷的，例如有时把个体与群体的对立推向极端，以至无视个人的价值，乃至要求

“存天理，灭人欲”①。严格说来，这是有违儒家哲学的初衷的。当孔子说“君子疾没世而名不称焉”（《论语·卫灵公》）的时候，他的出发点正是对个体生命存在意义与价值的追求。

儒家哲学的一个更大缺陷，在于它选择投身的超越对象，其无限性仍然是可以令人质疑的。如果按马克思主义的历史唯物主义的观点来看，一般家庭、国家其实只是历史的具体的存在，未必堪称永恒不朽；儒家所说的“家”“国”“天下”，具体指的是古代宗法制度下的社会存在，如今早已寿终正寝了。那么，人本身究竟可不可能具有某种意义的无限性？

直到雷锋所处的时代，具有无限性的生命存在才被定位于“人民”。在汉语里，“民”或“人民”的概念曾经历过三大发展阶段：最初，它们往往泛指人类；后来，它们被用来与“君”“官”之类相对而称，如“民贵君轻”（《孟子·尽心下》）、“亲民”或者“新民”（《礼记·大学》）等；如今，“人民”再一次获得了普遍性的意义，一切享有公民权的人，都是人民的一员。所以，在这个意义上，“人民”所指的就是人类存在。因此，只要人类存在，人民就是永恒的，就是人生命的唯一无限性存在。这可以称之为生命无限性问题上的“人民本位”（郭沫若语）原则。雷锋所说的“为人民服务是无限的”，正是基于对“人民”这个群体生命的无限性的确认。

当然，从科学的观点看，人民、人本身也不是永恒的，例如，其永恒与否取决于适合人之生存的地球环境存在的久暂；但是这样一种“科学”的理解，对于哲学来说恰恰是不存在的或者无意义的，这就正如孔子所说：“未知生，焉知死？”我们应警惕的只是：

---

① 这是宋代理学的一个重要思想。

“人民”可能被抽象化，具体的人民在这种抽象化中被抽空了。于是我们可以看到，现代历史上出现过种种以“人民”的名义进行的反人民、反人类的罪行。这似乎也是有某种必然性的，因为类概念本身就是抽象的结果，而抽象正是对具体的否定。“人民”作为人的类存在、作为对人的抽象，是蕴涵着这种危险性的，需要我们保持高度警惕。

个人将有限的生命投入到无限性的存在之中，而实现自身无限性的具体形式多种多样。儒家传统的说法中有所谓“三不朽”：立德、立功、立言。《左传·襄公二十四年》：“大（太）上有立德，其次有立功，其次有立言，虽久不废，此之谓不朽。”关于立言，曹丕的《典论·论文》中有经典的表述。曹丕认为文章是“不朽之盛事”；“年寿有时而尽，荣乐止乎其身”，“未若文章之无穷”。立功也是古来贤臣良将努力追求的人生目标，如范仲淹所云“浊酒一杯家万里，燕然未勒归无计”（《渔家傲》）。至于立德，古人以为这是“三不朽”中的最高层次，是圣贤的事，非凡夫俗子所能及。但是今天看来，这应该是人人力所能及的事情，因为平常的敬业乐群、与人为善、扶危济困、见义勇为等，无一不是立德。雷锋平凡短暂的一生，便是立德的典范；而《雷锋日记》为人传诵，这更是孔子所谓“有德者必有言”（《论语·宪问》）之谓了。

但是传统的“三不朽”说未能明确应该为谁立德立功立言的问题。王熙凤抽到的一支签上说：“蜂采百花成蜜后，为谁辛苦为谁甜？”（《红楼梦》第一〇一回）不解决“为什么人”的问题，就不能避免有人无耻之尤地声称：“不能流芳百世，也要遗臭万年。”①由此可

① 《资治通鉴·晋简文帝咸安元年》：“大司马温……尝抚枕叹曰：‘男子不能流芳百世，亦当遗臭万年！’”

见，人的生命无限性问题还涉及善恶之分的问题。如果说“流芳百世”是一种“善无限”，那么“遗臭万年”就是一种“恶无限”（借用黑格尔语）。恶无限的恶性膨胀，往往会对他人、人类社会造成极大的危害，因而恶无限本质上是对人类生命无限性的破坏。例如希特勒其人，就是一个追求恶无限的标本。因此，只有善无限才是生命存在的真正的无限性。而“雷锋精神”——一言以蔽之，就是“全心全意为人民服务”——这是对善无限的最高概括。人民是无限的、不朽的，因而为人民服务也是无限的、不朽的。不论为人民干惊天动地的大事，还是为人民做平凡琐细的小事，都是个人超越生命的有限性、达到生命无限性的正确途径。

当然，雷锋不是思想家。他是一个行动者。但是，当他说“人的生命是有限的”时，他无疑说出了无神论哲学历经数千年磨难才赢得的一条朴素真理；当他说“为人民服务是无限的”时，他无疑说出了更加来之不易的一条真理；而当他说“我要把有限的生命投入到无限的为人民服务之中去”的时候，他无疑已经做到了以上两条真理的“合题”，达到了哲学终极关怀的极致、人生感悟的最高境界。

中国之自由精神*

人天生爱自由。法国哲学家保罗·萨特说:“人是被判定自由的。”这就是说,自由是人无可逃避的宿命。法国作家罗曼·罗兰说过:“不自由,毋宁死!”按卡尔·马克思的理解,自由乃是人的类本质。马克思最崇高的社会理想,就是一个“自由人联合体”。

但人并不总是自由的。人常感不自由。

然而人按其本性仍然是自由的。人要自由:个人要自由,群体要自由,民族要自由,人类要自由。

我们写这本书,为此。

因此,自由乃是一种超越的追求——超越时间历史,超越空间地域。

但超越性存在于现实性之中,超越性的自由追求存在于历史性的自由追求之中。我们今天不能去追求飞出太阳系,正如古人不能去追求登上月球。“嫦娥奔月”的故事当然很美,但那只是文学的想象。而“夸父逐日”饥渴而死的悲剧,正揭示了自由的界

---

* 此文是我为《中国之自由精神》一书写的《导言》。此书隶属于我主编的“追寻中国精神丛书”(四川人民出版社 2000 年出版)。此丛书一套四种,这本《中国之自由精神》是由黄德昌等人撰写的。

限。自由本身就是一个矛盾——有限性与无限性之统一。无限的自由是由一系列有限的自由构成的，而这一系列有限当中的最后一个有限就是无限。所以，自由是人的“太极”。这就叫作“无极而太极”，“太极本无极”。

自由的现实性、历史性，就是每一个人置身其中的、具体的时空条件。

我是一个中国人，一个20世纪的中国人。——这就是我的历史性、现实性，这就是我的具体的存在，是我追求自由的边界。

“我是一个凡人，我只追求凡人的幸福。”

20世纪的中国人，追求20世纪中国人的自由。

20世纪中国人的自由追求是由“五四精神”界定了的。

何为“五四精神”？人们肯定首先想到“德先生”和“赛先生”——民主与科学。OK！这两位先生，是20世纪的宠儿。但我时常感到，他们只不过是皮影戏上的影子，纵然活泼生动，煞是好看，到底还是傀儡，是受“看不见的手”操纵的。

是谁在操纵德先生和赛先生？原来幕布背后还有两位：自由主义，民族主义。是他们在那里扯着线、摆弄着皮影。

追求民主，即追求人对人的自由；追求科学，即追求人对自然界的自由。总之，民主与科学不过是自由意志的工具而已。

“五四”追求谁的自由？中国人的自由。但所谓“中国人”不是各自孤立的“自由离子”，而是结成种种“团块”的混合物或者化合物——家庭、行业、阶级，等等。最后的一个最大的团块，就是我们称作“中华民族”的那个。称之为“混合物”或“化合物”其实是不恰当的，因为它是个庞大的生命体。它要生存，它要发展，可是受到了外来的阻扼——西方列强的压迫剥削。

于是就有了民族主义，就有了自由主义。

所以,“五四精神”就是追求民族的解放、自由的实现;合起来说,就是追求民族自由。

说到20世纪中国人对自由的追求,就不能不说到20世纪中国的自由主义思潮。中国自由主义的追求,正是我们时代精神的一种体现。然而我们不能不指出,中国的自由主义从来是很不成功的。何以故?这正是本书想要探讨的疑问之一。

我们把中国自由主义的不成功归为“两大脱离”:脱离现实,脱离传统。

中国自由主义的脱离现实,表现在他们对中国的国情很不了解。他们以西方资本主义发展道路的模式来看待处理中国的问题,殊不知中国当时的情况与西方早期资本主义发展时所处的情况实在相去甚远。简单来说,以中国当时的落后,去实行一种如西方式的自由资本主义制度,与西方发达的列强作一种“公平”较量,言重一点,那简直就是要置中华民族于死地。历史已经证明,最了解当时中国之现实需要的是中国的马克思主义者。当时的中国需要权威的政治、统制的经济、坚强的军事、统合的文化,否则便不能形成一种高度的凝聚力量,来以内扫封建势力、外挡西方列强、抵抗发达资本主义的压迫剥削,从而发展民族经济、实现民族振兴。不过,这些对本书来说都是题外话。

本书的出发点是揭发中国自由主义的严重脱离传统。他们“误读”了西方自由主义,以为人家是通过全盘彻底反传统来为资本主义的发展扫清道路的。西方自由主义当然有反传统的一面,但他们在更深的层次上继续发扬了西方的“二希”传统(古希腊罗马传统、希伯来文化传统)。中国的自由主义者不了解这一点,结果大反中国传统、大搞全盘西化。他们不知道,只有植根于民族文化传统土壤之中的自由理念,才有可能生根发芽、茁壮成长。

可是他们对此浑然不觉，对自家民族的文化传统欲置之死地而后快。这样一来，其结果如何就可想而知了。然而直到今天，中国的自由主义者们似乎仍然没有意识到这一点。在他们眼中，中国的传统与自由的理念竟是生冤家死对头。

呜呼，可悲也哉！

现代性之所以必须植根于传统性，还在于我们这个时代实在是一个民族主义的时代。

人类的历史就是两种主体（个体和群体）活动的历史。而整个近代以来的历史——全世界的现代化进程，就其“主体意识”而言，也是两种：个体意识就是个人主义，这主要表现在国内问题上；群体意识就是民族主义，这主要表现在国际关系上（如果在国际关系上，把一个民族国家视为一个个体，则民族主义就其本质而言还是一种个人主义或个体主义；结果我们看到，现代所谓“国际关系准则”往往正是个人主义原则的扩大而已）。这是理解现代历史的一大关键，是解开历史之谜的一把钥匙。在国内，个人主义的表现就是自由主义，要求个性解放，所以要反封建；在国际，民族主义的表现却有两种情形：一方面是先发展国家的帝国主义扩张，另一方面则是后发展国家的民族解放运动。

正因为现代化是民族主体的活动，所以它是民族性的。换句话说，民族性是现代性的一个函项。现代性当然具有世界性或全球性，但它首先是民族性的。这就是为什么现代历史是民族主义历史的原因所在。今天，对于我们来说，尤其应当注意研究“现代性的民族性”问题。

由此可见，自由主义作为现代化的一个侧面，是绝对不能脱离民族传统的。民族传统也应该是自由主义的一个函项。这不仅是理论上的推导，也是西方自由主义运动的历史事实。一个民族的哪怕是最“现代”的自由理念，也必须从这个民族的历史文化传统精神当中引导出来。在这个问题上，中国的自由主义者是一肚皮糊涂账。

于是，这里就涉及对传统的理解问题了。

传统不是定做的生日蛋糕，既经制作完成就不可改易，时间一长就发霉发臭。传统乃是一个活的生命体，它的许多方面都可以随时因势而变，如一个人，不仅四季衣衫可变，而且毛发肌肤、体格高矮，乃至知识涵养，也都在变；它的主体性却一以贯之。这叫“江山易改，禀性难移”。反过来说，正由于它的能变，它才能够生存发展下去。用中国话来讲，这叫“有经有权”，“能屈能伸”。传统犹如一条“变色龙”，它能随环境色调的改变而改变自身的颜色，赖此生存下去、成长起来；但它“万变不离其宗”——它还是那条变色龙啊。

这里的问题在于我们用以分析传统的思想方法。我在“主编琐语”中已说过，我们的方法就是“二重分析”：既要看到传统之特殊性、历史性的一面，又要看到传统之普遍性、超越性的一面。这就是关于传统的辩证法（在一些人的心目中，辩证法如今似乎不再那么吃香了，但我仍然执迷不悟、痴情不改）：超越性便体现在历史性之中。所以，我很赞同冯友兰先生当年曾经遭到猛烈批判的“抽象继承法”。超越的东西正是抽象的。所谓“抽象”并不是说玄乎其玄、不可捉摸，而是说它是已抽去了具体的、特殊的历史内容之后保持下来的精神。唯其如此，它才能够超越时空。

而且，传统是开放的，不是封闭的；传统不是一成不变的，是在不断“生成”中的。传统犹如长江大河，滚滚向前：沿途吸纳百川，由此发展壮大；纵然发生河道改易，水质变换，它仍然是长江大河；虽然其水最终汇入大海，融入大洋，长江大河依然自在。

中华民族的文化传统，便是这样的长江大河。

中华民族的自由传统，便是这样的长江大河。

中华民族的文化传统中，竟然有自由的传统吗？咳，这是怎样的问题！难道中华民族不是一个热爱自由的民族？难道中国人民生来患有“恐自由症”的先天缺陷？岂有此理！

可是，中国的自由主义者们往往就是这样来看待我们的文化传统的。在他们看来，传统文化是自由的天敌，作为中国传统文化主流的儒家思想更是自由的枷锁、扼杀自由的罪魁祸首。所以他们激烈反传统，要全盘西化。他们要“打倒孔家店”，要与我们的传统“彻底决裂”。

但是，他们搞错了。中华民族是有自由传统的，儒家思想是有自由传统的，道家思想、佛家思想也都是有自由传统的；儒家追求“入世的自由”，道家追求“忘世的自由”，释家追求“出世的自由”。

“入世的自由”是儒家追求的最高境界。

所谓“入世”，就是对现世生活持一种积极的态度：投身其中，参与其中，负起责任来，担起义务来。所谓“入世的自由”，就是绝不逃避现实，而是从负责任中求自由，从担义务中求自由。你当然也应该行使自己应有的权利；但权利的确切定义应是义务与责任。你有做父亲的权利，那是因为你尽做父亲的责任。自由并不在生活之外，而就在生活之中。真正“如其所是”的生活，便是自由的生活。你是一个丈夫，你就得像一个丈夫；你是一个妻子，你也得像一个妻子。你是20世纪中国的一个男人，你就应该如其所是；你是20世纪中国的一个女人，你也应该如其所是。你如果不是如其所是地生活，你就不可能是自由的。

当然，仅仅如其所是地生活了，还不是自由的，至少还未达到儒家追求的自由,还未达到应有的自由境界。儒家对从生活中求自由,还要求“自觉”。动物就是如其所是地生活的,但那不是自由。你必须“意识到”你是在如其所是地生活,这才是自由的境界。

“我是人,我过的正是人的生活。”——你自由了。

“我是母亲,我对儿女之爱正是母爱。”——你自由了。

“我是自然之子,我对自然的态度正如‘孝敬’。”——你自由了。

自由就是你对自己如其所是生活的“觉悟”。

所谓“如其所是”,就是在现实中的合乎本性的生活。所以,你得既意识到自己的本性,又意识到实现这种本性的现实。二者缺一不可。例如“爱”(广义),儒家所谓“仁”。“仁”是一种能力,就是“能爱”。你要意识到,能爱,这并不是别人强加给你的要求,而是你自己的本性。否则爱就成了你的一大负担,哪里还有自由之感?所以孔子说:“我欲仁,斯仁至矣。”不是人家要我“仁”,而是“我欲仁”。儒家认为:“仁者爱人。”又说:“仁民爱物。”爱一切人,而且爱一切物。这似乎是一种“泛爱”“博爱”。但这不对,因为你忘了现实问题。例如在宗法社会里,泛爱或博爱是不能自由的(你爱别人的妻子吗?像爱自己的妻子一样吗)。所以,当时讲“兼爱”即泛爱的墨家不能成功,几成绝学。而儒家当时讲“爱有差等”,这也是说,爱的程度是有亲疏差别的。这种差别,就是所谓“承认现实”。

孔子自述一生自我修养的经过,就是儒家追求自由的一个写照:“吾十有五而志于学,三十而立,四十而不惑,五十而知天命,六十而耳顺,七十而从心所欲,不逾矩。”这里共有三个阶段、三种高低不同的境界:“三十而立”只是能够安身立命、如其所是地生活;“四十而不惑”则已经意识到其本性之“然”(知道是“我欲仁”);“五十而知天命”则更进一步意识到其本性之“所以然”(知道是“天性”“天良”,即所谓“天命之谓性”)。此一阶段又可以再细分为三种境界:“知天命”还是“有意识”的,还不觉得真正自由;“耳顺”,即感觉自由自在得多了,不再那么勉强;“从心所欲,不逾矩”,即真正彻底自由了、自在了。一方面“不逾矩”,不违礼犯规,不违法乱纪;一方面却感到“从心所欲”,率性而为,随意而行,一如自然,不假安排。这就是儒家理解的真正的、现实的自由境界。

道家则追求一种“忘世的自由”,或者“避世的自由”。

“避世”就是回避现实,“忘世”就是忘怀现实。因为在道家看来,现实生活是一种羁绊、桎梏,是不自由;甚至是一种迷误、罪恶。所以他们要避开现实,要忘却现实。因此,道家喜好隐遁:或隐身草莽,或遁迹山林。他们厌弃人世间,向往大自然。

但“避”和“忘”还是有所不同。避未必能忘,忘也不一定要避。故有人说:“小隐隐于野,大隐隐于市。”我说:小隐于野,中隐于市,大隐于朝,至隐于心。隐于心,便是“忘”;倒不在乎官居何位,身在何方。所以,庄子最讲一个“忘”字,如“坐忘”“相忘于江湖”等。当然,能避则避,眼不见,心不烦;但人有时身不由己,未必能避得开,这个时节,就要能忘。“得意忘形”,那是道家的崇高境界。所谓“得意”,就是“得道”或者“知道”了,明白了,彻悟了;所谓“忘形”,就是忘掉了“肉”、躯壳物欲,摆脱了“臭皮囊”的束缚。由此可见,道家尤其是庄子,追求的乃是心灵的精神自由。

所谓“得道”或者“知道”,那个“道”是什么?老子讲过:“道法自然。”在道家的词典里,“道”就是“自然”,也就是“自由”。但道家说的“自然”,不完全等于我们今天所谓“自然界”。自然界当然是“自然”,但人也是或者说应该是“自然”。道家的“自然”不是一个单词,而是一个词组,意思就是“自己如此”。自然界是自己如此的,人也该是自己如此的,既没有上帝的安排,也没有人类社会当中的种种矫揉造作。自己如此,也就是“天性”或“本性”。

话说到这里,我们发现:道家跟儒家原来竟差不多,都是“天性主义”。确实,在我看来,儒家和道家分别达到最高境界时,就是相通相契的了。

至于佛家,追求“出世的自由”。在他们看来,人间是“苦海”;不特如此,整个“三千大千世界”,包括他们想象出来的种种世界,都是在苦难中遭遭“轮回”,超脱不得,哪里存在些许自由?一切事物,所有存在,都不过是“因缘”凑合而成,哪有什么自我?既无自我,谁有自由?

不过,我们应当注意:我们在这里所谈论的,是什么样的佛教?是中国的佛教,而非印度的佛教。中国的佛教,最典型的是禅宗。禅宗的思想,在我看来主要是有三大来源:佛教传统自不消说,就来自中国的资源看,一是孟子一系的心性论,一是庄子一系的天性自然论。其结果是,禅宗同样诉诸自心本性。禅宗作为佛教中国化的最终成果,实在是儒与道交互影响的产物。

所以,理解了中国的儒、道,也就不难理解中国的佛教了。

儒、道、释的自由追求之会通,便是中华民族的自由精神传统。这个传统既追求群体的自由,又追求个体的自由;既追求现实的自由,又追求理想的自由;既追求人身的自由,又追求精神的自由。

中华民族的自由精神,在不同的时代有不同的历史表现形式;这些不同的形式,却是对同一个超越精神或“绝对精神”的贯彻。我这是用黑格尔的话语来说明传统的，我觉得这有助于我们把握历史性与超越性之关系。文化传统中超越的东西，有如那个作为“一”的“绝对精神”；传统中作为“多”的历史的东西，便是这个绝对精神的自我展现。所谓历史就是这个绝对精神不断自我超越的过程。这种超越便是自由。

当然，我在这里所说的不是黑格尔的那个“绝对精神”，而是我中华民族的主体精神。在这个意义上，中华民族的超越精神，与其说是黑格尔式的“绝对精神”，毋宁说是更接近于康德式的“自由意志”。康德的自由意志不是神的意志，而是人自己的意志；不过，他那意志的超越形式缺乏一种表现为必然性的自我展现的历史内容。它仅仅是抽象的绝对形式，缺乏具体的历史内容。而在这方面，黑格尔就要高明得多。

中华民族主体的自我超越精神体现了“中国自由精神”。它在不同的时代，展现为不同的历史形式；而在不同的地区，展现为不同的地域形式；又在不同的学派那里，展现为不同的思维形式。但它只是一个主体精神，此即所谓“道通为一”。庄子曾经感叹道：“道术将为天下裂！”其实这用不着感叹，“为天下裂”正是为“一”之道的自我展现为“多”。但同时也不应忘记，这种多本是一。所谓“月映万川”，理应如此理解。如果说在中华文化传统中确有一个所谓“道统”存在，那么这个道统就是我们所说的“中国自由精神”。

正因为文化传统的超越精神需要历史地展现，才存在一个顺天应人、随时变革、与时俱进的问题。所以，中华民族的文化传统需要进行“现代转换”。所谓“文化传统的现代转换”就是那个一以贯之的民族主体的超越精神，面对新的时代条件，应有一个新的历史展现。用人们常有的说法，叫作“继承发展”或“推陈出新”:继承民族传统的超越层面之“陈”,以发展出民族文化的历史内容之“新”。

从这层意思上看,现代新儒家“返本开新”的愿望是应该给予肯定的。问题在于应该如何理解这“本”与“新”以及本与新之关系。如果仅仅以儒学乃至宋明儒学乃至宋明心性之学为本,那未免太狭隘了;如果仅仅以“民主”“科学”为新,那未免太单薄了;如果仅仅一厢情愿地虚构一个诸如“良知自我坎陷”之类的神话,以沟通本与新,从所谓道德心开出民主与科学,那未免太笨拙了。我这里所表示不满的,正是现代新儒家的所谓“内圣开出新外王”的思路。所以我要说,在今天,谈超越精神的“现代性转换”形式,首先要超越的就是现代新儒家。

这当然不是一件很简单容易的事情,现代新儒家确实代表了中国传统的现代性转换的最高水平。但我们也要看到,现代新儒家确有不少“先天不足”的地方。例如,他们的视野太窄,只知“道德主体”,不知认知主体;精于“内圣之学”,疏于“外王之学”;只以宋明为据,不以整个儒学为据;只以儒家为宗,不以整个中国文化传统为宗。再者,他们的胸襟太狭,贬低“西学”,盲崇“中学”;不仅拒斥马克思主义,而且拒斥自由主义等。如此等等,都注定了现代新儒家是不可能真正实现中国文化传统的现代转换的。

所以,我以为,今天我们所面临的一个重要现实任务就是:超越新儒家。

所以,本书的两大任务是:不仅批判中国自由主义,而且批判现代新儒家;既批评前者的脱离传统,也批评后者的拘守传统。

是吾所愿,言不尽意。

五四的自由理念*

一、是谁在德先生和赛先生的背后？

在中国，即将过去的二十世纪实在是一个天翻地覆的时代，其间上演了多少刀光剑影的政治军事斗争、唇枪舌剑的思想文化斗争的活剧！如果说，此间有哪一次斗争对整个二十世纪产生了最广泛最持久最深刻的影响，我们不得不说：五四运动①。

这场思想文化斗争是如此深刻地影响了20世纪的中国，以至直到今天，乃至可预见的未来若干年，我们仍然不得不在五四运动所划定的思想文化格局内去思想、去行动。因此，“五四”是值得我们去反复咀嚼回味的。我们必须不断地根据新的经验，对它发出新的询问。这里，我想提出这样一个问题：

五四运动何以会发生？什么是五四运动的精神原动力？什么是它的真精神？

对此，恐怕许多人会立即做出反应：“德先生”（民主“Democra-

---

* 此文是我为黄德昌教授主持撰写的《中国之自由精神》一书写的第一章。该书属于我主编的“追寻中国精神丛书”（四川人民出版社2000年出版）。

① 所谓“五四运动”有二义：一指1919年5月爆发的那场政治抗议运动；一指那场“五四”前后持续十年的思想文化运动，史称“新文化运动”。本书通常指后者。

cy”)和“赛先生”(科学“Science”)——民主精神与科学精神。诚然,五四运动的基本精神中包括民主与科学。对此,早在1919年春,这场伟大运动的精神领袖陈独秀在他那篇著名的《〈新青年〉罪案之答辩书》中便已“布告天下”:

> 他们所非难本志的,无非是破坏孔教,破坏礼法,破坏国粹,破坏贞节,破坏旧伦理(忠、孝、节),破坏旧艺术(中国戏),破坏旧宗教(鬼神),破坏旧文学,破坏旧政治(特权人治),这几条罪案。
>
> 这几条罪案,本社同人当然直认不讳。但是追本溯源,本志同人本来无罪,只因为拥护那德莫克拉西(Democracy)和赛因斯(Science)两位先生,才犯了这几条滔天的大罪,要拥护那德先生,便不得不反对孔教、礼法、贞节、旧伦理、旧政治;要拥护那赛先生,便不得不反对旧艺术、旧宗教;要拥护德先生又要拥护赛先生,便不得不反对国粹和旧文学。大家平心细想,本志除了拥护德、赛两先生之外,还有别项罪案没有呢?若是没有,请你们不用专门非难本志,要有气力有胆量来反对德、赛两先生,才算是好汉,才算是根本的办法。
>
> ……
>
> 西洋人因为拥护德、赛两先生,闹了多少事,流了多少血,德、赛两先生才渐渐从黑暗中把他们救出,引到光明世界。我们现在认定只有这两位先生,可以救治中国政治上道德上学术上思想上一切的黑暗。①

---

① 原载1919年《新青年》第6卷第1号,见林卨主编《世纪抉择:中国命运大论战》第2卷,时事出版社1997年版,第583~584页。

这篇“答辩”确然给人以强烈的印象:《新青年》进而整个五四运动,其宗旨不外乎民主与科学。八十多年来,“民主与科学”一直作为五四运动的当然代码。在一定层面上讲,这也不算错。所谓“在一定层面上”,我的意思是,人们往往只看到了五四运动工具层面的东西,没有看到它目的层面的东西。不仅科学只是人类意志的一种工具,民主亦复如此,借用佛家的说法,它们都是某种“方便”设施。我并不是要否认民主与科学是好东西,而是想说,好东西毕竟只是东西,不是人本身,它们为人所用,服务于人的目的。这就犹如一个人要去一个地方,当然可以驱车前往,但人并非从来就是能够开车的,也非永远能一直开下去。所以,我们不妨作进一步的追问:

五四运动为什么高扬民主与科学?究竟是谁在德先生和赛先生的背后?

要回答这个问题,我们不妨再回头去看看陈独秀是怎么说的:“我们现在认定只有这两位先生,可以救治中国政治上道德上学术上思想上一切的黑暗。”你瞧,在陈独秀心目中,引进民主与科学的目的,在于“救治中国”。原来如此。说到底,五四运动真正的精神动力,仍然是救亡图存这个自近代以来的强大主题,换句话说,是民族主义。① 早在《新青年》创刊之初,陈独秀便在《敬告青年》中写道:

---

① “民族主义”这个词语的用法没有任何褒贬的色彩,它不过表示那种一切以民族利益为价值尺度的立场和态度。中国近代以来的民族主义,包括“驱除鞑虏,恢复中华”,其所谓“民族”都是指的整个中华民族。这种民族主义把中华民族的兴衰存亡放在第一位,一切以此为转移。

> 吾国之社会,其隆盛耶?抑将亡耶?非予之所忍言者。彼陈腐朽败之分子,一听其天然之淘汰,雅不愿以如流之岁月,与之说短道长,希冀其脱胎换骨也。予所欲涕泣陈词者,惟属望于新鲜活泼之青年,有以自觉而奋斗耳!……
>
> 固有之伦理、法律、学术、礼俗,无一非封建制度之遗……则驱吾民于二十世纪之世界以外,纳之奴隶牛马黑暗沟中而已,复何说哉!于此而言保守,诚不知为何项制度文物,可以适用生存于今世。吾宁忍过去国粹之消亡,而不忍现在及将来之民族,不适世界之生存而归削灭也。……
>
> 立国于今之世,其兴废存亡,视其国之内政者半,影响于国外者恒亦半焉。……投一国于世界潮流之中,笃旧者固速其危亡,善变者反因以竞进。
>
> ……各国之制度文物,形式虽不必近同,但不思驱其国于危亡者,其遵循共同原则之精神,渐趋一致,潮流所及,莫之能违。……国民而无世界智识,其国将何以图存于世界之中?……
>
> 国人而欲脱蒙昧时代,羞为浅化之民也,则急起直追,当以科学与人权并重。①

这篇发刊词一开始便已宣示了五四运动的精神基调,那就是"爱国主义"或民族主义。所谓"科学与人权并重",便是后来所说的"民主与科学",它们不是目的,而是"其国将何以图存于世界之中"的手段。陈独秀一生思想数变,而民族主义则是其一以贯

---

① 原载 1915 年 9 月《新青年》创刊号。见林衢主编《世纪抉择:中国命运大论战》第 2 卷,时事出版社 1997 年版,第 439~444 页。

之的精神。

不特陈独秀,五四时期的思想精英们无不以民族主义精神为动力;而且不特五四时期,中国近代以来的所有思潮无不贯穿民族主义精神。林毓生曾指出:“中国接受西方的思想和价值观念,主要是以中国的民族主义为基础的。”①这是颇有见地的。民族主义,这实在是理解中国近代、现代、当代历史的一把钥匙。这是有其深刻的世界历史背景的:民族主义同时也是理解整个世界现代历史的一大关键。一部现代世界史,可以说是一部民族国家(Nations)竞争史,这里,一切政治意识形态都只不过扮演了一种工具的角色。

但是,五四运动的民族主义,较之中国近代以来其他各个时期的,有其独特的思想文化品格:在德先生和赛先生的背后,从民族主义到科学主义、民主主义之间,还有一大精神中介:自由主义。②

自由主义是五四运动的又一大精神动力,可以说是五四运动的一面精神旗帜。这种自由主义的要义在于:思想解放,人格独立。或者更简单地讲,自由就是独立自主。这种独立自主包括两种主体(后来的历史表明,这二者将发生严重的冲突):个体的独立自主,这就是个性解放运动;民族群体的独立自主,这就是民族解放运动。

---

① 〔美〕林毓生著,穆善培译:《中国意识的危机——“五四”时期激烈的反传统主义》,贵州人民出版社1986年版,第14页。

② 对“自由主义”和“自由”应作严格区分。自由是古今中外泛有的一个普遍观念,自由主义则是近代以来的一种历史的、具体的意识形态。另外,“自由主义”在当代中国变成了一个贬义词,原因在于,它与马克思主义发生了对立。

让我们来看看五四运动的两大旗手陈独秀和胡适的表述。在上文提到的《敬告青年》一文中，陈独秀“以供抉择，谨陈六义”，其中第一义便是“自主的而非奴隶的”，倡言独立自主、自由平等精神：

> 等一人也，各有自主之权，绝无奴隶他人之权利，亦绝无以奴自处之义务。奴隶云者，古之昏弱对于强暴之横夺，而失其自由权利者之称也。自人权平等之说兴奴隶之名，非血气所忍受。世称近世欧洲历史为“解放历史”……
>
> 解放云者，脱离夫奴隶之羁绊，以完其自主自由之人格之谓也。我有手足，自谋温饱；我有口舌，自陈好恶；我有心思，自崇所信；绝不认他人之越俎，亦不应主我而奴他人：盖自认为独立自主之人格以上，一切操行，一切权利，一切信仰，唯有听命各自固有之智能，断无盲从隶属他人之理。

可以说，《敬告青年》实质是一篇中国自由主义的宣言。文中，他还称引“德国大哲尼采(Nietzche)别道德为二类：有独立心而勇敢者曰贵族道德(Morality of Noble)，谦逊而服从者曰奴隶道德(Morality of Slave)”。在他看来，“法律上之平等人权，伦理上之独立人格，学术上之破除迷信，思想自由：此三者为欧美文明进化之根本原因”①。由此，他将人格自由问题诉诸伦理道德革命。为此，他写了那篇《吾人最后之觉悟》(原载《新青年》)，声称“吾

---

① 见《独秀文存》卷一《袁世凯复活》，安徽人民出版社 1987 年版，第 90 页。

敢断言曰：伦理的觉悟，为吾人最后觉悟之最后觉悟”①。这就是说，他把个性的解放、自由独立人格的建立，视为解决中华民族生死存亡问题的根本途径。然而在这里，自由已悄然降格为民族问题的手段：民主是自由的手段（这是正确的），自由是民族的手段（这就值得商榷了）。这预示了后来的思想危机，下文还将讨论。

陈独秀在此文中回顾了近代以来国人的思想觉悟由浅入深的过程，由物质器物层面到政治制度层面，再到当前的精神文化层面，“此等政治根本解决问题，不得不待诸第七期吾人最后之觉悟。此觉悟维何？”那就是“伦理的觉悟”，就是必须培养全体国民的独立人格，培养他们的自由精神。他对中西政治制度的精神文明基础进行了一番比较：

> 儒者三纲之说，为吾伦理政治之大原……三纲之根本义，阶级制度是也（指封建等级制度——引者注）。……近世西洋之道德政治，乃以自由平等独立之说为大原，与阶级制度极端相反。此东西文明之一大分水岭也。

于是，陈独秀的结论是：“盖共和立宪制，以独立平等自由为原则，与纲常阶级制为绝对不可相容之物，存其一必废其一。”这就证明，中国必须大力张扬自由主义。

在五四运动的自由主义思潮中，胡适是另一位思想领袖。胡适留学美国，深受英美自由主义传统的影响。他投入五四运动虽是从文学改良入手的，但其文学观中处处渗透着自由主义精神。

---

① 见《独秀文存》卷一《吾人最后之觉悟》，安徽人民出版社 1987 年版，第 41 页。

从他那篇影响巨大的《文学改良刍议》(原载《新青年》,收入《胡适文存》)中的所谓“八不主义”来看,他是以文体的改革作为个性解放的一种途径,以使文学成为思想自由的表现手段的。他说,(一)“须言之有物”,文学应该有“高远之思想”“真挚之情感”;(二)“不摹仿古人”,应当“不作古人的诗,而惟作我自己的诗”;(三)“须讲求文法”;(四)“不作无病之呻吟”;(五)“务去烂调套语”,“惟在人人以其耳目所亲见亲闻所亲身阅历之事物,一一自己铸词形容描写之”;(六)“不用典”,而应该“自己铸造词句以写眼前之景,胸中之意”;(七)“不讲对仗”,以免不了“束缚人之自由”;(八)“不避俗字俗语”,提倡白话文学。总之,就是要让文学成为真情实感的自由表达。

胡适后来又在《建设的文学革命论》(收入《胡适文存》)中,把他的“八不主义”改作一种肯定的表述:“一,要有话说,方才说话。”“二,有什么话,说什么话;话怎么说,就怎么说。”“三,要说我自己的话,别说别人的话。”“四,是什么时代的人,说什么时代的话。”这些主张其实正是要求思想自由、言论自由的一种体现,要求独立的思想、自主的表达。

五四时期自由主义的一个突出表现就是反传统,以此为自由主义思潮的传播扫清道路。在反传统问题上,一向以和平改良著称的胡适却与陈独秀一样是相当激进的。他引证以反传统著称的尼采(注意,陈独秀也引证尼采),要“重估一切价值”:

> 尼采说现今时代是一个“重新估定一切价值”(Transvaluation of all Values)的时代。“重新估定一切价值”八个字便是评判的态度的最好解释。从前的人,说妇女的脚越小越美。现在我们不但不认小脚为“美”,简直说这是“惨无人

道”了。十年前,人家和店家都用鸦片烟敬客。现在鸦片烟变成犯禁品了。二十年前,康有为是洪水猛兽一般的维新党。现在康有为变成老古董了。康有为亦不曾变换,估价的人变了,故他的价值也跟着变了。这叫做“重新估定一切价值”。(《新思潮的意义》,收入《胡适文存》)

这种尼采式的“重估一切价值”的态度是五四时期自由主义者的基本态度,胡适称之为“评判的态度”(亦即批判的态度):

评判的态度,简单说来,只是凡事要重新分别一个好与不好。仔细说来,评判的态度含有几种特别的要求:

(1)对于习俗相传下来的制度风俗,要问:“这种制度现在还有存在的价值吗?”

(2)对于古代遗传下来的圣贤教训,要问:“这句话在今日还是不错吗?”

(3)对于社会上糊涂公认的行为与信仰,都要问:“大家公认的,就不会错了吗?人家这样做,我也该这样做吗?难道没有别样做法比这个更好、更有理、更有益的吗?”

为此,胡适激烈地批判了传统的贞操观、孝顺观,最后矛头直指封建的礼教、孔教:

这个道理最明显:何以那种种吃人的礼教制度都不挂别的招牌,偏爱挂孔老先生的招牌呢?正因为二千年吃人的礼教法制都挂着孔丘的招牌,故这块孔丘的招牌——无论是老店,是冒牌——不能不拿下来,捶碎,烧去!(《〈吴虞文录〉

序》,收入《胡适文存》)

在这种批判、“破”的基础上,胡适进行了“立”的工作,大力宣传自由主义思想。这方面的一篇代表作,就是胡适发表在1918年6月《新青年》“易卜生专号”上的长文《易卜生主义》。胡适在此文中继续进行社会批判:

> 人生的大病根在于不肯睁开眼睛来看世间的真实现状。明明是男盗女娼的社会,我们偏说是圣贤礼义之邦;明明是赃官污吏的政治,我们偏要歌功颂德;明明是不可救药的大病,我们偏说一点病都没有!却不知道:若要病好,须先认有病;若要政治好,须先认现今的政治实在不好;若要改良社会,须先知道现今的社会实在是男盗女娼的社会!

胡适进而指出:

> ……
>
> 易卜生的戏剧中,有一条极显而易见的学说,是说社会与个人互相损害:社会最爱专制,往往用强力摧折个人的个性(Individuality),压制个人自由独立的精神;等到个人的个性都消灭了,等到自由独立的精神都完了,社会自身也没有生气了,也不会进步了。
>
> 社会最大的罪恶莫过于摧折个人的个性,不使他自由发展。

注意,胡适在这里是把个人与社会对立起来的。确实,自由主义总是以个人主义或个体主义(Individualism)为其基础和核心的。[1] 它有时有矫枉过正的表现,例如易卜生讲:

> 我所最期望于你的是一种真正纯粹的为我主义,要使你有时觉得天下只有关于我的事最要紧,其余的都算不得什么。……有的时候我真觉得全世界都像海上撞沉了船,最要紧的还是救出自己。(转引自胡适《易卜生主义》)

但是真正严格的自由主义的个人主义坚持个人对社会的责任,如胡文所引杜威讲:

> 真的个人主义——就是个性主义(Individuality)。他的特性有两种:一是独立思想,不肯把别人的耳朵当耳朵,不肯把别人的眼睛当眼睛,不肯把别人的脑力当自己的脑力;二是个人对于自己思想信仰的结果要负完全责任,不怕权威,不怕监禁杀身,只认得真理,不认得个人的利害。

以上讨论表明,五四运动源于双重的精神动力:民族主义,自由主义。

当五四时期的自由主义者把个人与社会对立起来时,这里的社会只是指的旧社会,即专制社会;至于新社会即民主社会,在他们看来,则是与自由主义的个人本位原则完全一致的。自由主义者的信念是:个人自由是社会民主的前提,社会民主是个人自由的结果;同时,社会民主又是个人自由的保证,也是国家富强的保

---

① 应区分"个人主义"和"利己主义"。

证。他们相信,为了保障个人自由,必须实行民主政治;同样,为了实现国家的富强、民族的振兴,也必须实行民主、发展科学;而为了实现民主,则又必须实行个人自由。这样,民主以及科学,既是个人自由的手段,又是民族振兴的手段。这就是五四运动大力倡导民主和科学的原因:作为自由主义者,他们为个人自由而要求民主与科学;作为民族主义者,他们为救亡图存、民族振兴而要求民主与科学。

然而当时甚至后来,这些自由主义者谁也没有意识到,他们在思想理论上已经陷入了两大悖谬,这种悖谬注定了中国自由主义在未来数十年中必将遭际辛酸坎坷的命运。

第一个悖谬还可以说只是自由主义者思想内部的混乱,那就是:个人自由与社会民主,孰为目的、孰为手段?人们当然可以貌似“辩证”地说,自由是民主的基础,民主是自由的保障,所以两者是互为目的、互为手段的。其实,这并不是真正的自由主义理念。真正彻底的自由主义的一条原则是:政治民主是为保障公民个人自由权利而设置的,自由永远是目的,绝不能沦为一种手段。否则,为了某种其他的目的,自由可以被搁置起来,甚至可以被弃而不顾。然而中国自由主义者对这个问题的认识并不十分确定,从而为他们后来发生分化埋下了伏笔。这个问题与自由主义者的第二个理论悖谬有密切关系。

第二个悖谬是一个古老而常新的问题,即个体与群体的关系问题。自由主义是基于个人本位的个体主义的,而民族主义无疑是基于群体本位的集体主义的。个体与群体虽不是一对绝对冲突的观念,但个体主义和集体主义绝对是互相对立的价值体系。然而正如五四运动的精神动力既有自由主义又有民族主义一样,当时的自由主义者们既是个体主义者,又是集体主义者。这是五四运动的一种独特的“精神现象”，很值得人们去深入分析。简单来说，是不是可以这样讲：五四时期民族主义集体主义的精神背景是民族文化，而自由主义个体主义的精神背景则主要是西学东渐。五四知识分子几乎皆有双重的文化背景，即从小受诗书礼乐的熏陶，后来又受欧风美雨的浸润，于是形成了他们的那种双重精神品格。

二、陈独秀如是说

前面我们谈到五四运动具有双重精神动力，这种双重精神动力来自五四时期知识分子由双重文化背景而形成的双重精神品格。这只是从主观方面来看的。从客观方面看，五四运动的双重精神动力则来自当时面临的双重历史任务，那就是人们对五四运动历史动因的另外一种概括——“反帝反封”。民族落伍，国家贫弱，军伐割据，民生凋敝，导致了反封的要求；外国侵略，列强欺凌，导致了反帝的要求。于是五四运动激烈地反封建、反列强。

然而一个曾经长期为人们所忽略的问题是：“反帝”与“反封”之间存在着张力。反帝与反封这两大历史任务当然具有一致之处，这是显而易见的，因为解决民族危机要直接面对的就是对外抵制列强，而根本的解决办法则是对内铲除封建势力。然而反帝与反封之间也存在深层的矛盾，这是当时人们的一个盲点。反帝的历史境遇需要的是民族主义、集体主义精神，这是当时三民主义崛起、后来文化保守主义抬头、马列主义传播的历史依据；反封的历史境遇需要的是民主主义、个体主义精神，这是自由主义的历史依据。而当时中国的自由主义者却是这两种矛盾倾向的复合体，也就是说，他们既是自由主义者，激烈地彻底地反封建反传统,大肆鼓吹全盘西化;同时又是民族主义者,对西方列强心存疑虑戒备,并且内心深处潜藏着所受到的中国传统文化的深刻影响。

结果是这一批人后来终于分化为中国现代思想史上的三大派别:自由主义西化派,文化保守主义派,马克思主义派。这种三足鼎立的思想格局竟一直维持到今天。① 当时,这三大思想派别中,文化保守主义充分认同中国的传统,但严重脱离中国的现实;马克思主义者似乎正好相反,他们对中国的现实问题有深刻的把握(这是中国共产党人革命成功的关键),但在很大程度上忽视了中国的文化传统(此种倾向发展的顶峰便是后来"文化大革命"的"破四旧");自由主义者则既脱离中国的传统,又脱离中国的现实。中国自由主义的这"两大脱离",正是本书立意的前提所在,下文将有详细讨论,此处暂且不论。

这里我们还是先来看看当时的自由主义者是如何既充满强烈的民族主义情绪又主张全盘西化的。《新青年》的主编陈独秀在这方面表现得极为典型。作为当时自由主义者的代表②,他彻底而激进地反传统,鼓吹全盘西化:

> 今日之社会制度,人心思想,悉自周、汉两代而来。——周礼崇尚虚文,汉则罢黜百家而尊儒重道。——名教之所昭垂,人心之所祈向,无一不与社会现实生活背道而驰。倘不

---

① 参见方克立《现代新儒学与中国现代化》,天津人民出版社 1997 年版。

② 陈独秀在五四运动前期无疑是一个典型的自由主义者,他后期才转向马克思主义。

改弦而更张之，则国力将莫由昭苏，社会永无宁日。……若事之无利于个人或社会现实生活者，皆虚文也，诳人之事也。诳人之事，虽祖宗之所遗留，圣贤之所垂教，政府之所提倡，社会之所崇尚，皆一文不值也！（《敬告青年》，收入《独秀文存》）

其足使吾人生活状态变迁而日趋觉悟之途者，其欧化之输入乎？欧洲输入之文化，与吾华固有之文化，其根本性质极端相反。数百年来，吾国扰攘不安之象，其由此两种文化相触接相冲突者，盖十居八九。凡经一次冲突，国民即受一次觉悟。（《吾人最后之觉悟》）

吾人倘以为中国之法，孔子之道，足以组织吾之国家，支配吾之社会，使适于今日竞争世界之生存，则不徒共和宪法为可废，凡十余年来之变法维新，流血革命，设国会，改法律（民国以前所行之大清律，无一条非孔子之道），及一切新政治，新教育，无一非多事，且无一非谬误，悉应废罢，仍守旧法，以免滥费吾人之财力。万一不安本分，妄欲建设西洋式之新国家，组织西洋式之新社会，以求适今世之生存，则根本问题，不可不首先输入西洋式社会国家之基础，所谓平等人权之新信仰，对于与此新社会新国家新信仰不可相容之孔教，不可不有彻底之觉悟，猛勇之决心；否则不塞不流，不止不行！（《宪法与孔教》）

要拥护那德先生，便不得不反对孔教、礼法、贞节、旧伦理、旧政治；要拥护那赛先生，便不得不反对旧艺术、旧宗教；要拥护德先生又要拥护赛先生，便不得不反对国粹和旧文学。（《新青年》罪案之答辩书）

当时的陈独秀就是这样一个全面彻底反叛中国传统、主张全盘西化的自由主义者。但这只是他身上的一面。另一个更潜在也更一以贯之的陈独秀，则是一个真正的民族主义者，他最终关怀的始终是中华民族的兴衰存亡问题，而非个人自由问题。这毫不奇怪，正如我前面说过的，中国现代知识分子，一般来说，不论持什么样的政治立场和文化立场，他们最大的共性便是民族主义。陈独秀的民族主义感情使他有时甚至流露出可与文化保守主义者相通的倾向。我们还是来看看他是怎样说的吧！

夫利用厚生，崇实际而薄虚玄，本吾国初民之俗。（《敬告青年》）

吾华国于亚洲之东，为世界古国之一，开化日久，环吾境者皆小蛮夷。（《吾人最后之觉悟》）

吾华宗教，本不隆重；况孔教绝无宗教之实质（宗教实质，重在灵魂之救济，出世之宗也。孔子不事鬼，不知死，文行忠信，皆入世之教，所谓性与天道，乃哲学，非宗教）与仪式，是教化之教，非宗教之教。乃强欲平地生波，惑民诬孔，诚吴稚晖先生所谓“凿孔栽须”者矣！

……

吾国非宗教国，吾国人非印度、犹太人，宗教信仰心，由来薄弱。……古人远矣！近代贤豪，当时耆宿，其感化社会之力，至为强大；吾民之德弊治污，其最大原因，即在耳目头脑中无高尚纯洁之人物为之模范，社会失其中枢，万事循之退化。（《驳康有为致总统总理书》）

然旧教九流，儒居其一耳。阴阳家明历象，法家非人治，名家辩名实，墨家有兼爱节葬非命诸说，制器敢战之风，农家

> 之并耕食力:此皆国粹之优于儒家、孔子者也。(《宪法与孔教》)

当陈独秀后来转向马克思主义立场、选择社会主义道路时,民族主义仍然是他这种选择的深层动机。实际上,正是民族主义与自由主义之间的张力使他放弃了自由主义立场。例如他批评无政府主义(一种极端自由主义):

> 无政府主义虽然也分为几派,我以为各派共通的精髓所在,就是尊重个人或小团体底绝对自由。这种偏重自由的精神,最好是应用于艺术道德方面;因为艺术离开了物质社会的关系,没有个体自由底冲突,所以他的自由是能够绝对的,而且艺术必须有绝对的自由,脱离了一切束缚,天才方可以发展;道德重在自律自动,和法律的作用完全不同。(注意,陈独秀在这里仍是自由主义的,而不是马克思主义的。——引者注)若论到政治经济方面,无政府主义便完全不适用了。(《社会主义批评》)

那么,什么才是适用的?社会主义。为什么?因为——正如人们后来常说的一句话——只有社会主义才能救中国。陈独秀说:

> 我们急于要排斥资本主义,本来不限于中国人,大部分还是因为外国资本主义压迫我们一天紧迫似一天,真是罗素先生所谓"束缚中国生死"了。……中国劳动(农工)团体为反抗资本家资本主义而战,就是为保全中国独立而战。只有

劳动团体能够达到中国独立之目的。所谓中国资本家都直接或间接是外国资本家底买办。(《复东荪先生底信》)

显然,在很大程度上,在陈独秀心目中,抵制资本主义便是抵制西方列强,便是救亡图存,而其最有效的手段便是社会主义革命。其实,这是当时共产党人的共识。它是五四时期"反帝"精神的合乎逻辑的发展,亦即民族主义的体现。这再一次说明,中国现代各派知识分子的最大共性便是民族主义。民族主义决定了五四时期的自由主义知识分子中相当一部分后来转向了马克思主义,同时也决定了坚持原有自由主义者后来的尴尬命运。

可以说,民族主义不仅是五四时期而且是中国整个近代、现代以至当代的最强大的精神动力。当自由主义与民族主义发生冲突时,中国人必定是放弃自由主义而不是民族主义。但我不能同意所谓"救亡压倒启蒙"这一类说法,因为它非常情绪化;它是一种绝对化的价值判断,而且只取了"自由"一个价值维度,而不取"民族"这一价值维度。这种判断既无助于我们理解中国近代以来的历史事实,也无助于我们理解中国自由主义的命运。问题在于,我们应该研究一下:中国自由主义何以迄今不能成功?它在何种条件下才可能成功?这里,我想至少有两点是可以确定的:实现自由主义理念的必要前提之一,就是民族主义历史任务的已然完成。这是下一节我想讨论的问题,虽然它不是本书的主题。本书的主题在于讨论中国自由理念实现的另外一个必要条件,那就是:现代自由精神与中国文化传统的对接。这两个条件恰好都是中国自由主义者所缺乏的,那就是我所说的他们的"两大脱离":既脱离现实,又脱离传统。

三、一肚皮不合时宜

前面说过,五四时期站在德先生和赛先生背后的还有一位“李先生”(Liberty),即自由主义精神。可惜在当时以及后来的思想斗争的牌局中,这位李先生的牌总是出错,正应了那句老话:一肚皮不合时宜。我想说,中国自由主义者开出的济世药方老是脱离中国的实际。那么,什么是中国的实际?最大的实际,关系到中国式的现代化道路问题。这是个需要专书讨论的大题目,我在这里只能对它的内容做个极为简要的勾勒。这个题目必须放到世界范围这个大背景下来考察,尤其要在中国与其他东方国家及西方国家之间进行对比。这里,有一个问题值得提请读者给予特别的注意,那就是:

社会主义与资本主义究竟是何种关系?

搞清楚了这个问题,才能真正理解何为“只有社会主义才能救中国”。

这里所说的“社会主义”,指的是社会主义国家过去所实行的“计划的社会主义”;不是马克思在理论上探讨的社会主义,更不包括目前我国正在探索的“市场社会主义”①。而这里说的“自由资本主义”,即列宁所讲的“垄断资本主义(帝国主义)”之前的那种资本主义。

---

①　毛泽东时代的社会主义与邓小平时代的社会主义,本质上不属于同一时代。我曾提出:毛泽东思想解决的是中华民族的“生存”问题,邓小平理论要解决的是“发展”问题。参见拙文《生命结构与和合精神——周易哲学论》,载《社会科学研究》1998年第1期。

随着苏联解体、东欧巨变,现在有不少人认为“社会主义失败了”。这是一种极为浅薄的看法。我认为,过去那种“计划社会主义”已经完成了它的历史使命,在这个意义上,它其实是相当成功的。在中国,毛泽东的社会主义也不能说失败了,事实恰好相反,就其完成了它的历史使命而言,它也是相当成功的。

那么,这是什么历史使命?这一历史使命就是实现初步工业化,这是现代化的第一阶段。这个阶段的目标,就是形成或实现相当规模的“民族资本基础积累”①。这是一个民族国家(National Countries)的时代,民族资本的基础积累乃是一个民族国家生存发展的基本条件,是其工业化、现代化的必经阶段。不论自由资本主义,还是计划社会主义,它们共同的历史使命,便是民族资本的基础积累。这正如《易传》讲的“天下一致而百虑,同归而殊途”。

问题在于这种“同归”为什么非得通过“殊途”才能实现?为什么一些国家通过自由资本主义来实现民族资本的基础积累,而另一些国家却非得通过计划社会主义或者类似的体制来实现?换一种更富挑战性的提问方式:计划社会主义何以可能?因为这种制度不仅曾是并且在某些地方仍然是我们必须正视的客观存在,而且曾经长时期地占据了全世界的半壁江山,你无法回避它,只能努力对它加以说明。

我们先来看看这两条“殊途”,即两种截然不同的道路。一方是西方发达国家,即先发展的国家,当初其民族资本基础积累的道路是自由资本主义:市场经济,民主政治,多元文化。另一方是发展中国家,例如东方国家,包括中国,即后发展的国家,其道路

① 我不用“原始积累”这个概念,是因为两者是有区别的。原始积累是在自由资本主义的初期,而基础积累则重在它的完成形态。

是社会主义或者类似的体制:计划经济,权威政治,一元文化。为完成相同的历史任务而采取如此迥然不同的方式,这实在是人类历史的奇景。①

问题的答案,就在“先发展”与“后发展”的差异之中。先发展国家,其发展可以通过市场经济的自由竞争来实现;而后发展国家则不能,因为它们已经失去了进行平等竞争的外部条件,它们与先发展国家已经不在同一起跑线上,因此,这里用得上鲁迅的一个著名譬喻:费厄泼赖应该缓行。②

所谓“费厄泼赖”(Fair Play),是指竞赛双方遵守同一规则的公平竞争;在经济上,就是市场机制的自由竞争、等价交换一类的原则,也就是说,应该让客观经济规律那只“看不见的手”去操作。西方发达国家的早期发展,基本上是在这种自由资本主义的条件下完成的。马克思早就指出过,这才是近代自由主义思潮之所以产生的现实基础。

先发展国家可以通过纯市场经济手段即“看不见的手”来完成的任务,后发展国家却不得不通过非经济手段即“看得见的手”来完成。这是因为后者此时面对的,乃是前者全面的强大的压迫、剥削、侵略——经济的,政治的,文化的,乃至军事的。老实说,这太不“费厄泼赖”了！你怎么能要求一个小孩和一个大汉去遵守同一竞赛规则呢？中国自由主义者严重脱离的,就是这样一种严峻的现实境遇。他们有时天真可爱到了可笑可悲的地步！

---

① 邓小平说计划和市场都只是手段,这话确实精辟。同理,集权与民主也都只是手段,而非目的;目的在于民族国家的生存发展。

② 所谓“缓行”并不是说永不实行;市场经济在民族资本基础积累完成之后就成为可行甚至势在必行的了。此即邓小平提出的“有中国特色的社会主义”亦即“市场社会主义”的普遍意义所在。

试想,在此情此景之下,实行自由主义那一套崇高的“费厄泼赖”,其结果如何?只会是民族工业的夭折或者胎死腹中,国家主权的削弱或者彻底丧失,民族文化的衰落或者血脉断绝——一言以蔽之:殖民化。

这里需要的不是自由的市场经济,而是统制的计划经济;不是分权的民主政治,而是集权的权威政治;不是散漫的多元文化,而是统一的一元文化。这就是人们通常所说的“权威主义”。

所以,对于旧中国这样一个后发展的民族国家来说,迫切需要的正是这样一只“看得见的手”,它必须是一种强有力的政治力量,足以对外抗拒帝国主义列强、对内扫荡封建主义势力。① 这种力量必须能集中一切权力,以形成一个坚强有力的核心,然后以政治的乃至军事的手段去取得民族独立,进而完成民族资本基础积累,为民族经济的起飞、为工业化——现代化打下基础。事实上,我们看到,世界上所有成功地实现了经济起飞的后发展的国家和地区,都存在着或存在过这种政治力量。它们的历史使命,就是领导民族国家完成民族资本的基础积累。

中国共产党就是这样一种政治力量。所以,“没有共产党就没有新中国”是一个事实陈述;我们还可以说,没有共产党就没有初步现代化的中国。而中国自由主义的政党和派别,远不足以当此历史重任。

中国自由主义者之脱离现实,突出表现在他们往往对西方列

---

① 20 世纪 80 年代以来,思想界有一种颇为流行的观念,把计划社会主义的集权性归结为封建性,以为这是中国封建主义传统的顽固延续。我对此是不敢苟同的,因为它不足以说明历史。但这个题目已超出本书的范围。

强的威胁估计不足,对帝国主义的野心视而不见,因而当民族国家迫切需要统一思想的时候,他们反对这种统一,当民族国家迫切需要干预经济的时候,他们反对这种干预。结果他们的主张总是被历史抛到一边去,他们的良好愿望总是落空。

四、无根的漂萍

中国自由主义的"两大脱离"之二,便是脱离传统。这是本书的主要课题,是我们最不满意于中国自由主义的地方。

毛泽东曾引用一副对联,这副对联倒很适用于中国自由主义者:

墙上芦苇,头重脚轻根底浅;
山间竹笋,嘴尖皮厚腹中空。

"嘴尖皮厚",是说自由主义者很喜欢批评别人,既批评保守主义者,也批评激进主义者;既批评国民党人,也批评共产党人。他们是以"社会的良心"自居的,以为真理只在他们的手中。其实,自由主义者却是"腹中空"的,拿不出多少切合实际的政治、经济、社会、文化方案来。即便在"自由"问题上,他们也拿不出多少货真价实的东西。对西方的自由主义,他们倒"拿来"不少,因此沾沾自喜,鼓腹而歌;却又一知半解,囫囵吞枣,食洋不化,至少有消化不良之嫌。至于对自家文化传统的自由精神,他们一无所知,或者视而不见,腹中仍然空空如也。结果,他们从西方移栽过来的自由之树,在中国难以生根;即便勉强种下去,也难免有"头重脚轻根底浅"之虞,一遇风吹雨打,便被连根拔去。

总之，在文化上，中国自由主义者是“无家可归者”，是漂流的浮萍；他们抛弃了自家的文化传统，失去了自己的精神家园。他们不知道，西方近代自由主义，其实是植根于古希腊罗马乃至中世纪的精神文化传统之中的。而他们却要与中国传统彻底决裂，不仅要“打倒孔家店”，而且连孔家店的文化地基都要挖掉。结果令人想起那个“邯郸学步”的故事：人家的步法没有学到，自家的步法也给忘掉了，最后连路也不会走，只好在地上爬了。

我们说中国自由主义脱离中国的传统，并不是说中国自由主义知识分子的深层心理中没有中国文化传统的基因；而是说他们的思想、他们的自由主义理念，是彻底反传统的，是完全与中国的文化精神传统脱节的。中国自由主义者在反传统的同时，潜意识中仍然带有深刻的传统精神。这一点，早已有人指出过。例如美籍华人学者林毓生教授在他那本有影响的《中国意识的危机》中就提出，五四知识分子与古代传统知识分子思想方式的一致之处，就是其“借思想文化以解决问题的途径”（the cultural-intellectualistic approach）①。我们可以不必同意他的这个具体判断，但他企图寻求古今知识分子致思方式一致性的努力是应该得到充分肯定的。不过，这不是本书的任务。

本书在这里要说的是，中国自由主义的思想、理论、学说，全是西方的进口货，没有中国传统的土特产。而事实上不同民族之间的自由观念固然可以相通，但也有不可通约之处；西方近代自由主义，本质上与西方“二希传统”（古希腊罗马传统、希伯来文化传统）的精神是一脉相传的。中国自由主义的彻底否定传统、全

---

① 〔美〕林毓生著，穆善培译：《中国意识的危机——“五四”时期激烈的反传统主义》，贵州人民出版社 1986 年版，第 43 页。

盘西化，这种民族文化虚无主义与他们的民族主义主体精神是自相矛盾的。这就使得中国自由主义理念成为文化上的流浪儿、精神上的乞食者、时代的游魂野鬼、无根无蒂的漂萍。

五、自由的断裂？

中国的自由主义运动潮涨潮落，但是始终未曾断绝。它有时如长江大河，汛期丕至，浩浩荡荡，泥沙俱下，一泻千里；有时又如涓涓细流，蜿蜒曲折，潜滋暗长。迄今为止，中国自由主义业已经历过四次高涨：维新时期以严复为代表的启蒙运动，五四时期以胡适、陈独秀等人为代表的“新文化运动”，20 世纪三四十年代的自由民主运动，20 世纪 80 年代的“自由化”运动。在中国，自由主义虽然屡经颠扑，但从来不曾断绝；从历史的本质趋向上来看，中国自由主义与其说已经风烛残年、苟延残喘，毋宁说年纪尚幼，只是先天不足、体弱多病。在不久的将来，中国自由主义的第五次高潮可能出现。

中国现代意义上的自由主义，至迟应该追溯到 19 世纪末期的维新运动。维新运动实际上有两条战线、两个层次：一是为人们注目的比较表层的政治改革运动，即“变法”运动；另一个则是容易为人们忽视的更为深层的思想变革运动，即启蒙运动。前者的代表是康有为，后者的代表则是严复。而梁启超和谭嗣同的思想，则兼有这两种运动的性质。这两种运动在当时是互相呼应的，但是，两者在本质上存在着深刻的矛盾。这一点，很少有人意识到。简而言之，这两种运动的思想基础是截然不同的。康有为变法运动的思想基础是儒家传统的现代转换（这种转换在当时是不成功的，然而这是不可避免的），而严复启蒙运动的思想基础是西方自由主义的原则(这种自由主义原则在很大程度上是一种"误读",这同样是不可避免的)。

严复当然也是个民族主义者,与同时代人没有两样;但他选择的实现其民族主义目标的道路与众不同,这与他留学英国的经历有很大关系。在他看来,中国救亡图存的根本乃在培养自由主义的精神;而由于其特定的学养,他自然而然地将西方自由主义引为标本。于是,严复成为"五四"自由主义的先驱。维新时期及其前后,严复的整个思想文化活动都是以自由主义为核心的,变法主张在他的思想中并不是根本所在。他的崇高目标是改造"民智""民力""民德",也就是说,是改造国民性;改造的标准,就是西方那种个人本位的自由主义精神。为此,他着力译述英国自由主义者的著作。事实上,他的全部译介工作都围绕着英国自由主义传统:哲学上的经验主义,逻辑上的归纳主义,伦理学上的个人主义、功利主义,社会学上的实证主义,政治上的人本主义、民主主义,经济上的古典自由主义,科学观上的进化论,人性论上的天赋人权论……对于严复的促成"中国民气为之一变"的"天演论"或者社会进化论思想,人们往往不太注意分析它的哲学基础——英国自由主义的哲学基础:经验主义。而在英国,哲学上的经验主义与政治文化上的自由主义是天然一体、不可分割的。

自从严复引进了西方自由主义之后,现代自由主义思潮便在中国涌动流淌不已。但是,中国现代自由主义,在精神上既是一种"自由的续接",又是一种"自由的断裂"。说它是一种"续接",是对于西方自由主义传统而言;而说它是一种"断裂",则是对于中国自由精神传统而言。上文说过,中国自由主义严重脱离中国的文化传统,无视中国自由精神的存在,在这个意义上,中国现代自由主义乃是"自由的断裂";不过,中国自由主义所接续的西方自由主义，就其超越性层面而言，也是人类固有的自由精神的一种体现，是人与生俱来的自由意志的一种历史显现，在这个意义上，中国自由主义也不失为一种“自由的续接”。

但无论如何，中国自由主义在自由理念上的断裂性超过了它的续接性。这是因为，现实的自由总是具体的，而这种具体中包括着民族文化的具体。中国文化传统中的自由精神，理应是中国现代自由理念的基本精神资源。舍却了这种“源头活水”，现代自由理念就会成为无源之水、无本之木，必将干涸枯萎。

心灵境界:中国哲学的超越阐释

——评蒙培元《心灵超越与境界》*

何为中国哲学的真面目、真精神？这是20世纪中国哲学史家、哲学家始终都在关注思考的一个重大基本课题。然而尽管见仁见智,20世纪的中国哲学研究却有一个共同点:以西律中。人们是用西方的思维模式来梳解中国的哲学传统,即便是现代新儒家也未能脱俗。这种状况直到新时期乃至90年代才有所改观,人们开始意识到要用中国本身的思维方式来理解中国的哲学传统,否则终是隔雾看花、隔靴搔痒。在这种"以中说中"的努力中,蒙培元先生的独树一帜是世所公认的。而我们面前这部新著的问世,则标志着蒙先生对于中国哲学的不懈探寻又达到了一个新的高度:以对"心灵境界"的解读对中国哲学做出"超越"的阐释。

这部著作既可看作是作者对自己学术思想的一次阶段性总结,同时也可看作是对整个20世纪中国哲学研究的一种独特角度的总结。

作为作者对自己过去关于中国哲学研究丰硕成果的一种总结,我们可以从中看到一种如朱熹所说的"豁然贯通"式的彻悟。

---

* 原载《社会科学研究》2000年第2期。

蒙先生对中国哲学研究的历程,似乎可以分为三大阶段:

(一)"主体思维"阶段。1. 先是《理学的演变——从朱熹到王夫之戴震》《理学范畴系统》,对中国传统哲学的最高峰宋明理学进行了一纵(历史的结构)一横(逻辑的结构)的梳理;由此突显了理学的核心——"人"的"心性论"问题。2. 接着便是《中国心性论》,慨然应对现代新儒家,由宋明推扩到整部中国哲学史,由理学推扩到儒、道、释;由此又突显出中国哲学的思维特征——"主体思维"问题。3. 再接下来则是《中国哲学主体思维》,阐明中国哲学主体思维乃是认知、情感、意志、实践的统一,而其核心乃是"人生的意义";由此又突显出中国哲学主体思维的终极指归——"心灵境界"问题。于是开辟了:

(二)"心灵境界"阶段。其研究成果的最终体现,便是这部《心灵超越与境界》。作者对"心灵境界"的探索,最终揭示了中国哲学"主体思维"的终极关怀之所在(心灵境界)及心灵特征之所在(情感意向)。于是开辟了:

(三)"情感哲学"阶段。这是作者正在进行的一项最富独创性、开拓性的工作。

我们发现,作者的上下求索确有一条很明显的轨迹在,就是"向心灵问题的探索不断逼进,以揭示中国哲学的深层意蕴"①。作者的论题似在不断地缩小、集中、深入,而其对整个中国哲学传统的解释力量却在不断地扩展、加大、增强,正应了老子所说"为道日损,损之又损,以至于无为,无为而无不为"。本书集中阐释的"心灵境界",既是作者在思想深度和高度方面"自我超越"的一大枢纽,也是"贯通"地理解中国哲学神髓的一大关键。

---

① 蒙培元:《心灵超越与境界》,人民出版社 1998 年版,第 447 页。

以作者揭示的“心灵境界”为尺度来判说20世纪的中国哲学研究,这实际上也是一种特定意义的总结。而这正是该书的一项重要内容。作者指出20世纪中国哲学研究中的种种问题,归根结底一言以蔽之,就是“以西律中”的问题。这确实是20世纪中国哲学研究中存在的最大问题。即便人们是在进行中西比较,并自以为是要揭示中国哲学的特质,但说到底,潜意识当中仍然是以西方哲学的思维模式为尺度的。像胡适那样的科学主义西化派自不消说,即以现代新儒家当中成就最高的牟宗三先生来说,他关于中国哲学的“道德形上学”阐释,所谓“消化康德”,仍然是西方认知主义或理性主义的思路;至于马克思主义的哲学史家,也都在反思自己过去对中国传统哲学进行的简单化概念化的解说方式。而作者对中国哲学“主体思维”尤其是“心灵境界”的阐明,正有助于克服20世纪中国哲学研究中的这一最大遮蔽。

当然,诚如作者所说,中国哲学的心灵境界问题不是作者的发现;然而作者在这个问题上是超越了前人的,这主要体现在:1.确证中国哲学实乃一种“心灵哲学”,心灵与境界问题实为中国哲学的神髓或精神所在。2.指明心灵的最大功能在于创造一种不同于西方“上帝”式的“圣人境界”;境界之不同于认知,尤在于它包含情感因素,包括道德情感、审美情感、宗教情感等。3.尤其是,作者突破了前人用西方理知主义来诠释中国哲学心灵境界的思维模式,而是用一种中国式的可称之为“情志”的体悟方法来“以物观物”“以中说中”。这是这部著作最大的独创性之所在,给人一种醍醐灌顶之感。

作者横向比较了中西心灵哲学、中国儒道释的心灵哲学之异同,纵向比较了诸子、玄学、理学、当代新儒家的心灵哲学之异同,从儒家“乐的境界说”到道家“道的境界说”，从孔子“仁的境界说”、思孟“诚的境界说”到冯友兰的“天地境界说”、牟宗三道德形上学的“心灵境界”，辨其毫厘，求其会通，最终突显了中国哲学追求心灵境界超越的特点，从而完成了作者自己的哲学研究。这同时也是整个中国哲学研究领域的一次重要“超越”。

“超越性”问题乃是近年哲学研究的一大前沿课题。作者以中国哲学特有的方式，回答了关于中国哲学独特的超越性问题。作者指出，儒道释心灵哲学皆共认，超越是心灵的自我超越，是心灵固有的创造功能，它是存在性的、内在性的（“心就是人的‘存在’”①），而非对象性的、外在性的；超越的结果就是建立一个崇高的精神世界、“精神境界”，而非彼岸、“上帝之城”；心灵超越的根本方法是体验与直觉，而非理性思辩或逻辑推理。应该说，这些确实是中国哲学之“超越性”的基本特质。

但作者并没有停留于此。作者由“心灵境界”进一步追索，揭示了中国哲学的“情感”特性。这是这部著作最大的开拓之处，不仅是作者对自己哲学研究走向的新开辟，也是对整个中国哲学研究领域的新开展。关于中国心性哲学的特质，过去已有种种说法，诸如“实用理性”“人文理性”等。作者提出：中国哲学也重视“知”，也是“智慧”之学，但它并没有把知和情截然分开，形成主客对立的哲学系统和理论理性的系统哲学；而是把人的情感需要、情感态度、情感评价以及情感内容和形式，放在特别重要的地位，并以此为契机，探讨人的智慧问题和精神生活问题。“如果要讲中国哲学的特殊性，我认为这是它的最重要的特殊性。”②这确

① 蒙培元：《心灵超越与境界》，人民出版社1998年版，第51页。

② 蒙培元：《心灵超越与境界》，人民出版社1998年版，第18页。

实是前所未有的独具慧眼的发现。

作者阐明了这一论断之所以然，论述了情感与境界、情感与价值、情感与理性种种关系，说明了中国情感哲学的现代意义。其中情感与境界的关系问题，是从“心灵境界”探索进入到“情感哲学”探索的枢机。作者指出，中国情感哲学关注的不是情绪反应之类的低级心理状态，而是美学的、伦理的、宗教的高级情感；不是感性的某种快乐或享受，而是理性化乃至超理性的精神情操和精神境界。因此情感问题是境界问题，境界问题也是情感问题。

除了说明情感本身的性质、情感与“美”的关系，作者还着重说明了情感与“善”（心灵的意向方面）、情感与“真”（心灵的认知方面）的关系。作者指出，情与心一样，是可以“上下其说”的，往上说，情感与道德理性相联系，因此，它是与“善”统一的；情感作为人存在的基本要素，本身固有普遍性的理性原则，因此，它是与“真”统一的。作者由此挑明了中国哲学“情性合一”“情理合一”的原则。

作者对中国哲学情感特质的发掘，确实是一种前所未有的开拓。为此，我们盼望早日读到蒙先生正在撰著中的《情感哲学》，并相信，它一定是在这部《心灵超越与境界》基础上的又一次重大超越。

最后，谈谈蒙先生对现代新儒家的超越。这种超越是多方面的，我感觉主要有两条：一是对新儒家“理知”思维方式的突破。这一点，上文已论及。二是对新儒家“道统”观念的批评。现代新儒家是恪守宋学尤其是心学传统的；而作者却不是那种偏狭的文化保守主义者，而是始终强调应该保持“心灵的开放”。这种开放不仅面向宋明儒以外的整个儒家哲学，而且面向以儒、道、释为主轴的整个中国哲学;不仅面向东方,而且面向西方;不仅面向整个传统,而且面向现代及后现代。例如关于程朱、陆王之争,蒙先生就并不拘泥,而是既见其别,又见其通;又如蒙先生本人作为冯友兰先生的传人,并不固执“家法”,也决不排拒牟宗三一系现代新儒家的成果。正因为保持了这种心灵的开放,作者才能够不断地超越前行。

儒学的德性价值论*

儒学是中国传统思想文化的主干,儒学的价值论(Confucian Axiology)是中国传统哲学价值论的典型。儒家哲学虽然没有"价值"这个词语,但是,作为一种伦理—政治哲学,实际上包含着丰富的古代价值哲学思想。儒家的价值哲学思想最集中地体现在其人生价值观当中。这种人生价值哲学,最重要的三个方面是:(1)其形而上学的基础是"天命"价值观——人的德性是天命的结果,因而天命就是终极的价值源泉;(2)其核心是"德性"价值观——作为价值主体的人的德性,是一切事物的价值尺度;(3)其价值的实现途径是"修齐治平"价值观——循性行道、修齐治平就是人生价值的实现。

儒学最基本的哲学思想,可以用《礼记·中庸》开宗明义的三句话作一个总括:"天命之谓性,率性之谓道,修道之谓教。"儒家的价值哲学思想就是建立在这个哲学基础上的,因此,我们可以依据这个基本纲领,来对儒家的人生价值哲学进行讨论。

我们曾经说过,《中庸》这三句可以复述为:得天为性,率性为道,修道为天。这是一个环状的结构,圆上有三个点(天、性、道)和三段弧(由天而性、由性而道、由道而天);圆心即所谓"中","中"就是"人"。这意思是说:性不离人,道不离人,天亦不离人。

---

* 原载《四川大学学报(哲学社会科学版)》2000 年第 4 期。

这是儒家人本主义思想的体现。①

一、天命：终极的价值源泉

《中庸》的第一句话“天命之谓性”，是讲人性的形而上学依据的。所谓“天命”，并不是说存在着一个具有人格的实体“天”或者“上帝”之类在那里发号施令。天命的实质意义，就是自然。所以，唐代经学大师孔颖达说：“天本无体，亦无言语之命，但人感自然而生，有贤愚吉凶，若天之付命，遣使之然，故云‘天命’。”（《礼记·中庸》孔颖达疏）人性既是天（自然）赋予的，所以人性就是“天性”，亦即自然秉性。这就正如荀子所说“不事而自然谓之性”，“凡性者，天之就也”（《荀子·性恶》）。就是说，人性是由自然造就的。这是中西古代哲学的一个共同点，就是从宇宙论引申出人性论，所以，对“人”的关注必然导致对“天”的探究。

对“天”的探索，即古代“本体论”。“本体”（Noumenon）之含义有二：一指万有的“本原”（Genesis / Origin），即汉语“本”之义，是宇宙论（属广义本体论）的课题；一指万有的“本质”（Essence / Nature），即汉语“体”之义，是狭义本体论的课题。就“天”被理解为存在的“本质”来看，儒、道、释是相通的：无论我们认为他们的看法属于哲学意义上的还是神学意义上的，都已陷于偏狭，因为古代的“天”本是个非分析性的（未曾分化的）观念，就是说，它既是自然（所谓“唯物的”），也是理念（所谓“唯心的”），又是上帝（所谓“神学的”）。首先，“天何言哉”（《论语·阳货》），“天地不

---

① 黄玉顺：《儒家哲学的“三句真谛”——〈中庸〉开篇三句的释读》，载《中州学刊》1999 年第 5 期。

仁”(《老子·第五章》),这是自然之天;其次,“天地之大德曰生”(《周易·系辞传》),“天行,健;君子以自强不息”(《周易·乾象传》),这是理念之天;再者,“天之未丧斯文”(孔子语),“天之道损有余而补不足”(老子语),这是神性之天。其实它们就是同一个天,即“万有”之同一本质。

“天”有时指万有的本质,有时却指万有的存在本身。自然是天,社会是天,心性是天,一切是天。自然是天,自不待言;社会是天,则是就其无意识、不可控方面而言;心性是天,则是就其无意识、不造作方面而言。这就如道家讲的,不论人、社会、自然界,“无为”便是“自然”(“自然”一词,从语义上来看,就是“自己如此”),也便是“天”。这就是庄子所说的“无为为之之谓天”(《庄子·天地》)。在“天即自然”这个意义上,儒家和道家是一致的。“天”是一切存在者的存在论(Ontology)依据,当然也就是一切价值的存在论基础。显然,这是一种典型的古代思维方式:为一切存在寻找到一个最终的实体基础。

所谓“天命之谓性”,是从天的角度来说的;如果从人的角度来看,则是讲“得天”、讲人性的来源,即“得天为性”。得天而成之性,就是所谓“德性”(“德”就是“得”的意思)。在哲学上,这属于宇宙论的问题;但儒家的宇宙论区别于西方式的宇宙论,其目的在于揭示人的生成、人性的生成。上文说“天”为万有之本质,是儒家哲学的本体论(狭义);这里说“天”为万有之本原,是儒家哲学的宇宙论。儒家哲学的宇宙论最关注的是人的生成、人性的生成,亦即追寻“人之本”①、“生之本”。

① 通常所谓“人本”,是说“以人为本”,这并不是儒家的观念;儒家观念中的“人之本”,其实乃是“天本”,即以天为本。

儒家的这种观念确实是中外古代哲学共同具有的一种观念，就是寻求一个万事万物的“本体”，即作为一切存在的终极原因的实体(Substance)；然后由此出发，说明一切存在及其本质。中国道家的“道”、佛教的“阿赖耶”，西方的“理念”“上帝”“绝对观念”“自我意识”等，都是如此。古人犹如儿童，常问：“我是谁？我从哪里来？一切又是什么？它们从哪里来？”这是人类“追问意义”情结的早期表现。

天命既是一切存在的终极本原，当然也是一切价值的终极源泉。这就是说，在儒家哲学里，天或天命实即自然，是一切价值存在的终极根源。这与西方价值哲学的客观主义和实体主义是完全一致的。例如按照柏拉图的理念论，“理念”(Idea)既是一切存在的原型，当然也是一切价值的终极源泉。

二、德性：主体的价值尺度

天或天命虽然是价值的终极源泉，但并不是人们在现实生活中的直接的价值尺度。在儒家哲学看来，价值尺度乃是一种主体性尺度，具体来说，就是人本身及人的“德性”。在这个意义上，可以说儒家哲学确实是一种“人本主义”。

那么，何为德性？上面所谓“天命之谓性”，是从天的角度来讲的，正如程颐所说：“自理言之谓之天，自禀受言之谓之性。”(《二程遗书》卷二十二上)现在从人的角度来讲，应该说是“得天为性”。人得天命而成人性，叫作“德性”(德者，得也)。德性得自天，这就叫“得天为性”。不仅人，万物也都是得天为性的，这就是《周易》中所谓“乾(即天)道变化，(人、物)各正性命”(《周易·彖传》)。物得天而为物性，人得天而为人性。只不过人是

“得天独厚”，所以最尊贵。

对“性”的探索，是所谓“人性论”的事情。这里与上节讲人性的来源或其形上依据不同，是讲人性的具体内容及其本质的。道家认为人性就是自然，老子多谓之“道”，庄子多谓之“天”；而儒家则认为人性就是仁义礼智孝悌忠信等，但也认为这些都是天性，也是自然（当然，两家对“自然”的理解有不同）。在这个意义上，魏晋玄学所谓“名教出于自然”（王弼语）、“名教即自然”（郭象语）之说，确实是深得儒道两家的共同要领。

《中庸》的第二句话“率性之谓道”，是讲行为方式的；在哲学上，这属于人生论或者人生哲学的问题。而人生哲学与价值哲学的关系就很密切了，人生哲学讲的就是人生价值及其实现的问题。在儒家哲学看来，人生价值就体现在“率性”当中，或者说，人生价值就应该在“率性”中实现。所谓“率性”，就是随顺本性行事，不做作，不造作，孔子所谓“从心所欲”（《论语·为政》），不假安排。“率性为道”，循性行事即所谓“道”。这条“道”当然是“人道”。由此看来，人自己的天性或“德性”就是衡量一切价值的尺度。这就是儒家的人道主义价值论——“率性之谓道”是极为典型的人道主义。

儒家对于价值尺度的这种看法，是建立在“性善论”基础上的。这一点非常要紧：正因为人性本善，所以只要循性而行，也就无所不善了；假如人性本恶，那么，循性而行岂不就成了随心所欲地作恶了？所以主张人性恶的荀子的思想不受重视，而主张人性善的孟子的思想就成了儒家思想的正统。孟子认为：“人性之善也，犹水之就下也。人无有不善，水无有不下。”（《孟子·告子上》）具体来说，人性包括仁义礼智“四端”（四个善端）：“恻隐之心，仁之端也；羞恶之心，义之端也；辞让之心，礼之端也；是非之心，智之端也。”（《孟子·公孙丑上》）“仁义礼智非由外铄我也，我固有之也。”(《孟子·告子上》)人性之善乃是天性,所以人不妨循性而行,这样,他的行为无论如何也是善的。

这种天生的善性,孟子又称之为“良知”或者“良能”:“人之所不学而能者,其良能也;所不虑而知者,其良知也。”(《孟子·尽心上》)“良知”又叫“良心”,孟子认为这是人生而具有的,只是由于受到不良环境的影响,有些人放失了自己的良心。放失了的良心,叫作“放心”。他说:“虽存乎人者,岂无仁义之心哉?其所以放其良心者,亦犹斧斤之于木也,旦旦而伐之,可以为美乎?”(《孟子·告子上》)所以在他看来,修身的宗旨就是“求其放心”。这种作为德性的良心又是天所赋予的,所以后世又称之为“天良”。这就将“天”和“心”相提并论了。“天”到了宋明理学那里又称为“理”或者“天理”。所以,我们看到儒家价值观念中有一种极为常见的典型表述:“天理良心”是一切正面价值的最高尺度;“伤天害理”则是一切负面价值当中的极致——所谓“丧尽天良”了。

天性良知是一切价值的衡量尺度——这就是儒家的德性价值论。

三、修齐治平:人生价值的实现

那么,人如何才能实现其自身的德性价值?《礼记·大学》提出了儒家关于如何实现人生价值的“三纲八目”:三条基本纲领,八个具体目标。

“三纲领”是:

大学之道,在明明德,在亲民,在止于至善。

“八条目”是：

> 古之欲明明德于天下者，先治其国；欲治其国者，先齐其家；欲齐其家者，先修其身；欲修其身者，先正其心；欲正其心者，先诚其意；欲诚其意者，先致其知；致知在格物。物格而后知至，知至而后意诚，意诚而后心正，心正而后身修，身修而后家齐，家齐而后国治，国治而后天下平。

这些就是实现人生价值的三大步、八小步。

“纲”与“目”是一种抽象和具体的关系，具体表现在：

（一）明德——修身（格、致、诚、正）

“明明德”，前一个“明”是动词，意为“明白”；后一个“明”是形容词，意为“光明”。后面两个字“明德”也就是“德性”的意思。所以，“明明德”可以简称为“明德”——即明白自己的德性，或使自己的德性得以昭示于人。

那么，如何才能“明德”呢？儒家认为有两种途径：一是“自诚明”，一是“自明诚”。首先需要解释一下“诚”的意思，“诚”即人的德性之善。《中庸》讲：“诚者，天之道也；诚之者，人之道也。”孟子也说：“诚者，天之道也；思诚者，人之道也。”（《孟子·离娄上》）荀子也说：“君子养心，莫善于诚。致诚，则无它事矣。”（《荀子·不苟》）那么，“自诚明”和“自明诚”是什么意思？两者有何区别？《中庸》的解释：“自诚明，谓之性；自明诚，谓之教。”这就是说，“自诚明”就是由“诚”而自然地达到“明”，亦即凭自己本来固有的善性就能明白自己的这种善性，“诚则明矣”；这适用于天资很高的人。“自明诚”则是先由学习而达到“明”，然后再由这种“明”而达到“诚”，亦即通过学习使自己意识到自己固有的善性,“明则诚矣”;这适用于天资不太高的人。大多数人是后一种人。所以,对大多数人来说,要想“明德”,就得“修身”或者“修道”;而要修道,就须教育。这就是“修道之谓教”。

可见《中庸》的第三句话“修道之谓教”,是讲人生修养问题的(不仅指道德修养,也包括知识修养)。儒家之讲人生修养,其终极便是“天”。如孟子讲:由“尽心”而“知性”,由“知性”而“知天”(《孟子·尽心上》)。其实知性本身已是一种知天了,因为得天为性,性本身便是一种天,故称“天性”。“知性”是知这个小“天”,“知天”是知那个大“天”;而这两个天本来是相通的,所以才能由知性而知天。这有点像西文的“human nature”(人性)本来便是一种“nature”(自然),人性是“人的自然”。人即天,人道即天道。在这个意义上,我们才说“修道为天”。

我们既说“修道为教”,又说“修道为天”。“为教”是说这是一种教化过程:对他人而言是教化、教育,对自己而言是自我教育、自我修养。“为天”是说这种教化是由“尽心”而“知天”:其根基在“天”(基于天性、德性),即所谓“自诚而明”,因性而成修;其目的亦在“天”(知人道之天即天性,复知天道之天即天然),即所谓“自明而诚”,因修而成性。此即所谓“性、修不二”(熊十力语)、“天、人合一”。

这种“修身”的目的,在于“明德”,也可以说在于“养性”,亦即觉悟到或者明察到自己的德性,所以,我们才有“修身养性”的说法。既然德性是价值尺度,那么,也可以说,修身的目的,就是陆九渊所说的“先立乎其大者”(即指心性),首先把价值标准立起来,即确立自己据以安身立命的价值尺度。

(二)亲民——齐家与治国

但是,仅仅"身修"还是远远不够的,还说不上人生价值的实现。修身不是目的,至少不是终极目的。儒家价值哲学的终极目的,乃是追求一种"至善"的境界。儒家哲学是一种积极"入世"的哲学,所以决不仅仅满足于自身的修养或"独善其身"而已,于是,还要把自己的这种善性推广开来,及于国家、天下,即所谓"兼济天下"。当然,修身是第一步。

在儒家看来,人生价值的实现可以分为四步:修身、齐家、治国、平天下。这是由于儒学所处的时代是个宗法社会,国是家的放大,天下又是国的放大。所以,要想达到"至善"的境界,下一步必须是"齐家"——首先把自己的家族管理好。"齐"是整齐的意思,"齐家"就是使家整齐。在宗法社会里,"齐家"的具体目标就是实现父慈、子孝、兄友、弟恭等伦理规范。

齐家治国,就是所谓"亲民"。关于何为"亲民",存在两种不同的理解。一是亲爱人民,如孔颖达认为:"亲民者,言大学之道在于亲爱于民。"(《礼记正义·大学》)一是"新民",意指教育人民,使之去旧更新,如朱熹讲:"程子曰:'亲,当作新。'……新者,革其旧之谓也,言既自明其明德,又当推以及人,使之亦有以去其旧染之污也。"(《四书集注·大学》)这两种解释都是有道理的:前一种解释是儒家"仁爱"思想的体现,后一种解释是儒家"教化"思想的体现。它们的共同之处在于都体现了儒家的"推己及人"主张:人生价值的实现不是纯粹个人、自己的事情,而是与他人、家庭、国家社会相联系的。个人的人生价值在对社会理想境界的建构与追求中才能够得到充分实现。换句话说,离开了家、国、天下,是谈不上人生价值的。

（三）止于至善——平天下

“至善”是儒家理解的社会理想的最高境界，而“止于至善”则是儒家追求的人生价值的最高境界。这就是“平天下”的境界。要注意的是，这里的“平”绝不仅仅是“平定”的意思。当然，要“平天下”，首先必须使天下“平定”或“太平”。但天下太平还远远不是儒家社会理想的全部。作为最高社会理想境界的“至善”，具体来说就是“大同”世界。《礼记·礼运》对这种社会理想境界做了一番众所周知的著名描述：“大道之行也，天下为公。……是谓大同。”总起来说，就是形成一个安乐祥和、丰衣足食的“礼义之邦”、道德社会。我们注意到，社会的理想境界同时也是个人自我人生价值实现的理想境界。在这里，自我价值的实现与社会价值理想的实现是完全一致的，甚至是同一的、打成一片的。

但是最后，我们必须指出，《中庸》这种实现人生价值的目标绝不是为大众设立的，而是为少数杰出人物、“圣贤”、王公贵族设立的。所以，儒家关于人生价值实现的这种从自我修身到平治天下的路线，被后世儒家尤其是新儒学概括为“内圣外王”①。自我修养的最高境界就是“内圣”，即通过“格物致知”达到“正心诚意”；自我实现的最高境界就是“外王”，即“平天下”。显然，虽然儒家也讲“人皆可以为尧舜”（孟子语）、“涂之人可以为禹”（荀子语），但事实上这并不是人人皆能做到的事情。后来宋明新儒家注意到了这个问题，力图将它改造为适用于每一个人的普遍的价值实现途径，于是才有了“满皆都是圣人”之说，但实质上已经在一定程度上偏离了原典儒学的价值哲学特质。

---

① “内圣外王”一语虽出自《庄子·天下》，但其精神实质显然是儒家的主张。《天下》篇是否确为庄子所作，向有争议。

中国传统的自由精神

——简论儒道释的自由观*

马克思说:"人的类特性恰恰就是自由的自觉的活动。"①"自由是全部精神存在的类的本质。"②在这个意义上,人就是自由,人的历史就是不断追求自由并且获得自由的历史。人类从来就拥有的这种自由精神积淀在文化传统之中。然而自从"五四"以来,中国的自由主义者是全盘反传统的,在他们心目中,中国的文化传统缺乏自由精神。于是他们主张抛弃传统,全盘西化。结果,中国自由主义失落了自己的精神家园,而成了无源之水、无本之木。这是中国自由主义屡屡受挫、迄无成功的重要原因之一。那种抛弃传统的自由,是一种无根的自由。我们今天重读传统的一个重要任务,就是发掘传统的自由精神。

自由既是人的类本质,便是一种超越的追求——超越时间、历史,超越空间、地域。但超越性存在于现实性之中,超越性的自由精神存在于现实性的自由追求之中。我们今天不能追求乘坐

---

* 原载《理论学刊》2001 年第 4 期。

① 《马克思恩格斯全集》第 42 卷,人民出版社 1985 年版,第 96 页。

② 《马克思恩格斯全集》第 1 卷,人民出版社 1956 年版,第 67 页。

宇宙飞船而飞出太阳系,正如古人不能去追求登上月球。自由本身就是一个矛盾——有限性与无限性之统一。无限的自由是由一系列有限的自由构成的,而这"一系列有限"本身就是无限。自由的现实性(历史性、地域性),就是每一个人置身其中的具体的时空条件。"我是一个凡人,我只追求凡人的幸福。"我是一个中国人,一个20世纪的中国人。这就是我的现实性,就是我追求自由的边界。

20世纪中国人的自由追求是由"五四精神"宏大张扬起来的。何为"五四精神"?人们肯定首先想到"德先生"和"赛先生"——民主与科学。OK!这两位先生是20世纪的宠儿。但我时常感到,他们只不过是皮影戏上的影子,纵然活泼生动,煞是好看,到底还是傀儡,是受"看不见的手"操纵的。是谁在操纵德先生和赛先生?原来幕布背后还有两位:自由主义,民族主义。是他们在那里扯着线、摆弄着皮影:追求科学,即追求人对自然界的自由;追求民主,即追求人对人的自由;要之,即追求中国人的自由。总之,民主与科学不过是自由意志的工具而已。20世纪中国自由主义思潮的追求,当然也是我们时代精神的一种体现。然而我们不能不指出,中国自由主义从来是很不成功的。何以故?我把中国自由主义的不成功归为"两大脱离":脱离现实,脱离传统。

中国自由主义的脱离现实,表现在他们对中国的"国情"(姑用此语)很不了解。他们以西方资本主义发展道路的模式来看待和处理中国的问题,殊不知中国当时的情况与西方早期资本主义发展时所处的情况实在相去甚远。简单来说,以中国当时的落后,去实行一种如西方式的自由资本主义制度,与西方发达的"列强"做一番"费厄泼赖"(Fair Play)的"公平"较量,言重一点,那简直就是要置中华民族于死地。历史已经证明,最了解当时的中国的现实需要的是中国的马克思主义者。当时的中国需要权威的政治、统制的经济、坚强的军事、统合的文化，否则便不能形成一种高度的凝聚力量，以内扫封建势力、外挡西方列强、抵抗发达资本主义的压迫剥削，从而发展民族经济、实现民族振兴。

更严重的是，中国自由主义者脱离了中国的传统。他们“误读”了西方自由主义，以为人家是通过“全盘反传统”来为资本主义的发展扫清道路的。西方自由主义当然有反传统的一面，但他们在更深的层次上继续发扬了西方的“二希传统”（古希腊文化传统、希伯来文化传统）。中国的自由主义不了解这一点，结果大反中国传统、大搞全盘西化。他们不知道，只有植根于民族文化的传统土壤之中，自由的理念才有可能生根发芽、茁壮成长。可是他们对此浑然不觉，对自家民族的文化传统必欲置之死地而后快。这样一来，其结果如何就可想而知了。

现代性之所以必须植根于传统性，还在于我们这个时代实在是一个民族主义的时代。人类的历史就是两种“主体”（个体和群体）活动的历史。而整个近代以来的历史——全世界的现代化进程，就其“主体意识”而言，也就是两种：个体意识就是个人主义，这主要表现在国内问题上；群体意识就是民族主义，这主要表现在国际关系上（如果在国际关系上把一个民族国家视为一个个体，则民族主义就其本质而言还是个人主义或曰个体主义原则的体现；结果我们看到，现代所谓“国际关系准则”往往正是个体主义原则的扩大而已）。在国内，个人主义的表现就是自由主义，要求个性解放，所以要反封建；在国际，民族主义的表现却有两种情形：一方面是先发展国家的帝国主义扩张，另一方面则是后发展国家的民族解放运动。这是理解现代历史的关键，是解开历史之谜的一把钥匙。

正因为现代化是民族主体的活动,所以它是民族性的。换句话说,民族性是现代性的一个函项。现代性当然具有世界性或全球性,但它首先是民族性的。这就是为什么现代历史是民族主义历史的原因所在。今天,对于我们来说,尤其应当注意研究"现代性的民族性"问题。

由此可见,自由主义运动作为现代化的一个侧面,是绝对不能脱离民族传统的。民族传统也应该是自由主义的一个函项。这不仅是理论上的推导,也是西方自由主义运动的历史事实。一个民族的哪怕是最"现代"的自由理念,也必须从这个民族的历史文化传统精神当中引导出来。在这个问题上,中国的自由主义者是一肚皮糊涂账。

于是,这里就涉及对传统的理解问题了。这里的问题在于我们用以分析传统的思想方法。我们的方法就是"二重分析":既要看到传统之特殊性、现实性的一面,又要看到传统之普遍性、超越性的一面。这就是关于传统的辩证法:现实性当中蕴涵超越性,超越性体现在现实性之中。所以,我很赞同冯友兰先生当年曾经遭到猛烈批判的"抽象继承法"。超越的东西正是抽象的。所谓"抽象"并不是说玄乎其玄、不可捉摸,而是说它是已抽去了具体的、特殊的历史内容之后保持下来的超越精神。唯其如此,它才能够超越时空。

而且,传统是开放的,不是封闭的;传统不是一成不变的,是在不断"生成"中的。传统犹如长江大河,滚滚向前:沿途吸纳百川,由此发展壮大;纵然发生河道改易,水质变换,它仍然是长江大河;虽然最终汇入大海,融入大洋,长江大河依然自在。中华民族的文化传统便是这样的长江大河。中华民族的自由传统便是这样的长江大河。

中华民族的文化传统中，竟然有自由的传统吗？咳，这是什么话！难道中华民族不是一个热爱自由的民族？难道中国人民生来患有“恐自由症”的先天缺陷？岂有此理！可是，中国的自由主义者们往往就是这样来看待我们的文化传统的。在他们看来，传统文化是自由的天敌，作为中国传统文化主流的儒家思想更是自由的枷锁、扼杀自由的罪魁祸首。所以他们激烈反传统，要全盘西化。他们要“打倒孔家店”，要与我们的传统“彻底决裂”。

但是，他们搞错了。中华民族是有自由传统的，儒家思想是有自由传统的，道家思想、佛家思想也都是有自由传统的。简单说来，中国传统文化中的儒、道、释，儒家追求“入世的自由”，道家追求“忘世的自由”，释家追求“出世的自由”。

“入世的自由”是儒家追求的最高境界。

所谓“入世”，就是对现实生活持一种积极的态度：投身其中，参与其中，负起责任来，担起义务来。此即孔子所谓“务民之义”。所谓“入世的自由”，就是绝不逃避现实，而是从负责任中求自由，从担义务中求自由。自由并不在生活之外，而就在生活之中。真正“如其所是”的生活，便是自由的生活。你是一个父亲，你就得像一个父亲；你是一个妻子，你也得像一个妻子。你是 20 世纪中国的一个男人，你就应该如其所是；你是 20 世纪中国的一个女人，你也应该如其所是。此所谓“是”，也就是你的“天命”“德性”“本心”“良知”。你如果不如其所是地生活，你就不可能是自由的。

当然，仅仅如其所是地生活了，还不是自由的，至少还未达到儒家追求的自由，还未达到应有的自由境界。儒家对从生活中求自由，还要求“自觉”。动物就是如其所是地生活的，但那不是自由。你必须“意识到”你在如其所是地生活，这才是自由的境界。

此所谓“意识到”，就是王阳明所谓“致良知”——良知是你的固有，却还须“致”。致者，使之至也。你一旦意识到：“我是人，我过的正是人的生活。”——你自由了。“我是母亲，我对儿女之爱正是母爱。”——你自由了。“我是自然之子，我对自然的态度一如对父母之‘孝敬’。”——你自由了。自由就是你对自己如其所是生活的“觉悟”。

所谓“如其所是”，就是在现实中的合乎本性的生活。所以，你得既意识到自己的本性，又意识到实现这种本性的现实。二者缺一不可。例如“爱”（广义），儒家所谓“仁”。仁是一种能力、潜能、“良能”，就是“能爱”。你要意识到，能爱，这并不是别人强加给你的要求，而是你自家的本性。否则“爱”就成了你的一大负担，哪里还有自由之感？所以孔子说：“我欲仁，斯仁至矣。”不是人家要我“仁”，而是“我欲仁”。儒家认为：“仁者爱人。”又说：“仁民爱物。”爱一切人，而且爱一切物。这似乎是一种墨子式的“泛爱”、西方式的“博爱”。但这不对，因为你忘了现实问题。例如在宗法社会里，泛爱或博爱是不能自由的（你爱别人的妻子吗？像爱自己的妻子一样吗）；所以，当时讲“兼爱”即泛爱的墨家不能成功，几成绝学。而儒家当时讲“爱有差等”，就是说，爱的程度是有亲疏差别的。这种差别即自由的现实性，即所谓“承认现实”。只有承认现实的“爱有差等”，才能“推己及人”，进而“推人及物”，成就一种现实可行的博爱。

孔子自述一生自我修养的经过，就是儒家追求自由的一个写照：“吾十有五而志于学，三十而立，四十而不惑，五十而知天命，六十而耳顺，七十而从心所欲，不逾矩。”这里共有三个阶段、三种高低不同的境界：“三十而立”只是能够安身立命、如其所是地生活；“四十而不惑”则已经意识到其本性之“然”（知道是“我欲仁”);“五十而知天命”则更进一步意识到其本性之“所以然”(知道了仁爱是“天性”“天良”,即所谓“天命之谓性”)。此一阶段又可以再细分为三种境界:“知天命”,还是“有意识”的,还不觉得真正自由;“耳顺”,感觉自由自在得多了,不再那么勉强;“从心所欲,不逾矩”,真正彻底自由了、自在了:一方面“不逾矩”,不违礼犯规,不违法乱纪;一方面却感到“从心所欲”,率性而为,随意而行,一如自然,不假安排。这就是儒家理解的真正的、现实的自由境界。

道家则追求一种“忘世的自由”,或者“避世的自由”。

“避世”就是回避现实,“忘世”就是忘怀现实。因为在道家看来,现实生活是一种羁绊、桎梏,是不自由;甚至于是一种迷误、罪恶。所以他们要避开现实,要忘却现实。因此,道家喜好隐遁:或隐身草莽,或遁迹山林。他们厌弃人世间,向往大自然。

但“避”和“忘”还是有所不同。避未必能忘,忘也不一定要避。故古人说:“小隐隐于野,大隐隐于市。”我说:小隐于野,中隐于市,大隐于朝,至隐于心。隐于心,便是“忘”;倒不在乎官居何位,身在何方。所以,庄子最讲一个“忘”字,如“坐忘”“相忘于江湖”等。当然,能避则避,“眼不见,心不烦”;但人有时身不由己,未必能避得开,这个时节,就要能忘。“得意忘形”是道家的崇高境界。所谓“得意”,就是“得道”或者“知道”了,明白了,彻悟了;所谓“忘形”,就是忘掉了“肉”、躯壳物欲,摆脱了“臭皮囊”的束缚。由此可见,道家尤其是庄子追求的乃是心灵的精神自由。

所谓“得道”或者“知道”,那个“道”是什么?老子讲过:“道法自然。”在道家的词典里,“道”就是“自然”,也就是“自由”,亦即庄子所谓“在宥”(“在宥”理当读为“自由”)。但道家说的“自然”,不完全等于我们今天所谓“自然界”。自然界当然是“自然”,但人也是或者说应该是“自然”。道家的“自然”不是一个单词如“nature”,而是一个词组,意思就是“自己如此”(being so in-oneself)。自然界是自己如此的,人也该是自己如此的。既没有上帝的安排,也没有人类社会当中的种种矫揉造作。自己如此,也就是“天性”或“本性”。所以,道家的“道法自然”与儒家的“天命为性”其实是相通的。“人性”之为天性,也是一种“自然”(Human nature is a kind of nature)。

至于佛家,追求“出世的自由”。

佛学中有许多可以与希伯来精神相通的精神资源。例如佛教中“众生平等”的观念、“普度众生”的观念,就其超越精神层面来看,与“自由平等博爱”的精神是相通相契的。佛教小乘的“自度”,是追求个体的自由;大乘的“普度”,则是追求群体的自由。

在佛教徒看起来,人间是“无常”的“苦海”;不特如此,整个“三千大千世界”,包括他们想象出来的种种世界,都是在苦难中遭遭“轮回”,超脱不得,哪里存在些许自由?一切事物,所有存在,都不过是“因缘”凑合而成,哪有什么自我?既无自我,谁有自由?于是他们便依据经、律、论三藏,通过戒、定、慧三学,断除烦恼,渡过苦海,超脱生死轮回,达到“涅槃”境界——一种高度智慧的、自由的精神境界。

唯识宗是最讲通过智慧求得自由的宗派,他们的核心理论便是“唯识无境”。他们希望通过思想意识的“转依”,由染而净、由迷而悟,达到精神自由的境界。天台宗对精神自由的追寻则更显得圆满,他们认为一切存在都是法相真如的表现,希望通过“一心三观”的修行,达到“三谛圆融”的认识,从而获得精神自由。华严宗也追求一种“圆融无碍”的精神自由境界,但方法不同。华严宗主要通过理解“十玄门”或“十玄缘起”的关系,达成“六相圆融”

的认识,由此获得精神解脱。总起来看,佛家的自由理念也可以称之为一种“智慧的自由”。

当然,我们在这里所谈论的是中国的佛教,而非印度的佛教。中国的佛教宗派中,最典型的是禅宗。他们主张心性本净,佛性固有,直指本心,不假外求,所谓“明心见性”,“顿悟成佛”。禅宗的思想,在我看来主要是有三大来源:佛教固有的传统自不消说,就来自中国的精神资源看,一是孟子一系的天命心性论,一是庄子一系的天性自然论。其结果是,禅宗一如儒道,同样诉诸本心、天性。禅宗作为佛教中国化的最终成果,实在是儒与道交互影响的产物。所以,理解了中国的儒、道,也就不难理解中国的佛教了。

结果我们发现:儒道释三家原来竟是差不多的,都是“天性自然主义”(Naturalism)。确实,儒、道、释分别达到最高境界时,就相契相通了。儒、道、释的自由追求之会通,便是中华民族的自由精神传统。这个传统既追求群体的自由,又追求个体的自由;既追求现实的自由,又追求理想的自由;既追求人身的自由,又追求精神的自由。

中华民族的自由精神,在不同的时代有不同的历史表现形式;这些不同的形式,却是同一个超越精神或“绝对精神”的贯彻。我们这里当然是用黑格尔的话语来表述的,我觉得这有助于我们把握历史性与超越性之关系。文化传统中超越的东西,有如那个作为“一”的绝对精神;传统中作为“多”的历史的东西,便是这个绝对精神的自我展现。所谓历史就是这个绝对精神不断自我超越的过程。这种超越便是自由。

当然,我在这里所说的毕竟不是黑格尔的那个“绝对精神”,而是我中华民族的主体精神。在这个意义上,中华民族的超越精神,与其说是黑格尔式的“绝对精神”,毋宁说是更接近于康德式的“自由意志”。康德的自由意志不是神的意志,而是人自己的意志;不过,其意志的超越形式缺乏一种表现为必然性的自我展现的历史内容。它仅仅是抽象的绝对形式,缺乏具体的历史展现,而在这方面,黑格尔就要高明得多。

中华民族主体的自我超越精神,便是中国的“自由”理念,或曰“中国自由精神”。它在不同的时代,展现为不同的历史形式;在不同的地区,展现为不同的地域形式;在不同的学派那里,展现为不同的思维形式。但它只是一个主体精神,此即所谓“道通为一”。庄子曾经感叹道:“道术将为天下裂!”其实这用不着感叹,“为天下裂”正是为“一”之“道”的自我展现为“多”。但同时也不应忘记,这种多本是一。所谓“月映万川”,理应如此理解。如果说在中华文化传统中确有一个所谓“道统”存在,那么这个道统就是我们所说的“中国自由精神”。

正因为文化传统的超越精神需要历史的展现,才存在一个“顺天应人”、随时变革、与时俱进的问题。所以,中华民族的文化传统需要进行“现代转换”。所谓“文化传统的现代转换”,就是那个一以贯之的民族主体的超越精神,面对新的时代条件,应有一个新的历史展现。用人们常有的说法,叫作“继承发展”或“推陈出新”:继承民族传统的超越层面之“陈”,以发展出民族文化的当代现实内容之“新”。对于中国传统的自由精神,亦应作如是观。

夸父精神与女娲精神

——中国文化精神与美学精神的神话象征*

每个民族的哲学精神乃奠基于“轴心时期”①，这一点现在已得到公认；但轴心时期的这种哲学精神是孕育于此前的“神话时代”的，这一点还没有引起人们足够的注意，相反，人们倒是更多地注意到了“前轴心期”和轴心时期之间的差异对立。例如西方当代某些哲学家为了反思和克服轴心时期以来哲学的弊端，力图返回前轴心期。其实，西方哲学精神虽然确立于古希腊哲学时代，但它是孕育于此前的古希腊神话时代的，这就正如中国哲学精神虽然确立于春秋战国时期，但它同样孕育于此前的中国神话

---

* 原载《中外文化与文论》第8辑，四川教育出版社2001年版。

① “轴心时期”(Axial Period)是德国哲学家雅斯贝尔斯(Karl Jaspers)提出的一种理论，认为在公元前数百年的时候，世界上几大主要文明传统的基本思维模式几乎同时确立起来，那个时代因而成为人类历史的“轴心”；从此，“人类一直靠轴心时期所产生、思考和创造的一切而生存。每一次新的飞跃都回顾这一时期，并被它重燃火焰。自那以后，情况就是这样。轴心期潜力的苏醒和对轴心期潜力的回忆，或曰复兴，总是提供了精神动力”(见〔德〕卡尔·雅斯贝斯著，魏楚雄、俞新天译《历史的起源和目标》，华夏出版社1989年版，第14页)。轴心时期的基本特征在于理性的觉醒，可以说是“哲学时代”。

时代。显然,神话是民族哲学精神的最初象征形式。因此,我们可以通过对一个民族神话的阐释,来揭示这个民族哲学传统的渊源。唯其如此,尼采提出的“日神精神”与“酒神精神”,非常形象精炼地概括表征了西方哲学的核心精神。这为我们探寻中国哲学精神在前轴心期神话中的渊源与象征提供了一种很好的参照。中华民族哲学精神的核心可以概括为由上古神话表征的阳刚进取的“夸父精神”与阴柔包容的“女娲精神”;到了轴心时期,才由哲学话语转换为《周易大传》的乾阳之德“自强不息”精神与坤阴之德“厚德载物”精神,在此基础上,演化出了中国哲学传统的两大支柱——儒家哲学与道家哲学。

一

每个民族在哲学觉醒的轴心时期之前,都曾有一个神话时代,区别仅仅在于这种神话的文本形式不同。古希腊神话的形式是《荷马史诗》,即长篇叙事诗的形式,这与中国藏民族《格萨尔王传》的形式一致,却与汉民族的神话文本形式有很大的区别。中国前轴心期汉语神话的形式既有诗歌的形式,例如《诗经》里就保存着许多上古神话传说(但也不同于西方式的长篇,而是短篇);也有散文的形式,例如《尚书》乃至《左传》当中保存的许多远古英雄传说故事,就其实质而言,还是神话性质的东西。①

尼采正是从这种前轴心期的神话中提取了两个典型的形象,

① 以顾颉刚先生为代表的“疑古派”如今受到了某种质疑,但我认为这并不说明那些“古史”从此就是“信史”了,相反,它们仍然具有神话传说的性质。

用以象征西方哲学精神的渊源:他在自己的第一部著作《悲剧的诞生》中,用“日神”阿波罗(Apollo)和“酒神”狄俄尼索斯(Dionysus)这两个希腊神话形象,来概括象征西方哲学的两大根本精神传统。[①] 当然,在尼采那里,酒神精神与日神精神首先是“艺术精神”;但是尼采的美学从一开始就不只是一般美学家那样的美学,毋宁说是一种人生观,乃至就是一种真正的哲学世界观。这是因为在他看来,“只有作为一种审美现象,人生和世界才显得是有充足理由的”[②]。正是在这个意义上,《悲剧的诞生》才是其哲学的真正诞生地。

日神精神和酒神精神是两种基本精神力量:一个是持守现象界、遮蔽本体界,即维护“个体化原理”的;一个是超越现象界、达到本体界,即超越“个体化原理”的。“个体化原理”本是叔本华提出的,意指作为世界本体的生命意志,外化为个别存在的事物而构成“现象”,这就是“个体化”;而生命意志作为“本质”或者“本体”,要超越现象、回归本质,这就是超越“个体化”。而作为乐观主义者的尼采跟作为悲观主义者的叔本华,对此的理解是不同的:尼采认为,个体要通过超越个体化束缚,来达到意志本体境界,故肯定生命意志;叔本华认为,个体要通过否定个体化原理,来摆脱永恒痛苦,最终否定生命意志。日神精神和酒神精神之不同,“在我看来,日神是美化个体化原理的守护神,唯有通过它才

---

① 〔德〕尼采著,周国平译:《悲剧的诞生·尼采美学文选》,生活·读书·新知三联书店1986年版。尼采关于日神精神与酒神精神的论述,主要见于其第一部著作《悲剧的诞生》。众所公认,《悲剧的诞生》虽然是一部探讨希腊悲剧的美学著作,却是尼采全部“哲学的诞生地”。

② 〔德〕尼采著,周国平译:《悲剧的诞生·尼采美学文选》,生活·读书·新知三联书店1986年版,第105页。

能真正在外观中获得解脱；相反，在酒神神秘的欢呼下，个体化的魅力烟消云散，通向存在之母、万物核心的道路敞开了”①。

从存在论角度来看，日神精神象征着科学主义传统，关注对现象界的认识、对自然界的“征服”；酒神精神象征着人文主义传统②，关注对人本身以及世界本质的发现、对生命意志的把握。当然，从本质上来看，两者其实都是生命意志的表现。但日神精神可以说是一种“外向性意志”，它是指向外在形象的，所以，尼采指出：“我们用日神的名字统称美的外观的无数幻觉。”③而酒神精神则是一种“内向性意志”，它是指向生命意志本身的，直接就是生命意志、“强力意志”的象征，“酒神艺术……表现了那似乎隐藏在个体化原理背后的全能的意志，那在一切现象之彼岸的历万劫而长存的永恒生命”④；“生命意志在其最高类型的牺牲中，为自身的不可穷竭而欢欣鼓舞——我称这为酒神精神”⑤。现代人文主义与科学主义的对立是西方一种由来已久的哲学现象。这种分界实质上是认知主义与意志主义的对立，穷其源头，可以追溯到柏拉图、苏格拉底乃至希腊哲学以前的希腊神话。尼采的悲剧理论就是这种穷本溯源的探究努力的成果。

---

① 〔德〕尼采著，周国平译：《悲剧的诞生·尼采美学文选》，生活·读书·新知三联书店1986年版，第67页。

② 此处的“人文主义”，不是指的文艺复兴时期的人文主义，而是指的当今与“科学主义”相对举的人文主义。

③ 〔德〕尼采著，周国平译：《悲剧的诞生·尼采美学文选》，生活·读书·新知三联书店1986年版，第108页。

④ 〔德〕尼采著，周国平译：《悲剧的诞生·尼采美学文选》，生活·读书·新知三联书店1986年版，第70页。

⑤ 〔德〕尼采著，周国平译：《悲剧的诞生·尼采美学文选》，生活·读书·新知三联书店1986年版，第334页。

从方法论角度来看，日神精神表征着西方理性主义传统；酒神精神表征着西方非理性主义传统。① 这种传统的历史渊源与上述科学主义传统和人文主义传统的历史渊源是一致的：科学主义一般是理性主义或者理智主义，而人文主义往往是非理性主义。②

从认识论角度来看，日神精神代表着逻辑实证主义传统，即作为科学的全部基础的“经验—逻辑”传统；酒神精神代表着直觉主义传统。经验主义、逻辑主义与科学主义传统是一致的，科学的基础就在于经验与逻辑；而直觉主义则往往与人文主义传统联系在一起，对善与美的感悟往往通过直觉。尼采把日神精神看作是一种“梦”的“幻觉”状态，把酒神精神看作是一种“醉”的“颠狂”状态。这其实是尼采认识论的一种很独特的表达，因为在他看来，理性是不可能把握作为本体的生命意志的（这个观点，集中表现在他的“透视主义”理论当中）③；而要把握生命意志本体，就只能依靠非理性的直觉。

总之，尼采要寻求的远不只是艺术的本质，他要追寻人生的本质、世界的本质；他认为这就是“强力意志”。因此，在他看来，较之日神精神，酒神精神是更根本的，酒神精神高于日神精神；这

---

① 关于日神精神是否象征了理性主义传统，还是一个存在争议的问题，容作另文讨论。简单说，在我看来，日神精神确实象征了西方理性主义传统。例如基督教，其精神传统其实仍然是理性主义的，因而他们的信仰仍然诉诸逻辑理性的论证。尼采虽然说过“基督教既非日神的，也非酒神的”，但这恐怕是出于他对基督教的厌恶之愤激。

② 我想提请读者注意两点：西方近代以来的理性主义和经验主义都属于理智主义传统；“非理性”并不等于“反理性”。

③ “透视”乃是借用的美术术语，尼采这种理论否认任何对于“不以人的主观意志为转移”的对象的所谓客观认识，认为任何认识都取决于主体的视角，因而是不可能把握生命本体的。

就是说，直觉高于理性，艺术高于科学。他要缔造一个艺术化的世界、艺术化的人生。

这些具体结论我们未必赞同。但是在我看来，尼采至少揭示了这样一个事实：确立于轴心时代的哲学精神绝不是空穴来风、突如其来的，它的渊源存在于前轴心期的神话中。我的研究结果是：正如西方神话中的日神精神和酒神精神象征着西方哲学精神的两大根本传统，中国神话中的夸父精神和女娲精神同样象征着中国哲学精神的两大基本传统。

二

关于夸父和女娲的神话记载，最早见于《山海经》。但《山海经》所载的神话故事能否视为“前轴心期”的东西，这似乎是存在疑问的。为此，我们应该严格区分这样两个问题：

一是《山海经》这部书的成书时代问题。众所周知，班固《汉书·艺文志》已经著录了《山海经》，一般公认它至少是先秦的文献。至于到底“先”到什么时候，则是一个至今尚无定论的悬案。此书旧题为夏禹或伯益作，虽不可信，但对于认识此书的来源之古似乎也是有所启发的。我认为，《山海经》这样的文献也跟上古其他许多文献一样，并非一人一时之作，而是经历了一个长期的辗转流变过程，而它最初的形式所处的时代，我们已经不得而知，很可能是非常久远的了。

二是《山海经》所记载的神话的来源问题。我倾向于认为，《山海经》里所记载的那些故事也跟其他许多上古文献所记载的故事一样，最初都是口耳相传的，至于这种口耳相传的情形究竟始于何时，很可能是极其渺远的时代。这里还有这样一条线索：

传说女娲与伏羲原来是兄妹，后来结为夫妇（详见下文）。这反映了原始乱婚的情形，也表明这个传说由来已久，绝非后来的轴心时期可能产生的说法。

夸父的故事，据《大荒北经》[①]载："大荒之中，有山，名曰成都载天。有人，珥两黄蛇，把两黄蛇，名曰夸父。后土生信，信生夸父。夸父不量力，欲追日景（影），逮之于禺谷。将饮河，而不足也；将走大泽，未至，死于此。"又据《海外北经》："夸父与日逐走。入日，渴欲得饮，饮于河渭；河渭不足，北饮大泽，未至，道渴而死。弃其杖，化为邓林。"另据《中次六经》："又西九十里，曰夸父之山。……其北有林焉，名曰桃林……"

后来《列子·汤问》[②]记曰："夸父不量力，欲追日影，逐之于隅谷之际。渴欲得饮，赴饮河渭。河渭不足，将走，北饮大泽，未至，道渴而死。弃其杖，尸膏肉所浸，生邓林。邓林弥广数千里焉。"另据《朝野佥载》卷五："辰州东有三山，鼎足直上，各数千丈。故老传曰：邓夸父与日竞走，至此煮饭。"《太平御览》卷五六引《安定图经》"振履堆者，故老云：夸父逐日，振履于此，故名之"；卷四七引《郡国志》"台州覆釜山……有巨迹，云是夸父逐日之所践"；卷三八八引《盛弘之荆州记》"零陵县上有夸父迹"。《水经注·河水》："湖水出桃林塞之夸父山。"《史记·赵世家》正义引《括地志》："桃林在陕州桃林县，西至潼关，皆为桃林塞地。

① 这是《山海经》（上海古籍出版社1980年版）里的一篇。以下凡只提篇名者，同此。

② 今本《列子》，旧题"周列御寇著"，其实出现较晚，一般认为是晋代所造的伪书。但它保存了许多上古神话传说，这是人们认同的事实。

《山海经》云：夸父之山，北有林焉，名曰桃林……"①

女娲的故事，据《大荒西经》载："有神十人，名曰女娲之肠，化为神，处栗广之野，横道而处。"郭璞注："女娲，古神女而帝者，人面蛇身，一日中七十变，其腹化为此神。"屈原《天问》写道："登立为帝，孰道尚之？女娲有体，孰制匠之？"王逸注："传言女娲人头蛇身，一日七十化，其体如此，谁所制匠而图之乎？"

女娲故事中最著名的是"补天"和"造人"传说，现存的最早记载均见于《淮南子》。②

补天的故事，《淮南子·览冥训》记载："往古之时，四极废，九州裂，天不兼覆，地不周载，火爁炎而不灭，水浩洋而不息，猛兽食颛民，鸷鸟攫老弱。于是女娲炼五色石以补苍天，断鳌足以立四极，杀黑龙以济冀州，积芦灰以止淫水。苍天补，四极正，淫水涸，冀州平，狡虫死，颛民生……"

另据《史记·补三皇本纪》载："女娲氏……当其末年也，诸侯有共工氏，任智刑以强，霸而不王，以水乘木，乃与祝融战，不胜而怒，乃头触不周山崩，天柱折，地维缺。女娲乃炼五色石以补天，断鳌足以立四极，聚芦灰以止滔水，以济冀州，于是地平天成，不改旧物。"

《论衡·顺鼓》："传又言共工与颛顼争为天子，不胜，怒而触不周之山，使天柱折，地维绝。女娲消炼五色石以补苍天，断鳌足以立四极。"《路史·发挥一》罗苹注引《尹子·盘古篇》："共工触

---

① 以上参见袁珂、周明编《中国神话资料萃编》，四川省社会科学院出版社1985年版。下同。

② 成书于西汉的《淮南子》也记载了不少先秦的神话传说，这些神话传说也有其上古的渊源背景。

不周山，折天柱，绝地维。女娲补天，射十日。”

造人的传说，《淮南子·说林训》记载：“黄帝生阴阳，上骈生耳目，桑林生臂手，此女娲所以七十化也。”高诱注：“黄帝，古天神也，始造人之时，化生阴阳；上骈、桑林，皆神名；女娲，王天下者也。七十变造化，此言造化治世非一人之功也。”

女娲与婚姻生殖有关，这一点也是有上古神话传说依据的。如《路史·后纪二》：“以其（女娲）载媒，是以后世有国，是祀为皋禖（高媒）之神。”罗苹注引《风俗通》：“女娲祷祠神，祈而为女媒，因置昏姻。”这显然与女娲“造人”的神话大有关系。《太平御览》卷七八引《风俗通》：“俗说天地开辟，未有人民。女娲抟黄土作人，剧务，力不暇供，乃引绳于絙泥中，举以为人。故富贵者，黄土人也；贫贱凡庸者，絙人也。”李白《上云乐》诗：“女娲戏黄土，团作愚下人。散在六合间，蒙蒙若沙尘。”

女娲与婚姻生殖的关系，也与关于女娲的另一个疑点有关：其为男神还是女神？据《世本·氏姓篇》：“女氏，天皇封弟埚于汝水之阳，后为天子，因称女皇，其后为女氏。”既是天皇之“弟”，则是男神，“女”是其姓氏，“娲”或“埚”是其名。然而更多的记载都把女娲视为女神。例如《论衡·顺鼓》：“俗图画女娲之像，为妇人之形，又其号曰女。（董）仲舒之意，殆谓女娲古妇人帝王者也。”我的看法是：“女”字固为姓氏，女娲却是女神。中国上古确有“女”姓，还有许多带“女”字旁的姓氏，如姬、姜、嬴等等；故“女”可能是氏族名，“女娲”是其祖先神。该神应是女神，源自女权社会的女祖（《论衡·齐世》“宓牺之前，人民至质朴……群居聚处，知其母不识其父”）；后来进入男权社会，“女”姓氏族的首领才改由男性充当。再者，即便称之为“弟”，也未必是男性，因为古代文献中称女弟为“娣”，本来也作“弟”。

通过以上必要的考据文字，想必读者已多少感受到了夸父和女娲的形象与后来中国哲学精神的贯通。下面具体加以分析。

三

夸父形象象征着中国哲学刚健进取的精神传统，主要体现在以下几个方面：

（1）刚健有为的进取精神。读夸父故事，我们强烈感受到一种昂扬奋进的精神力量。尤其是在饥渴难耐、“渴欲得饮”的情况下，他“饮于河渭，河渭不足，北饮大泽”，毫不气馁，想方设法补充水分，恢复体力，以便继续“追赶太阳”，更表现出一种积极奋发的人生态度。这种人生态度乃是中华民族精神、中国哲学精神的一种主导倾向。

（2）知其不可为而为之的执着精神。中华民族精神当中，有一种古人讲的“知其不可为而为之”的精神。夸父的刚健有为，正是这种精神的体现。或许有人要问：“你何以知道夸父是‘知其不可为’即不可能赶上日影的？”我们回答：你又何以知道夸父不是“知其不可”的？至少在他途中渴得要死的时候，他一定意识到了这一点。何况这个问题本身并不重要，更重要的是，他的行动已表现出了他那种锲而不舍的执着。这种真正的英雄主义也是中华民族精神的重要内容。

（3）死而后已的坚韧精神。夸父为追赶太阳，中途渴欲得饮，但河渭不足，于是北饮大泽，最后“未至，道渴而死”，这是最动人心魄的一幕。这种坚忍不拔、至死无悔的精神，真是对自由意志的礼赞、对生命意志的颂歌。夸父的表现很像酒神表现出来的“生命意志的最高类型的牺牲”。正如尼采所说：“美在哪里？在我须以全意志意欲的地方；在我愿爱和死，使意象不只保持为意象的地方。爱和死：永远一致。求爱的意志：这也就是甘愿赴死。”①夸父正是“以全意志意欲”“甘愿赴死”的。这就是尼采式的悲剧精神。在尼采看来，酒神精神也就是悲剧精神：

> 悲剧英雄象泰坦力士那样背负起整个酒神世界，从而卸除了我们的负担。另一方面，它又通过同一悲剧神话，借助悲剧英雄的形象，使我们从热烈的生存欲望中解脱出来，并且亲手指点，提示一种别样的存在和一种更高的快乐，战斗的英雄已经通过他的灭亡，而不是通过他的胜利，充满预感地为之作好了准备。②

这是一种真正的悲壮之美、崇高之美。

确实，总起来看，夸父精神与尼采的酒神精神有相当一致的特征，即具有一种非理性主义的性质。读夸父故事，应注意一个事实，就是我们始终不明白他为什么要逐日，即不知道他的目的性何在。但是当你提出“夸父为什么要逐日”这样的问题时，你就已经陷入了“日神”式的理性，而不再是“酒神”式的非理性了。夸父精神的特征恰恰在其不问目的。这很像西方意志主义的“生命意志”和生命哲学的“生命冲动”，即它本身内在地就是自己的目的，而并没有什么外在的目的。而这正是“人本主义”的精髓所

---

① 〔德〕尼采著，周国平译：《悲剧的诞生·尼采美学文选》，生活·读书·新知三联书店1986年版，第262页。

② 〔德〕尼采著，周国平译：《悲剧的诞生·尼采美学文选》，生活·读书·新知三联书店1986年版，第91页。

在：既非上帝、理念，亦非自然、物质，人就是人本身的目的。或许你可以说，夸父的行为体现了人类征服自然的意愿。但这是很勉强的说法。况且，假如夸父逐日果真是为了所谓“征服自然”，那么他最后“道渴而死”的失败就宣示了人类理想的破灭。倘其如此，夸父精神便成了幻灭的象征。其实夸父并不需要一个外在的目的，“逐日”本身就是他的意志、他的目的，也就是他的生命存在。夸父的行为宣示的正是“一种别样的存在和一种更高的快乐”。在此，生命意志便是一切价值的终极源泉。而这正是中国传统哲学的非宗教性特质，即不需要在人及其生命意志之外再设定一个彼岸然后努力超越自身以求达之。

这里涉及当前的一个理论前沿问题，即中国哲学是否具有“宗教性”“超越性”的问题。人们似乎陷入了一个误区，就是：为了证明中国传统哲学是具有“现代性”因子的，便竭力证明它是具有“宗教性”的（这是受了马克斯·韦伯的误导）；而为了证明它具有宗教性，便竭力证明它具有宗教的“超越性”。这是用西方的超越方式来说明中国的超越精神，况且所讲的并不是西方超越方式的全部，例如尼采就是反对宗教式超越、肯定艺术式超越的，酒神精神正是以艺术的方式来实现自我超越的努力。在我看来，中国哲学是充分肯定内在生命意志的，这与其说是一种宗教精神，倒不如说是一种艺术精神，在这点上，它与尼采哲学的精神更能相通。中国哲学的这种生命意志的艺术精神，最早充分体现在夸父精神中。夸父逐日并不是要超越日影、征服自然，而只是要超越自我的极限、实现自我的生命意志。从他“道渴而死”来看，他似乎是失败的；但从“逐日”本身就是其生命意志的实现来看，他其实是成功的。也正因为如此，夸父形象成为中华民族精神的一大象征。

四

女娲形象象征着中国哲学柔韧包容的精神传统,大致包括以下几个方面:

(1)博大宽厚的包容精神。在中国哲学中,“地”一向是作为宽容博大的象征的。女娲精神与“地”具有密切联系,在一定意义上可以说是大地的象征。《抱朴子·释滞》说:“女娲地出。”古易《归藏·启筮》:“昔女娲……昭昭九州……平均土地。”上文所引《淮南子·览冥训》所载女娲补天的故事,不仅与“天”有关系,与“地”也有密切关联:“往古之时……九州裂……地不周载……水浩洋而不息……杀黑龙以济冀州,积芦灰以止淫水……背方州,抱圆天……上际九天,下契黄垆……以从天地之固然。”古人还通过这个神话来说明中国“地”势西北高、东南低的特征,例如《论衡·谈天》:“儒书言:‘共工与颛顼争为天子,不胜,怒而触不周之山,使天柱折,地维绝。女娲销炼五色石以补苍天,断鳌足以立四极。天不足西北,故日月移焉;地不足东南,故百川注焉。’此久远之文、世间之言也。”《路史·后纪二》罗苹注:“世遂有(女娲)炼石成霞、地势北高南下之说。”其实,“补天”本身已表明她是象征“地”的,因为地与“天”正相对、互“补”。《列子·汤问》:“天地亦物也。物有不足,故昔有女娲氏炼五色石以补其阙,断鳌之足以立四极。其后共工氏与颛顼争为帝,怒而触不周之山,折天柱,绝地维。故天倾西北,日月星辰就焉;地不满东南,故百川水潦归焉。”至于“抟土作人”的传说,也是把造人跟“土”联系在一起的。当然,也有认为女娲是属于“木德”的,例如《史记·补三皇本纪》:“一曰女娲亦木德王……金木轮环,周而复始,特举女娲以其功高而充三皇,故频木王也。”但这多半出于战国末期“五德终始”之说出现以后的附会;何况即便依此说,按照五行生克的“土生木”,木与“土”也是有紧密联系的。女娲从事的补天载地的工作,不是发动残酷的战争,而恰恰是疗救战争遗留下来的创伤。总之,中国哲学传统中含宏博大的包容精神,最初就是由女娲精神表现出来的。

(2)生生不息的生命精神。上文谈到的女娲造人、作为“高媒”之神主管婚姻生殖都表明了这一点。《吕氏春秋·仲春纪》:“至之日,以太牢祀于高禖。”高诱注:“《周礼》,媒氏以仲春之月合男女于时也,奔则不禁,因祭其神于郊,谓之郊禖。郊音与高相近,故或言高禖。”中国哲学是一种“生命哲学”。这种生命哲学,不论儒、道,始终关怀人的生命存在,关怀人的生存与发展、人的生命境界的提升与超越。[1]《周易》讲“生生之谓易”,是说这种生命哲学在轴心时期的确立;而这种生命精神,早已由女娲精神加以象征。如果像尼采所说,日神形象的诞生是“作为诱使人继续生活下去的补偿和生存的完成”[2],那么,女娲形象的诞生就是使群体生命存在得以延续下去的生命精神的象征。

(3)协调和谐的和合精神。“和”是中华民族的一种突出的精神传统,而女娲精神就是其早期神话体现。上引《归藏·启筮》:“昔女娲……昭昭九州……和合万国。”女娲的这种“和合精神”,还表现在关于女娲发明音乐的神话传说中,众所周知,按照

① 关于中国哲学是一种生命哲学,可以参见拙文《生命结构与和合精神——周易哲学论》,载《社会科学研究》1998年第1期;《老子哲学:生存之道》,载《四川大学学报(哲学社会科学版)》1998年第2期。

② 〔德〕尼采著,周国平译:《悲剧的诞生·尼采美学文选》,生活·读书·新知三联书店1986年版,第12页。

传统理解,“乐者和也”,“乐以和同”。据王谟所辑《世本·作篇》:“女娲作笙簧。”又据张澍稡集补注本《世本·帝系篇》:“女娲氏命娥陵氏制都良管,以一天下之音;命圣氏为斑管,合日月星辰,名曰充乐。既成,天下无不得理。”又《史记·补三皇本纪》:“女娲氏……惟作笙簧。”另据《太平御览》卷五二引王歆之《南康记》:“归美山,山石红丹,赫若采绘……名曰女娲石。大风雨后,天澄气静,闻弦管声。”古希腊毕达哥拉斯学派的“诸天音乐”是一种西方式的和合精神,中国哲学的“和同论”则是一种中国式的和合精神。这种和合精神最初是由女娲精神加以象征的。

较之夸父精神,女娲精神似乎更具“实用理性”①的意味:如果说夸父精神更接近于尼采的酒神精神,那么女娲精神就更接近于尼采的日神精神。尼采认为,日神精神就是“适度的克制,免受强烈的刺激,造型之神的大智大慧的静穆。他的眼睛按照其来源必须是‘炯如太阳’;即使当它愤激和怒视时,仍然保持着美丽光辉的尊严”②。我们发现,这些正是女娲精神的一些特征。尼采说过:“日神的美感是把生命力的丰盈投射到事物上的结果。酒神的悲剧快感更是强大的生命力敢于与痛苦和灾难相抗衡的一种胜利感。”③这不正是说的女娲和夸父吗?如此说来,如果说夸父精神表现出一种“务虚”的倾向,那么女娲精神则表现出一种“务实”的色彩;如果说夸父精神具有一种“非理性”的特征,那么女娲

---

① 中国哲学精神为“实用理性”,乃是李泽厚先生之说。此说其实只说到了中国哲学精神的一个侧面即女娲精神。

② 〔德〕尼采著,周国平译:《悲剧的诞生·尼采美学文选》,生活·读书·新知三联书店1986年版,第4~5页。

③ 〔德〕尼采著,周国平译:《悲剧的诞生·尼采美学文选》,生活·读书·新知三联书店1986年版,第8页。

精神则具有一种很明显的“理性”态度。

五

及至春秋战国“轴心时期”，随着哲学理性意识之觉醒，夸父精神和女娲精神发生了话语转换，其经典表述即《周易》的“阳刚”与“阴柔”。轴心时期确立的中国传统哲学，其基本精神可用“阴阳”范畴来概括；而阴阳范畴则是由周易哲学最终确立起来的。[①]《周易》“乾坤”两卦为所谓“易之门”，是中国哲学精神最典型的表现。《乾象传》云：“天行健，君子以自强不息。”《坤象传》云：“地势坤，君子以厚德载物。”如果说乾坤两卦是《周易》的核心，那么“自强不息”“厚德载物”就是中华民族精神的核心。[②] 乾卦的德性为“阳刚”，其“自强不息”精神是夸父精神的体现；坤卦的德性为“阴柔”，其“厚德载物”精神则是女娲精神的体现。

夸父形象代表阳刚精神，这是没有问题的。女娲形象代表阴柔精神，讨论如次：《论衡·顺鼓》曾讲到女娲何以属阴性：“‘雨不霁，祭女娲’，于礼何见？伏羲、女娲俱圣者也，舍伏羲而祭女娲，《春秋》不言。董仲舒之议……男阳而女阴，阴气为害，故祭女娲求福佑也。”女娲为女性，故属阴。另外，女娲与“地”有关，而地亦属阴性。《抱朴子·释滞》说：“女娲地出。”《周易》讲：“地势坤。”可见坤德与女娲都属于阴柔之性。上引古易《归藏·启筮》：“昔女娲筮张云幕，而枚占神明，占之，曰：‘吉。’昭昭九州，日月代

---

① 参见拙文《生命结构与和合精神——周易哲学论》，载《社会科学研究》1998 年第 1 期。

② 此乃张岱年先生之说，我以为是非常准确的。

极，平均土地，和合万国。”可见女娲确与坤卦一样属于“土”德，具有“和合”精神。夸父是中华民族“阳刚”之性的象征，女娲是中华民族“阴柔”之性的象征。

其实，关于“女娲与伏羲为兄妹又为夫妇”的传说，早已透露了《周易》的某种“阴阳消息”。如《独异志》卷下：“昔宇宙初开之时，只有女娲兄妹二人在昆仑山，而天下未有人民。议以为夫妻，又自羞耻。兄即与其妹上昆仑山，咒曰：‘天若遣我兄妹二人为夫妻，而烟悉合；若不，使烟散。’于烟即合。其妹即来就兄。”《全唐诗》卷三八八卢仝《与马异结交诗》：“女娲本是伏羲妇（原注：一作‘女娲伏羲妹’），恐天怒，擣炼五色石，引日月之针、五星之缕把天补。”《汉书人表考》卷二引《春秋世谱》：“华胥生男子为伏羲女子为女娲。”又《录异记》卷八“房州上庸界，有伏羲女娲庙，云是抟土为人民之所，古迹在焉”；“陈州为太昊之墟。东关城内有伏羲女娲庙。……东关外有伏羲墓，以铁锢之，触犯不得，时人谓之‘翁婆墓’”。我们知道，传说作为《周易》根基的“八卦”最初正是伏羲所画。《周易》中乾坤、阴阳、天地、刚柔的互补，其实正是女娲和伏羲之男女、夫妇的互补。所以，《周易》古经成为中国哲学精神从神话时代向轴心时期转换的枢纽，进而成为后来的“群经之首”“百行之源”。

唯其如此，中国哲学的两大主流传统——儒家和道家，都把《周易》奉为圭臬。儒道两家的哲学，其实正是夸父精神和女娲精神进入轴心时期以后的两种表现。我们知道，从《周易》哲学精神的取舍看，儒家是立足于乾阳刚健的，道家是立足于坤阴柔顺的。儒家入世，崇尚有为，富有进取精神，正是夸父精神的体现；道家避世，崇尚自然，富于退让精神，乃是女娲精神的体现。孔子的高足曾参有一段话，可为儒家富于夸父精神的注脚：“士不可以不弘毅,任重而道远。仁以为己任,不亦重乎?死而后已,不亦远乎?”(《论语·泰伯》)这种“弘毅”“死而后已”的精神,正是夸父精神的体现。而《老子》中的一段话,则可为道家富于女娲精神的注脚:“知其雄,守其雌,为天下谿”,“天下之交也,牝恒以静胜牡,为其静也,故宜为下也”。儒家是一种男性、阳性、刚性哲学,道家是一种女性、阴性、柔性哲学。当然,进一步讲,儒道两家又分别兼有夸父精神和女娲精神,只不过侧重点不同而已。

《周易》及其哲学*

记得是在去年，责任编辑专程赴京，邀我设计、主编一套关于《周易》人生哲理应用方面的丛书。这使我一时很踌躇。一则我虽然研究过《周易》，但都是从文学和文献学角度进行的，而且只涉及古经部分①；再则自那以后，我虽然一直想从哲学角度再对《周易》尤其大传部分做些研究，却总苦于没有时间②；三则我从来没有想过要从"应用"的角度去研究《周易》，而且担心一说到《周易》的"应用"，人们就会想到占卦算命之类的事情上去。我是一向服膺"善为易者不占""子不语怪力乱神"一类古训的。

不过，我最后还是应承下来了。这主要得益于我的朋友、任教于山东大学周易研究中心（国家社科研究基地）的林忠军教授给了我巨大的心理支持。我们决定共同主编这套丛书。他在《周易》研究方面的功力是我素所钦信的。何况还有我的朋友们尤其是在《周易》研究上造诣颇深、曾承担国家级周易研究项目的杨庆

---

* 此文是我为"周易人生智慧丛书"写的导言，原题为《主编闲话》。这套丛书是本人和林忠军教授共同主编的，一套四种，并请蒙培元先生、刘大钧先生作序，由四川人民出版社2001年出版。

① 黄玉顺：《易经古歌考释》，巴蜀书社1995年版。

② 只有非常零星的研究，例如拙文《生命结构与和合精神——周易哲学论》，载《社会科学研究》1998年第1期。

中博士的加盟，这更使我信心倍增。

转眼之间，已经寒暑，各方书稿，陆续告成。批览之余，考虑到这套丛书读者层面的特殊性，我想略谈一些想法，一是简要通俗地介绍一下《周易》其书的情况，二是借此机会梳理一下我对《周易》哲理的若干感想，以就教于广大读者。

一、研究《周易》的意义及方法

《周易》是跟“玄学”挂钩的。这与“魏晋玄学”颇有关系。魏晋玄学的一个特点，是儒家思想和道家思想在相当程度上的合流，亦即论证“名教出于自然”。名教者，儒家伦理也；自然者，道家玄思也。两家思想的这种合流是有文献依据的，这就是当时玄学家所谓的“三玄”：《老子》《庄子》《周易》。前两部书都是道家的，唯有《周易》素来被视为儒家经典：儒家以“六经”为原典，而《周易》为所谓“六经之首”。但事实上，《周易》本来并无所谓哪家的。唯其如此，先秦诸子许多都跟《周易》有所关联。

不仅如此，事实上可以说：此后的一部中国思想史，在相当程度上也是一部《周易》诠释史。在汉代经学里，“易学”极为昌盛；董仲舒的哲学取于《周易》的观念尤为显著。接下来是魏晋玄学，已如上述。汉唐佛学也与《周易》多有关联，我们只需指出一点：般若学脱胎于玄学，这是众所周知的。至于宋明理学，其中的易学更是蔚为大宗，理学大家莫不治《易》，理学家往往同时也是易学家。直至在现代所谓“新学”中，《周易》仍然发挥着一种基本思维模式的作用。例如现代新儒家开山祖师熊十力先生，便自宣称其“新唯识论”乃是“归宗大易”的。

由此看来，欲理解中国思想文化而不知“易理”，殊不可能。

那么,应该如何研究《周易》? 我想,首先要有一种正确的态度。所谓正确态度,我感觉最迫切的就是必须破除迷信。自 80 年代“易经热”以来,人们对《周易》的迷信主要表现为以下几种:

一是“应用的”迷信。考虑到《周易》这部书的“筮书”特点,这一点是尤为紧要的。研读《周易》,首先必须避免那种求神问卦、占卜吉凶的想法。你读《周易》的目的如果是想从那里面进而从“神”那里捞取什么好处,诸如何时升官、怎样发财之类的,那我劝你趁早放下别读了,因为读了也白搭。这倒不是说我们读《周易》没有一点实际用处,否则我们写这套书来干什么? 用处也是有的,但那绝对不是什么神神怪怪的未卜先知,而是能够为我们的实际生活提供些有益的思维方式、处理方法而已。

二是“科学的”迷信。现今学术界某些人心里,有一种很大的迷信,就是以为古人比今人高明得多。在他们看来,仿佛不是猴子变成了人,反倒是人变得越来越像猴子了。在《周易》研究方面,这种迷信的一种重要表现是:以为《周易》比今天的科学还科学。《周易》是科学吗? 我的回答是断然否定的。我们今天可以用科学的方法去研究它,但它本身并不是科学。我们用科学的方法研究它,它就成了科学的对象,正如我们用科学的方法去研究毛毛虫,毛毛虫也就成了科学的对象。但是毛毛虫本身不是科学。有人认为《周易》比今天的物理学、天文学还科学,据说可以凭它发现新星! 这实在是痴人说梦! 就以我们所谓的易道“广大悉备”来说,那也不过是说它属于那种比较抽象的、哲理思维层面上的东西,而越是抽象的道理,其适用的解释涵盖面也就越大,这也没有什么神秘的。其实,这正好说明了《周易》乃属于人类早年的一种尚未充分分化的观念形态。

三是“历史的”迷信。《周易》里面涉及不少历史材料,后世关于《周易》的传注也涉及许多历史材料问题。其中当然也有可以归入“信史”的，但是绝对不可迷信。例如《系辞下传》有一段说，历史上的许多发明都是“取诸”《周易》某某卦的，这就不能说是史实。又如传统认为，伏羲发明了八卦，文王又推演为六十四卦，又和周公一起为之系辞等，这些也都未必可信。当年顾颉刚先生倡导“疑古”，现今李学勤先生又倡导“走出疑古时代”，本身都是不错的，但容易被人们拿来走向极端，一“疑”就疑到了一无是处，一“走出”就走到了句句是真理。最近学界的倾向，就往往是后者。《周易》文本简直要被神化了。

在我看来，今日研究《周易》，应有三项基本任务：一是以文献考据为基础，二是以义理诠释为方向，三是以思想转换为宗旨。这三者是相互关联的：前者是后者的工具、根据，后者是前者的目的、目标。仅就其中的文献考据一项来说，也有三项基本任务：其一，文献的搜求，这属于目录学的范畴。就今天的情况来说，尤其要注意出土文献的搜集。其二，文献的鉴定，这属于版本学的范畴。在这方面，有大量工作需要做。其三，文献的释读，这属于校勘学和训诂学的问题。只有在正确、准确释读的基础上，才谈得上义理的阐释。

而我们最终极的目标，应该是对《周易》思想进行现代转换。通俗地讲，这也就是继承与发展、创新的关系问题。《周易》毕竟是古人的思想，如果现成地搬来用，未必适合于今天的情况，更不用说它肯定是没有达到当代思维水平的了。但就文化的传承来说，我们又有责任使它的某些具有恒定价值的观念、精神得以发扬光大。这就需要进行现代转换。在我看来，《周易》思想的现代转换，必须与当代的思想格局联系起来，具体说来，就是必须注意与马克思主义的对接、与西方现当代思想的对接。否则，《周易》

的哲理就永远不过是博物馆里面的老古董，只能供人赏玩而已。

二、《周易》的文献构成

下面，我们首先简要介绍一下《周易》的文献构成情况。《周易》[①]一书不是一时一人之作，而是出自历代众人之手，因此，它的构成是一个复杂的问题。对这个问题，有一些传统的说法，例如“人更三圣，世历三古”（《汉书·艺文志》）之说[②]，认为伏羲画“八卦”，文王推演为“六十四卦”，并与周公共同为之“系辞”，孔子进而为之作“传”等。这些说法当然是不一定可靠的，我们必须自己重新研究这个问题。这里，我想介绍一下我对这个问题的看法。

《周易》（也称《易》或《易经》）的文献构成情况大致如下：

1.《易经》（《周易》古经）——殷末周初
(1)符号系统（卦爻符号）
(2)文字系统（卦辞爻辞）
①象辞（殷周歌谣、原始史记）
②占辞（吉凶断语）
2.《易传》（《周易》大传）——战国秦汉
(1)《象传》上下
(2)《象传》上下
(3)《文言传》

---

① 我们这里所说的《周易》，指的是通行本，即“十三经注疏”本。
② 后来朱熹又加上周公，提出“人更四圣”说。

(4)《系辞传》上下

(5)《说卦传》

(6)《序卦传》

(7)《杂卦传》

下面分别加以简要介绍：

(一)《周易》古经

“古经”部分是由两个层次构成的，即符号系统和文字系统。

1. 符号系统

《周易》的符号系统就是六十四卦的卦爻符号体系。最基本的是两种符号，即“- -”（旧称阴爻）和“—”（旧称阳爻）。根据后来儒家学者的解释，这就是“阴阳”，又叫“两仪”。将这两种符号的“爻”重叠起来，就能构成各种层次的“卦”：两两相重，可得“四象”（后来邵雍称为：太阴，少阴，太阳，少阳）；三三相重，可得“八卦”（乾坤震巽坎离艮兑）；再将八卦两两相重，即得整个《周易》的六十四卦（另有一种解释，六十四卦不是八卦的重叠，而是直接由基本符号六六相重得到的）。所以《系辞传》说：“易有太极，是生两仪，两仪生四象，四象生八卦，八卦定吉凶，吉凶生大业。”“太极”就是“易”，就是“道”，但是没有对应的符号，或者说就是“- -”和“—”的统一，亦即《系辞传》所说的“一阴一阳之谓道”。

2. 文字系统

《周易》的文字系统即旧所谓“卦辞”“爻辞”，统称“筮辞”。据我的研究，卦辞和爻辞是一个整体，应是同时编纂的。它们包含两个层次：一是“述”，是编者引用的当时流行的歌谣（以及少量原始史记），它们都是非常生动形象的，所以往往属于所谓“象辞”；二是“作”，是编者加上的占断吉凶的辞语，如“吉”“凶”“悔”

“吝”等,往往属于所谓“占辞”。例如涣卦:

涣:亨。王假有庙。利涉大川。利贞。
初六:用拯马壮吉。
九二:涣奔其机。悔亡。
六三:涣其躬。无悔。
六四:涣其群。元吉。涣有丘。匪夷所思。
九五:涣汗。其大号。涣王居。无咎。
上九:涣其血。去逖出。无咎。

如果我们剔除了其中的占辞,剩下的除去一句原始史记“王假有庙”(王至于庙)以外,就是一首歌谣:

涣奔其机,
涣其躬,
涣其群。(古韵冬或身部、文部合韵)
涣有丘,
匪夷所思。(古韵之部)
涣汗,
其大号,
涣王居。(古韵宵部、鱼部合韵)
涣其血,
去逖出。(古韵质部、物部合韵)

《周易》每一卦都引用了歌谣,这里我们再举一例——渐卦:“渐:女归吉。利贞。初六:鸿渐于干。小子厉。有言。无咎。六二:鸿渐于磐。饮食衎衎。吉。九三:鸿渐于陆。夫征不复。妇孕不育。凶。利御寇。六四:鸿渐于木。或得其桷。无咎。九五:鸿渐于陵。妇三岁不孕。终莫之胜。吉。上九:鸿渐于陆。其羽可用为仪。吉。"鸿即大雁。渐即进、登。除去占辞,剩下的乃是一首非常优美的情诗:

鸿渐于干,鸿渐于磐,饮食衎衎。
鸿渐于陆,夫征不复,妇孕不育。
鸿渐于木,或得其桷。
鸿渐于陵,妇三岁不孕,终莫之胜。
鸿渐于陆,其羽可用为仪。

《周易》的文字就是这样由歌谣和占断编纂起来的,没有什么神秘之处。① 其神秘之处在于人们对它的解释。

至于其符号的最初来历究竟如何、文字系统与符号系统最初是如何关联起来的,这倒真是一个至今未破之谜。这可能与旧说"观象设卦"有关。《系辞传》对此做过一种解释,"古者包牺氏之王天下也,仰则观象于天,俯则观法于地,观鸟兽之文与地之宜,近取诸身,远取诸物,于是始作八卦,以通神明之德,以类万物之情";"圣人有以见天下之赜,而拟诸其形容,象其物宜,是故谓之象;圣人有以见天下之动,而观其会通,以行其典礼,系辞焉以断其吉凶,是故谓之爻";"圣人立象以尽意,设卦以尽情伪,系辞焉以尽其言";"圣人设卦观象,系辞焉而明吉凶"……首先,符号本

① 参见拙著《易经古歌考释·绪论》,巴蜀书社 1995 年版。

身是对某些形象加以抽象得来的①;其次,诗歌描写的也是一些形象;最后,这两类形象有可以类比的地方。值得注意的是,类比思维是中国古代传统的一种典型思维方式,它所用以概括规律的东西不是逻辑的概念推演,而是自然的形象比拟。但是,它仍然是一种"抽象"概括。

(二)《周易》大传

"大传"古称"十翼",意指十种对"经"具有附翼辅助作用的文献;事实上,它们是七篇文献。这些文献旧说是孔子所作;但比较可靠的理解是,它们应是孔子后学的作品,其中记录了许多孔子本人关于《周易》的理解阐释(所以其中多有"子曰"字样)。分述如下:

1.《彖传》

"彖"(tuàn)指"彖辞",就是古经六十四卦中每一卦开头的卦辞。它与"爻辞"相对而言。例如乾卦,"元亨利贞"就是彖辞或者卦辞;其余六爻的筮辞就是爻辞。爻辞只断定该爻的吉凶,彖辞则断定整卦的吉凶。古人把"彖"解释为"断",就是"断定"(吉凶)的意思。这种断定是根据整个卦象进行的,所以《系辞上》说:"彖者,言乎象者也。"

彖辞是对卦象的吉凶断定,《彖传》则应该是为彖辞做的"传",也就是对彖辞的解释。实际上它也直接解释卦义:"统论一卦之义:或说其卦之德,或说其卦之文,或说其卦之名。"(《周易正

---

① 至于这些符号最初究竟象征什么具体物象,则有很大的争议。例如⚊、⚋两个符号,有人认为象征男女的生殖器官,如郭沫若先生;有人认为出自数字的奇、偶,如张政烺先生。还有八卦,旧说认为象征天、地、雷、风、水、火、山、泽。诸如此类,迄无定论。

义》）试以需卦为例。彖辞为："需：有孚，光亨贞吉，利涉大川。"彖传为："需，须也（解释卦名），险在前也（解释卦象：下坎）。刚健而不陷，其义不困穷矣（根据卦象上乾下坎解释卦德）。'需有孚光亨贞吉'，位乎天位，以正中也（解释彖辞亦即卦文）；'利涉大川'，往有功也（解释彖辞）。"但要注意的是，这些解释未必是彖辞本来的意思。作为筮书的《周易》古经本是吉凶占断，《彖传》把它们政治化、伦理化、哲理化了。不仅是《彖传》，整个《易传》都是如此。

2.《象传》

各卦的《象传》都是分为两个层次的：《大象》解释整个"卦象"，《小象》解释各爻的"爻象"。例如《蒙象传》："山下出泉，蒙；君子以果行育德。（以上大象，以下小象）利用刑人，以正法也（释初六爻）。子克家，刚柔接也（释九二爻）。勿用取女，行不顺也（释六三爻）。困蒙之吝，独远实也（释六四爻）。童蒙之吉，顺以巽也（释六五爻）。利用御寇，上下顺也（释上九爻）。"

《大象》的特点是：其一，将每卦看作是两个三爻卦（即"八卦"或"经卦"）构成的；其二，以经卦象征的事物来解释卦象；其三，又以此卦象来象征人事。就拿上例来说，"山下出泉"是说此卦上艮（山）下坎（水）的卦象；"君子以果行育德"则是比拟人事，说君子应该像山下泉水的流行一样行事、培育德行。《小象》则是以各爻所处的位置来解释，仍是比拟人事的。例如"子克家，刚接柔"是说此爻为阳爻（刚）而紧接着阴爻（柔）的，暗示男（阳）女（阴）相接，故儿子能成家。

3.《文言传》

《文言传》是专门对乾、坤两卦的解释，即《乾文言》和《坤文言》。它以孔子答问的形式，讲解乾、坤两卦蕴涵的关于天地之德、君臣之义、为人处世、修齐治平方面的道理。

4.《系辞传》

这是大传中最重要的一篇，相当于对《周易》全书的通论。“系辞”本指古经的卦爻辞（彖辞、爻辞），意为将言辞系属于各卦爻符号之下（相传是由文王周公进行的）；而“系辞传”则应是对“系辞”的解释，但实际上不限于此。《系辞传》蕴涵着一整套哲学思想，涉及一系列重要观点，诸如“一阴一阳之谓道”“生生之谓易”“刚柔相推而生变化”“易有太极，是生两仪……”“天尊地卑”“易穷则变，变则通，通则久”，等等。这些思想观念及其术语，对中国后来的哲学和文化产生了深远影响。

5.《说卦传》

这是专门解释所谓“经卦”亦即“八卦”的。孔颖达说：“说卦者，陈说八卦之德业变化及法象所为也。”（《周易正义》）《说卦传》突出了乾、坤两卦对于其余震、巽、坎、离、艮、兑六卦的优先地位；提出了“观变于阴阳而立卦”“立天之道曰阴与阳，立地之道曰柔与刚，立人之道曰仁与义”“天地定位，山泽通气，雷风相薄，水火不相射”“穷理尽性以至于命”等重要思想。

6.《序卦传》

《序卦传》专门解释《易经》六十四卦的排列秩序及其蕴涵的道理。从“天地”（乾坤）始（“有天地，然后万物生焉”）至“未济”终（“物不可穷，故受之以‘未济’终焉”），贯彻了《周易》哲学的宇宙论、存在论、方法论、辩证法思想。

7.《杂卦传》

《杂卦传》也是对六十四卦的解释，但又与《序卦传》不同。它对六十四卦的排列也是井然有序的，但跟《序卦传》确定的顺序很不同。因此，《杂卦传》所谓“杂”并非杂乱无章，而是指一种

“错综复杂”的关系：它把六十四卦分为三十二对组合关系，两两相对，对比说明。例如：“乾刚，坤柔；比乐，师忧。临、观之义，或与或求。”从音韵上来看，它是一篇形式整饬的韵文。

以上就是《周易》经、传文献构成的大致情况。

三、《周易》的思想及应用

严格来说，《周易》的古经部分是谈不上什么“思想”的，虽然它包含有当时人们的许多重要观念；《周易》的思想主要集中在大传部分，人们通常所说的“周易哲学”就在其中。这里我简要介绍一下自己对周易哲学的基本理解。

我把中国哲学视为一种“东方生命哲学”。“生命哲学”一语具有几种意义。最狭义的生命哲学是西方20世纪的一个著名哲学流派。广义的理解即凡是具有以下特征的都属生命哲学：第一，这种哲学首先关注的是人的生命存在，即关注人的生活、生存；第二，这种哲学赋予人的生命存在以一种本体论意义，把生命意向提升为宇宙世界的本原和本质；第三，对这种生命存在的把握，最需要的是一种直截了当的“领悟”，而不是理智，虽然后者也是必要的。在这个意义上，中国哲学乃是一种典型的生命哲学。

而周易哲学就是中国生命哲学历史上的第一个系统性的形态。它的终极关怀是“观我生”“观其生”（《周易·观卦》），就是对人生的高度关注；它把天地人一体的宇宙视为一个大生命系统，“天地之大德曰生”，“生生之谓易”（《周易·系辞传》）；它引领我们去直观地领悟这个生命系统的“易道”，即天道、地道尤其是人道。它由此指示我们将领悟到的人道运用于我们的人事中，以求得人际的和谐、天人之际的和谐。

周易哲学的核心可归结为“阴阳”范畴，而阴阳范畴的实质则可概括为“生命的结构”：阴阳范畴的内容是一种“生命忧患”意识，阴阳范畴的形式是一种“结构思维”方法。

庄子云：“《易》以道阴阳。”（《庄子·天下》）周易哲学可以归约为“阴阳”问题。不仅如此，其实整个中国哲学也可以归约为阴阳问题。中国哲学中的所有重要范畴，几乎都是一种“二元一体”的关系范畴，亦即某种“阴阳”关系。例如，何谓“道”？“一阴一阳之谓道。”①何谓“气”？“盖阴阳者气之二体。”②（王夫之《张子正蒙注·太和》）何谓“仁”？“仁，亲也，从人二（即二人）。”（《说文解字》）“仁者爱人。”（《论语·颜渊》）（其实也是一种二元一体阴阳关系）何谓“理”？“理不可见，因阴阳而后知。”③（《朱子语类》）看来无须多费唇舌，“阴阳”确为中国思维的最高范式。中国哲学的三大问题，就是天人、群己、身心的关系问题，无非阴阳关系问题。《易传》完成了阴阳范畴的生成，“阴阳”从此成为中国哲学的基本思维模型。

阴阳范畴的内容，就是生命关怀，或曰生命忧患意识。故《系辞传》一言以蔽之：“生生之谓易。”所以我说周易哲学就是生命哲学。《系辞传》又云：“作《易》者其有忧患乎！”此即生命忧患意识。忧患的具体内容随时代而转变，但生命忧患本身是中国哲学永恒的主题。

阴阳范畴之所以能成为中国哲学的核心范畴，正在于它契合了这种生命关怀。阴阳范畴在周易哲学中的原型，是男女交

---

① 老子所谓“负阴而抱阳”亦此意。

② 此种观念始于西周。

③ 谓理与阴阳为同构关系。

媾而孕育生命这个事实。《说卦传》将八卦视为父母（乾坤）生育了三男三女（震坎艮、巽离兑）；《系辞传》描写了乾坤在生殖器官交合前后的情形："夫乾，其静也专（抟），其动也直，是以大生焉；夫坤，其静也翕（合），其动也辟（开），是以广生焉。"《咸象传》还具体描写了交媾的情形："二气感应以相与（亲和），止而说（悦），男下女，是以亨（通）。"《易传》中充满了性暗示，人所共知。按郭沫若的理解，甚至《周易》古经最原始的阴阳卦画，已是生殖器的写照。

把男女交媾外推为天地交合，再抽象为阴阳交感，此即周易哲学阴阳范畴的逻辑诞生，《系辞传》以一语括之："男女构精，万物化生。"从"男女"交媾直接言及"万物"化育，这是思维的跃迁。故李贽一语道破："极而言之，天地一夫妇也。"（《夫妇论》）生命存在成为宇宙的本体，阴阳结构成为普遍的法则。此即中国哲学天人之际的实质。西方生命哲学将个体"生命冲动"本体化，周易哲学则将人际"生命交流"本体化。周易哲学的形而上学本体不是一个实体，而是一个结构①；不是一个外在于人的结构，而是人本身的生存结构。此即《周易》的生命本体论、生命形上学。所以，"天地之大德曰生"，"天地感而万物化生"。唯其如此，《周易》筮法，凡阴阳相交则吉，阴阳相背则凶。

阴阳范畴的形式方面则是结构思维方法，可以从静态与动态两个维度上来把握。

静态之阴阳结构的总体特征就是"二元一体"关系模型。

---

① 周易哲学的"本体"应从两个方面去看：从粗陋的宇宙论角度去看，其本体是自然"天地"；从本质论亦即从真正意义的本体论角度去看，其本体是"太极""阴阳"，这并不是实体，而是一种逻辑结构。

所谓“二元”，是讲阴阳双方的差异对立，其经典表述为“一分为二”，可界定为“同类异性”。男女是同类异性，天地、乾坤、阴阳也都是同类异性。非同类不相交，这是一个生命法则——“同声相应，同气相求”；“风马牛，不相及”。非异性亦不相交，这也是一个生命法则——“二女同居，其志不同行”（《易·睽彖传》）；“和实生物，同则不继”（史伯语）。

所谓“一体”，是讲阴阳双方的亲和统合，其经典表述为“合二而一”，可界定为“共存互补”。此即所谓“和”（孔子语），所谓“交”（方以智语）。不和不交，“夫妻反目”（《易·小畜》）、“上下敌应”（《易·艮彖传》），是不符合生命结构法则的。

动态的生命结构则是一种公理方法。这种思维方法分为两步：首先寻求一种不证自明的公理，揭示一种一般关系、普遍结构；然后由此出发，推演出一系列定理，从而形成一个自足的解释系统。周易哲人从生命现象中发现了这种公理，即阴阳—生命结构，从而推演出一系列伦理—政治定理，形成了独具特色的中国传统文化体系。这就是《系辞传》所谓：“引而伸之，触类而长之，天下之能事毕矣。”《周易》作为这样一个生命公理系统，把宇宙天地人物推演成一个生命大系统，阴阳结构便是它的公理。这个公理既是自为的理性公设，也是自在的形上本体，亦即逻辑与历史的同一、阐释与文本的同一。这个公理系统至今仍在发挥作用，例如“一分为二”仍是中国人承认的一条公理。

这种方法在西方逻辑尤其是现代符号逻辑中得到了充分发挥，主要就是形式化、符号化，成为一种精确的科学工具。在周易哲学中，象数派早已企图将它形式化、数理化，但它不是形式逻辑的，而是思辨逻辑的；而义理派则对形式化、数理化不感兴趣，他们注重内容、实际，以之解释生活、理解人生。西方结构主义从列维－斯特劳斯到乔姆斯基，把这种公理方法成功地运用于人文社会科学，仅此而论，西方结构主义与周易哲学是相通的：阴阳范畴，就是生命系统的“深层结构”。但西方结构主义的公理是一种先验的预设（参见乔姆斯基《笛卡儿语言学》），而周易生命哲学的公理是生命的直观（仰观俯观，近取远取）；西方结构主义是一种科学理性主义，而周易生命哲学是一种人文理性主义。此即中国的生命现象学、生命阐释学。

周易哲学的生命关怀落实于整个中国哲学，是在三个层面上展开的。

1. 民生与人生——群体生命与个体生命

此即中国哲学的群己关系问题。儒道两家都将《周易》奉为经典。儒家关怀群体生命。孔子主张“爱人”“务民之义”“博施于民而能济众”。孟子的民本思想、对仁政及社会分工的探讨，荀子的王制思想和对“群”“分”的探讨，都是企图寻求一种群体生存结构。“礼”便是群体生存的保障，君臣、父子等关系，无非阴阳结构。道家关注个体生命。老子研究“长生久视之道”。庄子研究如何“养生”“保身”“全身”。至于杨朱“贵生”“重己”以至“一毛不拔”，则是把这种个体生命哲学推向了极端。

2. 生存与发展——生命的维持与提升

群体的生存发展是近代以来中华民族的时代主题，也是当今世界的一大主题，其实从来就是中国哲学的主题。儒家关怀群体生命，讲集体的生存与发展。《论语·子路》：“子适卫，冉有仆。子曰：‘庶矣哉！’冉有曰：‘既庶矣，又何加焉？’曰：‘富之。’曰：‘既富矣，又何加焉？’曰：‘教之。’”庶、富、教正是由求生存到求发展的阶梯。道家关注个体生命，讲个人的生存与发展：老子侧重生命的维持，庄子侧重生命的提升。

3. 肉体与心灵——生命的存在与超越

此即中国哲学的身心关系问题。人总希求克服生命的有限，追求生命的无限。儒家诉诸群体，讲"三不朽"（立德、立功、立言）、"杀身成仁""舍生取义"，是将个体生命融入生生不息的群体生命之中。道家诉诸个体生命的形上依据"道"，就是诉诸"自然"这个大生命。老子偏重肉体存在，庄子偏重心灵超越。老子的"玄牝之门""可以为天下母""以顺众父"，几乎就是《周易》的原版。

周易哲学确立的这种生命结构主义哲学，影响了后来的整个中国哲学史。不同时代的哲学家面临的历史课题各不相同，他们的致思取向却惊人得一致，具体来说，中国哲学史表现为同一"生命结构"的主题变奏。所谓中国哲学的转型，不外乎是生命结构的具体历史内容的转换，亦即剥除其失去现实意义的内容，赋予其具有时代价值的内容。

这可以追溯到周公思想，可概括为一个中心、两个关系。一个中心就是周族的群体生命忧患，即周王朝的生死存亡问题，归结为"德"的问题（德者得也，这里讲的是得天受命）。两个关系都是阴阳结构模式：一是天人关系，要求"以德配天"；一是君民关系，要求"敬德保民"。周人的思维模式很类似于结构主义、如布拉格音位学派的思维方式。这里是两次二元对立（天人、君民）的叠加，而形成一个"语义三角"：

天

↙　↖

君 → 民

这里，天决定君，即"天命靡常"，"唯德是依"；君决定民，即"保民"，"牧民"；民决定天，即"天视自我民视，天听自我民听"。

由此可见,中国哲学的某种基本思维构架是由周公确立的。

进入子学时代,儒、道、墨、法无不以生命结构为中心议题,其中儒、墨、法家探讨群体生命问题,道家探讨个体生命问题。儒、道二家上文已有讨论。墨家"兼相爱,交相利""尚同""非攻",无非在二元对立关系中求得亲和一致、消除"祸篡怨恨",以利社会群体生存发展。甚至法家韩非其实也是想要解决社会群体生存问题的。他认为由于人性恶(这个思想得自其师,即儒家的荀子),"人民众而财货寡",导致争夺而危及群体生存,这就必须实行强有力的专制统治,才能维持群体的生存秩序。其师荀子主张以"礼"节群,韩非则主张以"法"制群,但他们的目的都是一样的,就是维持群体生存秩序。

汉代经学大师董仲舒全面继续和发展了先秦生命结构思想,完成了中国哲学的第一次历史大转型,从而确定了未来整个封建专制生命哲学的基本历史走向。他的阴阳学仍然是对群体生命结构的探讨,而且仍然是周公式的两大关系(天人、君民)和三角结构,即一方面"屈民而伸君",一方面"屈君而伸天"。

魏晋以降,作为一种历史的反拨,个体生命问题突显出来。道教哲学是很典型的个体生命哲学,追求得道成仙、长生不死。佛教则由超越个体生死轮回(小乘)发展到普度众生(大乘),最后禅宗又回到个体生命超越问题。玄学则企图调和"名教"与"自然",即调和儒家群体生命关怀与道家个体生命关怀,但明显以个体生命超越为主导倾向,崇尚老庄,主张"超世而绝群,遗俗而独往""越名教而任自然"。

唐代韩、李开启了宋明理学,历史的钟摆再次摆向群体生命问题。程朱理学全面总结了封建生命哲学,而其核心范畴"理"或"天理"实即仁义礼智的伦理规范,本质上是对群体生存结构的概括;而陆王心学,则是对群体生存结构的另外一种概括,是以个体心灵存在透显出来的群体生命存在。程朱认为“性即理”,天理即“生理”,“天只以生为道”(《二程遗书》卷二),这是把生命本体宇宙论化;陆王则认为“心即理”,这是把生命本体心性论化。

中国哲学的第二次历史大转型,从康有为开始,这个过程至今尚未结束。中国近代、现代、当代哲学的主题是中华民族这个大群体的生存与发展问题。救亡保种、独立自强成为压倒一切的任务,“生存竞争”这类生物学命题,一时间竟成为最富魅力的哲学话语。康有为的“三世说”,本质上是中国最早的民族生存发展战略。此间有一种很值得研究的现象,就是:一方面西方生命哲学得到相当程度的传播,如张君劢、李石岑、梁漱溟、朱谦之等均传播了西方生命哲学;另一方面则是官方哲学呈现出相当突出的生命哲学倾向,如吴稚晖、戴季陶、蒋介石、陈立夫等的哲学。所谓现代新儒家,也只是传统生命哲学现代化转换的一种尝试。

有三个理论形态是这种时代精神的真正代表:孙文学说、毛泽东思想、邓小平理论。在孙文的三民主义中,民族主义是主体性前提,民权主义是工具性设施,民生主义才是实质性目标。所以孙中山认为:“人类求解决生存问题,才是社会进化的定律,才是历史的重心。”(《三民主义·民生主义》)但孙中山未能找到解决中华民族生存危机的有效途径。这个历史课题是由中国共产党人完成的:如果说毛泽东思想解决了中华民族的生存问题,那么邓小平理论就正在成功地解决中华民族的发展问题。

至于《周易》哲理的运用问题,我们应把握的一个核心精神即“神而明之,存乎其人”,“运用之妙,存乎一心”。你是什么样的人,存有什么样的心,你就有什么样的“易道”。这是因为,一方面,易道“广大悉备,有天道焉,有人道焉,有地道焉”;天文学家自然注意了“天道”,地质学家自然注意了“地道”,我们常人当然首先应该注意“人道”的方面。此即“神而明之存乎其人”的意思。另外一方面,“神无方而易无体”,“仁者见之谓之仁,智者见之谓之智”,“不可为典要,唯变所适”,随机应变。此即“运用之妙存乎一心”的意思。不过在运用时,有一点是必须特别注意的:“继之者,善也;成之者,性也。”易道的运用必须以“善”继之,以“性”成之。换句话说,易道的运用必须发挥自己的善性、良知、天理良心。

最后,我想借此机会,对刘大钧先生的慷慨赐序,表示由衷的谢意。

2000 年 12 月记于四川成都锦江之滨

世纪回眸：中国现代哲学思潮*

20世纪已成过去，此时对其间发生的“哲学”事件及其意义进行一番回顾审视是必要的，这将有助于我们“中国哲学”的未来发展。本文试对中国现代哲学思潮做一个客观的描述和简单的勾勒，这或许对我们把握中国哲学的未来走向具有一定意义。

中国现代哲学并不是孤立的现象，它既有中国传统哲学的背景，又有世界范围内尤其是西方哲学的背景。在中国历史上，哲学曾发生过两次历史性的大转型：一次是从上古宗法封建社会到中古专制郡县社会的转型，中国哲学从先秦“子学”形态转变为汉代“经学”形态①；另一次则是从专制社会到宪政社会的转型，中国哲学从“理学”形态转变为“科学”形态②。在第二次大转型中，

---

* 本文是笔者于2001年应某报之约而作，由于某种原因未刊出。

① 这里所谓“封建”取其原初意义，即商周时代“封侯建国”的分封制度。自秦朝起，这种宗法的分封制被专制的郡县制取代。“子学”指春秋战国时代“诸子百家”的学说，“经学”指汉代“独尊儒术”以后的以注释儒家经典为特征的学术形态。

② 从政治制度的历史形态的角度看，所谓“近代”“现代”和“当代”都属于宪政时代，其政治理念的核心是宪法政治。以程朱陆王为代表的宋明“理学”，作为专制时代哲学的最后、最高形态，与作为专制时代主流学术形态的经学有密不可分的内在联系。中国哲学直到近代西学东渐以后，才逐渐取得其“科学”形态，而此所谓“科学”，指以西方近代以来的科学主义哲学为标准的学术范式。

洋务派、维新派及后来民主革命派的哲学思想,是中国哲学的最初的现代化转换尝试。但真正意义上的"中国现代哲学"产生于新文化运动,其间的激烈思想斗争无疑蕴涵着丰富的哲学意义。

发端于新文化运动的中国现代哲学,大致经历了以下三大历史阶段。

一、民国时期(1915年—1949年)

陈独秀于1915年创办《新青年》杂志(第一期名《青年杂志》),拉开了新文化运动及中国现代哲学的序幕。新文化运动可分为前、后两个时期。前期主要是激进派与保守派之间的思想文化斗争,当时激进人物的思想倾向基本上是一致的,如激烈反传统,宣扬自由主义、科学主义、民主主义、资本主义等。然而以1919年前后为界,这些领袖人物之间发生了思想分化,形成了自由主义者、文化保守主义者[①]和马克思主义者三大派别,从而构成了中国现代哲学以及整个思想文化领域的贯穿整个20世纪的三足鼎立基本格局。[②]

不过,新文化运动本身并不是一场哲学运动,而是一场意义更为广泛的思想文化运动。"中国现代哲学的真正逻辑起点是

---

① 所谓"文化保守主义",更确切的叫法应该是"中国文化本位主义",例如早期的东方文化派尤其是直到今天仍然在活动的现代新儒家,他们在政治上未必保守,有时甚至显得颇为激进,不亚于自由主义者。所谓"保守主义"或者"守成主义"主要是从文化立场上讲的,他们以中国文化传统为本位。

② 参见方克立《中国现代三大思潮之间错综的对立统一关系》,载《南开学报》1989年第4期。

1923年的‘科玄论战’”,“它是近代以来第一次以纯哲学的形式展开的论战”①。但是科玄论战本身无疑是新文化运动的一个历史后果②,论战的参加者正是在新文化运动后期分化出来的三大派:以张君劢、梁启超为代表的玄学派③,以丁文江、胡适之为代表的科学派和以陈独秀、邓中夏为代表的唯物史观派。论战围绕着人生观问题、科学理性与自由意志问题进行,以哲学的话语展开,其实质是科学主义与人文主义、经验主义与意志主义之间的一场较量,其结果是科学主义的胜利、马克思主义的更广泛传播。此后直到今天的中国现代哲学,基本上是在这三大派别之间的论争当中展开的。

中国自由主义者在文化问题上都是西化派,在哲学上基本上是输入西方哲学尤其是英美哲学。自由主义哲学主要包括两个层面:在政治哲学上,他们信奉西方的自由主义、民主主义;在哲学认识论或者知识论上,他们信奉英国经验主义传统、美国实用主义哲学。胡适就是一个典型代表。他留学美国,师事实用主义大师杜威(John Dewey),回国后积极投身于新文化运动,参加《新青年》编辑工作,发起白话文运动,宣传个人主义的“易卜生主义”,发动“问题与主义之争”,与共产党人展开论战。胡适在政治

① 郑家栋:《现代新儒学概论》,广西人民出版社1990年版,第39页。“科玄论战”又称“科学与人生观论战”,爆发于1923年,是一场著名且影响深远的哲学论战。

② “科学与人生观论战是始于1915年的新文化运动的继续和终结。”见许全兴等《中国现代哲学史》,北京大学出版社1992年版,第204页。

③ 论战中所谓“玄学”指传统哲学尤其是形而上学(Metaphysics)部分。当时科学派秉承西方经验实证主义“拒斥形而上学”的宗旨,斥之为“玄学”。

上信奉自由主义、改良主义,主张“好人政府”(类似美国政体的“省自治的联邦制”);其哲学的核心则是所谓“实验主义”①,也就是以经验主义哲学为基础的美国实用主义哲学。

中国文化本位主义最突出的代表就是“现代新儒家”。“现代新儒学是一种文化思潮,更是一种哲学思潮。”②他们以哲学话语来展开关于中西文化优劣比较的讨论。他们既反对自由主义,也反对马克思主义,主张以儒家文化传统为本位,“返本开新”,以开出现代民主与科学。迄今为止,现代新儒家已经过三代发展。民国时期产生的第一代现代新儒家包括:梁漱溟的“新孔学”,代表作是《中西文化及其哲学》;张君劢的“新宋学”,代表作即导致了那场科玄论战的《人生观》讲演;熊十力的“新唯识论”,代表作是《新唯识论》;冯友兰的“新理学”,代表作是《贞元六书》③;贺麟的“新心学”,代表作是《当代中国哲学》。贺麟发表于1941年8月的《儒家思想的新开展》可以说是现代新儒家的一篇宣言,提出“民族文化的复兴,其主要的潮流、根本的成分,就是儒家思想的复兴、儒家文化的复兴”。

这个时期,就其哲学意义来看,有几次论战很引人注目。除上述科玄论战外,一是新文化运动中的“问题与主义”之争。1919年,胡适针对马克思主义的传播,发表了《多研究些问题,少谈些“主义”》,李大钊紧接着发表了《再论问题与主义》,进行批驳。随后许多人参加进来,双方陆续发表了一系列文章。这是马克思

---

① 胡适:《实验主义》,载1919年《新青年》第6卷第3号。“实验主义”是胡适对“实用主义”(Pragmatism)的译名。

② 郑家栋:《现代新儒学概论》,广西人民出版社1990年版,第36页。

③ “贞元六书”包括:《新理学》《新事论》《新世训》《新原人》《新原道》和《新知言》。

主义者与自由主义改良派之间的一场重大斗争，结果是唯物史观得到了广泛传播。二是1930年至1934年间关于“中国社会性质”的论战。论战的焦点是：中国当时是资本主义社会，还是半殖民地半封建的社会？参战者主要有以国民党人陶希圣等人为代表的“新生命派”，以托派人物严灵峰、任曙等人为代表的“动力派”和以马克思主义者王学文等人为代表的“新思潮派”。[①] 论战的结果是马克思主义者的“中国属于半殖民地半封建社会”的观点得到了广泛传播。三是关于“中国本位与全盘西化”的论战。1935年，上海十位教授联名发表了《中国本位的文化建设宣言》。“这个‘宣言’是国民党授意作的”，宣言的要害之一在于提出的“不盲从”，“不盲从什么呢？不要盲从马克思列宁主义，不能‘以俄为师’”[②]。针锋相对的则是以胡适为代表的“全盘西化”的主张。这本来是近代以来的一个老问题，但这场论战体现了国民党官方理念与自由主义西化派主张在文化哲学立场上的紧张状态。

与此相关，说起这一时期的重要哲学派别，还必须提到国民党官方哲学。孙中山前期的“孙文主义”——“三民主义”（民族主义、民权主义、民生主义）是国民党人政治哲学的思想基础。1919年6月，孙中山发表了其《建国方略》的第一部分“心理建设”，系统阐述了其进化论的宇宙观和“知难行易”的知行观。孙中山逝世后，戴季陶发表了《三民主义之哲学基础》，提出了“民生哲学”。后来，蒋介石于1939年出版了《力行哲学》，发挥孙中山“知难行易”说，提出“不能承认唯物论者，亦不能承认唯心论者，

① 这些派别都以他们所办的杂志得名：《新生命》《动力》《新思潮》等。

② 冯友兰：《中国现代哲学史》，广东人民出版社1999年版，第132页。

古今来宇宙之间,只有一个'行'字才能创造一切"。陈立夫提出了"唯生论"哲学,代表作有《唯生论》《生之原理》和《民族生存的原动力》等,认为唯生论的宇宙观是孙中山民生史观的哲学根据,主张仁爱,反对阶级斗争学说。

这个时期中国马克思主义者的主要代表是李大钊、陈独秀和毛泽东。李大钊自 1918 年前后开始大力宣传马克思主义,尤其突出了唯物史观和阶级斗争学说,代表作有《庶民的胜利》《Bolshevism 的胜利》《我的马克思主义观》《阶级竞争与互助》《再论问题与主义》《由经济上解释中国近代思想变动的原因》等。同时,陈独秀也大力宣传马克思主义,在《答适之》和《答张君劢与梁任公》二文中,他分别批判了自由主义者的科学主义和现代新儒家的意志主义,宣传了被认为是同样属于"科学"的唯物史观。毛泽东是中国马克思主义者在哲学上的最大代表,有《反对本本主义》《矛盾论》《实践论》《反对自由主义》《新民主主义论》《改造我们的学习》和《论人民民主专政》等一系列哲学著作。毛泽东等人的哲学探索为马克思主义哲学的中国化做出了重要贡献,为中国共产党人的思想奠定了哲学基础。

这个时期中国马克思主义者的主要理论任务是传播马克思主义并致力于马克思主义的中国化。在马克思主义的传播方面,李达是个突出的代表,其哲学方面的代表作除大量译著外,还有《社会革命的商榷》《讨论社会主义并质梁任公》《现代社会学》《中国产业革命概观》《社会之基础知识》《社会学大纲》等。艾思奇是在中国传播马克思主义哲学的另一个重要代表,代表作有《大众哲学》《新哲学论集》《思想方法论》《哲学与生活》等。这些著作在马克思主义哲学的传播中发挥了重要作用,尤其在当时的青年中产生了广泛的影响。

这个时期还有一些独具思想力的哲学家，如张东荪、金岳霖、朱谦之等人。张东荪的代表作有《科学与哲学》《新哲学论丛》《道德哲学》《认识论》《知识与文化》《思想与社会》《理性与民主》等。他不仅是学界公认的最能透彻理解西方哲学的专家，而且其建立的“构架论”和“多元认识论”哲学，在当时的哲学界独树一帜、颇具影响。金岳霖不仅是一个杰出的西方哲学专家、逻辑学家，而且是一个有自己独创性哲学思想的人物。他的代表作有《知识论》《逻辑》《论道》《论中国哲学》等。朱谦之的代表作有《一个唯情论者的宇宙观及人生观》《无元哲学》等，他提出的“真情哲学”具有直觉主义生命哲学的色彩。这些人的工作是中国人试图建立自己独创的“现代哲学”的初步努力，至今仍有重要的参考价值，值得我们认真研究发掘。

二、共和国前期（1950年—1977年）

中华人民共和国成立后到“文革”结束的二十多年间，在越来越“左”的政治氛围的影响下，中国自由主义哲学虽然在50年代前期曾经一度比较活跃，但总体上说是日见消沉的。同时，中国文化本位主义也是相当沉寂的。而就大陆的情况而言，其间值得一提的有现代新儒家梁漱溟的《人心与人生》及熊十力的《原儒》《体用论》和《乾坤衍》等。而马克思主义哲学在大陆上的一枝独秀，其实也未结出应有的哲学果实。这个时期毛泽东发表了一些哲学著作，如《论十大关系》和《关于正确处理人民内部矛盾的问题》等。

与此同时，港台以及海外的中国现代哲学还是比较活跃的。就现代新儒家来看，他们虽然流落港台，退居边缘，自谓“门庭冷落”,“花果飘零”,但是他们依然在坚持不懈地著述、讲学,为中国本位文化的复兴而努力。1958 年元旦,张君劢与现代新儒家第二代的代表唐君毅、牟宗三、徐复观等人联名发表了著名的“新儒家宣言”,即《为中国文化敬告世界人士宣言》。这个时期现代新儒家的代表作主要有:张君劢的《新儒家思想史》、唐君毅的《生命存在与心灵境界——生命存在之三向与心灵九境》、徐复观的《中国人性论史》、牟宗三的《道德的理想主义》《心体与性体》《智的直觉与中国哲学》《现象与物自身》《圆善论》等。牟宗三的哲学达到了现代新儒家哲学的顶峰,近年来产生了较大影响。

三、改革开放新时期(1978 年以来)

1978 年关于“真理标准”的大讨论以及由此而来的思想解放,开辟了中国现代哲学的崭新阶段。中国马克思主义哲学在改革开放的新时期获得了长足发展,人们开始反思和摈弃苏联哲学教科书的模式,进行多方面的哲学探索。其中最引人注目的,是关于马克思主义哲学价值论、主体性问题、“人学”、“实践本体论”(或“实践唯物主义”)、“转向生活世界”的探索。自由主义思潮也较活跃,他们重新提出了新文化运动中的许多问题。现代新儒家的第三代代表杜维明、刘述先、余英时等人的活动也很活跃。

回首中国现代哲学思想各派别之间的历史消长,有三个带“9”字的年头特别值得注意。整个 20 世纪,中国思想潮流的历史趋向,曾经发生过三次重大的转向,这三次转向的共同特征是:从自由主义转向权威主义。在文化问题上,自由主义是“西化派”;权威主义则有两种形式,一是传统文化派或中国文化本位派,二是马克思主义。这三次转向的转折点都是在带有“9”字的年头上发生的:1919,1949,1989(参见下图)①。这实在是饶有趣味的历史现象。

一是从1915年到1923年的新文化运动,在1919年出现了转折点:此前,当时中国的先进知识分子,几乎全是自由主义者、西化派,可谓一派“西风压倒东风”;然而此后,这些先进知识分子发生了分化,分成了三大派别:一是自由主义西化派,二是东方文化派、玄学派,三是唯物史观派。其特点是,一方面,马克思主义得到了广泛传播;另外一方面,现代新儒家崛起了。这种三足鼎立的局面,直到今天以及可以预见的未来,依然如故。这是我们理解中国现代思想文化问题的一把钥匙。

二是从“抗战”全面爆发的1937年到“文革”结束的1977年期间,在1949年出现了转折点:此前是自由主义(当时激进的政治民主派)在思想界占主导地位,此后是马克思主义(当时的“新民主主义派”)占据统治地位。这次转折前后的情况与新文化运动转折前后的情况相比,有两个不同点:(1)中国文化本位主义在转折之前,与自由主义西化派和马克思主义在相当程度上结成了同盟,由此取得了长足进展,现代新儒家第一代的代表作品基本上是在这个时期问世的;而在转折之后,他们在大陆受到马克思主义的激烈批判,只好在港台谋求发展。(2)自由主义则在转折之前与马克思主义结成同盟,在转折之后同样也受到了马克思主义的激烈批判。

① 这当然只能是一个大致的勾画,亦即忽略了许多细节。

三是进入“改革开放”时期以来，1989年是其转折点：此前的80年代，基本上是自由主义（后来所称的“资产阶级自由化”）思潮激荡的时期；此后，马克思主义（主要表现为“邓小平理论”）重新确立了主导地位。与此同时，传统文化重新受到了充分的尊重（大陆的“国学热”“传统文化热”），现代新儒家在大陆得到了广泛的传播。因此，这次转折与新文化运动中的转折是极为类似的。

转折		自由主义	权威主义	
			传统文化派	马克思主义
1919	前	西化派		
	后		东方文化派、玄学派	唯物史观派
1949	前	激进民主派		
	后		现代新儒家	新民主主义
1989	前	自由化思潮		
	后		传统文化热	新权威主义

以上“三9现象”（参见上表）蕴涵的历史意味是极为深长的，值得加以深入研究。

目前看来，“中国现代哲学”还是一个应以“现在进行时态”加以讨论的题目，也就是说，迄今为止，它的历史本质还没有充分展现出来。

生存结构与心灵境界

——面向21世纪的中国哲学*

人类似乎永远面临三大问题：人与自然界之间的问题，人与人之间的问题，人自身的肉体与心灵之间的问题。众所周知，这些正是中国哲学历来特别关注的三大基本问题："天人关系"问题、"人己关系"问题、"身心关系"问题。大家似乎一致同意，在已经到来的21世纪里，这些问题可能将会变得更为严峻。那么，中国哲学在化解这些问题方面，可以有怎样的作为呢？本文就此提出一些思考，就教于海内外方家。

我以为，所有这些问题可以归结到一点，就是"生存"问题。这一点如今已充分突显出来。例如关于天人关系的环境问题，关于人际关系的伦理问题、国际关系的南北及南南问题、共同发展问题，关于身心关系的信仰、安身立命问题，无不以生存问题为焦点。人类今日面临的，实为一种普遍的生存焦虑。而这正是我曾经强调过的、中国哲学一以贯之的"生命忧患意识"问题。

生存问题永远是人面临的最基础的问题，而生存问题的解决

---

* 原载《周易研究》2002年第4期；人大复印资料《中国哲学》2003年第1期全文转载。

依赖于某种合理的生存结构。这种生存结构体现在上述三大关系中,具体表现为天人结构(人与自然界的关系结构)、人己结构(人与人的关系结构)、身心结构(肉体与心灵的关系结构)。这些正是中国哲学的基本课题,因为在我看来,中国哲学就是一种“生命结构主义哲学”。

努力探索人类生存的合理结构,这是当今哲学家尤其是中国哲学家任重道远的时代使命。

一、中国哲学的生命结构主义

我把中国哲学视为一种“生命哲学”或者“生存哲学”,它关注的核心问题就是“生存结构”或者“生命结构”。

对于何谓“生命哲学”或者“生存哲学”,可有几种理解。最狭义的生命哲学,指的是西方20世纪以狄尔泰、柏格森为代表的哲学流派,包括以叔本华、尼采为代表的意志主义及以海德格尔、萨特为代表的存在主义哲学。但从广义上理解,凡有以下特征的都属生命哲学:第一,这种哲学首先关注的是人的生命存在或者生存问题,即关注人的生活、生存;第二,这种哲学赋予人的生命存在以一种存在论意义,即把生命意向提升为宇宙世界的本原和本质或者本真存在;第三,要把握这种生命存在,最需要的不是理智,而是一种直截了当的“思”“观”“领悟”,虽然前者也是必要的。在这个意义上,中国哲学乃是一种典型的生命哲学。中国哲学既具有西方哲学中属于人文主义思潮的生命哲学的生命关怀,又具有西方哲学中属于科学主义思潮的结构主义的结构方法;既不失作为一种真正的东方哲学的民族特质,又蕴涵着丰富的可以为当今世界利用的精神资源。而这种中国哲学中最经典的形态,就是《周易》哲学。

中国生命哲学可谓源远流长，但其第一个系统性的成熟形态无疑是《周易》大传的哲学体系。这个哲学的终极关怀是"观我生""观其生"(《周易·观卦》)，即对人生的高度关注；它把"三才"(天地人)一体的宇宙视为一个大生命系统，从而提出了"天地之大德曰生""生生之谓易"(《周易·系辞传》)的思想；它引领我们去直观地领悟这个生命系统的"易道"——天道、地道尤其是人道；它让我们倾听"道言"，然后"言道"。它由此指示我们将领悟到的人道运用于我们的人事中，以求得天人之际的和谐、人际的和谐、身心的和谐。因此，我们的讨论将主要围绕着《周易》大传的哲学思想来进行。

毫无疑问，周易哲学的核心可以归结为"阴阳"范畴；我们更进一步认为，阴阳范畴的实质可以概括为"生命的结构"：从其内容来看，阴阳范畴是一种"生命忧患"意识；从其形式方面来看，阴阳范畴则是一种"结构思维"方法。

阴阳范畴的内容就是生命关怀，或曰生命忧患意识。故《系辞传》一言以蔽之："生生之谓易。"孔颖达曰："生生，不绝之辞。阴阳变转，后生次于前生，是万物恒生，谓之'易'也。"(《十三经注疏·周易正义》)这是讲的生命绵延之道，所以我说周易哲学就是生命哲学。又云："作《易》者其有忧患乎！"此即生命忧患意识或者生存忧患意识。忧患的具体内容随时代而转变，但生命忧患本身是中国哲学永恒的主题。

阴阳范畴之所以能成为中国哲学的核心范畴，乃在于它契合了这种生命关怀。阴阳范畴在周易哲学中的意象原型，是男女交媾而孕育生命这个事实。《说卦传》将八卦视为父母(乾坤)生育了三男三女(震坎艮、巽离兑)；《系辞传》对乾坤进行了生殖器官交合前后的描写:“夫乾,其静也专(抟),其动也直,是以大生焉;夫坤,其静也翕(合),其动也辟(开),是以广生焉。”《咸卦》及《咸象传》还具体描写了交媾的情形:咸其拇,咸其腓;咸其股,执其随;憧憧往来,朋从尔思;咸其脢,咸其辅颊舌;“二气感应以相与(亲和),止而说(悦),男下女,是以亨(通)”①。《易传》中充满了性暗示,人所共知。按郭沫若等人的理解,《周易》古经最原始的阴阳卦画,已是对生殖器的写照。从文化人类学的角度看,人类的早期意识中总是普遍地存在着性崇拜;然而将这种性意识上升为一种形而上的哲学模型的,恐怕唯有中国哲学。

把男女交媾外推为天地交合,再抽象为阴阳交感,此即周易哲学阴阳范畴的逻辑地诞生,《系辞传》以一语括之:“天地氤氲,万物化醇;男女构精,万物化生。”从“男女”交媾直接言及“万物”化育,这是思悟的跃迁。故李贽一语道破:“极而言之,天地一夫妇也。”(《焚书·夫妇论》)此即《家人象传》所谓“男女正,天地之大义也”,《系辞传》所谓“天地相遇,品物咸章也”。儒家《中庸》也讲过:“君子之道,造端乎夫妇;及其至也,察乎天地。”道家《老子》开宗明义:“无名天地之始,有名万物之母。”这“始”与“母”值得深味。始者,女之初也。(《说文解字》)天地之交,如女之初;万物之生,如母之乳。故《老子》亦有“万物负阴而抱阳”之说,即万物皆生于阴阳天地之交。至此,生命存在成为宇宙的本体,阴阳结构成为普遍的法则。此即中国哲学以究“天人之际”的实质。西方生命哲学将个体“生命冲动”本体化,周易哲学则将人际“生命交流”本体化。周易哲学的形而上学本体不是一个实体,而是

---

① 参见拙著《易经古歌考释》,巴蜀书社1995年版。

一个结构①;不是一个外在于人的结构,而是人自身的生存结构。此即《周易》的生命本体论、生命形上学。所以,“天地之大德曰生”,“天地感而万物化生”。唯其如此,《周易》筮法,凡阴阳相交则吉,而阴阳相背则凶。此乃读《易》解《易》的根本要领。

阴阳范畴的形式方面,则是结构思维方法。对于这种结构方法,我们可以从静态与动态两个维度上来把握。

静态的阴阳结构的总体特征就是“二元一体”的关系模型。②

所谓“二元”,是讲阴阳双方的差异对立,其经典表述为“一分为二”,可界定为“同类异性”。本文拈出“同类异性”这个说法,自以为深得周易哲学、中国哲学之精髓。物有同类、异类,而异类不相交,所谓“方以类聚,物以群分”(《周易·系辞传》);类有同性、异性,而同性不相交,所谓“二女同居,其志不相得”(《周易·革彖传》);“君子和而不同”(孔子)。而在《周易》,男女是同类异性,天地、乾坤、阴阳也都是同类异性。我们知道,一方面,非同类不相交,这是一个生命法则,所谓“同声相应,同气相求”,“风马牛,不相及”;另外一方面,非异性亦不相交,这也是一个生命法则,所谓“二女同居,其志不同行”(《周易·睽彖传》)③。这就是

① 周易哲学的“本体”应从两个方面去看:从粗陋的宇宙论角度去看,其本体是自然“天地”;从本质论即从真正意义的本体论的角度去看,其本体是“太极”“阴阳”,这并不是实体,而是一种结构,其内容是生存结构,其形式是某种特殊逻辑结构。

② 现今所谓“一元论”“二元论”之说,出自西方。西方哲学之“元”总是某个实体,而本文讲的中国哲学之“元”殊非任何实体,所以若用西方话语来讲,中国哲学既非一元论,也非二元论,因为阴阳乃是一而二、二而一的关系。对所谓“一体”也应当作如是观,此“体”殊非西方哲学所谓“本体”,因为它并不是任何实体。要而言之,“二元一体”只是表示关系的。

③ 这里涉及“同性恋”问题,容另文讨论。

说,无论异类之间还是同性之间都是不可交合的,纵然交合也无“生生”之理。

所谓“一体”,是讲阴阳双方的亲和统合,其经典表述为“合二而一”,可界定为“共存互补”。此即所谓“和”(孔子语),所谓“交”(方以智语)。不和不交,“夫妻反目”(《周易·小畜卦》),“上下敌应”(《周易·艮彖传》),是不符合生命结构法则的。中国哲学中的“和同”论,讲的就是这个道理,那就是史伯讲的:“和实生物,同则不继。”(《国语·郑语》)“同”指同类同性,其交不合生命法则,故“不继”;“和”则指同类不同性,其交合乎生命法则,故“生物”。因此,此所谓“和”就是“二元一体”的共存互补的关系:在天、人关系上,就是天人合一、人与自然和睦;在人、己关系上,就是人际和谐、国际和平等;在身、心关系上,就是身心调和、心气和平。

动态的生命结构则是一种公理方法,或曰“准公理化方法”①。这种思维方法分为两步:首先寻求一种不证自明的公理,揭示某种一般关系、普遍结构;然后由此出发,推演出一系列定理,从而形成一个自足的解释系统。上文已经谈到,周易哲学是从人自身的生命现象中发现了这种公理,就是“阴阳”结构,亦即“生命结构”;从而推演出一系列伦理—政治定理,最终形成了自足的、独具特色的中国传统文化体系。这就是《系辞传》所谓的:“引而伸之,触类而长之,天下之能事毕矣。”这个被引申、被触长的,就是阴阳公理、生命结构公理。《周易》哲学以及整个中国哲

① 所谓“准公理化”是说它并不是现代符号逻辑那样严格的公理方法,但其致思进路是一致的。而且我深信不疑:中国哲学也是可以严格地加以公理化处理的。

学,作为这样一个生命结构公理体系,把宇宙天地人物推演成一个生命大系统,阴阳结构便是它的公理。

这种方法在西方科学尤其是现代符号逻辑中得到了充分的发挥,主要就是形式化、符号化,成为一种精确的科学工具。在周易哲学中,象数派早已企图将它形式化、数理化,但它不是形式逻辑的,而是思辨逻辑的;而义理派则对形式化、数理化不感兴趣,他们注重内容、实际,以之解释生活、理解人生。西方结构主义从列维-斯特劳斯到乔姆斯基,把这种公理方法成功地运用于人文社会科学,仅此而论,西方结构主义与周易哲学是相通的:"阴阳"范畴类似于结构主义所谓的"深层结构"。但西方结构主义的公理是一种先验的预设,而周易生命哲学的公理是生命的直观(仰观俯观,近取远取);西方结构主义是一种科学理性主义,而周易生命哲学是一种人文理性主义。此即中国的生命现象学、生命阐释学。

周易哲学这个公理体系既是自为的理性设置,我们可称之为"Lz系统"(周易语言系统);但它同时也是自在的形上存在,是"物自身"或"事自身"。所以,它是逻辑与历史的同一、阐释与文本的同一。作为哲学,它揭示出来的意义世界是中国人的可能世界。所以,这个公理系统至今仍在中国思想文化中在发挥着基本的"视界"作用。作为理性设置,生命结构公理系统其实就是中国人的心灵结构,同时也是我们的心灵境界。它是心灵的结构,犹如一面透镜①,"透视"出人的一种可能世界、可能生活;它是心灵的境界,我们在此安身立命,建立我们的精神家园。按冯友兰先生的划分,中国哲学欲达至一种最高的精神境界,即天地境界。

① 中西哲学的差异,根本上是这种"心灵透镜"及其透视出来的可能世界/意义世界的差异。

天地境界的精神实质正是周易哲学的理念，就是追求合和融通。所以我们可以说：同类异性的亲善交合、共存互补，是有境界的表现；同类不交是没有境界的，异性不交也是没有境界的；异类相交是没有境界的，同性相交也是没有境界的。

二、中国生命哲学的横向呈现

周易哲学可以归约为“阴阳”范畴，这是没有问题的。这正如庄子所说：“《易》以道阴阳。”（《庄子·天下》）然而不仅如此，其实整个中国哲学也可以归约为阴阳问题。中国哲学中几乎所有的重要范畴，都是一种“二元一体”的关系范畴。这种二元一体的关系，实质是某种“阴阳”关系。例如，何谓“道”？“一阴一阳之谓道。”（《周易·系辞传》）何谓“气”？“盖阴阳者气之二体。”①（《张子正蒙注·太和》）何谓“理”？“理不可见，因阴阳而后知。”②（《朱子语类》）何谓“仁”？“仁，亲也，从人二（即二人）。”（《说文解字》）儒家所谓“仁者爱人”，道家所谓“负阴抱阳”，其实都是一种二元一体的阴阳关系。类似的论述，我们可以列举无数，凡本末、体用、道器、天地、上下、君臣、父子、夫妇、朋友、身心、知行、性情等，无非阴阳而已。看来无须多费唇舌，“阴阳”确为中国哲学的最高思维范式。中国哲学的三大问题——天人关系、群己关系、身心关系——无非阴阳关系问题。自从《易传》完成了“阴阳”范畴的生成，这种二元一体的生命结构就成了中国哲学“放之四海而皆准”的最基本的思维模型。

---

① 此种观念始于西周。

② 谓理与阴阳为同构关系。

周易哲学的生命关怀落实于整个中国哲学，是在三个层面上展开的：

其一，民生与人生——群体生命与个体生命。

民生与人生作为中国哲学群己关系问题的基本内容，就是群体生命与个体生命问题。儒、道两家都将《周易》奉为经典，因为他们两家都是中国生命哲学。但是他们关怀的重心不同。

儒家关怀群体生存。孔子主张“爱人”“务民之义”“博施于民而能济众”。为此，他最重“礼”，因为所谓“礼”，也就是群体生存结构在社会规范上的体现，犹今所谓“游戏规则”，其实乃是群体的生存规则。合乎“礼”是社会的理想境界，而作为“礼”的内化的“仁”则是对心灵的理想境界。孟子的民本思想、对仁政及社会分工的探讨，荀子的王制思想和对“群”“分”的探讨，都是试图寻求建立一种合理的群体生存结构，也还是作为社会理想境界的“礼”；而孟子的论“心”和荀子的论“学”，作为心性修养，则是对心灵理想境界的建构。“礼”是群体生存的保障，君臣、父子等人伦政治关系无非阴阳结构。但是“礼”强调的是阴阳之“分”，而不是阴阳之“合”，此即所谓“礼以别异，乐以和同”。所以儒家在重“礼”的同时，又重“乐”。乐者，和也。儒家文化，大致就是“礼乐”文化，这本身也是一种阴阳结构。儒家的社会理想境界是“大同”，“大同”更哲学地讲也就是“太和”。“太和”作为群体生存的最佳状态是社会的理想境界，而作为心性修养的最佳状态则是儒者个人的心灵的理想境界。

道家关注个体生命。老子研究个体的“长生久视之道”，乃是典型的个体生存哲学。[①] 庄子研究个人如何“养生”“保身”“全

---

① 参见拙文《老子哲学：生存之道》，载《四川大学学报（哲学社会科学版）》1998 年第 2 期。

身”，而更注重精神境界的逍遥，但实质上也是一种个体生命哲学。至于杨朱“贵生”“重己”以至于“一毛不拔”，则把这种个体生命哲学推向了极端。道家之“道”，其实就是生存之道；个人“得道”则可达至个体心灵“逍遥”的理想境界，人人“行道”则可达至“小国寡民”的社会理想境界。

其二，生存与发展——生命的维持与提升。

人的生存与发展也是中国哲学的重大主题，其实也就是生命的维持与提升问题。

群体的生存发展是近代以来中华民族面临的严峻的时代课题，也是当今世界人类面临的一大课题。其实，这从来就是中国哲学的主题。儒家就是关怀群体生命的，他们致力于集体的生存与发展。《论语·子路》：“子适卫，冉有仆。子曰：‘庶矣哉！’冉有曰：‘既庶矣，又何加焉？’曰：‘富之。’曰：‘既富矣，又何加焉？’曰：‘教之。’”庶、富、教正是由求生存到求发展的阶梯：“庶”是人口的生存（维持）、发展（增殖）；而“富”是物质生活的发展，“教”是精神生活的提升。《周易·系辞传》所谓“富有之谓大业，日新之谓盛德”，此之谓也。

道家关注个体生命，着眼于个人的生存与发展。不过，老子侧重于肉体生命的维持，庄子侧重于精神生命的提升，这是两者的一个重大区别，不可不察。所以，老子更多地涉及社会的理想境界，而庄子则更多地涉及心灵的理想境界。

其三，肉体与心灵——生命的存在与超越。

肉体与心灵的关系，即中国哲学的身心关系问题，究其实质，也就是生命的存在与超越问题。生命的存在总表现为肉体的存在，而生命的超越则总是精神的超越。肉体生命总是有限的，但人总是希求克服生命的有限，追求生命的无限，因而人总是要追求超越的，亦即将有限的生命投入到某种无限的存在之中。这种超越性，正是哲学的宗教性的维度。所以，哲学尽管不是宗教，但是具有宗教精神，儒、道两家均是如此。

儒家之追求生命的超越，是诉诸群体的。这是因为，个人肉体生命总是速朽的，然而群体生存则是不朽的。所以，儒家讲“三不朽”（立德、立功、立言），就是在群体存在的无限中追求个体生命的不朽。这种不朽是存在于群体的言说之中的，故儒家重“立言”，孔子所谓“言而不文，行之不远”，通过“言”而行之久远即不朽。“有德者必有言”（孔子语），也可以说有功者必有言；而“立言”乃是“经国之大业，不朽之盛事”（《典论·论文》）。此外，儒家还讲“杀身成仁”（孔子语）、“舍生取义”（孟子语），这其实都是将个体有限的生命融入生生不息的群体无限的生命之中，因为“仁”“义”的本质正是保障群体生存的条件，因而也就成为儒家追求的最高心灵境界。

道家同样追求生命的超越，但他们是诉诸个体生命的形上依据即“道”的，也就是说，是诉诸“自然”这个大生命的。个体生命速朽，如何追求超越？那就是“人法地，地法天，天法道，道法自然”。这是因为，自然之道乃是永恒不朽的存在。此道亦即《易》道，老子之由“玄牝之门”即“天下母”“以顺众父”，几乎就是《周易》“男女—阴阳”模式的原版。不过，老、庄之间是有差别的：老子偏重于肉体的存在，庄子偏重于心灵的超越。所以，庄子哲学更富心灵境界的意味。

三、中国生命哲学的纵向展开

周易哲学确立的这种生命结构主义哲学，影响到了后来的整个中国哲学史。在中国历史上，不同时代的哲学家面临的时代课题当然各不相同，但我们不难发现，他们的致思取向惊人得一致，具体来说，中国哲学史可以说是"生命结构"的一支"主题变奏曲"。所谓中国哲学的"转型"，不外乎是生命结构的具体历史内容的转换，即剥除其失去现实意义的内容，赋予其具有时代价值的内容。然而万变不离其宗，其间一以贯之的还是生命结构主义精神。

这可以追溯到周公，其思想可以概括为：一个中心、两个关系。所谓一个中心，就是周族的群体生存忧患，即周王朝的生死存亡问题，周公把它归结为"德"的问题（德者得也，这里是讲的周人得天受命）。所谓两个关系，都是阴阳结构模式：一是天人关系，要求"以德配天"；一是君民关系，要求"敬德保民"。由此可见，周公的思维模式很类似于结构主义（如布拉格音位学派）的思维方式。这里是两次二元对立（天人、君民）的叠加，从而形成一个"语义三角"①：

天

↙　↖

君 → 民

这里，天决定君，即"天命靡常"，"唯德是依"；君决定民，即"保民"，"牧民"；民决定天，即"天视自我民视，天听自我民听"。由此可见，中国哲学的某种基本思维构架是由周公确立的。

进入子学时代，儒道墨法无不以生命结构为中心议题。儒家、墨家、法家探讨群体生存问题，道家探讨个体生命问题。儒、

---

① 这叫作"交通信号灯原理"：红、绿、黄三色，其实是两次二元对立（冷与暖、极端与中间）的叠加，从而形成一个语义三角。

道二家上文已有讨论，不再赘述。至于墨家的“兼相爱，交相利”“尚同”“非攻”，无非是在二元对立关系中求得亲和一致、消除“祸篡怨恨”，追求一种“双赢”的效果，以利社会群体的生存发展。甚至法家韩非，其实也是想要解决社会群体的生存问题。他认为，由于人性恶（这个思想得自其师，即儒家的荀子），“人民众而财货寡”，必然导致争夺而危及群体生存，因此必须实行强有力的专制统治，这样才能维持群体的生存秩序。其师荀子以“礼”节群，而韩非则以“法”制群，但他们的目的都是一样的，就是维持群体的生存秩序。

汉代经学大师董仲舒全面继续和发展了先秦生命结构思想，完成了中国哲学第一次历史大转型，从而确定了未来整个专制社会的生命哲学的基本历史走向。他的今文春秋公羊学，核心观念乃是阴阳学。这个哲学的精神实质，仍然是对群体生命结构的探讨，而且仍然是周公式的两大关系（天人、君民）、三角结构，即一方面“屈民而伸君”，一方面“屈君而伸天”。这个三角的每一边，都构成一个阴阳结构关系：民阴君阳，君阴天阳，天阴民阳。于是这个“稳定的三角”在观念上铸就了群体生存的稳固秩序。

魏晋以降的险恶现实，似乎促成了一种历史趋势的反弹，人们对个体生命的深刻忧患，再次充分突显出来。道教哲学无疑是一种极典型的个体生命哲学，他们追求的是个体的得道成仙、长生不死，这是标准的个体生存关怀。佛教则由超越个体的生死轮回（小乘），发展到普度众生（大乘）；唐代的禅宗最后则又回到个体生命的心灵超越问题上。小乘佛教的焦虑在于个体从个人生存的苦难中解脱，大乘佛教的焦虑扩展到了整个人世从群体生存的苦难中解脱。但是即便是大乘佛教，群体的解脱也不过是若干个体解脱积累的结果而已。魏晋玄学则企图调和“名教”与“自然”，即调和儒家群体生命关怀与道家个体生命关怀。但玄学总体上明显是以个体生命超越为主导倾向的，所以他们崇尚老庄，主张“超世而绝群，遗俗而独往”“越名教而任自然”。玄学的精神就是个体生命关怀的精神。

自从唐代韩愈、李翱开启了宋明理学，历史的钟摆再次摆向了群体生命结构问题。就其现实景况而言，这无疑与中国当时的周边军事危机导致的民族群体生存危机有关；但是就其学理的脉络来看，宋明理学无疑是此前中国生命结构哲学的逻辑展开和深化。程朱理学全面总结了先前的生命结构主义哲学，其核心范畴“理”或者“天理”实即仁义礼智的伦理规范，本质上是对群体生存结构更精细、更严密的再度概括；而陆王心学的“心即理”，则是对群体生存结构的另外一种新的概括，换句话说，它是以个体心灵存在透显出来的群体生命存在。程朱认为“性即理”，“天理”即“生理”，“天只以生为道”（《二程遗书》卷二），走的是客观主义的路，把生命结构“本体论化”了；陆王认为“心即理”，走的是主观主义的路，把生命结构“心性论化”了。要之，他们关注的都是群体的生存结构问题。

中国哲学的第二次历史大转型，始于洋务运动的“西体中用”，以康有为的哲学为代表（饶有趣味的是，康有为跟完成了第一次大转型的董仲舒一样，是一个今文经学派的公羊学家）。这个过程至今尚未结束。中国近代、现代、当代哲学的主题是中华民族这个大群体的生存与发展问题。鉴于列强压境，救亡保种、富国强兵成为压倒一切的任务。通过严复的译介，“生存竞争”“适者生存”这类生物学命题，一时间竟成为最富魅力的哲学话语。自此以来，中国哲学界的“最强音”始终都是中华民族的群体生存发展问题。康有为的“三世说”，本质上是中国最早的民族生存发展战略之一。所谓“现代新儒家”,也就是传统生命哲学尤其是儒家生命哲学的现代化转换的一种可贵尝试。此间有一种很值得研究的现象,就是:一方面,西方生命哲学得到了相当程度的传播,诸如张君劢、李石岑、梁漱溟、朱谦之等人的哲学均传播了西方生命哲学;另一方面,官方哲学呈现出相当突出的生命哲学倾向,诸如吴稚晖、戴季陶、蒋介石、陈立夫等人的哲学。所以孙中山认为:“人类求解决生存问题,才是社会进化的定律,才是历史的重心。”(《三民主义·民生主义》)这显然不是偶然的,而是中西哲学之间的一点灵犀。

如今,人类面临着许许多多紧迫的世界性、全球性问题,该怎么办?以周易哲学为代表的中国生命结构哲学或许能够给我们相当的启示。简而言之,答案就是:多元一体,共存互补。

“中国哲学”能成立吗?*

这本来是一个老话题了,可是迄今为止还远远不能说这是一个已经解决了的问题:“近一个世纪以来,中国传统思想中有无‘哲学’,始终是萦绕在国际学坛的一个大大的疑问,而国内学术界亦多有附和者。”这是一个“关涉‘中国哲学’的合法性”的问题。① 这就严重了,严重到了要砸掉我们这些以研究中国哲学为职业的人的饭碗的地步!

一

我们当然是不同意这种论调的。何以见得?因为当人们提出“中国有没有哲学”这样的问题时,他们的提问本身就存在问题:他们心目中的“哲学”概念,其实往往是西方的哲学概念;况且西方的哲学范式本身也不是那么单一的,而提问者认同的往往只是西方理智主义传统的哲学观念。然而这样的理解远不足以概括“何谓哲学”这个问题。这才是问题的要害所在。

---

* 原载《天水行政学院学报(哲学社会科学版)》2002 年第 1 期。

① 郑家栋:《“中国哲学”与“哲学在中国”》,载《哲学动态》2000 年第 5 期。

我们知道,胡适是一个西化派,但他写《中国哲学史大纲》时,显然是肯定中国是有自己的哲学的。关于"何谓哲学",胡适在该书中开宗明义:"凡研究人生切要的问题,从根本上着想,要寻一个根本的解决:这种学问叫做哲学。"①哲学的定义之多难以记述,胡适的这个定义今天看来还是相当不错的。根据这个定义,中国的传统思想中当然不乏"研究人生切要的问题,从根本上着想"的东西。但是,在"今天如何处理中国传统哲学"这个问题上,也有些问题值得商榷。一种常见的情形就是,认为假如把中国传统文化中那些"研究人生切要的问题,从根本上着想"的东西选出来,用现代哲学理论系统的形式来叙述它们的内容,似乎这就是"中国哲学"了。所以冯友兰先生就说过,"所谓中国哲学者,即中国之某种学问或某种学问之某部分之可以西洋所谓哲学名之者","今欲讲中国哲学史,其主要工作之一,即就中国历史上各种学问中,将其可以西洋所谓哲学名之者,选出而叙述之"②。其实这仍然是一种"以西律中"的做法。

问题的关键在于:什么叫作"从根本上着想"?这是一种比较模糊的说法。按冯友兰的提法,"哲学是说出一个道理来的道理"③。这个"道理的道理"的说法很别致,但也颇费猜详。"研究人生切要问题"是否便是说出"道理","从根本上着想"是否便是说出"道理的道理"?这仍然不能解释我们对"从根本上着想"的疑惑。不过我们知道,冯友兰先生的思想是来自西方新实在论

① 胡适:《中国哲学史大纲·导言》,商务印书馆1919年版。

② 冯友兰:《中国哲学史》,商务印书馆1934年版。

③ 金岳霖为冯友兰《中国哲学史》所作的审查报告,见冯友兰《〈中国哲学史〉的原委与得失》,收入《三松堂自序·哲学》,见《三松堂全集》第一卷,河南人民出版社2000年版,第194页。

的，按照这派哲学，“说出道理的道理”其实就是逻辑。① 可不是吗？讲任何道理都得用逻辑这个道理。这当然未必符合胡适心里想的“从根本上着想”的意思，胡适推崇的哲学方法被概括为“大胆假设小心求证”。不过这“求证”的途径有两条，一条是经验证实，另一条就是逻辑证明。所以，把他们二人的共同点提出来，似乎哲学的标准确实就是逻辑。

我们姑且承认这种西方逻辑主义的哲学标准，那么“中国哲学”还能不能成立？显然，这取决于中国传统思想是不是有逻辑性，是不是“合乎逻辑”的东西。无可否认，中国人自己没有发展出像西方逻辑学那样的玩意儿。但如果据此就断定中国古人的思想不合逻辑，那肯定是荒谬的，因为这就等于说，在最早建立西方逻辑学的亚里士多德以前，希腊人的思维是不合逻辑的。这显然很荒谬。打个比方，告子说过：“食、色，性也。”（《孟子·告子上》）吃和性都是人的本性。难道在没有出现食谱之前，人都不吃食物？在没有建立性医学以前，人都没有性生活？孟子说过：“心之官则思。”（《孟子·告子上》）思维是心（脑）固有的功能，也是人的一种本性，我们也可以说，思者，性也。而思维就有逻辑，因为所谓逻辑就是思维的客观规律，它是客观存在的，是思维所固有的。而逻辑学不过是对思维规律的理论总结，而非人所固有的思维规律本身。因此，难道没有逻辑学就没有合乎逻辑的思维吗？如果说中国古人的著作没有逻辑，那么甭说外国人甚至现代中国人也都不可能理解它们了。然而事实是：我们能够理解它

① 冯友兰的哲学方法有两种：“形式主义底方法”即逻辑分析，“直觉主义底方法”即直觉领悟。在他看来，科学是实质地处理经验，而哲学则是逻辑地处理经验。参见《新知言》第一章“论形上学的方法”。

们。其原因很简单,我们跟它们的作者有同样的思维逻辑。

二

更何况我们大可不必接受这种西方逻辑主义的哲学标准,因为今天的人一说到"逻辑",心目中浮现出来的还是西方的逻辑学范式。我们可以对"从根本上着想"有我们自己的另外一种看法:这种"根本"的东西,其实就是中国所谓的"形而上者"。所以,通过对"形而上学"这个短语的理解,我们就可以对更高层级的中西哲学的共通本质有所把握。

"形而上学"本来是地道的中国货,出自《周易·系辞传》"形而上者谓之道,形而下者谓之器"。我们用它来翻译西方最根本的哲学,再精确不过了。中国哲学就是研究那形而上的"道"的。那么,什么是"形而上者"?"形而上学"是对"Metaphysics"的翻译。亚里士多德著作的编辑者把他关于"第一哲学"的著作编在一起,名为"Metaphysics",意思是"物理学之后",即编在自然科学著作之后。显然,在亚里士多德著作的编辑者看来,"研究人生切要问题从根本上着想"的是哲学,而不是科学。所以,我们可以把哲学跟科学相比较而加以理解。

通常认为,"形而上"指无形之道(抽象道理、规律、本质),"形而下"指有形之器(具体器具、事物、现象)。例如孔颖达讲:"道是无体之名,形是有质之称。""道在形之上,形在道之下。"(《周易正义》)这样说来,科学研究的是有形的东西,哲学研究的则是无形的东西。其实这是不对的,科学同样要研究无形的东西,哲学同样要研究有形的东西。这里"形"是一个中介,形上、形下都要从“形”开始，由有形至于无形，即由具体(事物)至于抽象(道理)，科学、哲学莫不如此。所以，“形而上”与“形而下”都是无形的，“形而上学”(哲学)与“形而下学”(科学)都要寻求无形之“理”，都要由“形”出发，由“形”而后“上”，由“形”而后“下”。

所以，哲学与科学之区别不在对象上，而在“理路”上：一个是“往上说”，一个是“往下说”。这是“真理”在向度层次上的区别：科学所知之理，是往下说；哲学所知之理，是往上说。我们可以将科学的“公理”(Axiom)作为一条中间的基线，以区别这“上”与“下”。对于科学来说，经验的归纳层层提升，但始终在公理以下；逻辑的演绎级级下推，当然更始终在公理以下；而对公理本身以及公理以上，科学采取“六合之外存而不论”的态度。但哲学则不然，它恰恰要从公理往上说，也就是说，它就是要追问公理本身。举例来说，科学研究这个客观世界，但是这个世界本身的客观存在它是不问的，这是作为科学前提的“存在公理”；然而哲学要追问：这个世界是否在？何以在？我们知道，康德就是把这个世界归结为不可知的、只是作为逻辑假设的“物自身”。再如，科学和哲学都研究所谓“人性”，但是它们的理路截然不同：科学只是解决人性“是如此的”问题，是所谓“知其然”；而哲学则更进一步解决人性“何以是如此的”问题，是所谓“知其所以然”。比如《中庸》对这个问题的回答就是：“天命之谓性。”所以，用冯友兰先生的话来说，科学的规律就是“道理”，公理就是“道理的道理”；科学追寻规律就是“说出道理”，哲学追问公理就是“说出道理的道理”。

当年张东荪说得好：“我以为科学好像芭蕉一样，一层一层皮叶长大起来，自然一天一天厚肥了。而哲学则是对于已成的芭蕉来一层一层剥下来。所以科学是顺进的，而哲学是逆进的。科学是经验的堆积与知识的开拓，而哲学则由开拓而逆探其原始，由堆积而返窥其起点。""即以科学的假定而为向后退的返省……这种剥蕉是愈剥愈赤裸，愈赤裸则愈直接。"[①]这也就是"从根本上着想"了。这使我们想起老子的话来："为学日益，为道日损。"科学便是"为学"，哲学则是"为道"。中国哲学正是"为道"——天道、地道、人道。《周易·系辞传》说的"《易》之为书也，广大悉备：有天道焉，有人道焉，有地道焉"，就是这个意思。

三

以上所谈其实是中国哲学的内容方面，现在还有个形式的问题。我们且回到冯友兰先生对"中国哲学"的说法上去。所谓"将其可以西洋所谓哲学名之者，选出而叙述之"，其实也还是用西方哲学的形式来规范中国思想的内容。这样一种做法，正如张岱年先生所说，我们"区别哲学与非哲学，实在是以西洋哲学为标准，在现代知识情形下，这是不得不然的"[②]。有人说中国无哲学，最主要的原因还是中国的传统思想不符合西方哲学的标准尤其是形式方面的标准。按此标准，所谓"中国哲学"至多只有"中国现代哲学"而已：迟至1902年，《新民晚报》上的一篇文章首次用"哲学"来指称中国传统思想；1914年，北京大学首次设立"中国哲学门"（后来蔡元培把它改为哲学系）；1916年，谢无量首次出版了一部《中国哲学史》；1919年，胡适出版了一部真正意义上的《中

① 张东荪：《科学与哲学：从我的观点批评科玄论战》，见《科学与哲学》，商务印书馆1999年版，第84页、第55页。

② 张岱年：《中国哲学大纲·自序》，商务印书馆2015年版。

国哲学史大纲》;1931年,冯友兰出版了更名副其实的《中国哲学史》。当然,此所谓"更名副其实",也只是"副"的西方哲学的形式标准之"实"。但我们好歹总算有了自己的哲学,虽然未必堪称"中国哲学"。

所以有学者提出,之所以出现关于有无"中国哲学"的质疑,"其原因主要在于混淆了哲学思想、观念与作为一种知识形态的哲学理论之间的界限。我们民族是一个富有哲学头脑和哲学智慧的民族,但是,作为一种知识形态,系统化、理论化的'中国哲学',却是中西方思想接触交流后的产物,确切地说,是引进西方哲学的观念和方法阐释传统思想的结果"①。这似乎是在说,中国哲学有思想内容,但没有自己的理论形式。我们的问题是:形式和内容是可以分离的吗?如果说中国哲学有其独特的内容,难道它没有自己独特的形式吗?西方哲学的形式,难道就是一切可能的哲学的形式吗?

我们的回答还是否定的。"内容和形式"这样的对立划分本来就是西方思维方式的产物,它出自亚里士多德的"四因说",那时叫"形式(form)和质料(matter)"。这种划分本来没有什么不对,但是把两者的对立绝对化就肯定是不对的了。例如把张三和李四拿来对比,张三必有他张三的内容和形式(即个性和外貌),李四也有他李四的内容和形式,他们各自的形式跟各自的内容是符合的,否则,我们怎么能够一眼就把他们两个辨别开来?中国有一句俗话,叫"相随心转",意思是说,一个人的外貌会随着心理的变化而发生某些改变。这确实是事实,因为身心是具有统一性

① 郑家栋:《"中国哲学"与"哲学在中国"》,载《哲学动态》2000年第5期。

的。文化、哲学亦然,西方哲学必有它自己的内容和形式,中国哲学也有它自己的内容和形式。我们想起严复表达过类似的意思:“一国之政教学术,其如具官之物体欤?有其元首脊腹而后有其六府四支,有其质干根荄而后有其支叶华实。使所取以辅者与所主者绝不同物,将无异取骥之四蹄以附牛之项领,从而责千里焉,固不可得,而田陇之功又以废也。”(《与〈外交报〉主人论教育书》)用西方哲学的形式来规范中国哲学的内容,正如将马蹄放在牛身上一样不伦不类。

其实,关于中国哲学的独特内容及形式,人们已经谈论颇多了,主要表现为特别注重探讨三大关系:天人关系、群己关系、身心关系。这其实很类似于西方哲学对人与自然界、个人与社会、肉体与心灵的探索。可见中国哲学跟西方哲学有很大程度的对应关系,我们可以大致对照如下:

中国	西方
天人观	存在论/人性论
知行观	认识论/知识论
义利观	价值论/伦理学
名实观	逻辑学/政治学
群己观	伦理学/社会学

当年严复将赫胥黎的《进化论》(*Evolution and Ethics*)翻译为《天演论》,将斯宾塞的《社会学研究》(*The Study of Sociology*)翻译为《群学肄言》,将约翰·穆勒的《论自由》(*On Liberty*)翻译为《群己权界论》,将《逻辑体系》(*System of Logic*)翻译为《穆勒名学》等,都是这种对应关系的体现。不过,虽然可以这样“大致对

照”,但中国哲学和西方哲学的内容和形式也还是有所不同的。准确地说,是有异有同、同中有异、异中有同。最大的异是它们往往具有不同的概念范畴、命题形式、提问方式、思维模式;而最大的同就是它们都是“研究人生切要问题从根本上着想”的哲学。

行文至此,我们大概可以得出结论了。“中国无哲学说”本来是西方人提出来的,现在他们自己也开始改变看法了,正如外籍华人学者陈荣捷所说:“过去外国人看儒家、道家都以为是宗教,近来则当成哲学来看。”①如此看来,咱们的饭碗可以无虞了。

---

① 陈荣捷:《新儒家研究的时代趋势》,载《福建论坛(文史哲版)》1986年第1期。

孔子之精神境界论*

孔子的时代虽然还没有“精神境界”的说法，但事实上孔子已经形成了一套很系统的关于精神境界的思想。孔子对精神境界的分析，采取了两个维度的划分标准。一是按人格境界，把人分为三类（三境）：小人，君子，圣人。① 二是按心理范畴，把以上三类人各自分为三种（三界）：智者，勇者，仁者。他说：“君子道者三，我无能焉：仁者不忧，知②者不惑，勇者不惧。”（《论语·宪问》）智者是就知识和才能而言，勇者是就意志和意向而言，仁者是就情感和情绪而言。这种划分与现代心理学“知、情、意”范畴的划分一一对应。除小人这个层次外，不论君子还是圣人，智者、勇者和仁者有一个共同点，就是皆贯之以“仁”。但三者与“仁”的关系，又有心理层次的不同：智者又叫“知之者”，知仁而求仁；勇者又叫“好之者”，好仁而行仁；仁者又叫“乐之者”，乐仁而安仁。他说：“知之者不如好之者，好之者不如乐之者。”（《论语·雍也》）孔子认为这是三种高低不同的境界：智者不如勇者（知不如行），勇者不如仁者（意不如情）。这样一来，孔子实际划分了由

---

* 原载《孔子研究》2002年第4期。

① 这种分类在孔子那里还不够成熟，因为，孔子有时以个体人格修养为划分标准，有时却仍传统地以社会地位为划分标准。

② “知”读为“智”。

低到高的九种精神境界:小人之智者(小智),小人之勇者(小勇),小人之仁者(小德);君子之智者(大智),君子之勇者(大勇),君子之仁者(大德);圣人之智者(圣智),圣人之勇者(圣勇),圣人之仁者(圣德)。

一、小智:小人之智者

孔子从纯粹智能的角度对人的境界进行过一种划分:“生而知之者,上也;学而知之者,次也;困而学之,又其次也;困而不学,民斯为下矣。”(《论语·季氏》)孔子在这里把人的智力分为四等,但第一等“生而知之者”只是虚悬一格而已。孔子自认为不是生而知之者:“我非生而知之者。”(《论语·述而》)就其所谓圣人,他也不曾说过哪一个是生而知之者。《中庸》载孔子语:“舜,其大知也与!舜好问,而好察迩言。”舜的圣智也是从好问好察而来的。人们的先天才质都是差不多的,修养的高下都是后天习染的结果:“性相近也,习相远也。”(《论语·阳货》)除“生而知之者”外,其余三等人,“(自觉)学而知之”为圣人,“困而学之”为君子,“困而不学”为小人。

孔子说小人“困而不学”,又说“唯上知与下愚不移”(《论语·阳货》),“民可使由之,不可使知之”(《论语·泰伯》),如此,我们所说的“小人之智者”可能吗?其实,孔子并不否认小人之智的存在。他说:“君子学道则爱人,小人学道则易使也。”(《论语·阳货》)可见即使是小人,也可以而且应该“学道”。孔子认为君子有的是大智,小人有的是小智。所以孔子说:“君子不可小知,而可大受也;小人不可大受,而可小知也。”(《论语·卫灵公》)君子有大智,可大用;小人有小智,可小用。此即子夏所说:

“虽小道,必有可观者焉;致远恐泥,是以君子不为也。”(《论语·子张》)此所谓“小知”(小智),即今日俗语所谓“小聪明”。

那么,这种小智的具体内容如何?

从量上看,君子“艺”,小人“器”。孔子说:“吾不试,故艺。”(《论语·子罕》)孔子说他自己由于不被具体任用,什么都干,结果反而多才多艺。这是就知识的数量言。又说:“君子病无能焉,不病人之不己知也。”(《论语·卫灵公》)无能是有愧于君子之称的。这里所谓“无能”并不是说没有任何才能,而是说够不上多才多艺。君子才广,为“艺”;小人才狭,为“器”。“子曰:君子不器。”朱子解释:“器者,各适其用,而不能相通。”(《论语集注·为政》)“子贡问曰:‘赐也何如?’子曰:‘女器也。’曰:‘何器也?’曰:‘瑚琏也。’”朱子解释:瑚琏是“宗庙盛黍稷之器,而饰以玉,器之贵重而华美者也”(《论语集注·公冶长》)。这里,“器”是说子贡尚不足以称君子,“瑚琏”则是说子贡已很近于君子的境界了。这“器”还有一层意思:“管仲之器小哉!”朱子解释:“器小,言其不知圣贤大学之道,故局量褊浅、规模卑狭,不能正身修德以致主于王道。”(《论语集注·八佾》)管仲就才能而言是堪称君子的,可谓“不器”;但他只知其器,不知其道;只知霸道,不知王道。这又是从质上来讲的。

从质上看,“君子喻于义,小人喻于利”(《论语·里仁》)。这是就知识的内容言,君子懂得仁义所在,而小人只懂得利益所在。君子固然需“艺”需“博”,但还必须博而能约、泛而有守:“君子博学于文,约之以礼,亦可以弗畔矣夫。”(《论语·雍也》)韩愈讲:“行而宜之之谓义。”(《原道》)“行而宜之”即礼,也就是“义”。故孔子说:“君子怀德,小人怀土;君子怀刑,小人怀惠。”(《论语·里仁》)“樊迟请学稼。子曰:‘吾不如老农。’请学为圃。曰:

'吾不如老圃。'"(《论语·子路》)樊须的表现正是所谓"小人怀土""怀惠",所以等他一走出门,孔子就骂:"小人哉,樊须也!"但是要注意,孔子并不简单地否定物质利益,而是主张不贪小利、见利思义;孔子也非一味地反对种田,例如他赞美"禹、稷躬稼,而有天下"(《论语·宪问》)。他只是不满意樊须的只知眼前小利,不知长远大义。"臧文仲居蔡,山节藻棁,何如其知也!"朱熹注曰:"当时以文仲为知,孔子言其不务民义,而谄渎鬼神如此,安得为知?"(《论语集注·公冶长》)孔子非谓文仲无智,而是说他非君子之智,乃小人之智,只务鬼神之虚,不务民生之实。归根到底,智者作为"知之者",君子之智者知仁,而小人之智者不知仁。君子知仁,故能"喻于义";小人不知仁,故仅能"喻于利"。

二、小勇:小人之勇者

从心理范畴看,智是认知范畴,勇是意志范畴。从知行关系上看,智是关于知的,勇是关于行的。这里所谓"行",包括言、行两个方面,今统谓之"行为"。所谓"勇",就是勇于行,"言必信,行必果"(《论语·子路》)。孔子认为,虽然知先于行(智先于勇),但是行重于知(勇重于智)。知正是为了行。"诵诗三百,授之以政不达,使于四方不能专对,虽多,亦奚以为?"知识再多,不能实用就等于没有知识。"君子名之必可言也,言之必可行也。"(《论语·子路》)所以,勇者的境界高于智者的境界。

在孔子看来,小人中不仅有智者,而且有勇者。孔子曾谈到,有一种"士","硁硁然小人哉",却也能够做到"言必信,行必果"(《论语·子路》)。又说:"三军可夺帅也,匹夫不可夺志也。"(《论语·子罕》)这里的"匹夫"当然属于小人范畴;"志"即意志,正是勇者的心理特征。匹夫而能持志，即小人之勇。

我们可以从两个方面对小人之勇与君子之勇进行比较：勇于行什么？怎样勇于行？

勇于行什么？这是勇的性质问题。孔子认为，君子之勇需要以仁义礼智为规范，否则便是小人之勇、匹夫之勇。

（1）勇于仁。这是最根本的标准，即勇者作为“好之者”，君子之勇者好仁，而小人之勇者不好仁。“志士仁人，无求生以害仁，有杀身以成仁。”（《论语·卫灵公》）能做到杀身以成仁，便是君子之勇。反之，“好勇疾贫，乱也；人而不仁，疾之已甚，乱也”（《论语·泰伯》）。好勇而不仁，便是小人之勇。

（2）勇于义。“见义不为，无勇也。”（《论语·为政》）这是说君子应该见义勇为。见义不为，则无君子之勇（但是也可能有小人之勇）。“子谓子产有君子之道四焉：‘其行己也恭，其事上也敬，其养民也惠，其使民也义。’”（《论语·公冶长》）这里的恭敬惠义，其实也都是义。义者，宜也。此即君子之行、君子之勇。在孔门弟子中，子路以勇著称。“子路有闻（而）未之能行，唯恐（复）有闻。”朱熹注曰：“子路闻善，勇于必行。”“若子路，可谓能用其勇矣。”（《论语集注·公冶长》）然而有一次，“子曰：‘道不行，乘桴浮于海，从我者，其由与？’子路闻之，喜。子曰：‘由也，好勇过我，无所取材（裁）！’”朱熹注曰：“夫子美其勇，而讥其不能裁度事理，以适于义也。”（《论语集注·公冶长》）所以，孔子常挫其锐气。“子路曰：‘君子尚勇乎？’子曰：‘君子义以为上。君子有勇而无义为乱，小人有勇而无义为盗。’”（《论语·阳货》）这里，“君子义以为上”中，有一句潜台词呼之欲出：小人利以为上。此即“君子喻于义，小人喻于利”。君子之勇尚义，小人之勇尚利。

（3）勇于礼。君子不争，争而有礼。“君子矜而不争。”（《论语·卫灵公》)“君子无所争,必也射乎! 揖让而升,下而饮,其争也,君子!”(《论语·八佾》)君子争而有节,勇而有礼。“勇而无礼,则乱。”(《论语·泰伯》)勇而无礼,就是小人之勇了。“君子义以为质,礼以行之,孙(逊)以出之,信以成之,君子哉!”(《论语·卫灵公》)这里也是强调的义、礼。

(4)勇于智。“好勇不好学,其蔽也乱。”(《论语·阳货》)不好学则无智,无智而有勇,是小人之勇,只会犯上作乱而已。

怎样勇于行? 这是勇的度量问题。前面说过,勇于行包括言和行两个方面。孔子要求“言必信,行必果”,从而要求“讷于言,敏于行”:“君子……敏于事而慎于言”(《论语·学而》),“君子欲讷于言而敏于行”(《论语·里仁》)。这是因为,“古者言之不出,耻躬之不逮也”。所以,君子慎于言,勇于行。反之,“巧言令色,鲜矣仁”(《论语·阳货》)。不仅如此,孔子甚至认为,君子不仅要慎言,而且要慎行:“多闻阙疑,慎言其余,则寡尤;多见阙殆,慎行其余,则寡悔。”(《论语·为政》)慎言慎行是君子之勇,妄言妄行是小人之勇。后来苏东坡认为大勇、小勇之别,在于一个“忍”字,“古之所谓豪杰之士,必有过人之节、人情有所不能忍者。匹夫见辱,拔剑而起,挺身而斗,此不足为勇也”(《留侯论》)。小人之勇与君子之勇在度量上是不可同日而语的。

三、小德:小人之仁者

从心理范畴讲,勇是意志范畴,仁是情感范畴。“樊迟问仁。子曰:‘爱人。’”(《论语·颜渊》)可见仁爱是一种道德情感。“唯仁者能好人、能恶人。”(《论语·里仁》)好恶也是情感范畴。

智者不如勇者,勇者不如仁者。“仁者必有勇,勇者不必有仁。”(《论语·宪问》)可见,仁者比勇者又高出一等境界。《论语·述而》中的一段对话表明了孔子对颜渊和子路的不同态度,由此可以见出孔子对仁者与勇者之境界高低的不同评价:

> 子谓颜渊曰:“用之则行,舍之则藏,惟我与尔有是夫!”子路曰:“子行三军,则谁与?”子曰:“暴虎冯河,死而无悔者,吾不与也。必也临事而惧,好谋而成者也。”

这里,孔子赞扬了颜渊的君子之仁,嘲笑了子路的匹夫之勇。

仁者比勇者境界高,自然比智者境界更高了。智者不一定是仁者,但仁者必定是智者。孔子曾评价令尹子文“忠矣”,崔子“清矣”,但他们“未知(智),焉得仁?”(《论语·公冶长》)所以,智是仁的一个必要条件,愚蠢的人是不能成为仁者的。“宰我问曰:‘仁者,虽告之曰:“井有仁(人)焉。”其从之也?’子曰:‘何为其然也?君子可逝也,不可陷也;可欺也,不可罔也。’”(《论语·雍也》)仁者是明智的,而不是愚蠢的。《论语·宪问》中有一段话是关于孔子比较仁者与智者之高下的:“南宫适问于孔子曰:‘羿善射,奡荡舟,俱不得其死然。禹、稷躬稼,而有天下。’夫子不答。南宫适出,子曰:‘君子哉若人!尚德哉若人!’”羿、奡只是智者,禹、稷才是仁者。故孔子赞叹南宫适不仅是君子,而且是仁者。

那么,有没有小人而仁者?孔子说过:“君子而不仁者有矣夫,未有小人而仁者也。”(《论语·宪问》)如此说来,小人之仁者就是不可能有的了。其实,孔子之意未必如此。“有能一日用其力于仁矣乎?我未见力不足者。”(《论语·里仁》)所谓“未见力不足者”,是说人人“性相近也”,按其本质来说,都是可以“求仁得仁”的。所以《论语·雍也》记载:“冉求曰:‘非不说夫子之道,力不足也。’子曰:‘力不足者,中道而废。今女画。’”这也是说,求仁得仁乃是人人力所能及的,自以为力不足,那是画地为牢。“民之于仁也,甚于水火。”(《论语·卫灵公》)可见小人不仅可能仁,而且不能离却了仁。孔子这种人人可以成为仁者的思想,后来被进一步发展,如孟子讲“人皆可以为尧舜”,荀子讲“涂之人可以为禹”。

应该说,仁者作为“乐之者”,君子之仁者与小人之仁者都是“乐仁”的。但小人之仁者与君子之仁者还是有区别的。差别何在?

(1)小人之乐仁是偶然的、短暂的,君子之乐仁是必然的、恒定的。“回也,其心三月不违仁;其余,则日月至焉而已矣。”朱熹注曰:“三月,天道小变之节,言其久也,过此则圣人矣。”“此颜子于圣人,未达一间者也;若圣人,则浑然无间断矣。”(《论语集注·雍也》引程子、尹氏)这就是说,颜回等人已经达到了君子之仁者的境界,尤其是颜回,几乎接近于圣人之境。他们的共同特点就是能够恒久地不违于仁。由此可见,有恒于仁是君子之仁者的一个重要标志。“善人,吾不得而见之矣;得见有恒者,斯可矣。”朱熹注曰:“善人者,志于仁而无恶。”(《论语集注·述而》引张子)这里,孔子是说,有恒是君子之仁者的起码要求。仁而无恒,那只能算是小人之仁。“不仁者不可以久处约,不可以长处乐。”朱熹注曰:“约,穷困也……不仁之人,失其本心,久约必滥,久乐必淫。”(《论语集注·里仁》)其实,这里所谓“不仁者”,指的就是于仁无恒者,即小人之仁者。因其于仁无恒,所以“处约”亦无恒,“处乐”亦无恒。

(2)小人之仁是偏颇的、狭隘的,君子之仁是中庸的、博大的。孔子认为,“中庸”是君子之仁者的又一个重要标志。所以《礼记·中庸》指出:“君子中庸,小人反中庸。”反中庸,就是偏颇:或过之,或不及。一旦偏颇,就会陷于狭隘。

> 子贡曰:"管仲非仁者与?桓公杀公子纠,不能死,又相之。"子曰:"管仲相桓公,霸诸侯,一匡天下,民到于今受其赐。微管仲,吾其被发左衽矣。岂若匹夫匹妇之为谅也,自经于沟渎而莫之知也?"(《论语·宪问》)

这里,孔子比较了两种情况:管仲如果为公子纠而死,所谓"士为知己者死",在孔子看来,那算不得仁,或者说,不过是匹夫匹妇之仁而已;现在管仲转而相桓公、霸诸侯、合天下、惠人民,这才是君子之仁,而非小人之仁。对管仲的这种评价,孔子还说:"子路曰:'桓公杀公子纠,召忽死之,管仲不死。曰:'未仁乎?'子曰:'桓公九合诸侯,不以兵车,管仲之力也。如其仁,如其仁。'"(《论语·宪问》)可见孔子所谓君子"仁者爱人",不是偏狭地爱某个人或某些人,哪怕这个人是自己的亲人、主人;而是"泛爱众而亲仁"(《论语·学而》),即韩愈所说的"博爱之谓仁"(《原道》)。博爱才是君子之仁,否则只是小人之仁。

四、大智:君子之智者

君子之智者不一定是勇者,更不一定是仁者。孔子评价过他的几个学生——"由也果",属于勇者;"赐也达""求也艺",都属于智者。(《论语·雍也》)

> 孟武伯问:"子路仁乎?"子曰:"不知也。"又问。子曰:"由也,千乘之国,可使治其赋也,不知其仁也。""求也何

如?”子曰:“求也,千室之邑,百乘之家,可使为之宰也,不知其仁也。”“赤也何如?”子曰:“赤也,束带立于朝,可使与宾客言也,不知其仁也。”(《论语·公冶长》)

在孔子看来,这几个学生各有所长,可以算是君子之智者或勇者,但都没有达到君子之仁者的境界。诚然,孔子讲过:“里,仁为美。择不处仁,焉得知(智)?”(《论语·里仁》)但这并不是说智者必是仁者,因为即便“择而处仁”,也未必就已经是仁者了;这只是说君子首先必须成为智者,能够知仁、处仁,然后才有可能由好仁而乐仁,有朝一日成为仁者。“盖有不知而作之者,我无是也。多闻,择其善者而从之,多见而识之,知之次也。”朱子把“不知而作”解释为“不知其理而妄作也”,又把“我无是也”理解为“谦辞”(《论语集注·述而》),乃自相矛盾之说。其实,“不知而作”在这里是褒义的,是说未经智者境界便已达到勇者境界(即勇于行),孔子认为这样固然不错,但未必行得通,所以,孔子接下来讲应该多见多闻。孔子还说过:“子贡问为仁。子曰:‘工欲善其事,必先利其器。居是邦也,事其大夫之贤者,友其士之仁者。’”(《论语·卫灵公》)这里的“为仁”也首先是一个选择题,而能够做出正确选择,正是以智为前提的。

由此可见,智者是君子之最低境界。然而即便如此,这种起码的境界也不容易达到。“舜有臣五人,而天下治。武王曰:‘予有乱臣(能够治乱之臣)十人。’孔子曰:‘才难,不其然乎?唐虞之际,于斯为盛。有妇人焉,九人而已。’”(《论语·泰伯》)这是讲人才难得,圣人能拥有的君子之智者也不过数人而已。然而,小人之智者继续修养,可以达到君子之智者的境界。这种境界的转换,如前文所说,有两个方面:

(1)从量上看,君子"艺",小人"器"。关于"君子不器",《论语·子罕》记载:

> 达巷党人曰:"大哉,孔子!博学而无所成名。"子闻之,谓门弟子曰:"吾何执?执御乎?执射乎?吾执御矣!"

这是有人认为孔子只博不专,孔子以"执御"(只会驾车)幽默之。小人之智偏执,为"器";君子之智博通,为"艺"。

(2)从质上看,如前所述,君子能知"义",小人只知"利"。"樊迟问知。子曰:'务民之义,敬鬼神而远之,可谓知矣。'"(《论语·雍也》)君子之智在于从事人之所宜,这就是"君子喻于义"。君子之智者知仁、求仁。由于"务义",君子之智者有时表现出一种大智若愚的境界。"宁武子,邦有道则知,邦无道则愚。其知可及也,其愚不可及也。"(《论语·公冶长》)可见小人之智为私,乃小智,其智可及;君子之智为公,乃大智而似愚,其愚不可企及。此外,孔子又说过:"不知命,无以为君子也。"(《论语·尧曰》)孔子自称"五十而知天命"。其实,"知命"与"务民之义"也是不矛盾的,因为所谓"天命",只不过是古人对难以掌握的自然、社会规律的一种不科学的表述。由"知命"而至"务民之义",就是《周易》所谓"顺天应人"的意思。

五、大勇:君子之勇者

君子之智者知仁而求仁,君子之勇者则是好仁而行仁。前面说过,勇于行包括言与行两个方面。"子贡问君子,子曰:'先行其言,而后从之。'"(《论语·为政》)这也就是"言必信、行必果"的意思。这是一层。再进一层,“君子成人之美,不成人之恶;小人反是”(《论语·颜渊》)。所谓“成人之美”,就是“己欲立而立人,己欲达而达人”(《论语·雍也》);所谓“不成人之恶”,就是“己所不欲,勿施于人”(《论语·颜渊》)。这两个方面其实是同一个问题,就是好仁行仁。

知仁,则有大智;好仁,则有大勇。“司马牛问君子。子曰:‘君子不忧不惧。’”(《论语·颜渊》)我们知道,孔子说过:“仁者不忧,勇者不惧。”故“不忧”谓仁,“不惧”谓勇。由于无所畏惧,君子才能做到“杀身成仁”。这种大勇,孔子曾打过一个著名的比方:“岁寒,然后知松柏之后凋也!”(《论语·子罕》)苏东坡赞美的正是这种大勇:“天下有大勇者,卒然临之而不惊,无故加之而不怒,此其所挟持者甚大,而其志甚远也。”(《留侯论》)这种大勇,不怨天,不尤人,心气和平:“求仁而得仁,又何怨?”(《论语·述而》)这种境界是不容易达到的。“子曰:吾未见刚者。”朱熹注曰:“刚,坚强不屈之意。”(《论语集注·公冶长》)又说:“我未见好仁者、恶不仁者。”(《论语·里仁》)而说到他自己则是:“文,莫吾犹人也;躬行君子,则吾未之有得。”(《论语·述而》)孔子这是自谓堪为君子之智者,却不至于自命为君子之勇者。

六、大德:君子之仁者

君子不一定是仁者,“君子而不仁者有矣夫”(《论语·宪问》)。这是因为君子之仁者是君子的最高境界,未达到此等境界的可能是君子之智者或君子之勇者。“未知,焉得仁?”(《论语·公冶长》)未勇,亦焉得仁?所以君子之智者未必是仁者,但君子之仁者必定是智者。孔子有一番话,易致误解:“君子去仁,恶乎成名？君子无终食之间违仁，造次必于是，颠沛必于是。”朱子以为：“言君子所以为君子，以其仁也。”（《论语集注·里仁》）这就误解了孔子之意。孔子在这里并不是说君子必是仁者，只是说君子不仁，虽然还可以算一个君子，如智者，如勇者，但不足以“成名”。只有君子之仁者，才造次必于仁、颠沛必于仁。

为此，孔子对君子之仁者与智者和勇者进行了比较。

（1）智者不如仁者。“知及之，仁不能守之，虽得之，必失之。”（《论语·卫灵公》）智不如仁，这是显然的。“仁者安仁，知者利仁。”（《论语·里仁》）一个“利”字、一个“安”字深刻地揭示出了智者与仁者的境界差别。智者只是“知之者”，知仁而求仁，却未到达“乐之者”乐仁而安仁的境界。其要害就在一个“利”字上：为仁而存功利之心，是意善而不是情美的境界。“知者乐水，仁者乐山；知者动，仁者静；知者乐，仁者寿。”（《论语·雍也》）智者亦知仁，亦求仁，由知之而好之，由好之而乐之，几近仁者的境界。但智者毕竟不是仁者，只能“利仁”，汲汲以求，故动，如水；而仁者能“安仁”，恬然自得，故静，如山。

（2）勇者不如仁者。“骥不称其力，称其德也。”（《论语·宪问》）这里讲的就是勇不如仁、力不如德的道理。《论语·先进》中有一段“吾与点”的著名故事，也是在讲勇于行不如安于仁的道理：

> 子路、曾皙、冉有、公西华侍坐。子曰：“以吾一日长乎尔，毋吾以也。居则曰：‘不吾知也！’或如知尔，则何以哉？”
>
> 子路率尔而对曰：“千乘之国，摄乎大国之间，加之以师旅，因之以饥馑，由也为之，比及三年，可使有勇，且知方也。”夫子哂之。

“求，尔何如？”对曰：“方六七十，如五六十，求也为之，比及三年，可使足民。如其礼乐，以俟君子。”

“赤，尔何如？”对曰：“非曰能之，愿学焉。宗庙之事，如会同，端章甫，愿为小相焉。”

“点，尔何如？”鼓瑟希，铿尔，舍瑟而作，对曰：“异乎三子者之撰。”子曰：“何伤乎？亦各言其志也。”曰：“莫（暮）春者，春服既成，冠者五六人，童子六七人，浴乎沂，风乎舞雩，咏而归。”夫子喟然叹曰：“吾与点也！”

从表面上看，几个学生一个比一个谦逊、无所作为，故而一个比一个更得孔子的赞许。其实，孔子在这里已分出了其学生境界的档次：由、求、赤，君子之勇者、有为者、好之者；点，君子之仁者、无为者、乐之者。

仁者已经由求真向善，达到了一种审美的境界。这种境界之美会自然随时流露出来：“子之燕居，申申如也，夭夭如也。”朱熹注曰：“申申，其容舒也；夭夭，其色愉也。”（《论语集注·述而》引杨氏）容舒色愉是形容其静坐之时。至于行动之际，另是一番高妙：“君子之于天下也，无适也，无莫也，义之与比。”（《论语·里仁》）融贯从容，自然而然，无往不适，无所不乐，此等境界，孔子所谓“从心所欲不逾矩”是也。这种境界有极大的感染力：“君子之德，风；小人之德，草。草上之风，必偃。”（《论语·颜渊》）

七、圣智：圣人之智者

圣人也有智、勇、仁三种境界。圣人之智者，周公足当之。据《尚书·金縢》载，周公自称“多才多艺”。孔子说：“郁郁乎文哉，吾从周。”(《礼记·檀弓下》)这里所谓“文”,正是“智”方面的事情。圣人之智者必然如周公所言“多才多艺”。孔子也这样看:

> 大宰问于子贡曰:“夫子圣者与?何其多能也?”子贡曰:“固天纵之将圣,又多能也。”子闻之,曰:“大宰知我乎?吾少也贱,故多能鄙事。君子多乎哉?不多也。”牢曰:“子云:‘吾不试,故艺。’”(《论语·子罕》)

大宰以孔子“多能”为圣者,即圣人之智者。这是圣人当中的起码境界,也是孔子自己努力的目标:“甚矣,吾衰也!久矣,吾不复梦见周公!”(《论语·述而》)可见圣智乃孔子梦寐以求的修养境界。

但仅仅是多才多艺,仍不足以成为圣人,前面讲过,君子之智者也多才多艺。《论语·子罕》中有一段话道出了圣智的特征:“吾有知乎哉?无知也。有鄙夫问于我,空空如也。我扣其两端,而竭焉。”这使人想起苏格拉底的“自知自己无知”和“精神助产术”,又使人想起老子的“为学日益,为道日损,损之又损,以至于无为”。圣人之智不在于知“器”,而在于知“道”。用道家的语言讲,圣人之智在知“道”,君子之智在知“德”;知德者一以通十,知道者一以通万。所以,小人之智少,君子之智多,至于圣人之智,则复归于寡矣。“子曰:‘赐也,女以予为多学而识之者与?’对曰:‘然。非与?’曰:‘非也。予一以贯之。’”(《论语·卫灵公》)“子曰:‘参乎,吾道一以贯之。’曾子曰:‘唯。’子出,门人问曰:‘何谓也?’曾子曰:‘夫子之道,忠恕而已矣。’”(《论语·里仁》)可见君子之智在多,圣人之智在一。多为末,为用;一为本,为体。曾子深知孔子圣智,子贡却把孔子降低到了君子的水平。

颜渊下面的这番感叹,说的正是君子之境界与圣人之境界的微妙差异:

> 颜渊喟然叹曰:"仰之弥高,钻之弥坚;瞻之在前,忽焉在后!夫子循循然善诱人,博我以文,约我以礼,欲罢不能。既竭吾才,如有所立卓尔。虽欲从之,末由也已!"(《论语·子罕》)

高、坚、前、后,形容圣人之道高远微妙,"无穷尽,无方体";博、文、约、礼,是说孔子引之以圣人之智,诱之以圣人之仁。此境之难,孔子认为如颜渊者亦未达到:"圣人,吾不得而见之矣,得见君子者斯可矣。"(《论语·述而》)

圣人多能还表现为知人。

> (樊迟)问知。子曰:"知人。"樊迟未达。子曰:"举直错诸枉,能使枉者直。"樊迟退,见子夏,曰:"乡也吾见于夫子而问知,子曰:'举直错诸枉,能使枉者直。'何谓也?"子夏曰:"富哉,言乎!舜有天下,选于众,举皋陶,不仁者远矣;汤有天下,选于众,举伊尹,不仁者远矣。"(《论语·颜渊》)

由此可见,所谓"知人"的本质就是"知仁"。自己既为圣人,至少具有君子之仁者之仁,所以能知人之仁。

八、圣勇:圣人之勇者

舜、禹、武王,无疑都是孔子心目中的圣人;但孔子对他们的品评,意味深长。

前面说过,“勇”是关于意志行为的。孔子对禹的评价正侧重于行为:“禹,吾无间然矣。非饮食而致孝乎鬼神,恶衣服而致美乎黻冕,卑宫室而尽力乎沟洫。禹,吾无间然矣!”(《论语·泰伯》)孔子认为,禹作为圣人,在行为方面无可指责。这就是圣人之勇者,因为他是由君子之仁者升华而成,故以行仁为宗。

由此,孔子对舜和武王进行了比较:“子谓《韶》:‘尽美矣,又尽善也。’谓《武》:‘尽美也,未尽善也。’”(《论语·八佾》)《韶》为舜之乐,《武》为武王之乐。朱熹注曰:“美者,声容之盛;善者,美之实也……舜之德,性之也,又以揖逊而有天下;武王之德,反之也,又以征诛而得天下。”(《论语集注·八佾》)可见武王华而不实(有美之华,无美之实之善),乃圣人之勇武者,非圣人之仁德者;乃圣人之意欲者,非圣人之性情者。

进一步看,武王究竟算圣人之勇者,还是算君子之勇者,也还颇成问题。其一,君子之勇者不必是君子之仁者,而圣人之勇者必已是君子之仁者。孔子对舜之仁是极为推崇的,对舜之《韶》也是极为赞赏的:“子在齐闻《韶》,三月不知肉味,曰:‘不图为乐之至于斯也!’”(《论语·述而》)而对武王之仁与否,则语焉不详。其二,圣人之圣勇与君子之大勇,有境界的差别:君子有为,圣人无为。“无为而治者,其舜也与!夫何为哉?恭己、正南面而已矣。”(《论语·卫灵公》)后来《易传》讲“黄帝垂衣裳而天下治”,也是这个意思。此等境界远不是武王所能达到的。当然,这种无为与道家的无为是有根本不同的:道家以无为而独全其身,儒家以无为而兼济群生。

九、圣德：圣人之仁者

《论语·宪问》中有一段对话是专讲从君子到圣人的过渡的：

> 子路问君子。子曰："修己以敬。"曰："如斯而已乎？"曰："修己以安人。"曰："如斯而已乎？"曰："修己以安百姓。修己以安百姓，尧、舜其犹病诸！"

其中，"修己"为本，能"安人"可谓君子，能"安百姓"则庶乎圣人了。这里有一个量的差别："安人"只是安一些人，能"安人"可谓君子之仁者；"安百姓"则是安天下，能"安百姓"则可谓圣人之仁者了。对此，孔子是有明确阐述的："子贡曰：'如有博施于民而能济众，何如？可谓仁乎？'子曰：'何事(止)于仁？必也圣乎！尧舜其犹病[1]诸！'"(《论语·雍也》)所谓"博施于民而能济众"，也就是"安百姓"。子贡问这算不算得上君子之仁者，孔子认为岂止如此，简直就是圣人之仁者了。这是最高的精神境界，孔子认为即使是尧舜这样的圣人，也未必确信自己已经达到了这种境界。可见，圣德的重要内容就是博施兼济。

在孔子看来，圣德是一种崇高博大的审美境界："巍巍乎，舜禹之有天下也！而不与焉。""大哉，尧之为君也！巍巍乎，唯天为大，唯尧则之！荡荡乎，民无能名焉！巍巍乎，其有成功也！焕乎，其有文章！"(《论语·泰伯》)孔子显然是从审美的高度来把握圣人之圣德的。

---

① 《论语集注》："病，心有所不足也。"

儒家心性论作为伦理学基础是否可能?

——以思孟学派为个案*

本文的缘起是:四川大学哲学系、伦理学研究中心要我讲讲“儒家心性论与伦理学”这个话题,我就趁此机会,把自己平时对这个问题的一些想法梳理了一下。

这个题目很大,所以我加了一个副题,以免漫无边际、不得要领。之所以把思孟学派作为个案,是考虑到该派是儒家心性论的最初建构者①;作为儒家在战国时期的主潮,荀子在《非十二子》中已注意到这个现象②;后经宋明理学、心学的推重和阐释,成为儒家哲学的正宗③;直到今天的当代新儒家,仍以心性论为其哲学的基本理路④。思孟学派的传承谱系如下:

孔子—曾参—子思—?—孟子……

---

* 原载《恒道》第1辑,吉林人民出版社2002年第1版。

① 孔子直接论“性”的只有“性相近也,习相远也”一句,以至令其学生感叹:“夫子之言性与天道,不可得而闻也。”

② 荀子首次将子思与孟子并提。

③ 在重“心性”这一点上,理学和心学并没有本质差异。详见下文。

④ 当代新儒家的鼻祖熊十力先生,就是公然标榜王学的。

《论语》—《大学》—《中庸》—《孟子》……

我们就以这四种文献(即著名的《四书》)为核心材料①,再旁及其他儒家文献②。

但事实上我还必须广泛涉及甚至重点分析一些跟思孟学派并没有直接关系的乃至西方哲学的文献,例如《尚书·洪范》《工具论·范畴篇》③。这是因为我感到,要讲清楚这个题目,我不得不绕一个很大的弯子,这完全是思维进路的内在要求:我们的问题不是"儒家心性论如何推出了伦理学",而是"儒家心性论推出伦理学是否合理合法",所以,我必须先讲清这"理"或"法"本身。

一、本文问题引出的元问题

首先我想指出,我的标题虽然用了一个类似康德的发问方式,但实质是不同的:康德问的是"是怎样可能的"④,而我问的是"是不是可能"的。这就是说,康德的意图一开始就是要确立其

---

① 本文根据通行的《十三经注疏》本。《中庸》据传是由子思所作,今为《礼记》的一篇,至少可以肯定是思孟学派的著作。

② 包括最新出土的思孟学派的文献"郭店楚简"。荆门市博物馆:《郭店楚墓竹简》,文物出版社 1998 年版。

③ 〔古希腊〕亚里士多德著,李匡武译:《工具论》,广东人民出版社 1984 年版。

④ 例如《任何一种能够作为科学出现的未来形而上学导论》的三个基本问题:"纯粹数学是怎样可能的?""纯粹自然科学是怎样可能的?""一般形而上学是怎样可能的?"

所问①,而我没有任何先在的试图确立我所问的意向。我只是首先承认一个众所周知的事实:心性论是儒家伦理学的基础。于是我所问的是:儒家的心性论是否可以“合法地”或者“合理地”“推出”,儒家的伦理学?所以,这里的首要问题,就不再是“儒家如何从其心性论推衍出其伦理学”,而是他们这种推衍方式是否合理或者合法。为此,我们当然必须弄清儒家这种推衍方式本身的情况。[请注意,关于“推出”我用的是“推衍”而不是“推论”。我用“推衍”(Inference)来表述一个比西方逻辑的“推理”(Reasoning / Deduction)更广义的思维事实。]

但这立刻会产生另外一个更为在先的问题:关于“合法性”或者“合理性”②,此所谓“理”或“法”指称的是什么?一般来说,在西方哲学中,此“理”或“法”指哲学思维的可能的进路(Access / Approach)。然而在西方哲学史上,不同的哲学家对此的理会截然不同;换句话说,就哲学史的事实来看,此“理”或“法”并不一定就是先验理性。理性只是一种理、一种法。持经验论立场者和持先验论立场者,互不承认对方的合法性或者合理性,例如维特根斯坦的“经验证实”原则和胡塞尔的“先验意识”原则。皮尔士(C. S. Peirce)在著名论文《信念的确立》中,也只承认经验主义的

① 确立理论理性在现象界领域的合法性、实践理性在自在物领域的合法性,都是理性自己“设立一个法庭来保障它的合法要求”。(见〔德〕康德著,蓝公武译《纯粹理性批判》第一版序,商务印书馆1960年版;亦见北京大学哲学系外国哲学史教研室编译《西方哲学原著选读》下卷,商务印书馆1982版,第239页。)

② “合理”和“合法”,西语有三类表达,语义一致:legal(合法的、法律的,法定义务的)或者legitimate(嫡出的、正统的,合法的、合理的);lawful(合乎自然法则的,法定的,合法的);rightful(合法的,正义、公正、正当的 = just)。这里有四个重要观念联系在一起:正统,正当,合法,合理。

合法性[①]。不过,这里仍存在着一个双方都承认的“理”或“法”,谁都明白,那就是亚里士多德(及斯多亚学派)确立的逻辑规范。维特根斯坦和胡塞尔都是从逻辑入手的。西方没有任何一个哲学家包括海德格尔,会认为自己的言说可以不合逻辑。先验论和经验论的对立并不在此,而在他们的逻辑前提——预设上面:经验论以感知经验为“原初所与”(Primordial Given),经验之外的所谓存在只是不可知的物自身;先验论以先验理性为“原初所与”,经验的存在是应被“置入括符”中而被“悬置”(Epoché)起来的东西。另外一种可能的思路则是康德那种超越认知领域或者“理论理性”径直进入意志领域或者“实践理性”的做法,但它一方面是意志主义哲学思路的前奏,本身已经超越了我们这里所说的“合理”或者“合法”的论域,即与理论理性无关了[②];另一方面康德仍然承认,若针对实践理性的批判而论,思维仍然必须合乎逻辑[③],这是“因为正是纯粹理性的认识在这里构成了实践应用的基础,所以实践理性批判的布局在大体上仍然必须按照思辨理性的布

---

① 确立信念的四种可能方式:固执的方法、权威的方法、先验的方法(理性主义)、科学的方法(经验主义)。皮尔士只承认最后一种合法。

② 康德:“现在通过详细分析理性的实践应用我们就会明白:这里所想到的实在性并不涉及范畴的理论规定和知识向超感性界的拓展……因为这些概念或者包含在先天必然的意志决定之中,或者与意志的对象不可分割地联结在一起。”见〔德〕康德著,韩水法译《实践理性批判》,商务印书馆1999年版,第4页。

③ 康德:“当事关决定人类心灵一个特殊能力的源泉、内容和界限时……还有第二个更具哲学意味和建筑学意味的应行注意之点:这就是说,要正确地把握整体的理念,并且从这个理念出发,在所有那些部分的彼此交互关联里面,借助于从那个整体的概念将它们推导出来的方式,在同一个纯粹理性的能力之中考虑这些部分。”同上,第8页。

局来安排”①。总之，逻辑是西方哲学的共同平台。

然而我们知道，在中国传统中，并无亚氏逻辑那样的规则，至少没有与之完全一样的规则②；同时我们也必须承认，中国人是凭自己的一套思维形式来解决生存问题的，我们不能设想，好端端地生活了好几千年的中国人竟然压根儿没有任何思维，或者这种思维没有自己的规则或者形式（以上这两方面对我们下文的讨论都是非常要紧的）。于是显而易见的，我们有权提出这样一个问题：亚里士多德确立的逻辑思维形式是否就是唯一可能的思维推衍形式？之所以“有权”，是因为思维可以向它发问：是谁为它提供了合法性或者合理性？除非我们承认思维根本就没有资格质问亚里士多德，否则我们只能面临这样两种选择：要么承认我们只是宁愿相信亚氏逻辑，换句话说，选择这种逻辑只是我们的一种信仰、信念，甚或只是文化习惯，无关乎思维；要么我们就得追问亚氏逻辑，即要求它说明自己的合理性或者合法性。我们显然不会采取第一种选择，因为本文的话题正是诉诸思维的事情；我们既向中国儒家哲学提出了这种质疑，也就应对西方哲学提出同样的质疑。于是我们就只能问：西方逻辑是否是唯一可能的思维推衍形式？这才是我们这次讨论的真正的“元问题”。

但是这个问题目前只能作为一个存而不论的公案，因为我们缺乏或者根本不可能有仲裁者：这显然不是西方逻辑自己可以做出裁决的，正如在法庭上，控辩双方不能自己为自己出庭作证，否

① 〔德〕康德著，韩水法译：《实践理性批判》，商务印书馆1999年版，第14页。

② 墨辩逻辑是否也是这样的规则，这是一个尚无定见的公案。

则才是真正的不合法①。怎么办呢？我们既不能求助于神，也不能求助于人——任何第三者，例如联合国那样的机构；更不能求助于当事人，不论西方人还是中国人。在我看来，我们只好暂时休庭，即暂时不对任何一方的合法或不合法做出判决。这是在中西思维形式问题上的“无罪推定”：我们第一次开庭能够做出的唯一决定是承认双方的思维形式是不一样的，至少是不完全一样的。双方在没有仲裁的情况下会无益地争执不休。我们不如看看双方到底如何不同。这就是我引出上面那个元问题的唯一目的：让我们能够“合法地”或无所谓是否合法地从西方思维中抽身出来，进入下文的论域。

二、中西思维的范畴基础

中西思维形式的异同，是一个老问题了。但人们还没有意识到，这种不同只是另一种更根本的不同在一个方面的表现：这个根本不同，就是中国人跟西方人之心灵结构②的不同。思维结构只是心灵结构的一个侧面，因为思维只是心灵的一个侧面。对人来说，世界如何，这并不取决于世界本身（假如可以证明“世界本身”是存在着的话），而是取决于我们如何“观”它；而如何“观”它，又取决于我们的心灵结构（在这个问题上，尼采的“透视”理论

① 康德所谓的理性自己为自己设立法庭、自己为自己作证，这样的做法本身仍然可被质疑：是谁赋予了理性这种合法性？在我看来，这跟康德嘲弄的“有人想通过理性证明理性不存在”一样，都是荒谬的，理性同样不能证明理性自己的绝对权威。

② 我用“结构”这个词，实在是现代汉语的无奈：这个西来的“structure”实与中国的“结”“构”观念有所悬隔。

很好)。这个观点不论从反映论还是从先验论的立场上来看都是成立的,至少在认知层面上确是如此:按反映论,心灵结构就是那面“镜子”(常镜、凸透镜、凹透镜、哈哈镜等);按先验论,世界只是心灵的“意向结构”(胡塞尔语,Noematic Structure)。这一点也可以算是中西思维的异中之同吧:中国儒、道、释关于“观”的思想,与西方如康德关于“先天形式”的思想,有异曲同工之妙。

对于我们的话题来说,这里无须讨论整个的心灵结构问题,只需注意思维形式这个特定的认知结构侧面。西方思维本身虽然由来已久,但其自觉的逻辑形式无疑是由轴心期的雅典哲学尤其是其集大成者亚里士多德率先确立起来的。在我看来,如果说西方思维的形式在于亚氏的《工具论》,那么更根本的范畴基础就在于《工具论》的《范畴篇》(以下简称《范》)。亚氏形而上学的思维形式基础是逻辑学,而其逻辑学的基础是范畴表。这个范畴表是什么东西?它就是西方人心灵结构的思维结构方面,即西方人的认知心灵结构。虽然《工具论》尤其是《分析篇》提供了数千年来西方思维的基本形式,但是《范》进一步提供了整个《工具论》的认知心灵结构基础。《范》在很大程度上就是整个西方思想的一个秘密所在:西方人眼中的“客观世界”归根到底也就是《范》建构的“意义世界”,范畴的逻辑构造就是世界的构造。① 假定没有《范》中“十大范畴”建构的认知心灵结构基础,那么《分析篇》以及整个《工具论》甚至整个西方思想文化的面貌都将是不可设想的。

---

① 这使我们想起维也纳学派的经典之一、卡尔纳普的《世界的逻辑构造》(*Der Logische Aufbau der Welt*),西方哲学家一直在自觉或不自觉地做这种工作。

由此我们自然而然地想到:中国轴心期有没有类似亚氏《范》那样的范畴表? 这个问题许多人都想到过,而且答案是基本一致的:没有。而我的研究结果是:中国也有这样的范畴表。说中国没有,是因为他们一开始就把亚氏范畴表视为唯一合法的形式了。但是根据上节开庭审判的结果,这样的宣判是很不合法、很成问题的,中国思维的范畴表一开始就成了"有罪推定"的牺牲品。所以,我要在这里"提起上诉"。

中国相当于《范》的文献是什么? 我认为《尚书·洪范》(以下简称《洪》)就是一个很好的范本。我预料大家可能会立即做出这样的反应:你是不是因为我们用《洪》的"洪范九畴"来翻译西方的"categories",所以才做出这样牵强附会的断定? 我的回答是:你这样的反应既对也不对。说对,是因为《洪》与《范》确为异性异质的东西;说不对,则是因为两者确是同类同等的东西,唯其如此,用"洪范九畴"来对译"categories"才绝不是纯属偶然的巧合。所谓"异性异质",我是说它们当然是不同的认知心灵结构形式,这是上文已经确立的结论,也是下文将要深入分析的问题;而我说它们是"同类同等"的,乃是因为它们都是认知心灵结构形式(同类),处于相同的观念等级(同等),这就犹如总统和皇帝当然是异性异质的,然而在某种意义上又是同类同等的。《洪》在相当程度上决定了中国人的思维形式,正如《范》决定了西方人的思维形式。

当然《洪》并不是唯一的,中国相当于西方《范》的还有《周易》,后者也是对中国人心灵结构形式的高度概括。这里,我们应当注意的不是《洪范》《周易》中的那些对象性陈述,而是它们的元结构(Meta-structure)。关于《周易》"两仪"思维与《洪范》"五行"思维之间的具体历史关系,我们搞得还不是十分清楚,但是可以大致肯定:《洪范》是商族的观念体系或心灵结构①,《周易》是周族的观念体系或心灵结构;这两套观念在春秋时期逐渐融合,至战国时形成了作为后来中国思想文化核心结构的“阴阳五行”思维模式。我们下文的讨论势必涉及《周易》的“阴阳”结构,但本文暂不细致深入地分析它。

以上讨论意在说明,将中国的《洪》和西方的《范》加以比较分析是具有“合法性”的,因为它们是享有同等地位而有权当庭对质的“独立法人”。下面我们就对两者加以比较分析。

我们知道,亚氏《范》列举了十大范畴:实体,关系,数量,性质,时间,地点,主动,被动,姿势,状态(亚氏重点讨论了前面四个范畴)。这实际上就是西方心灵结构中的世界构成。而中国《洪》列举了“五范九畴”:“五范”是水、火、木、金、土,“九畴”是五行、五事、八政、五纪、皇极、三德、稽疑、庶徵、福极(五福六极)。其实,与西方《范》相对应的不是全部“五范九畴”,只是“五范”即“五行”,也就是水火木金土;至于全部“九畴”则是关乎推衍问题的,是与整个《工具论》尤其是《分析篇》相对应的。五行是中国式推衍的范畴基础,正如亚氏的“categories”是西方式推衍的范畴基础。所以,严格说来,“categories”只是“范”的意思,并无“畴”的意思。

在亚氏十大范畴中,最要紧的是实体范畴。他把实体分为两类:“第一实体”(Primary Substance)指个体,而“第二实体”(Secondary Substance)指种、类、属这样的实体。实际上,他认为,只有

① 虽然许多学者认为《洪范》文本形成的时代很晚,大约是在战国,但学者们并不否认,“五行”的观念是很原始的。根据《洪范》所载是殷箕子为周武王陈说,应能肯定这是殷人的观念。

作为第一实体的个体才是真正的实体，如他经常举的"苏格拉底"，因为"实体，从这个词的最真实、原始而又最明确的意义说，是指既不能被断言于主体又不依存于主体的事物"①；由于"除第一实体外，一切事物都或者能被断言于第一实体，或者依存于第一实体；如果第一实体不存在，其他任何事物也都不可能存在"②；因此"第一实体之所以更恰当地被称为实体，是因为它们是其他一切事物的基础，而一切其他事物或者被断言于它们，或者依存于它们"③。根据亚氏的论述，第一实体具有这样的特征：从存在论的角度看，它是绝对实体（Substantive）；从逻辑学的角度看，它是绝对主词（Subject）；从语言学的角度看，它是个体名词（Individual Noun）。这三层意思在亚里士多德那里是未作区分且实质上是不可分割的，以至后人误以为这是他的一个疏忽，殊不知这正是西方思维的一个根本特征，即存在、思维、语言的直接同一④，也就是巴门尼德所说的"能被思维者与能存在者是同一的"⑤；或者如黑格尔所说"任何对象，外在的自然和内心的本性，举凡一切事物，其自身的真相，必然是思维所思的那样"，"思想不仅是我们的

---

① 〔古希腊〕亚里士多德著，李匡武译：《工具论》，广东人民出版社1984年版，第12页。

② 〔古希腊〕亚里士多德著，李匡武译：《工具论》，广东人民出版社1984年版，第13页。

③ 〔古希腊〕亚里士多德著，李匡武译：《工具论》，广东人民出版社1984年版，第14页。

④ 这是我要另文讨论的一个重大问题，参见拙文《语言的牢笼：西方哲学根本传统的一种阐明》，载《四川大学学报（哲学社会科学版）》2002年第1期。

⑤ 北京大学哲学系外国哲学史教研室编译：《西方哲学原著选读》上卷，商务印书馆1981版，第31页。

思想，同时又是事物的自身（ansich），或对象性的东西的本质"①；或者如海德格尔所说"语言是存在之家"。总之，第一实体是绝对自足、不可分割的基础："一切实体的共同特点是它们决不依存于某一主体。"②实体的拉丁语词源"sub"有"下面""在……下面"的意思，即"基础"之意。

这种作为个体的实体、纯粹的"singular"，在西方思想文化的各个方面都有体现，诸如"元素""原子""单子""基本粒子""变元""上帝""主体""个人""公民""法人"，等等。它们被认为是基础的，是独立自足、不可分割的。然后，第一实体组成第二实体——种、类、属等。这也在西方观念的各个方面体现了出来："感知"依存于个别"感觉"，"集合"依存于"变元"，"物种"依存于生物"个体"，"市场"依存于"企业单位"，"国家"依存于"公民"（主体"subject"也是臣民的意思），"组织"依存于"成员"，等等。

这里尤为要紧的，就是逻辑的"集合"（Set/Collective）概念，这是西方逻辑的真正基础，也是西方思维形式的真正的观念基础。我们知道，现代数学与逻辑的统一的基础就是集合论。西方逻辑推理的实质就是揭示名词之间的关系，即揭示个体、种、类之间的关系（想想基础逻辑教科书上的那些圆圈），实质上就是揭示个体元素与集合、集合与集合之间的关系。按亚里士多德的说法，个体可以被种类陈述而不陈述种类，因而个体就是种类的基础。按罗素的说法，分子命题可还原为原子命题；而原子命题的

---

① 〔德〕黑格尔著，贺麟译：《小逻辑》，商务印书馆2004年版，第78页、第120页。

② 〔古希腊〕亚里士多德著，李匡武译：《工具论》，广东人民出版社1984年版，第15页。

主词,就是个体。从现代逻辑的观点看,集合的基础是元素(Elements),此元素可以是低级集合,也可以是个体,但归根到底是个体,所以集合又叫作"个体域"(Domain of Individuals)。集合的刻画方法就是列举元素个体(外延法),或者既列举元素又刻画元素的共同特征(内涵法)。集合论创立者康托尔(Cantor)给出的定义是:"一个集合就是我们的直观或我们的思想上那些确定的,能区分的对象的成一整体的汇集;这些对象称为这集合的元素。"①这个定义非常确切地体现了西方的实体观念。

但是,中国哲学没有亚氏范畴那样的"实体"观念。这是我们区分中国和西方观念的第一个要领。中国哲学也有"实体"这个说法,但不是西方"substance"的意思。例如朱熹《中庸章句》讲:"道之本原出于天而不可易,其实体备于己而不可离。"但朱熹所谓"实""体"或者"实体",说的是"理"。例如他解释"理一分殊"说:"一实万分,万一各正,便是理一分殊处。"②(《朱子语类》)"其体,则不过仁义礼智之理而已。"(《孟子或问》卷十四)两层意思合起来说就是:"一理之实,万物分之以为体。"(《通书解》)进一步说,此"理"的"实体",其实就是《中庸》所谓"诚",朱熹所谓"性":"性是(心之)体,情是(心之)用"(《朱子语类》卷九十八);"心主于身,其所以为体者,性也;所以为用者,情也"(《答何叔京》二十九)。总之,与天理同一之心性,便是儒家所谓"实体"。

中国哲学的"体用"范畴常常遭人误解。人们把这个"体"理解为西方式的"实体"观念,于是就有了这样一种常见的说法,以

① 转引自《逻辑学辞典》,吉林人民出版社1983年版,第788页。

② 此说出自周敦颐《通书·理性命》:"是万为一,一实万分,万一各正,小大有定。"

为“五行”是相当于西方四大“元素”(Elements)那样的东西,进而断定这是“古代朴素唯物主义”。这实在是大谬不然的。中国哲学之所谓“体”不是西方所谓的“实体”,而是一种纯粹的关系(详见下文“关系”范畴),正如“體”字透露的消息,是一副纯粹的骨架(框架)。孟子就曾用“四体”来说明仁义礼智“四端”的关系:“人之有是四端也,犹其有四体也。”(《孟子·公孙丑上》)例如“阴阳”(我曾说过,中国哲学的所有范畴、中国文化的所有观念,都可以归约为阴阳)①,张载说是“一物两体”,但是无论“阴”还是“阳”都绝不是实体,两者不可分开来说,它们就是一个纯粹的关系,所以他说:“一物两体,气也②。一,故神(自注:两在故不测);两,故化(自注:推行于一)。”(《正蒙·参两》)再说中国哲学中的“物”这个观念,也不是西方所谓的“实体”。道家讲“道之为物,惟恍惟惚”(《老子·第二十一章》),儒家讲“物犹事也”(《洪范传》),而“事”当然绝非实体概念。一旦把“体”“物”讲成西方式的“实体”,就会导致“格义”不通之解,这是我们应当慎之又慎的。

所谓“五行”同样不是五个实体,而是一种纯粹的关系框架。五行即“五范”,一般把“范”理解为“法”,“洪范”就是“大法”。“法”当然不是实体性的东西,而是人与人、人与神之间的关系。不过此说是把“范”理解为“笵”,许慎《说文解字》云:“笵,法也。”其实“范”的繁体应作“範”,许慎对此另有说法:“範,範軷也。”“軷,出将有事于道,必先告其神。立坛四通树茅,以依神,为軷;既祭軷,轹于

① 参见拙文《生命结构与和合精神——周易哲学论》,载《社会科学研究》1998年第1期。

② 此所谓“气”也非西方那样的实体概念,我们千万不能按西方现代科学概念来理解这个“气”,以为它是由什么化学元素组成的。

牲而行，为範軷。”有事告神、立坛依神，均非实体，而是人神之间的关系，这与《尚书·洪范》的观念也是一致的。可见五行不是“实体”，而是“纯粹关系”；不是“五个”实体，而是“一种”关系。

中国的“五行”“两仪”（阴阳）皆数，我这里就谈谈“数”这个观念。这是中国哲学中一个极重要的观念。虽然上述那种纯粹关系是用“五”或“二”来表示的，但这个“五”和“二”并非亚里士多德范畴表中的“数量”（Quantity）范畴。亚氏的数量范畴仍然以实体为前提，例如“数是一种分离的数量”，各数就是集合的元素；“线是一种连续的数量”，但按欧几里得几何，线是由点构成的，而点是标准的西方实体观念。这些都是西方数学的常识。而中国之“五行”的关键在于“五”，但这并非西方那样的“数量”概念，纯粹是一种关系，这种纯粹关系的实质是中国人心灵的基本结构方式，也是心灵“观”此世界的方式，也是这个世界的基本结构。例如《洪》中“五事”本于“五行”，而王安石进一步指出：“五事之本，在人心而已。”（《洪范传》）可见五行本身是心灵的结构。《洪》陈说的“九畴”也就是当时中国人关注到的整个世界，这个世界就是由“五”这种关系结构确定下来的。第一畴“五行”跟其他八畴的推衍关系，可以叫作“关系映射推衍”。这就是中国人的思维形式，可以叫作“映射思维”“投射思维”或者“演射思维”，而绝不是西方那样的逻辑思维，即不是演绎，也不是归纳，甚至不是所谓“类比”，更非所谓“比喻”“比附”。（详见下节）

这里我尤其想说明，这些范畴之间的关系不是并列的、平起平坐的。例如亚氏明确说“空间和时间也属于这一类数量”；最根本的是，亚氏《范》的所有十大范畴可以二分，即“实体”和“非实体”，实体范畴是其他九个范畴的基础，这在亚里士多德那里是非常明确的。正如亚氏的实体范畴是其他九大范畴的共同基础一样，在中国的五行范畴中，土也是其他四大范畴的共同根基。董仲舒说："土者，五行之主也。"（《春秋繁露·五行之义》）《洪》的五大范畴也是可以二分的，即"土"和"非土"。例如在空间上，这就是中央和四方的关系；在时间上，"非土"就是春夏秋冬"四时"（参见下图）。

水北冬

金西秋——土中和——木东春

火南夏

上图是中国传统思维的一个基本框架，它同样体现在五行之"行"字上。"行"，甲骨文作"╬"，乃是四通之"道"，以一个街口作为中枢，亦即"五者，天数之中也"（《洪范传》）。正因为"五行"的五分实际上是"阴阳"二分的，所以它才能跟阴阳观念对接起来，形成中国传统思维"二五之精，妙合而凝"（《太极图说》）的格局。[①] 例如，作为五行结构的四时也是阴阳两仪的衍射，"春秋冬夏，阴阳之推移也"（《管子·乘马》）。所以《汉书·五行志》讲"妃（配，二，阴阳）以五成"。中国哲学的几大基本范畴"行""道""术""数"的意义在训诂上都是相通的。这是掌握中国思维形式特征的又一要领。

由此，我们自然想到"关系"范畴。现代汉语的"关系"（Relation）也是一个西来的词语，所以这里我得说明，当我们说五行是一种"纯粹关系"的时候，此"关系"并不是西语所说的那种关系。区别何在？按照亚里士多德《范》的观念，关系是由实体、最终是

① 这种"二五合凝"发端于春秋思潮，完成于战国阴阳家。

由第一实体决定的:关系就是实体之间的关系,没有实体,哪来关系?对于关系,亚里士多德做了三种区分:(1)相反(Contradiction,矛盾),如美德和罪恶、知识和无知、矛盾命题等。相反关系是相对关系中的一种。(2)相对(Opposition,对立),如大于和小于、主人和奴隶、逻辑对当关系等。但是由于"一切相对者都是相关者",所以它们都可以归结为"相关"或者"关系"。(3)相关(Relation,关系)。相应地,作为这三种关系之前提的实体为:相对者(Opposites)、相反者(Contraries)、相关者(Relatives)。亚氏认为,作为实体,"个别的人或牛并不须要参照某种外在事物就可得到说明"。这就是亚里士多德关于关系的规定:实体是其前提。这种观念在西方社会生活中的一种典型体现就是"契约"精神:人与人之间乃至人与神之间的一切关系,归根到底都是契约关系;缔约双方都是实体,契约就是实体之间的关系。

但这恰恰不符合中国的关系观念。中国的关系观念之所以"纯粹",就是因为它不以实体为前提。它是一种"无实体性前提的纯粹关系"。这是把握中国思维的又一要领。这说起来似乎有些玄乎,其实很好理解:大家试想一下我们的宗法观念。宗法就是一种纯粹的人伦关系,这里,不是作为实体的个体决定了这个关系,而是这个关系决定了个体。——甚至可以说"决定了个体"也是不确切的,因为在宗法关系下,作为实体的个体是并不存在的。个体等于零,因为他或她的价值、幸福等,甚至于他或她的存在本身,统统取决于"宗"①这个关系。即便他或她不存在了,这个关系仍然存在。这使我想起 80 年代的一首很别致的朦胧诗,

① "宗"原意指祭祖的宗庙,它是宗法关系在观念、制度、器物层面上的集中体现。

题为《生活》,可是全诗仅一个字——“网”。“宗”就是人伦关系之网,也就是天地万物之网,所以《中庸》指出:“君子之道,造端乎夫妇;及其至也,察乎天地。”这是因为,如李贽《夫妇论》所说:“极而言之,天地一夫妇也。”此“夫妇”即指宗法关系,“天地”、万事万物都是这种关系的映射(张载著名的《西铭》对此有极深刻的理解),天地与夫妇是两个互为映射的纯粹关系。此即所谓“理一分殊”、所谓“月映万川”。所以宋儒把这种纯粹关系称为“理”。“理”非实体而且先于实体,故朱熹认为,在本体论上,“未有天地之先,毕竟也只是理”(《朱子语类》卷一);在伦理学上,“未有君臣,已先有君臣之理;未有父子,已先有父子之理”(《朱子大全》卷九十五)。这里顺便指出:在我看来,所谓中国哲学传统的“现代化转换”,第一要紧的事就是引进或者确立作为第一实体的个体观念,使关系成为个体间或“主体际”(Inter-subjective)的关系。这是“五四”以来真正根本的历史任务,即重建第一实体。

“五行”范畴是这种“纯粹关系”观念在中国历史上的第一个文本规范。五行确立了“九畴”推衍的范畴基础,正如十大范畴确立了西方逻辑推衍的范畴基础。

三、中西思维的推衍形式

从传统上来看,中西思维各有自己的“推衍”①形式:中国思维

① 我不用“演绎”这个词,以免导致误解。“演绎”通常是说的“deduction”,但它本来是个中国的术语,如朱熹在谈到子思作《中庸》时就说:“于是推本尧舜以来相传之意,质以平日所闻父师之言,更互演绎,作为此书。”(《中庸章句序》)此“演绎”与“deduction”的意思大相径庭。《洪范》讲“稽疑”时,说到“衍忒”,意为“推变”。兹用此义。

的推衍形式,我称之为“关系映射推衍”;西方的推衍形式,则称之为“实体套接推衍”。西方这种实体套接方法,最典型的就是“三段式”演绎推理。在一个三段式里,有三个名词或者概念,其实就是三个实体。所谓三段式推理,就是揭示这三个实体之间的关系。例如,三段论最基本的形式就是:因为 A 是 B,B 是 C,所以 A 是 C。这里的 A、B、C 或者是三个实体,或者是实体的某种属性;它们之间的关系是依次套接起来的:$A > B > C$。按照现代逻辑的观点,这个“$>$”(即“是”)可能有三种性质的关系:$=$、$\in$、$\subset$。其中“$=$”读作“等于”,有时也指“定义”关系(通常写作“$:=$”);$\in$ 读作“属于”,是元素与集合的关系。这两者是密切相关的:如果 $S := \{a, b, c\}$,那么 $a \in S$。$\subset$ 则表示子集与集合的关系:“$S \subset M$”表示 S 是 M 的子集合。这种关系很明显是一种“套接”:$a \in S$ 并且 $S \subset M$;即 $a > S > M$。所以归根到底,其基础是第一实体。例如,如果我们加以赋值,a 指张三,S 指中国人,M 指人,那么我们很容易构造一个三段论:因为张三是中国人,中国人是人,所以张三是人[$(a \in S) \wedge (S \subset M) \rightarrow (a \in M)$]。它们之间显然是一种实体套接关系。对此,各位不妨再次想想基础逻辑教科书上的那些互相套接的圆圈。

中国的“关系映射”①与之大不一样,它并不是实体之间的关系,而是“纯粹关系”之间的关系。请注意,我这里所说的“映射”不是所谓“反映”。反映(Reflection)观念是基于主客二分的(主、客都是实体),这恰恰是西方的而非中国的传统观念。② 映射(Projec-

① 我这里说的“映射”不是现代数理逻辑讲的那种映射关系。

② 西方哲学从一开始就把“认识”问题设为基本问题,即便在所谓“本体论”时代,认识论也是基础的,本体论问题是在认识论境域中才得以呈现的。“现象”这个观念已经预设了呈现者(谁或什么呈现:现象的本体、本原、本质)、接受呈现者(向谁呈现:认识的主体)。

tion)或称"投射",它是一种投影、放映,如儒家所说的心性的"发用流行"。他们借佛学的"月映万川"之喻来说明这种"理一分殊"的映射关系,确实非常形象。映射还有一个重要含义,就是使观念具体化;在中国思维中,则是使心性结构对象化,表明这种映射的最终根据在于人自己的心灵结构。巧得很,《中庸》里也有引孔子的话谈"射"的语句:"射,有似乎君子;失诸正鹄,反求诸其身。"这就是说,在关系映射这种推衍方式上,如果投射不准,问题不在于"射",而在于"身"(自己)。孟子也说过同样的话:"仁者如射。射者正己而后发,发而不中,不怨胜己者,反求诸己而已矣。"(《孟子·公孙丑上》)所以儒家首先"反求诸身",要求自己"诚意正心""自天子以至于庶人,壹是皆以修身为本";修身的对象正是心灵,"身修而后家齐,家齐而后国治,国治而后天下平"(《礼记·大学》)。这就是从心灵结构出发进行的关系映射。

《洪》从第一畴"五行"推出其他八畴,就是用的这种"关系映射"推衍方法:如果说五行的"五范"之间是一种纯粹关系,那么"九畴"之间就是这种纯粹关系之间的映射关系(参见表1)。在这九范畴中,虽然并非每个范畴皆"五"之数,但实质上它们是有对应关系的。

表1 《洪范》关系范畴及其映射推行

范(法则)		结构					畴(领域)
1. 五行		水	火	木	金	土	元结构
		润下	炎上	曲直	从革	稼穑	
	五味	咸	苦	酸	辛	甘	

（续表）

范（法则）		结　　构					畴（领域）
2. 五事		貌	言	视	听	思	修身结构
		恭	从	明	聪	睿	
		肃	乂	晢（哲）	谋	圣	
3. 八政		食货	祀	三司：司空 司徒 司寇	师	宾	施政结构
4. 五纪		岁	月	日	星辰	历数	农时结构
5. 皇极						皇极	治国结构
6. 三德		柔克			刚克	正直	行权结构
7. 稽疑	五卜	雨	霁	蒙	驿	克	卜筮结构
	二占				悔	贞	
8. 庶徵		雨	旸	燠（yù）	寒	风	气象结构
	休徵	肃	乂	哲	谋	圣	
	咎徵	狂	僭	豫	急	蒙	
9. 福极	五福	寿	富	康宁	攸好德	考终命	生命结构
	六极	弱	贫	疾、忧	恶	凶短折	
参照结构	五时	冬	夏	春	秋	和	
	五方	北	南	东	西	中	
	五形	目	耳	鼻	口	心	
	五声	宫	商	角	徵	羽	
	五情	喜	怒	哀	乐	怨	
	五经	诗	春秋	礼	书	易	
	五常	仁	义	礼	智	信	
	五伦	父子	君臣	夫妇	兄弟	朋友	
	五教	亲	义	别	叙	信	

1. 五行

水火木金土，这是中国思维的“元结构”，前面说过，它是存在的根本结构，实质则是中国人的心灵结构。五行不仅是其余八畴的基础结构，而且本身包含着一种关系映射推衍：

五行：	水	火	木	金	土
五性：	润下	炎上	曲直	从革	稼穑
五味：	咸	苦	酸	辛	甘

从五行到五性、再到五味的映射推衍，显然出自经验的联想。中国思维的映射推衍是否以经验联想为基础，这是一个可以讨论的问题。但是这种经验联想与西方经验主义哲学是截然不同的，后者的基本方法是归纳法，其实质是抽绎出若干实体的共性来，亦即仍然以实体为前提。而五行推衍的经验联想，涉及的性、味不是实体；而且五行推衍意不在于这些单个的性、味，而在于其关系：五性是一关系，“稼穑”与“土”相映射而居于中位；五味同样是一关系，“甘”与“土”“稼穑”相映射而居于中位。

这里，“五”这种纯粹关系的实质并不在于具体的数字是多少，乃在于“和”，这是中国思维的又一个很基本的特征——求和。五行协和，阴阳和合，这是中国人追求的最高境界，被认为是存在的既本然且应然的状态。西周时期史伯说，“和实生物，同则不继”，“故先王以土与金木水火杂以成百物”。他也提及“和五味以调口”（《国语·郑语》）。孔子说：“君子和而不同，小人同而不和。”（《论语·子路》）《中庸》也说：“中也者，天下之大本也；和也者，天下之达道也。”（“中”谓未发之心性，心灵的结构；“和”谓已发之佳境，心灵的映射。）较早提出“和”的思想的晏婴，也谈到过“五味”：“和如羹”“济五味”，“以平其心，成其政也”（《左传·昭公二十年》）。所以，五行之“五”意在于“和”，即意在于确立关系映射推衍的根据。

2. 五事

五事即貌、言、视、听、思，是人君的修身结构。它们不是作为实体的器官本身，而是通过修身达到的“内圣”的五个方面，实际上就是“德”的结构，后来发展为“德治”论。这仍然是一种纯粹关系，其中“思”是“土”的心灵映射，居于中，与其余四者形成二元关系。[①]儒家对这种二元关系是非常明确的，例如孟子对“大体”和“小体”的区分[②]（《孟子·告子上》），荀子对“天君”和“天官”的区分（《荀子·天论》）。孟子主张“先立乎其大者，则其小者弗能夺也”，特别强调“心之官则思”的优先性，认为许多问题就是源于“不思”（《孟子·告子上》）。这类似于西方所谓“先验进路”。

这里从五行推衍出九畴，首先就是关于人君的问题，这是儒家的一个重要观念——天下以君为本[③]，人君以心为本。作为人君修身结构的五事，本身包含着内在的映射推衍：

貌	言	视	听	思
恭	从	明	聪	睿
肃	乂（yì）	晢（哲）	谋	圣

这是三层关系映射，其中“睿”“圣”是“思”“土”的映射，居于中。其间有两个观念很重要，与今所谓“哲学”有关，那就是“哲”与“圣”的关系：“明哲”就是“明视”、明察，只是修身成圣的一个条件而已。

① 此所谓“二元”也不是西方的“dualism”，西方之所谓“元”基于 mono（区别于语义学之所谓“元”meta），亦即基于第一实体。

② 朱熹章句说：“大体，心也；小体，耳目之类也。”

③ 这与孟子的“民本”思想并不矛盾，只是其思路的出发点不同而已。

3. 八政

八政即食(主管粮食)、货(主管财政)、祀(主管祭祀)、司空(主管民政)、司徒(主管教育)、司寇(主管司法)、宾(主管朝觐)、师(主管军事),这是施政结构,属于职官制度范畴。孔颖达说:“八政者,人主施政教于民,有八事也。”(《尚书正义》)这八政虽然不是准确的表层五行关系,但在一定意义上也可以归结为“五”的结构:食与货是一类,如史书所谓“食货志”;司空、司徒、司寇又是一类,古人谓之“三司”。而且它是五行的深层二分结构(阴阳),其中“宾”是主管诸侯朝觐天子之事的,是“土”和“圣”的映射,显然应居于中。

4. 五纪

五纪即岁、月、日、星辰、历数,是纪时结构。其中“星辰”指时辰,故前四项构成“岁月日时”的时间划分关系结构,沿用至今;“历数”作为历法,是其余四者之综合,其义为“和”,即“土”“思”“宾”的映射,应居于中。值得注意的是,在西方作为“自然”(Nature)看待的时间范畴,在五纪中则只是“人事”(五事、八政)的关系映射。

5. 皇极

皇极即政治准则,这是治国结构,属于政治哲学范畴。“皇极”具有两层意思:(1)在本体论层面上,意即“太极”。陆九渊讲,天有太极,地有皇极:“皇极之建,彝伦之叙,反是则非,终古不易。是极是彝,根乎人心而塞乎天地。”(《杂说》)后一句话暗示了这是心灵结构的映射。按照正宗的说法,太极就是阴阳结构,阴阳扩展而完成于五行结构;心灵结构由此推衍于人事,正应了邵雍的书名《皇极经世》。顺便指出,古人称治理国家为“经济”“经营”“经纬”,也说明这是网络性的、流动性的、框架性的,而不是实体性的。(2)在政治学层面上,意指君主确立的政治准则,所谓“惟皇作极”。王安石说:“皇,君也;极,中也。”(《洪范传》)“皇”既为“中”,可见皇极是“土”的映射,隐含着四方,正如韩非所说:“事在四方,要在中央;圣人执要,四方来效。”(《韩非子·扬权》)可见这仍然是潜在的五行关系映射。

6. 三德

三德即正直、柔克、刚克,这是行权结构,是“作威作福”、克制臣民的三种手段,属于政治范畴。这仍然是潜在的五行关系,因为五行中除“土”之外的其余四行,可归纳为阴柔、阳刚“两仪”①:“柔克”属阴,“刚克”属阳;“正直”是其“中和”,又叫“中正”,显然是“土”的映射。“正直”的直接映射根据就是“皇极”:“无反无侧,王道正直。”这是儒家“执两用中”政治哲学的一种体现,如孔子说:“宽以济猛,猛以济宽,政是以和。”(《左传·昭公二十年》)这就是《中庸》所说的“致中和,天地位焉,万物育焉”。

7. 稽疑

稽疑即卜筮结构,是古人决策的依据之一,“谋及乃心,谋及卿士,谋及庶人,谋及卜筮”。此即《周易》所谓“人谋鬼谋,百姓与能”,“吉凶与民同患”(《周易·系辞传》)。稽疑分为龟卜五和蓍筮二。龟卜五(五种兆形)即雨、霁、蒙、驿、克,蓍筮二即贞(内卦)、悔(外卦)。二筮是阴阳结构,五卜是五行结构。“克”指兆形交错,是中和之象,是“土”的映射,应居于中;居于中则为内,即又与内卦“贞”映射。

8. 庶徵

庶徵即雨、旸(晴)、燠(yù)、寒、风,是气象结构。它有好坏两

---

① 邵雍谓之少阳、太阳,少阴、太阴。

种表现，好的叫“休徵”，坏的叫“咎徵”，也是一种内在的关系映射：

庶徵：	雨	旸	燠	寒	风
休徵：	肃	乂	哲	谋	圣
咎徵：	狂	僭	豫	急	蒙

我们不难看出，这里的“休徵”与上文“五事”最后一层的内在映射是完全一样的，这就是说，气象与人君的修养是一致的。这使我们想起了孔子对“风”的一种说法：“君子之德，风；小人之德，草。草上之风，必偃。”（《论语·颜渊》）“圣”与“风”显然是一种映射关系。所以，根据“圣”是映射于“土”的，我们可以把庶徵区分为“风”与“非风”这样的二元结构。

9. 福极

福极即五福、六极，是生命结构。五福和六极是一种内在映射关系：

五福：	寿	富	康宁	攸好德	考终命
六极：	弱	贫	疾、忧	恶	凶短折

福极作为最后一畴，体现了中国哲学的终极生命关怀。

以上九大范畴之间显然都是“纯粹关系映射推衍”：“映射”就是“推衍”；作为其基础的“纯粹关系”就是周敦颐之所谓“二五合凝”（两仪、五行的融通）的范畴结构。中国传统的关系映射这种思维推衍形式，是建立在“类”这个观念基础上的，即《周易》所说的：“引而伸之，触类而长之，天下之能事毕矣。”（《周易·系辞传》）由于中国传统思维“以类取，以类予”（《墨子·小取》），以至人们误以为它就是“类比推理”①，乃至以为它不过是修辞学上的

① 按西方逻辑的正统观念，“类比”并不是“推理”。

“比喻”而已。这里,问题的关键在于理解“类”是什么意思。在亚里士多德《范》里,“类”(Genus)是一个实体观念,亦即第二实体。而在中国,墨家的逻辑暂且不谈,至少儒家正统之所谓“类”绝非实体概念。在儒家,“类”可以叫作“纯粹关系的同构关系”。例如,我们知道,孟子是个高度自信的人,自许为“当今之世舍我其谁”(《孟子·公孙丑下》),能够“说大人,则藐之,勿视其巍巍然……吾何畏彼哉”(《孟子·尽心下》),乃至“为王者师”(《孟子·滕文公上》)。他之所以能够如此,是因为相信“圣人与我同类者”(《孟子·告子上》)。他引用有若的话:“麒麟之于走兽,凤凰之于飞鸟,太山之于丘垤,河海之于行潦,类也。圣人之于民,亦类也。”(《孟子·公孙丑上》)他说:“舜,人也;我亦人也。”(《孟子·离娄下》)又引成覸的话说:“彼,丈夫也;我,丈夫也。”又引颜渊的话说:“舜何人也?予何人也?”根据上文可知,这里所说的并不是作为实体的“人”“丈夫”,而是他上文已表明的:“夫道,一而已矣。”(《孟子·滕文公上》)我们不妨仔细看一下孟子在《告子上》是怎么使用“类”这个观念的:

> 故凡同类者,举相似也,何独至于人而疑之?圣人,与我同类者……口之于味,有同耆也;易牙,先得我口之所耆者也……故曰:口之于味也,有同耆焉;耳之于声也,有同听焉;目之于色也,有同美焉;至于心,独无所同然乎?心之所同然者何也?谓理也,义也。圣人,先得我心之所同然耳。

显而易见,孟子所谓的“同类”,指的是“道”“理”或“义”方面的“相似”,而道理或义理,在孟子哲学里正是心性的内在结构,也就是他上文所说的仁义礼智“四端”:“恻隐之心,人皆有之;羞恶之心，人皆有之；恭敬之心，人皆有之；是非之心，人皆有之。”由此可见，孟子所谓“圣人与我同类”，就是郭店楚简所说的“四海之内，其性一也”(《郭店楚墓竹简·性自命出》)，亦即后来陆王心学所说的“人同此心，心同此理”。这就是思孟学派对“类”“比类”的理解，如郭店楚简所说：“圣人比其类而论会之，观其之系而逢训之，体其义而即度之，理其情而出入之。”(《郭店楚墓竹简·性自命出》)

中国这种纯粹关系映射推衍还有一个非常重要的特征，就是“知行合一”。我们知道，西方自从古希腊以来，便把关于行为的实践哲学和关于知识的形而上学严格区分开来，如亚里士多德的《伦理学》和《形而上学》就是互不干涉内政的。直到康德，“实践理性”和“理论理性”仍然是泾渭分明的。① 而中国哲学思维则不然，王阳明有精辟的言说，“我今说个知行合一，正要人晓得：一念发动处，便即是行了”(《传习录下》)；“知是行的主意，行是知的功夫”；“知是行之始，行是知之成。若会得时，只说一个知，已自有行在；只说一个行，已自有知在”(《传习录上》)。不过，这些都是超出我们话题范围的问题了。

四、儒家心性论的纯粹关系特征

兜了这么大一个圈子，我们现在终于可以讨论儒家心性论了。不过，我这里还得绕个弯子，依次讨论三点：

(一)儒家心性论不仅是人性论问题，更不仅是伦理学问题，

---

① 现代西方哲学有些变化，伦理学问题已被置于存在论层面上来加以思考。

更是一个地地道道的存在论问题。这涉及儒家哲学对先验或者超验实在(Transcendence)的设定问题。《中庸》开宗明义的三句话“天命之谓性,率性之谓道,修道之谓教”是其总纲,我们可以看出儒家心性论的基本预设是“天命”或“天”。如果说“率性之谓道”是个伦理学问题,那么“天命之谓性”就是个典型的存在论问题或者形而上学问题。

(二)但是,一方面,“天”和“心”并不是两个相互对待的实体(Substantive),而是直接同一的;另外一方面,“格致诚正修”和“齐治平”虽然可以叫作“内圣外王”,但实质上并不是内外关系。通常的一种误解,以为儒家竟然同时设定了三个超越目标:内在的“圣”、外在的“天”和同样外在的“平天下”。其实按儒家正宗的心性论,“圣”“天”“平天下”本来是直接同一的。这是理解儒家思想的又一要领。这里包含两层意思:

一是天心同一,即天与心(内圣境界)的直接同一。《中庸》虽然一开篇就指出“天命之谓性”,但这“天”并非心外之物,所以它又指出,“道不远人”,“君子之道本诸身”,“诚者,天之道也;诚之者,人之道也”。朱子《中庸章句》指出:“道之本原出于天而不可易,其实体备于己而不可离。……反求诸身,而自得之。”此所谓“其实体备于己而不可离”正是儒家哲学的一个原则——不离人而言天。二程说得更明白:“天人本无二,不必言合。”(《程氏遗书》卷六)其实孟子早就指出:“尽其心者,知其性也;知其性,则知天矣。存其心,养其性,所以事天也;殀寿不贰,修身以俟之,所以立命也。”(《孟子·尽心上》)所谓事天立命,就是修身,就是尽心知性。所以他说“万物皆备于我矣,反身而诚,乐莫大焉”,“夫君子所过者化,所存者神,上下与天地同流”(《孟子·尽心上》)。

二是知行同一,即心(内圣根据)与天下平(外王境界)的直接同一。“内圣外王”之说出自《庄子·天下》，程颢以此指称儒学①，据说与曾参作的《大学》所列的“三纲领八条目”有关。三纲：“大学之道在明明德，在亲民，在止于至善。”八目：“古之欲明明德于天下者，先治其国；欲治其国者，先齐其家；欲齐其家者，先修其身；欲修其身者，先正其心；欲正其心者，先诚其意；欲诚其意者，先致其知；致知在格物。”纲与目是一种对应关系：

<table>
<tr><td rowspan="2">八目</td><td>格物</td><td>致知</td><td>诚意</td><td>正心</td><td colspan="3"></td></tr>
<tr><td colspan="4">修身</td><td>齐家</td><td>治国</td><td>平天下</td></tr>
<tr><td>三纲</td><td colspan="4">明德</td><td colspan="2">亲民</td><td>止于至善</td></tr>
<tr><td>内外</td><td colspan="4">内圣</td><td colspan="3">外王</td></tr>
</table>

实际上前面四项“格致诚正”也就是“修身”，故《大学》说：“自天子以至于庶人，壹是皆以修身为本。”不是以格物为本，而是以修身为本，因为格物在修身中。本者，根也，即心性也。整个三纲八目“本是同根生”的一棵树，而不是两棵树。“明德”对应“修身”，为所谓“内圣”；“亲民”对应“齐家治国”，“止于至善”则对应“平天下”，为所谓“外王”。但实质上这里并无内外之分，正如程所说“天人本无二，不必言合”，这是因为此所谓“外”正是其“内”的“一路发用流行”、一以贯之。所以孟子也说：“君子之守，修其身而天下平。”（《孟子·尽心下》）这是理解儒家哲学的又一要领——修齐治平是心性流行的结果，“外王”只是“内圣”的内在必然。按照儒家的意思，如果只有格致诚正、修身成圣，而无修齐治平，那就是《中庸》讲的“遵道而行、半途而废”了。《中庸》对此

① 《宋史·邵雍传》说：“河南程颢初侍其父，识雍，议论终日，退而叹曰：‘尧夫，内圣外王之学也！’”

有深刻的阐述:“成己,仁也(内圣);成物,知也(外王):性之德也,合外内之道也。”

所以,归根到底,中国哲学的本质,若一言以蔽之,就是“唯心”。唯心跟西方哲学当中的所谓“先验进路”(Transcendental Access)非常相似:首先悬置一切经验存在,然后“先立乎其大者”(《孟子·告子上》),即以心性为初始设置;最后由此出发,重新推出全部存在。《中庸》有个“前定”概念,类似“预设”(Presupposition):“凡事豫则立,不豫则废。言前定则不跲(qiè,踬),事前定则不困,行前定则不疚,道前定则不穷。”不要误以为这是指的事前预备,其实“前定”就是“先立乎其大者”,即以心灵结构为原初预设,所以朱熹注解指出:“凡事皆欲先立乎诚。”诚即心性,它有两个基本特征:一是自足自明,“诚者自成也”;二是建构世界,“成物”“载物”“覆物”,“诚者非自成己而已也,所以成物也”;“诚者物之终始,不诚无物”(《礼记·中庸》)。《中庸》中有两段话是讲这两个特征的:“唯天下至诚,为能经纶天下之大经,立天下之大本,知天地之化育,夫焉有所倚?”“唯天下之至诚,为能尽其性;能尽其性,则能尽人之性;能尽人之性,则能尽物之性;能尽物之性,则可以赞天地之化育;可以赞天地之化育,则可以与天地参矣。”

这是“我诚故我在”“我诚故物在”,类似笛卡儿的先验思路“我思故我在”。我们知道,孟子也是特别重“思”的,他据以确立心性论预设的方法即“思”:“耳目之官不思,而蔽于物,物交物,则引之而已矣。心之官则思,思则得之,不思则不得也。此天之所与我者。先立乎其大者,则其小者弗能夺也。”大人、小人之区别在于,“从其大体(心)为大人,从其小体(耳目等)为小人”。所以,“仁义礼智,非由外铄我也,我固有之也,弗思耳矣!”“欲贵者,人之同心也。人人有贵于己者,弗思耳矣!”(《孟子·告子上》)

由“思”而“得”,叫作“自得”:“君子深造之以道,欲其自得之也。自得之则居之安,居之安则资之深,资之深则取之左右逢其原。故君子欲其自得之也。”(《孟子·离娄下》)所谓左右逢源,是说心灵这种原初结构是放之四海而皆准的。这里的关键是自己要去“求”:“求则得之,舍则失之。”如何去求?“求在我者也”(《孟子·尽心上》),具体说来就是“学问之道无他,求其放心而已矣”(《孟子·告子上》);“既竭心思焉,继之以不忍人之政,而仁覆天下矣”(《孟子·离娄上》)。这确实是典型的先验思路。话虽如此说,中国哲学到底不同于西方先验哲学,孟子之“思”也不是笛卡儿之“思”,这就是我下面要谈的。

(三)心性本身并非西方那样的“实体”,而是一种关系:它是“五行”“两仪”这种基本范畴结构的纯粹关系映射,因而也是一种“纯粹关系”。简单来讲,这种纯粹关系就是“人伦物理”(物理也是人伦的映射)。这种关系也是一种“五行”结构:“君臣也,父子也,夫妇也,昆弟也,朋友之交也:五者,天下之达道也。”(《礼记·中庸》)而说到“道”,归根到底是阴阳“两仪”结构,即《周易》讲的“一阴一阳之谓道”(《周易·系辞传》)及老子讲的“万物负阴而抱阳”(《老子·第四十二章》)。故《中庸》讲:“执其两端,用其中于民。”孟子也讲:“子莫执中?执中为近之。”(《孟子·尽心上》)他以音乐为喻,说明孔子何为圣人中之集大成者:“集大成也者,金声而玉振之也。金声也者,始条理也;玉振之也者,终条理也。始条理者,智之事也;终条理者,圣之事也。”(《孟子·万章下》)这种“条理”就是纯粹关系,它是古代“五声音阶”的映射推衍。孟子也把心性讲成一种“四端”结构:“恻隐之心,仁之端也;羞恶之心,义之端也;辞让之心,礼之端也;是非之心,智之端也。人之有是四端也,犹其有四体也。”(《孟子·公孙丑上》)(注意:这里也提到了“体”）四端之为一种关系结构，朱熹的集注讲得很好：“盖四端之未发也，虽寂然不动，而其中自有条理、自有间架。”四端“间架”“条理”结构与五行结构之对应映射，在于四端乃“析言之”，如果“浑言之”，则四端皆仁。于是浑言之，“仁”为“土”的映射；析言之，“四端”即“水火木金”的映射，或《周易》“四象”之映射，如孔颖达所说：“四象者，谓金木水火。”（《周易正义》卷七）（以上详见表2）

表2　心性结构的关系映射

<table>
<tr><th>范畴</th><th>中</th><th>端</th><th>出处</th></tr>
<tr><td>心性</td><td>（性）</td><td>四端：仁、义、礼、智</td><td>孟子</td></tr>
<tr><td>五行</td><td>土</td><td>水、火、木、金</td><td>《洪范》</td></tr>
<tr><td>两仪</td><td>太极
（易）</td><td>阴、阳</td><td>《周易》</td></tr>
<tr><td rowspan="3">四象</td><td>（土）</td><td>水、火、木、金</td><td>孔颖达</td></tr>
<tr><td rowspan="2">太极
（道、心）</td><td>阴、阳、刚、柔</td><td rowspan="2">邵雍</td></tr>
<tr><td>太阴、太阳、少阴、少阳</td></tr>
<tr><td>八卦</td><td>太极（易）</td><td>乾、坤、震、巽、坎、离、艮、兑</td><td>《周易》</td></tr>
</table>

五、儒家伦理学的关系映射推定

前面说到，中国思维推衍形式的特征可以叫作“关系映射推衍”，这同样适用于儒家从心性论到伦理学的推衍过程。

儒家有一个向来为人们忽视的极为重要的观念，叫作“推”——“推己及人”而且“及物”。此“推”乃是知行合一的，既是“知”（推求），也是“行”（推行）。其实，其他各家也都讲“推”，例如号称“谈天衍”的阴阳家驺衍，其基本方法便是“推”：“先验小物,推而大之,至于无垠。”(《史记·孟子荀卿列传》)其“推”主要表现在两方面:时间上的“五德终始”是阴阳五行纯粹关系的映射推衍,空间上的“大九洲”是从一九(小九洲)到九九(大九洲)的纯粹同构关系的映射推衍。但儒家的“推”有其特点,我曾打过一个比方:在平静的水面上投下一颗石子,溅起一圈圈的涟漪,一层层地向外波及。这水面便是世界、人伦世界,这石子便是性情(未投为性,已投为情)①,而这涟漪便是仁爱所及;圈层从中心到边缘,在时间上和程度上的差异,便是所谓“爱有差等”;最终毕竟波及整个水面,便是修齐治平,便是“天地位焉,万物育焉”(《礼记·中庸》)。孟子谈过这种“推”——“人皆有所不忍,达之于其所忍,仁也;人皆有所不为,达之于其所为,义也”,“仁者以其所爱及其所不爱”(《孟子·尽心下》),“古之人所以大过人者,无他焉,善推其所为而已矣”(《孟子·梁惠王上》)。我们这里的讨论暂时不涉及“行”,而专言“知”。“凡有四端于我者,皆知扩而充之矣,若火之始然,泉之始达。”(《孟子·公孙丑上》)这种“扩充”之“推”就是纯粹关系映射推衍。

朱熹谈到《中庸》时说:“其书始言一理,中散为万事,末复合为一理,放之则弥六合,卷之则退藏于密。”这就是说的《中庸》形上的心性论前提与其形下的伦理学定理之间的推衍关系。但实际上是《大学》的“三纲八目”把这种推衍关系进一步细化了,这是最为典型的从心性论向伦理学的层层映射推衍过程。

(一)心灵伦理结构——修身

前面说过,“八目”当中的格、致、诚、正,其实都是修身;所以,

① 朱熹理解的《中庸》思想:未发为“性”,已发为“情”;发而“中节”为“天理”“中和”,发而“无节”为“人欲”。

第一层次的映射推衍是修、齐、治、平。这种推衍是一种“扩而充之”的程序，体现为时间上、空间上的扩展，所以《大学》提出：“物有本末，事有终始，知所先后，则近道矣。”那么，何者为先？按心性论，当然以身为先、以己为先，以心为先。这就是《大学》和《中庸》的共同格局，《大学》指出“君子有诸己而后求诸人，无诸己而后非诸人”；“自天子以至于庶人，壹是皆以修身为本”。其根据是“情生于性，礼生于情”，“爱生于性，亲生于爱”，“欲生于性，虑生于欲”，“智生于性，卯生于智”……（《郭店楚墓竹简·语丛二》）修身的目的就是“先立乎其大者”，即首先确立作为推衍根据的原初结构——心灵结构。而在儒家，这种心灵结构本身已是伦理结构，即带有浓郁的伦理色彩，所以可称之为“心灵的伦理结构”。

但修身本身又有其内在映射推衍，即《大学》的前四个条目——格、致、诚、正。我的意思是，并非格致诚正四者是一个心灵结构，而是它们各自都是心灵结构，它们之间的关系则是这种结构关系之间的映射推衍。

1. 格物——事理结构

儒家把“格物”作为“初学入德之门”的第一步，意义在于确立映射推衍的根本结构。程颐解释“格物穷理”时说：“格物穷理，非是要尽穷天下之物；但于一事上穷尽，其他可以类推。……所以能穷者，只为万物皆是一理。”（《二程遗书》卷十五）所谓“万物皆是一理”是说万事万物具有共同的关系结构，只是“理一分殊”“月印万川”，所以可以“类推”。再次强调，不能把“类推”理解为“类比推理”。根据上文对“类”与“推”的讨论，“类推”就是纯粹关系映射推衍，所以他说“天下物皆可以理照”（《二程遗书》卷十八），这个“照”字用得好，说的正是映射。其实，西方的“逻辑”也跟“理”一样，“如月在天，只一而已；及散在江湖，则随处可见，不可谓月已分也”(《朱子语类》卷九十四)。“逻各斯”只有一个，“理”只有一个。

“格物致知”是儒学领域中的一大公案，我不想在这里啰唆。简单说，我把“格物”视为确立“事理结构”，这并不是“唯物反映论”的观点。按照儒家正统观点，心性不是客观事物的反映，而是人固有的德性：

> 人之所不学而能者，其良能也；所不虑而知者，其良知也。孩提之童，无不知爱其亲者；及其长也，无不知敬其兄也。亲亲，仁也；敬长，义也。无他，达之天下也。(《孟子·尽心上》)
>
> 口之于味也，目之于色也，耳之于声也，鼻之于臭也，四肢之于安佚也，性也，有命焉，君子不谓性也。仁之于父子也，义之于君臣也，礼之于宾主也，知之于贤者也，圣人之于天道也，命也，有性焉，君子不谓命也。(《孟子·尽心下》)

这就是说，五官的好恶是命，五常的精神是性；合起来说就是“性命”，都是天性天伦。因此，我们对“格物致知”之“物”也须按儒家自己的正宗理解来讲：(1)这个“物”不是实体，而是“事”“事理”。这是汉儒以来的公论，如郑玄说：“物犹事也。”(《礼记注》)程颐则说：“物犹理也。”(《二程遗书》卷二十五)(2)这件“事”是人自己的事，也就是人自己的人伦存在；这个“理”是人的伦理，即人伦关系。朱熹指出：“性是实理，仁义礼智皆具。”(《朱子语类》卷五)(3)这种人伦存在本质上是心灵存在，这种伦理本质上是“心之条理”。朱熹指出：“心包万理，万理具于一心。”(《朱子语类》卷九)“大凡道理，皆是我自有之物，非从外得。”(《朱子语类》

卷十七)“物之理都在我此理之中。”(《朱子语类》卷一百)王阳明说:“天下之物,本无可格者;其格物之功,只在身心上做。”(《传习录下》)“理也者,心之条理也。”(《书诸阳卷》)“虚灵(心)不昧,众理具而万事出,心外无理,心外无事。”(《传习录上》)用儒家的话语讲,事理与心灵是“知行合一”“打做一片”的。

此固有的心灵存在之所以需要格而致之,乃是基于儒家的一个基本设定:世俗的人心由于感物而动、逐物而迁,总是处于遮蔽状态(故荀子有凭心“解蔽”之说),所以必须使之“明”而“诚”(《礼记·中庸》)。[①] 程颐指出:“‘致知在格物’,非由外铄我也,我固有之也;因物而迁,迷而不知,则天理灭矣,故圣人欲格之。”(《二程遗书》卷二十五)王阳明则直接把“格物”讲成“正心”,说“格者,正也,正其不正以归于正之谓也”,“‘格物’如孟子‘大人格君心’之格,是去其心之不正以全其本体之正”(《传习录上》)。其实整个“修身”都是“解蔽”“正心”,即确立心灵结构。

2. 致知——认知结构

严格来讲,“格物”和“致知”是一回事,如朱熹所说:“盖致知便在格物中,非格之外别有致处也。”(《朱子语类》卷十八)所以王阳明讲,一旦身临其境,“心自然会知:见父自然知孝,见兄自然知弟,见孺子入井自然知恻隐。此便是良知,不假外求”(《传习录上》)。而此“身临其境”,其身亦心,其境亦心。不过从程序上来讲,还是有个先后:先入于事理,才至于认知。程颐指出:“知者吾之所固有,然不致则不能得之,而致知必有道,故曰‘致知在格物’。”(《二程遗书》卷二十五)所以《大学》提出:“致知在格物,物格而后知至。”于是,事理结构便映射为知识结构。致知的结果便

---

① 感物致恶的设定,蕴涵着儒家哲学的一个深刻的矛盾,另文讨论。

是确立了心灵的认知结构。这在过去被称为“体悟”或“体验”，被理解为“直觉”，实质上是心灵的一种自返的映射。这里尤其要注意的是，从格物到致知，不是心灵的“外界反映”，而是心灵内在的“自我映射”：事理结构本是浑全的心灵结构，认知结构只是心灵结构的一个方面。

为什么会自我映射？这涉及对心灵结构的分析。心灵的结构有两方面，即认知和意向。在西方观念中，对心灵的结构有两种划分：三分法，知、情、意（如康德）；二分法，即认知（感性、理性）和意向（情感、意志）。[①] 中国观念与二分法类似，这可以从儒家对“圣”的规定中看出来（在儒家观念中，“圣”不外乎心灵的归真返朴）。“圣”有两个方面：“昔者子贡问于孔子曰：‘夫子圣矣乎？’孔子曰：‘圣，则吾不能；我学不厌而教不倦也。’子贡曰：‘学不厌，智也；教不倦，仁也。仁且智，夫子既圣矣。’”（《孟子·公孙丑上》）可见“圣”就是“仁且智”。这里“致知”侧重体现了“智”的方面，下面的“诚意”侧重体现了“仁”的方面（“仁”之为“意”是一种“欲”，即孔子所谓“我欲仁”）。

具体来说，所“致”之“知”的内容仍是伦理结构的内容，即“良知”：“致吾心之良知者，致知也。”（《答顾东桥书》）孟子解释良知的具体内容，就是“仁义”（《孟子·尽心上》）；展开来说，则是仁义礼智。所以，认知结构只是心灵伦理结构的一个方面。

3. 诚意——意向结构

上面谈到，“致知”和“诚意”分别确立了心灵结构的一个方面。[②] 在对“意”的理解上，刘宗周的“意蕴于心”之说是准确的

---

① 再次强调，此“意向”不是胡塞尔 Noesis 的用法。

② 《墨子·小取》曾分析过这个问题：“智（即知）与意异。”

(《周子全书·语录》),“意”只是“心”的一个内在方面。“意”之为“欲”,有善有恶:“人欲”为恶意;“我欲仁”为善意,即诚意。孟子也对此有过论述:“可欲之谓善。”(《孟子·尽心下》)不“可欲”即恶意;“可欲”即“我欲仁”,故“善”,即善意;而“有诸己”,即发自内心的诚心,所谓“诚心诚意”。所以,“诚意”确立的是心灵的“意向结构”。

前面说过,《中庸》以诚为本:人之本,物之本,天地之本。《大学》也说:“诚于中,形于外,故君子必慎其独也。”孟子也说:“诚者,天之道也;思诚者,人之道也。”(《孟子·离娄上》)但这儿也有一个先后,《大学》提出“欲诚其意者先致其知”,“知至而后意诚”。郭店楚简也说:“戠者出所以知己,知己所以知人,知人所以知命,知命而后知道,知道而后知行。”(《郭店楚墓竹简·尊德义》)为什么呢?因为“诚”的意思是“不自欺”:“所谓诚其意者,毋自欺也。”(《礼记·大学》)你既已经知道了自己的良知(致知),也就无法欺瞒自己了。所以,诚意既是致知的映射,也是事理结构的关系映射;而归根到底是心灵伦理结构的映射。

4. 正心——心性结构

致知、诚意分别确立了心灵结构的两个基本方面以后,自然回归心灵的整全结构,于是就有了“正心”的步骤,即整体地确立或者重建“心性结构”。从最初的事理结构到这里的心性结构,就是纯粹关系的同构关系,显然也是关系映射。心性结构的具体内容也是伦理关系,即孟子讲的:“君子所性,仁义礼智根于心。”(《孟子·尽心上》)这种心性结构确立起来之前,我们可能行无所得,于是,我们应该“反身而诚”,即孟子说的:“爱人不亲,反其仁;治人不治,反其智;礼人不答,反其敬:行有不得者,皆反求诸己;其身正,而天下归之。”(《孟子·离娄上》)最后一句“天下归之”展开了以下从形上的心性论原则向世俗的伦理学原则的映射推衍进程。

（二）宗法伦理结构——齐家

在讨论“齐家”之前，我们先对“修”和“齐治平”的总体关系做一个交代。《中庸》指出：“喜怒哀乐之未发，谓之‘中’；发而皆中节，谓之‘和’。中也者，天下之大本也；和也者，天下之达道也。致中和，天地位焉，万物育焉。”郭店楚简也说：“喜怒哀悲之气，性也；及其见于外，则物取之也……道始于情，情生于性。”（《郭店楚墓竹简·性自命出》）“中”是内在未发的心灵结构，也就是“仁爱”之“性”；“和”是已发向外的人伦结构，也就是“义礼”之“情”，即“发乎情，止乎礼义”（《毛诗大序》）。有子所谓“礼之用，和为贵”（《论语·学而》）就是这个意思。这之间的关系，也都是关系映射推衍（参见表3）。

表3　“修”与“齐治平”之总体关系映射

文献	未发	已发	
《大学》	修身	齐家、治国	平天下
	明德	亲民	止于至善
《中庸》	中	和（中节）	
	中（体，不偏）	庸（用，不易）	
	执其两端	用其中于民	
	诚：立天下之大本，知天地之化育	物：天地位焉，万物育焉	
朱熹	性	情	
二程	内圣	外王	

八目中的齐家是心灵结构从内向外扩展的第一步，是宗法家庭伦理的关系结构。有关的常见说法如下。五教：“使布五教于

四方，父义、母慈、兄友、弟共、子孝，内平外成。”（《左传·文公十八年》）五伦：“使契为司徒，教以人伦：父子有亲，君臣有义，夫妇有别，长幼有叙，朋友有信。”（《孟子·滕文公上》）五典：“五典，五常之教：父义，母慈，兄友，弟恭，子孝。”（《尚书·舜典》孔安国传）五品：“一家之内尊卑之差，即父、母、兄、弟、子是也。”（《尚书·舜典》孔颖达疏）五常：“五常即五典，谓父义、母慈、兄友、弟恭、子孝，五者人之常行。”（《尚书·泰誓》孔颖达疏）几种说法的对应关系如下：

<table>
<tr><td>五品</td><td>父</td><td>母</td><td>兄</td><td>弟</td><td>子</td></tr>
<tr><td>五教五典五常</td><td>义</td><td>慈</td><td>友</td><td>恭</td><td>孝</td></tr>
<tr><td rowspan="2">五伦</td><td colspan="2">夫妇有别</td><td colspan="3">长幼有叙</td></tr>
<tr><td colspan="5">父子有亲</td></tr>
</table>

这里的重心不在父母兄弟子五个实体，而在义慈友恭孝五种关系，这是一种情感（具体说是道德情感）的关系。在传统的“礼乐”文化格局中，“有叙”“有别”是“义—礼”的体现，“有亲”是“和—乐”的体现。

儒家明确指出，人伦关系是与五行关系对应的：

> 五行：仁形于内谓之德之行，不形于内谓之行；义形于内谓之德之行，不形于内谓之行；礼形于内谓之德之行，不形于内谓之行；智形于内谓之德之行，不形于内谓之行；圣形于内谓之德之行，不形于内谓之德之行。德之行五，和谓之德。……五行皆形于内，而时行之。（《郭店楚墓竹简·五行》）

具体到家庭人伦，也是与五行对应的，《礼记 · 乐记》："道五常之行。"郑玄注："五常，五行也。"孔颖达疏："道达人情以五常之行，谓依金木水土之性也。"难怪董仲舒说："五行者，乃孝子忠臣之行也。"（《春秋繁露 · 五行之义》）这其中最根本的是夫妇二元关系，即阴阳两仪关系，故《中庸》说："君子之道，造端乎夫妇；及其至也，察乎天地。"《周易》以八卦的关系来概括宇宙天地人物，其中乾坤两卦是夫妇，其余六卦是他们的子女。（《周易 · 说卦传》）李贽曾经指出："极而言之，天地一夫妇也。"（《夫妇论》）这都表明，在整个修齐治平的"外王"序列中，家庭伦理关系是根本结构。

（三）政治伦理结构——治国

在上述"五伦"中，"君臣有义"就是治国方面的政治伦理结构（注意：此"臣"包括"民"，即"臣民"）。这种结构在《尚书 · 洪范》中已有相当充分的表述，诸如"八政""皇极""三德"。儒家对君臣关系之关注，乃是众所周知的事实，孔子曾将全部人伦问题概括为"君君、臣臣、父父、子子"（《论语 · 颜渊》），问题在于——这种关注的实质何在？其实，儒家关于政治伦理结构的思想源于周公，周公早已建构了以下一种三角关系：

这是一个很有意思的环状结构：天决定着王，王决定着民，民决定着天。[①] 儒家的不同派别不过是侧重其中的某一条边。民直

① 在我看来，这是周公在思想史上的最重大的贡献。此前的殷商观念，没有"民→天"这个维度。

接决定天，即间接决定王，这就是孟子倡导的“民贵君轻”的“民本”思想。

在儒家，基于作为当时主导意识的宗法观念，政治伦理不过是宗法伦理的映射，所以历代君主常标榜“以孝治天下”。但是这种政治伦理结构的根本还是心灵伦理结构，即“治国”是“修身”的映射。这就是孟子讲的“居仁由义”：“居恶在？仁是也。路恶在？义是也。居仁由义，大人之事备矣。”（《孟子·尽心上》）居仁即据于心，由义即行于政。所以他说：“先王有不忍人之心，斯有不忍人之政矣。”（《孟子·公孙丑上》）反之，“作于其心，害于其事；作于其事，害于其政”（《孟子·滕文公下》）。《中庸》也讲：“为政在人，取人以身，修身以道，修道以仁。”“好学近乎知，力行近乎仁，知耻近乎勇。知斯三者，则知所以修身；知所以修身，则知所以治人；知所以治人，则知所以治天下国家矣。”智、仁、勇使心灵伦理结构得以确立，它能映射而推衍出治国之道。

（四）人际伦理结构——平天下

在五伦中，“朋友有信”是最富于现代精神的。朋友一伦的提出及得到强调，是因为人际关系不止父子、君臣，“平天下”也不仅仅是政治伦理问题，还必须回答如何处理其他关系的问题。对此，儒家建立了两个层次的映射：一是“朋友”关系的映射，即把天下人都视为朋友；二是更进一步的“兄弟”关系的映射，即把天下人都视为兄弟，“四海之内皆兄弟也”（《论语·颜渊》），“民，吾同胞”（《西铭》）。这里仍然是把家庭伦理关系作为映射推衍的根据。

这方面，儒家提出了“信”的伦理原则。“信”就是“诚”（二字同源），故孟子说：“有诸己之谓信。”（《孟子·尽心下》）“信”之为“诚”，当然本之心灵结构，所以归根到底，“朋友有信”也是心灵结构的关系映射。孟子指出:“天下之本在国,国之本在家。家之本在身。”(《孟子·离娄上》)这是推己及人的映射推衍:“老吾老以及人之老,幼吾幼以及人之幼,天下可运于掌。……言举斯心加诸彼而已。故推恩足以保四海,不推恩无以保妻子。”(《孟子·梁惠王上》)所谓“推恩”就是推爱。

(五)世界伦理结构——及于物

这种“推”不仅及于所有人,还及于所有物,遍及宇宙世界。所以,儒家理解的宇宙是一个伦理的世界。这与西方现代的“意义世界”观念有相通之处,区别在于:西方的世界观仍是一个实体的集合,儒家的世界观则是一个关系的存在;这种关系不是自然[①]的,而是人伦的。西方关于“意义世界”的观念存在着两种情况:一是科学主义的建构,如分析哲学的逻辑语义学的“意义”理论;一是人文主义的建构,如某些现象学的“生活世界”理论。[②]后者更为接近中国儒家的传统。但是儒家建构的意义世界不仅是人文的,而且是人伦的。我记得前文说过,儒家赖以进行关系推衍的元结构“两仪”和“五行”,本身就已是伦理的结构。在这个意义上,儒家伦理学本身就有存在论的意义。

儒家传统是通过“推”即纯粹关系映射推衍来建构其伦理世界的。这种“推”的两大层次是推己及人、推人及物。这就是孟子讲的“亲亲而仁民,仁民而爱物”(《孟子·尽心上》),“有大人者,正己而物正者也”(《孟子·尽心上》)。在这方面,张载的《西铭》

① 此所谓“自然”指西方的 nature,而非中国儒道两家的“自然”(自己如此)。

② 在我看来,胡塞尔的现象学是科学主义的东西,不同于海德格尔、萨特等的取向。

是个典型的文本,他把天地人物视为一个伦理世界,最后得出了一个著名命题:“民,吾同胞;物,吾与也。”所有的人都是我的同胞,所有的物都是我的朋友。

至此,儒家通过纯粹关系映射推衍,由心性论推出了伦理学的全部原则(参见表4),整个宇宙因此而呈现为一个伦理意义世界。我们现在换个角度来看,《大学》三纲八目的推衍程序也可分为这样两大阶段:修(格致诚正)是“仁”,齐、治、平是“义”。韩愈说过:“博爱之谓仁,行而宜之之谓义。”(《原道》)以“行而宜”(适宜、适当、恰当)释“义”,这是中国哲学各家的共识。我这里想讨论的是中国“义”“仁义”的观念和西方“正义”的观念。西方所谓“正义”(Justice)具有这些基本语义:适当,恰当,正当,正义,公正,公平。这些语义其实正是汉语“义”“宜”的意思。换句话说,“义”即儒家的“正义”观念。但是,西方的正义观念根据于理性,而儒家的正义观念根据于情感——义出于仁,仁乃是爱,爱属于情,情就是性。① 正义是仁爱的映射,仁爱是心性的映射,这就是儒家伦理学的精神实质。

表4　从心性论到伦理学的映射推衍

<table>
<tr><th>三纲领</th><th colspan="4">八条目</th></tr>
<tr><td rowspan="4">明德</td><td>格物</td><td>(1)事理结构</td><td rowspan="4">(5)修身</td><td rowspan="4">1. 心灵伦理结构</td></tr>
<tr><td>致知</td><td>(2)认知结构</td></tr>
<tr><td>诚意</td><td>(3)意向结构</td></tr>
<tr><td>正心</td><td>(4)心性结构</td></tr>
</table>

① 朱熹的看法,情是已发之性,性是未发之情。

（续表）

三纲领	八条目		
亲民		(6)齐家	2. 宗法伦理结构
		(7)治国	3. 政治伦理结构
止于至善		(8)平天下	4. 人际伦理结构
		及于物	5. 世界伦理结构

最后说几句题外话：我按儒家的思维推衍形式，从心性论推出了伦理学，这并不意味着我已经采取了儒家的立场。其理由很简单：我可能不采纳儒家的那种思维推衍形式，甚至于不采纳儒家的初始预设条件。但这同时也并不意味着我已经采取了西方哲学的立场，理由都是一样的。问题在于我不排除这种可能性，那是王国维所说的：可爱的不可信，可信的不可爱。在这点上，我是同意康德的：意志（考虑到中国哲学，还应该加上情感）高于理性。至于意志包括情感的普遍性，那是需要另文讨论的问题了，我只是想指出一种事实：中国人认为这样一种思维形式是合理的、自明的，恰如西方人认为那样一种思维形式是合理的、自明的。于是我们可以提出一个更为根本的问题：他们何以如此认为？这里还存在着一种更高的"理"，然而这个"理"不是思维本身的事情，显然是所谓"信念的确立"（皮尔士语）问题了。但这个问题不是本文的任务。

周公“德治”思想简论*

在中国传统政治哲学中，“德治”思想和“法治”思想都相当丰富，值得我们批判地继承。儒家就是主张德治的，孔子阐述过这方面的思想。但是追本溯源，这种德治思想最初是由西周伟大政治家、思想家周公提出的。本文讨论周公的德治思想，意在为我们今天实行“依法治国”和“以德治国”提供一些中国文化传统方面的精神资源。

周公（？—约前1095），姓姬、名旦。其采邑在周地（今陕西岐山北），故称周公。他是殷周之际最伟大的政治家、谋略家、思想家。在当时的政治斗争中，他一直是一个举足轻重的人物，先后辅佐父亲周文王、哥哥周武王及侄子周成王，先后灭殷平叛，封侯建国，“制礼作乐”，建立了彪炳史册的丰功伟业。

周公思想中最核心的是关于“天命王祚的兴衰继绝”问题。一个王朝例如商王朝，是怎样丧失自己的王祚的？而另外一个王朝例如周王朝，又是怎样获得自己的天命的？这个问题的意义，小而言之，只是一个政治哲学问题；大而言之，则是一个具有一般意义的群体生存哲学问题——对家、国之群体生存问题的思考，这就是周公的终极关怀。这种关怀、思考的结果，就是在中国历

* 原载《泉州师范学院学报（社会科学）》2002年第5期。

史上首次系统地阐述了德治思想。

周公的德治思想是很有特色的,我们可以把它概括为一种"三角关系"。这个三角的三个端点是:天、王、民。三者之间具有以下一种相互制约的关系:

这是一个很有意思的环状结构:天决定着王,王决定着民,民决定着天。这里,王命取决于天命,天意取决于民意。这与殷人的观念大不相同,后者虽然也存在这样三个基本因素,但它们之间只是一种单线的联系:天→王→民。他们没有意识到民意对天意的决定意义。例如殷朝的最后一个暴君纣王,当有人向他指出他的荒淫腐败、置人民疾苦于不顾,及这必将导致商朝的灭亡时,他却有恃无恐地说:"我生不有命在天?!"(《尚书·商书·西伯戡黎》)应当说,意识不到天意取决于民意,这是殷朝灭亡的一个重要原因。周公则把天意与民意直接联系了起来。其结果是显然的:王政的好坏取决于民意对它评价的好坏。这就是后来人所说的"民可以载舟,亦可以覆舟"①。这一"载"一"覆",都是以"天"为中介的。

为确保周王朝的统治能够长治久安,从上述三角关系出发,周公对这个三角形三条边上各自的"注意事项"分别进行了陈述。

一、天命→王命:以德配天

我们知道,"天命"观念乃是当时的普遍观念,周公思想也是

① 《荀子·王制》:"君者,舟也;庶人者,水也。水则载舟,水则覆舟。"

如此，一个王朝的命运是由天命决定的。周公指出，殷之灭亡、周之统治，都是天意："尔殷遗多士，弗弔（不料）旻天大降丧于殷；我有周佑命，将天明威，致王罚，敕殷命终于帝，肆尔多士……非我小国敢弋殷命，惟天不畀，允罔固乱，弼我。"（《尚书·多士》）①"天乃大命文王，殪戎殷，诞受厥命，越厥邦厥民。"（《尚书·康诰》）根据这个认识，周公深感"天命靡常"（《诗经·大雅·文王》），殷鉴不远："我不可不监于有夏，亦不可不监于有殷。我不敢知曰：有夏服天命，惟有历年；我不敢知曰：其不延。……我不敢知曰：有殷受天命，惟有历年；我不敢知曰：其不延。"（《尚书·召诰》）谁敢说那殷朝的命运就不能延续？谁敢说我周朝的命运就必定延续？这表明周公有一种强烈的危机意识。

因此，对于周公来说，如何"祈天永命"（《尚书·召诰》）是一个重要的问题。周公思想的独到之处在于，在他看来，面对无常的天意，人并不是无所作为的。那么，一个王朝如何才能祈求天帝使自己的统治命运永长？在他看来，关键在于这个王朝是否有"德"，因为"皇天无亲，惟德是辅"（《左传·僖公五年》引《周书》）。应该说，这是他的独到发现。为此，周公提出了"以德配天"的思想。具体来说，就是通过"敬德""明德"，达到"永命"的目的。周公明确指出，殷朝的灭亡是因为不敬德，"惟不敬德，乃早坠厥命"（《尚书·召诰》）；反之，周朝的成功则是因为能够明德，"克明德慎罚……天乃大命文王"（《尚书·康诰》）。所以，周公一再告诫"王其疾敬德"，"不可不敬德"（《尚书·召诰》）。只有具有德，才能感动天，从而才能祈天永命。

① 周公的思想，见于现存《尚书》中的《大诰》《康诰》《召诰》《洛诰》《多士》《无逸》《君奭》《多方》及《立政》诸篇。

二、民意→天意:用德祈天

周公提出“以德配天”的目的在于“祈天永命”,也就是“用德祈天”,即通过实行德政,祈求上天延长自己王朝的统治命运:“惟王其疾敬德,王其德之用,祈天永命。”(《尚书·召诰》)为什么要以德祈天?为什么有了德就能够祈天永命?因为天命是遵从民意的,而民心又是向往德政的。“我其敢求位?惟帝不畀,惟我下民秉为。”(《尚书·多士》)我们知道,天从民愿在当时是一种普遍的时代思潮。例如史伯引《泰誓》曰:“‘民之所欲,天必从之。’”(《国语·郑语》)《泰誓中》说:“天视自我民视,天听自我民听。”所以,统治者应当以民为镜,正如《酒诰》所说:“古人有言曰:人无于水监(鉴,照镜子),当于民监。”民心所向就是一面最好的镜子,民意的臧否就是统治者衡量自己是否有德的标准,也是上帝考察统治者是否有德的唯一参考。所以,周公坚信:能得民心,就能得天命;而得民心的关键,就是实行德治。

三、王→民:敬德保民

在当时的历史条件下,王对民的关系当然是一种统治的关系;但这只是问题的一个方面,另一方面,周公却意识到——如果没有了人民,也就没有了自己的统治。所以,如何“保民”(保有人民)也是一个至关重要的问题,因为既然天意遵从民意,那么不能保民也就不能祈天。为此,周公提出了“敬德保民”的思想。这里,“保民”是目的,“敬德”是途径,“永命”是最终目标。首先要敬德,敬德才能保民。但周公也意识到,敬德保民也不是一件容易的事情:“天畏(威)棐(非)忱,民情大可见,小人难保。”(《尚书·康诰》)所以,在他看来,统治者必须对人民心存敬畏之心:“治民祗(敬)惧。”(《尚书·无逸》)说到底,敬德就是畏民。这正如唐代魏徵所说:“怨不在大,可畏惟人。载舟覆舟,所宜深慎。”(《谏太宗十思疏》)如果不对人民心存敬畏,总有一天是要“翻船”的。

具体来说,周公认为,敬德保民的一个重要原则就是不能自己贪图享受,而应该以正道引导人民,“无康好逸豫”(《尚书·康诰》);“无淫于观、于逸、于游、于田(田猎),以万民惟正之供”(《尚书·无逸》)。与此相关的一个重要原则就是体察民情,“君子所其无逸,先知稼穑之艰难,乃逸,则知小民之依(隐)”(《尚书·无逸》)。同时还有一个重要原则,则是“明德慎罚”。他认为周文王当年就是如此,所以才能得天命、保人民:“惟乃丕显考文王,克明德慎罚……闻于上帝,帝休,天乃大命文王。”(《尚书·康诰》)否则,“乱罚无罪,杀无辜,怨有同,是丛于厥身!”(《尚书·无逸》)如果实施严刑峻法、为所欲为,就会成为民怨所归、众矢之的。总之,君王就应该“裕民”“宁民”——“惟文王之敬忌,乃裕民”,“裕,乃以民宁,不汝瑕殄”(《尚书·康诰》),要让人民安居乐业、生活宽裕。

以上几个方面有一个核心点,那就是“德”;从政治角度看,就是“德治”。周公认为:“天不可信,我道惟宁王(文王)德延。”(《尚书·君奭》)即周朝的统治并非依赖天帝的恩赐,而是依靠我们自己在德行上的努力。这在当时实为一种大胆的思想。这种思想后来为儒家所继承发扬,孔子说过:“道之以政,齐之以刑,民免而无耻;道之以德,齐之以礼,有耻且格。”(《论语·为政》)这就是说,单凭法治是不行的,同时还必须实行德治。因为单纯的法治至多能使人努力避罪，却不能使人知道羞耻；德治则能使人不仅知道羞耻而且心悦诚服。正如孔子所说：“为政以德，譬如北辰：居其所而众星共(拱)之。”(《论语·为政》)德治若能使统治者像北斗星一样，人民自然就会像群星一般环绕着他。

当然，周公受时代的局限，把“天”“天意”“天命”作为“王”与“民”之间的中介，以至造成一个“神秘的三角”；而我们今天可以直截了当地说：所谓天意就是民意。再者，我们今天实行“德治”，不是封建时代那种“王”和“民”的统治关系，而是人民公仆和人民的服务关系。我们的“德治”就是“以民为天”，也就是全心全意为人民服务。

中国传统的“他者”意识

——古代汉语人称代词的分析*

孤独是你我的裂变/裂变是黑色的沦陷/捉不住你的眼波/眼波从肩头滑过

你我似飘忽的星体/星体在悄然地红移/生命已散成碎片/碎片零落在荒原

愿你像黑洞般神秘/释放出无声的引力/再不要抽身远去/来吧让你我遭遇

Oh, forget he and forget she / I take to you, you take to me

这是我曾经写下的一首诗《我和你的商籁——读马丁·布伯哲学有感》①。它是有感于存在主义神学家马丁·布伯②的思想

* 原载《中国哲学史》2003年第2期。

① 此诗作于1997年。发表时被编辑删去。“商籁”取其双关，既是“商籁体”（Sonnet）即十四行诗之意，也是对马丁·布伯之哲学思想的一种理解——“我”和“你”本来是可以“商量”、对话、沟通的（“商”），这是人的本真的如“天籁”一般的“主体间性”（Inter-subjectivity）存在状态（“籁”）。

② 马丁·布伯（Martin Buber 1878—1965），犹太教哈西德派神学家，代表作《我和你》（1923），开创了“对话”哲学，主张“人神对话”。本文对他的“对话”理论的理解有所不同，主张非神学化的人际对话，这就是胡塞尔以来倡导的“主体际性”（Inter-subjectivity）的对话主张。

而发的:在他看来,“他”或“她”是一种与“我”对立的、疏远的、陌生的、异己的在者;只有化“他”为“你”,在“你—我”对话的情景里,我们才能返回到本真存在的“我”。这与另一位存在主义者萨特的名言“他人即是地狱”的体悟一致,是对人类生存处境的一种深刻揭示。但不幸的是,自从人类跨入文明时代的门槛以来,这种“我—他”异在的生存处境就一直是人自身的一种基本存在论事实。这个事实在古今中外的思想意识中一再得到反映,西方世界最近的一个著名例证就是美国学者亨廷顿喧嚣一时的“文明冲突”论。其实在中国,近代以来直至今日,我们津津乐道的“中西文化优劣比较”,就其以“中—西”文化二元对峙作为其全部立论的基本预设而言,又何尝不是这样一种“我—他”异在的态度模式?西方人固然视我们为“他者”,而我们未尝不视他们为“他者”?所以,西方人固然需要反省他们的西方中心主义,而我们中国人又何尝不需要反省自己的某种“华夏中心主义”?然而很无奈,我这里仍然在区分“我们”和“他们”。可见我们自己的这种以异族为“他者”的意识可谓根深蒂固,并渗透于我们的日常语言当中。海德格尔说:“语言是存在之家。”本文的任务就是通过对古代汉语人称代词“你”“我”“他”的语义分析,反省我们自己的这种“他者”意识。

一、他:缺席的他者

中国传统的他者意识最明显地反映在第三人称“他”的用法上:我们用“他”来指称那个异己的、陌生的、危险的“在者”。谈到“他”时,我们心中常常是充满着疑惑、猜忌甚至敌意的。跟对话中出场的“我”和“你”不同,“他”总是不在场的,我称之为“缺席的他者”。

在汉字中,“他”是一个后起的俗体字,最初写作“它”。最古的字书《说文解字》尚且没有“他”字,只有“它”字,段玉裁注:“它,其字或叚(假)‘佗’为之,又俗作‘他’;经典多作‘它’,犹言‘彼’也。”徐灏笺注:“古无‘他’字,假‘它’为之;后增‘人’旁作‘佗’,而隶变为‘他’。”这里应注意的是:(1)“他”是“佗”的隶变俗体字,当出现于秦汉之际;(2)“佗”是“它”(作为代词)的假借字,也是后起的用法。[①] (3)“它”是“蛇”的古体字,这是众所周知的。《说文解字》:“它,虫也。从虫而长,象冤曲(弯曲)垂尾形。”《玉篇》:“它,蛇也。”宋代罗泌《路史·疏仡纪·高阳》“四它卫之”,罗苹注作“四蛇卫之”。清代顾祖禹《读史方舆纪要·浙江三·湖州府》:“杼山上有避它城……盖古昏垫时民避蛇于此。”以上都是没有疑问的,问题在于,段玉裁和徐灏及其他许多人都把作为人称代词的“它”视为假借字,这就值得商榷了。在我看来,“它”字的意义从指称蛇虫到指代人物的演变,这并不是假借,而是词义的引申。

这要从上古的成语“无它”和“有它”谈起。《说文解字》:“上古草居患它,故相问:‘无它乎?’”当时蛇多,所以人们见面时常相问:没有蛇吧?这相当于后世见面问候的套语:别来无恙?段玉裁注:“相问‘无它’,犹后人之‘不恙’‘无恙’也。”既然成了一般见面问安的套语,那么,“它”的含义也就泛化了:不仅指蛇患,而且指一般的忧患,或如高亨先生所说的“意外之患”(详下)。进一步联系当时部族之间战争频繁的事实,“它”在问候中更多的是

---

① “佗”的本义是“负荷”,即“驮”的古字。《说文解字》:“佗,负何(荷)也。”朱骏声《说文通训定声》:“佗,俗作驼、作驮。”

指称作为敌对势力的外族。例如《国语·周语下》谈到单子“能类”，并引《诗经·大雅·既醉》“其类维何？室家之壶。君子万年，永锡祚胤”，认为“必兹君之子孙实续之，不出于他矣”。韦昭注：“类，族也。”“他，他族也。”“不出于他”即不出自外族。所以，“无它乎”的通常意思是：没有外族来犯吧？相反，如遇外族侵犯，便是“有它”。对此，我们可以《周易》古经的“有它”为证。《周易》共有三处谈到“有它”，大抵均指作为敌对势力的外族。

一是《比卦》初六爻辞：“有孚盈缶，终来有它，吉。”高亨先生《周易古经今注》指出：“（《说文解字》：‘它，虫也……’）重文作‘蛇’。是古人称意外之患曰‘它’。此爻云：‘终来有它吉。’大过九四云：‘有它吝。’中孚初九云：‘有它不燕。’义并同。殷虚卜辞亦有‘有它’‘亡它’[①]之文，义亦同。筮遇此爻，终有意外之患，而不足为患，故曰：‘终来有它吉。’”这里指出“意外之患”是对的，但还不够，未能说明何以“不足为患”而“吉”，这是因为高亨先生讲错了“来”字，以为“来”是虚词而无实义，于是“终来有它”就成了“终于有它”，可是这样就应该导致“凶”，怎么能说明“吉”呢？实际上：此“意外之患”指异族外患；“来”的意思是“徕”，是使动用法，即“使之来”；“终来有它”是说终于招徕了异族，即通过诚信（孚）亲辅（比）的手段安抚了异族，故“吉”。

另外尤其值得注意的是，此爻的“终来有它”也就是卦辞的“不宁方来”，即亲徕了不安分的异邦（应提起注意的是，当时的一“邦”一“国”其实就是一个部族）。高先生对“不宁方来”的解释很好：

---

① 此“亡”即“无”之意，“亡它”即“无它”。

> “不宁方来后夫凶”殆古代故事也。王夫之曰：“‘不宁方’谓‘不宁之方’，犹《诗》言‘榦不庭方’。”其说甚韪。宁，安也。方，犹邦也。《诗·荡》“覃及鬼方”，《抑》“用逷蛮方”，《常武》“徐方绎骚”，诸“方”字皆犹“邦”也。古金文亦或用“方”为“邦”义。“不宁方”谓不安静之邦，即好为乱之邦也。……“不宁方来”谓不宁之邦来朝也。

显然，这里的“不宁方”就是“它”，“不宁方来”就是“终来有它”。“有它”（存在异己的外族）则凶，“终来有它”（亲徕了异族）则吉。所以《象传》解释《比卦》说：“先王以建万国、亲诸侯。”这就是卦名“比”的意思，也是“终来有它”的意思。

二是《大过》九四爻辞：“栋隆，吉；有它，吝。”高亨先生解释：“栋高者室巨，室巨者家大，自是吉象；然高明之家，鬼瞰其室，一有意外之患，则不易克服，如寇盗不来则已，来必徒众力伟，而难抵御也。”如上所说，所谓“寇盗”当指来犯的外族。当时部族之间经常互相侵袭，《周易》古经对此多有记载。这句爻辞的原意应该是：筮得此爻，得吉；但是如遇外族来犯，则吝。此卦与《比卦》讲的都是通过“亲比”的手段来安抚招徕异族的道理，不过具体途径不同。《比卦》似乎是用当时流行的盟会的方式。高亨先生解释《比卦》时，便谈到了盟会的事实：

> 诸侯朝王，后至者诛，故曰“不宁方来后夫凶”。《国语·鲁语》：“仲尼曰：‘丘闻之，昔禹致群神于会稽之山，防风氏后至，禹杀而戮之。’”《竹书纪年》：“帝禹八年春，会诸侯于会稽，杀防风氏。”“不宁方来后夫凶”疑即记禹杀防风氏之故事也。

而《大过》则是用的婚姻的方式，故爻辞说“老夫得其女妻”，“老妇得其士夫”。

三是《中孚》初九爻辞：“有它，不燕。”字面的意思是：有蛇，不安。高亨先生解释：“燕，亦安也。……然则‘有它不燕’者，有意外之患则不安也。”这一卦实际记载的就是一次外族来犯，所以，下面九二爻是一首饮酒誓师的歌谣：“鸣鹤在阴，其子和之。我有好爵，吾与尔靡之。”接下来的六三爻，便是一首抗击外族侵犯的战斗歌谣：“得敌，或鼓，或罢（同‘鼙’），或泣，或歌。”笔者曾经指出，“‘中孚’，发自内心的诚信”；“从诗意看，‘鸣鹤在阴’一节乃是战前誓师，取信于众，以求同仇敌忾，当为‘中孚’之意的来源”①。值得一提的是，“有它不燕”，帛书《周易》作“有它不宁”。宁就是安，联系到上文讨论的“不宁方”，可以作另一种解释：此处的“有它不宁”显然就是“不宁方”的意思。这就是说，作“不燕”指“我”不安，作“不宁”则指“它”不宁。但无论做何种解释，此卦记载的都是一次外族来犯的事实。

以上《周易》“有它”诸例表明，“它”总是指异己的外族，亦即危险的他者。与“有它”相对的即“无它”，自然是指没有意外之患，具体来说，就是没有外族的侵犯。此外，《周易·同人》记载的也是一次部族之间的战争，《象传》说：“君子以类族辨物。”

与此相关的，还有“非他”这种说法，指的是很亲近、对自己无二心的人。例如《仪礼·觐礼》中天子招见司空时说：“非他。伯父实来，予一人嘉之；伯父其入，予一人将受之。”郑玄注：“言‘非他’者，亲之辞。”既称为“伯父”，即未视之为异己外族，故言“非他”，表示亲信。又《士昏礼》记载了婚礼过程当中约定见面的一

---

① 详见拙著《易经古歌考释》，巴蜀书社 1995 年版，第 274 页。

个礼节及女方之父与其女婿的对话:“主人对曰:‘某以得为外昏姻之数……请吾子之就宫,某将走见。’对曰:‘某以非他故,不足以辱命,请终赐见。’对曰:‘某得以为昏姻之故,不敢固辞,敢不从?’”郑玄注:“非他故,弥亲之辞。”“非他故”即“得以为外昏姻之故”,因为婚姻使得外姓变为同族,故言“非他”。这两例都涉及部族之间的关系。既然“非他”表示亲近关系,“他”或“它”当然就表示与此相反的疏离关系。这就表明,中国古代的他者意识是与族类意识密切相关的,这就是《左传·成公四年》中的一句名言——“非我族类,其心必异”。这种意识后来进一步发展为所谓“华夷之辨”,即中国人和外国人的严格分别。

关于他者意识在“他”或“它”上的表现,我们还可讨论以下几点:

其一,一般来说,“他”或“它”当初并不是特定的人称代词,而是一般的远指代词,意思是“彼”(今所谓“那”),既可以指人,也可以指物。段玉裁注《说文解字》:“它……犹言‘彼’也。”《正字通》:“他,彼之称也。”《集韵·戈韵》:“佗,彼之称。”这种“远指”的意味蕴涵着一种疏远的态度,正是以他者为一种“异己”(Alienated,异化、疏远)的在者的意思。“他”之为“彼”,含有两种意义:一是“物我”对待的“物”,一是“人我”对待的“人”(他人)。而这两者的共同之处在于,它们都是异己的在者。所以《玉篇》说:“它,异也。”《吕览·贵生》注说:“他犹异也。”因此,“他”总是被排斥在外的,这正如《国语·周语中》所说:“且夫兄弟之怨,不征于它;征于它,利乃外矣。”兄弟之间即使有怨,也是“非他”的关系,这里,“他”总是被“罚下场”了的,就是说,“他”决不在那种能够体现主体间性(Inter-subjectivity)的“你我”对话的语境之中。下面我们还会看到,“他”即便是出场为“你”,也仍然不在这种语境之中，至多是一种“在场的他者”。

其二，这种既指人也指物的“它”或“他”，更多的是指非人的物。所以，“他”或“它”常常被冠于物前，例如《诗经·小雅·鹤鸣》“它山之石”，《左传·隐公元年》“制，岩邑也，虢叔死焉。佗邑唯命”，《史记·高祖本纪》“于是沛公乃夜引兵从他道还”，等等，“他”或“它”都用以指物。因此，“他”或“它”之为“彼”，作为一种异己的在者，更多地代表了一种“非人”的含义。可见“他”或“它”兼指人与物，这是一个重要信息，表明他人作为“他者”，与“物”无异。体现在部族关系上，在古代意识里，中原以外的都不是人，所以，那些氏族部落的名称往往都带一个“犭”旁或者“虫”旁，例如“狄”“蛮”之类。四川的古称“蜀”是一种蠕虫，重庆的古称“巴”也是一条虫，可能是大蟒蛇。① 当时有一个经常侵犯中原的部族，被称为“猃狁”，意思是长嘴狗。只有“我”即中国人才是人，这一点我们将在下文谈到“我”时再作讨论。

其三，以上两层观念都是从存在论的角度来看的，他者是异己的在者；如果从价值论的角度来看，“他”或“它”则是邪恶不正的东西。故《玉篇》讲：“它，非也。”《礼记·檀弓下》：“或敢有他志，以辱君义。”郑玄注：“他志，谓私心。”《大学》引《尚书·秦誓》：“若有一个臣，断断兮无他技，其心休休焉。”郑玄注：“他技，异端之技也。”是说此臣专心善道而无异端邪术。《汉书·卫绾传》：“（因为卫绾）忠实无它肠，乃拜绾为河间王太傅。”颜师古注：“心肠之内无他恶。”所以扬雄《法言·问道》才说：“适尧、舜、文王者为正道，非尧、舜、文王者为它道。君子正而不它。”上文所

① 《说文解字》：“蜀，葵中虫也。”“巴，虫也。或曰食象蛇。”

说的古代成语“有它”和“无它”，也都有这种意味：无它则善则吉，有它则恶则凶。我们还注意到一种突出的汉语现象：古人凡是谈到不在场但自己尊敬的或者亲近的人时，是决不会用“它”或“他”相称的；反之，凡是谈到“他”或“它”或“彼”时，都是充满疑忌、警惕甚至敌意的。

二、你：在场的他者

这种他者意识决定了古代汉语全套人称代词的语言游戏规则，以至第二人称“你”也蜕变成了一种“他”，区别仅仅在于：“他”是缺席的他者，“你”是在场的他者。同为他者，无论“他”还是“你”都是异己的在者：“他”不是“你”的不在场，“你”反倒是“他”的在场。这正如古诗所说：“子不我思，岂无他人？”（《诗经·郑风·褰裳》）这就是说，面对着“我”的“你”，心里却并没有“我”，因为“你”并不是本真的你，只是“他”的出场而已，即便你我是在对话，你也在“王顾左右而言他”（《孟子·梁惠王下》），此刻的“你—我”仍如“他—我”一样，“尔为尔，我为我”（《孟子·公孙丑上》），仍然不能实现真诚的沟通，更谈不上“相视而笑，莫逆于心”（《庄子·大宗师》）。“我”和“你”的关系本质上仍然不过是“我”和“他”的异在关系，这种疑忌关系突出地体现在《左传·宣公十五年》中的那句著名祈愿中：“我无尔诈，尔无我虞！”这个祈愿正好反证了现实的“你我”关系只是“尔虞我诈”的关系。

第二人称“你”字出现得较晚，是从“尔”“汝”（古或作“女”，假借，读亦如“汝”）演变而来的。[1]《广韵·止韵》：“你，汝也。”《广韵·语韵》：“汝，尔也。”《集韵·语韵》：“女，尔也。通作‘汝’。”“汝”本是水名，“女”本指女人，即它们作为人称代词都是假借字。汉语的用字，除第一人称外（讨论详下），第二人称和第三人称都是用的假借字，即都没有本字，这是一个值得深思的问题：我们是否可以据此设想，“我”的观念的产生早于“你”和“他”的观念？[2] 如其然，根据下文对“我”的分析，似乎自我意识从其产生之际，就由于跟族类意识密不可分而已经异己化了？换句话说，我们作为个人是否从来不曾有过真正的自我？这是一个重大的问题，但已不是本文的篇幅所能允许讨论的了。

作为人存在的异己化的结果之一，“你”也染上了浓厚的他者意识色彩。例如《广韵·止韵》：“你，秦人呼傍人之称。”这里所谓的“傍人”（旁人），显然就是视“你”为异己者的意思：“你”虽然在场，但只是替本不在场的“他”出场而已。“你”的这种他者意味，在用法上的表现，就是它往往不用于尊称、爱称，只用于上对下、尊对卑之类的称呼当中。这样的例子不胜枚举，详见下文，这里我们仅以《晋书·姚弋仲传》里的一个例子加以分析：“弋仲性狷直，俗无尊卑皆‘汝’之。”是说弋仲这个人性格很直率，不论贵贱之人，他都直呼以“你”。这种做法被认为“无贵贱”，即被视为一种不合礼仪的即不符合语言游戏规则的做法，因为对尊贵的人是不能直呼“你”的。反过来说，“你”是对卑贱者的称谓，而卑贱

---

① 段玉裁注《说文解字》“尔”字：“‘尔’……后世多以‘爾’字为之……古书‘尔’字，浅人多改为‘爾’。”本文不作“尔”“爾”的区分，以便用简化字排版。

② 因为上文讨论的“它”作为代词，最初只指异族，而非人称。

者是“我”不应亲近而应疏远的在者。

这种游戏规则与“它”一样，也跟族类意识有关。高亨先生在解释《比卦》时，指出“不宁方”作为上古成语又作“不宁侯”。对于这种异己的外族，他引证的许多例子都称之为“汝”“女”“尔”“若”：

> 《周礼·考工记》“梓人”：“祭侯之礼，以酒脯醢，其辞曰：‘惟若宁侯、毋或若女不宁侯，不属于王所，故抗而射汝。’”《大戴礼·投壶篇》：“鲁命弟子，辞曰：‘嗟尔不宁侯，为尔不朝于王所，故亢而射汝。’”《白虎通·乡射篇》：“礼，射祝曰：‘嗟尔不宁侯，尔不朝于王所，以故天下失业，亢而射尔。’”《说文》：“侯，春飨所射侯也。其祝曰：‘毋若不宁侯，不朝于王所，故伉而射汝也。’”《仪礼·大射仪》“董侯道”郑注：“尊者射之以威不宁侯，卑者射之以求为侯。”是“不宁侯”为古代成语。不宁之侯谓之“不宁侯”，不宁之邦谓之“不宁方”，其意一也。

但第二人称“尔”或“汝”的用法似乎经过一番演变。这个演变过程似乎正是人们丧失本真状态即他者意识渗入第二人称的过程：它本来是可以通用的，那是一种本真的用法；后来才转变为专门用于上对下、尊对卑的称呼。《正字通》云，本来“我称人曰‘尔’……古人臣称君皆曰‘尔’。《诗·小雅·天保》称‘尔’者九，《大雅·卷阿》称‘尔’者十三；《书·伊训》《大甲》称尔、汝亦肰(然)”。例如《诗经·卫风·氓》：“尔卜尔筮，体无咎言，以尔车来，以我贿迁。”《诗经·郑风·萚兮》：“叔兮伯兮，倡予和女。”由此可见，“你”与“我”本来是互为主体际对话者的，正如《诗经·皇矣》郑玄笺注:“尔我,对谈之辞。”但是,后来成了上对下、尊对卑的称谓,例如《史记·樗里子甘茂列传》:“文信侯叱曰:‘去!我身自请之而不肯,女焉能行之!’”《魏书·陈奇传》:“尝众辱奇,或‘尔汝’之,或指为小人。”“尔汝之”意为以“尔”或“汝”相称,以表示轻侮的意思。例如《孟子·尽心下》:“人能充无受‘尔汝’之实,无所往而不为义也。”朱熹集注:“盖‘尔汝’,人所轻贱之称。”焦循正义:“‘尔汝’为尊于卑、上于下之通称。”其实,在人际关系的本真状态中,以“尔汝”相称本来是表示亲昵的,但在“你”的观念异己化之后,这种称呼反倒成了一种难得的境界。例如杜甫《赠郑虔醉时歌》:“忘形到尔汝,痛饮真吾师。”只是作为醉中“忘形”的结果,“你”才流露出本真性。又如韩愈《听颖师弹琴》:“昵昵儿女语,恩怨相尔汝。”这是在“儿女”(男女)热恋中的“忘形”,此时才有“你”的本真性。这也从反面证明了只有在“忘形”(忘却世俗)的情景下,“你”才能回复到本真状态。

与此相应,作为指示代词的“尔”也从本来的近指之“此”(这)转变为远指之“彼”(那),即逐渐疏远化了。“尔”本近指,如王引之《经传释词》卷七所说:“尔,犹此也。”近指之“尔”与“迩”(即近)相通,如《周礼·地官·肆长》所说:“实相近者,相尔也。”此种近指之“尔”也作“汝”或者“女”,吴昌莹《经词衍释》说:“‘尔’,犹‘此’也,《书》‘尔不啻不有尔土’、《诗》‘既作尔歌’是也。通作‘女’‘汝’。《诗》‘今女下民’,《孟子》引作‘今此下民’,《左传》昭十二年‘子产过汝’,十八年‘子产过女’,皆言‘过此’也。”“尔”作近指,又常作“如此”讲,段玉裁注《说文解字》“尔”字:“‘尔’之言‘如此’也。”《六书故·数》:“‘如是’之合为‘尔’。”其中的“此”亦近指代词。但随着“你”的疏远化,“尔”后来就变为远指了,裴学海《古书虚字集释》卷七:“尔,犹彼也。”

"彼"即远指代词。例如《诗经·周颂·思文》:"无此疆尔界,陈常于时夏。"此"此疆尔界"即"此疆彼界"。《世说新语·赏誉》:"尔夜风恬月朗,乃共作曲室中语。"这里的"尔夜"意为"那晚"。《敦煌变文集·维摩诘经讲经文》:"尔时居士种种说法,教化王孙,令往庵园。"这里的"尔时"意为"那时"。从近指向远指的演化正反映出"你"的观念的疏远化(Alienation):"你我"之间产生了"此疆尔界"的隔膜,"你"也变成了他者。

三、我:内在的他者

这种他者意识不仅决定了"你"的而且同样决定了"我"的语言游戏规则。如果说,尽管"他"是缺席的他者,"你"是在场的他者,但对于"我"来说,它们同样都是外在的他者;那么,"我"就不过是一种内在的他者而已。换句话说,"我"不过是已经丧失了本我的存在状态,即本我的异化形式。这里借用了弗洛伊德的"本我",但是实质内容不同:我所谓"本我"指的是本真的我,而不是弗洛伊德所谓的性本能。但在我看来,中国古代的自我意识结构与弗洛伊德的潜意识结构之间具有某种同构关系:"我"作为内在的他者,类似于弗洛伊德的"自我",是由两个方面相互渗透而成的:一方面是"本我"即本真的我;另一方面则是"超我",它是作为外在他者的"他"和"你"渗透于潜意识结构中的结果。《论语·学而》所说的"吾日三省吾身",即我反省我自身,就是用超我来监督自我。至于中国潜意识结构中的本我,则需要我们加以发掘——或许,这需要我们返回到"前轴心时代"去?

当然,汉语"我"这个概念的产生是一件很不简单的事情,它代表着中国人自我意识的觉醒;但是这种自我意识,正如对"它"

的意识一样，一开始就是与自身所属族类的存在相关的，是与其他族类即“它”相区别对待而成立的。如前所述，古代的“它”跟部族之间的战争有关；而“我”亦然，《说文解字》解释“我”字云：“我，施身自谓也。……从戈、从𠂇①……一曰：古‘杀’字。”李孝定《甲骨文字集释》认为：“契文‘我’象兵器之形，以其柲似戈，故与‘戈’同，非‘从戈’也……卜辞均假为施身自谓之词。”两种说法的共同点是：“我”与作为武器的“戈”有密切关系。郑樵《通志·六书略二·会意》说：“我也，戍、戚也，戊也，皆从‘戈’，有杀伐之义。”例如《尚书·泰誓中》“我伐用张”，《孟子·滕文公下》即作“杀伐用张”，证明了“我”蕴涵着对异族的杀气。

但我认为，把“我”作为第一人称代词来用，这并不是文字的假借，而是意义的引申：持戈杀敌，这大概就是当时的“我”作为族类成员的首要职责，因而对自我的意识是与对部族敌人的意识相关联的。我们在前文提到的《周易·中孚》那个例子就是一个明证：外族来犯之际的“有它，不燕”和本族投入战斗之前饮酒誓师的“我有好爵，吾与尔靡之”，是把“我”“尔”和“有它”联系起来的。唯其如此，“我”经常被用作战争术语，表示敌我双方的一方。例如《左传·庄公十年》：“春，齐师伐我。”《汉书·李广传》：“虏亦不得犯我。”这种充满着杀伐气、硝烟味的用法，至今依然可见，例如“我军”“人不犯我，我不犯人；人若犯我，我必犯人”等。

关于这一点，段玉裁《说文解字注》中“施身自谓”的说明值

① 《说文解字》：“𠂇，或说古‘垂’字。”但我怀疑这个“千”乃是“禾”的省写，“我”的本义可能是持戈守禾，就是武装守土，防止外族争夺、抢劫粮食。

得注意：

> 不但云“自谓”而云“施身自谓”者，取施与（之义）……施读“施舍”之施，谓用己厕于众中；而自称，则为“我”也。施者，旗貌也；引申为施舍者，取义于旗流下垂也。《释诂》……又曰：“台、朕、赉、畀、卜、阳，予也。”……愚谓有我则必及人，故赉、畀、卜亦在“施身自谓”之内也。

这里有三点是特别值得留意的：一是“有我则必及人”，这就是我们在上面说过的，对自我的意识是与对他者的意识不可分割的。二是取“施与”“施舍”之义，这就是说，这时一个人必须舍弃那个纯粹本真的自我，即“施身”①。三是“用己厕身于众中”，这是“施身”的实际结果，就是使“我”同于在场的本族的他者；用海德格尔的话来讲，这就是本真的自我的“沉沦”。

古代汉语“我”也作“吾”。“吾”为第一人称的本字而非假借，这在第一人称诸字中是唯一没有异议的。《说文解字》：“吾，我自称也。”这个字从“口”，表示称呼。有意思的是，唐代刘威《遣怀寄欧阳秀才》：“平生闲过日将日，欲老始知吾负吾。”这犹如著名的《明日歌》所说，日复一日地虚度年华，老来忽然悟出这是辜负了自己。这句诗实在可以做本文的标题：主格之“吾”辜负了宾格之“吾”，成了后者的内在的他者，即本真之我的异化存在。可见主格作为主体意识的自我，并非本真的自我。② 这与庄子《齐

---

① “身”表自身、自我，这是古代汉语的一个常例。

② 在西方语言里，主格、主语和主体是同一个词，即“subject”，但不一定意味着本真的我。

物论》所谓“吾丧我”的用法正好相反：主格之“吾”似乎是本真的自我，宾格之“我”似乎是内在的他者。① “丧我”便是克服异化的我，回复本真的我。如此说来，《论语·子罕》主张“毋我”，这与庄子的“丧我”可谓异曲同工。

但在我看来，对“吾”字还可以有另外一种解法，其本义是防御之“御”，即与“我”字一样，都是武装防御的意思。许多古训均如此说，例如《后汉书·光武帝纪上》注、《广韵·模韵》都说：“吾，御也。”杨树达先生在《积微居小学述林》卷五“本字与经传通用字”里指出：“《毛公鼎》云：‘以乃族干吾王身。’徐同柏读‘吾’为‘御’，此以经传常用字读之也。”古典文献确有这种用法，例如《墨子·公孟》：“厚攻则厚吾，薄攻则薄吾。”孙诒让《墨子闲诂》解释说：“‘吾’当为‘圄’之省。”其实无所谓“省”，《说文解字》明确指出：“圄，守之也。从口。”此“圄”即守御、防御之“御”，也就是“吾”。汉代有官名“执金吾”，字面意思就是拿起武器防御。《汉书·百官公卿表上》：“中尉，秦官，掌徼循京师……武帝太初元年，更名‘执金吾’。”颜师古注引应劭云：“吾者，御也，掌执金革，以御非常。”《续汉书·百官志四》对“执金吾”的解释是：“吾，犹御也。”可见“吾”与“我”一样，都是抵御异族的意思。

这里的关键，从文字学上看，是如何理解“吾”字的从“口”。其实，此“口”应读为“围”，意思是“域”，意指部族据守的疆域，也就是“国”。“国”古字作“或”或“域”，也都从“口”，《说文解字》：“国，邦也。从口、从或。”“或，邦也。从口，戈以守其一。一，地也。域，‘或’或从‘土’。”段玉裁注“国”字：“古‘或’‘国’同用。”

① 可见这些不同的用法似乎并不具有语法形态的意义，因为，根据古典文献的语料，在同一个时代，它们往往都可以充当主格、宾格和领格。

又注“或”字：“盖‘或’‘国’在周时为古今字：古文只有‘或’字，既乃复制‘国’字。”他紧接着解释道：

> 以凡人各有所守，皆得谓之“或”。各守其守，不能不相疑，故孔子曰：“‘或’之者，疑之也。”而封建日广，以为凡人所守之“或”字未足尽之，乃又加“口”而为“国”，又加“心”为“惑”。

这就是说，“或”既是“国”“域”的古字，也是“惑”的古字。这实在是意味深长的：“各有其守”则“不能不相疑”，这正是以他族为异己的疑忌心态。所以，“吾”字的意义正体现在“口”上，它与“或”“域”“国”“惑”诸字的意味完全一致。执戈为“我”，守国为“吾”，再次表明中国人自我意识的产生是与族类意识联系在一起的。

中国先民这种自我意识的一个非常重要的表现就是：“我”是“中国人”——中原之国的人，而我们知道，中原人自称为“夏”。从汉语古音学考察，“夏”与“我”是大有关系的：它们韵母的韵腹相同，都是/a/，声母的发音部位也是非常接近的①，按汉语词源学的规则，它们近乎所谓“一声之转”，因而很可能本是同源词，“夏”即“我”，“我”即“夏”。这个被用来作中国第一个朝代名的“夏”，其实是“人”的正面特写照，而“人”则是人的侧面照，“大”字是人的正面远景照。所以《说文解字》指出：“夏，中国之人也。从夂从页从臼。臼，两手；夂，两足也。”“大，象人形。”作为自我意识的高度张扬，正如《说文解字》引用老子的话说，中国人即“我”

---

① 据郭锡良《汉字古音手册》，北京大学出版社 1986 年版。

认为:“道大、天大、地大、人亦大,域中有四大,而人居其一焉。”出人意表的是,今日方言“俺”字的出现也很早,其意义也是“大”,《说文解字》:“俺,大也。从人,奄声。”而这个自大的“人”就是“中国之人”,也就是“夏”,也就是“我”。这也再次表明,自我首先是作为部族成员而存在的,也就是说,“我”似乎一开始就是一个内在的他者。

行文至此,我们可以发问了:在我们的传统观念中,是否可以找到某种未曾受到这种他者意识染污的、本真的“你—我”关系意识?孟子讲的“放失”了的“本心”,是否就是这个意思?孟子说:“万物皆备于我矣,反身而诚,乐莫大焉。”(《孟子·尽心上》)如果“诚”就是“真”,那么返回到那种“诚”的“我”,是否已复归于真我?这些都是值得我们思考的重大问题。但是无论如何,我们还是不应忘记:即便我们确曾拥有本真的我,这种本真的我毕竟失落得太久了。我们的传统中积淀了太多的他者意识,这种源远流长的他者意识,一直影响到今天中国人的观念。我们知道,类似的情形在西方也一样存在。这实在是当今人类面临的诸多困窘当中的一个最深层次的困境,问题在于:我们的孔之“仁”、孟之“诚”,老之“朴”、庄之“真”,是否足以对治这种他者意识?当然,这是应该另文讨论的问题了。

第二编

西方哲学研究

从认识论到意志论

——西方近代哲学简论*

一

关于西方哲学的历程,流行一种说法:古代哲学是本体论哲学,近代哲学发生了“认识论转向”(Epistemological Turn),现代哲学发生了“语言学转向”(Linguistic Turn)。此说虽很时髦,但未必确切。我们认为,西方哲学的两次大转向应该是:第一次是近现代的“意识论转向”(包括近代的“认识论转向”、近现代的“意志论转向”及现代的“潜意识转向”三个阶段),第二次是现当代的“符号论转向”(不仅有语言哲学,尤其有更具一般意义的符号学)。简单来说,古代哲学的基本对象是客观存在,近现代哲学的基本对象是主观存在(意识、精神),而现当代哲学的基本对象则是处于主观与客观之间的一种“中介存在”——符号尤其是语言符号。哲学对象的这种“客体—主体—介体”的演变,可以简要列表如下:

---

* 原载《北京理工大学学报(社会科学版)》2000年第2期。

古代　　　　　本体论哲学……以自然客体为对象
近代—现代　　意识论哲学……以心灵主体为对象
(1)近代……“认识论转向”……有意识
(2)近现代……“意志论转向”……有意识
(3)现当代……“潜意识转向”……无意识
现代—当代　　符号论哲学……以符号介体为对象

本文尝试对其中的第一次转向即“意识论转向”的前面两个阶段(西方“近代”哲学经历的“认识论”阶段和“意志论”阶段)进行一些初步的讨论。为此,有必要先对意识、精神或“心灵”进行一番简要分析。我们可以依据心理学范畴二分法①,将人的心灵、意识或精神生活分为“认知活动”“意向活动”两类。认知包括感性认识和理性认识两种,即经验的“感知”与逻辑理智的“思维”;意向同样包括感性和理性两种,即“情感”(情感是一种“感”)和“意志”(所以康德称意志为“实践理性”)。

就西方哲学看,古代哲学的任务是“把握客观实在”,而近代、现代哲学的任务则是“把握心灵,能否以及如何把握客观实在”。但是,这种“把握”并不仅指“认识”即认知的把握,还有意向的把握;也不仅指“有意识”的把握,还有“无意识”的把握。所以,这种转向与其说是“认识论转向”,毋宁说是“意识论转向”,也就是说,哲学从外向的对客观存在的探究,转变为内向的对人自身意识或精神、心灵的探究,这种探究绝不止于认知方面,而是涉及了

① 心理学上存在两种对心理范畴的分析方法:一是“知、情、意”三分法;一是“认知与意向”二分法。二分法中的“意向”包括了三分法中的“情感”和“意志”。

意识的所有方面。

西方哲学的认识论时代是从笛卡儿、培根开始的，他们研究人类意识的认知部分，尚未顾及意识的意向方面及潜意识方面，仅此而言，才可谓"认识论转向"。然而自康德开创了德国古典哲学，中经意志主义、生命哲学，一直到存在主义，则是一种意志论哲学或者意向论哲学。再者，此前哲学研究的基本上是心灵的有意识领域，弗洛伊德开创的精神分析则是研究心灵的无意识领域的。至此，西方近代以来的哲学把人的心灵或整个意识检索了一遍。

本文试图说明：康德哲学结束了认识论时代，开辟了意志论时代；意志主义在德国的兴起绝不是偶然的，此前的整个德国古典哲学本身与其说是理性主义的，不如说是意志主义的。

二

西方近代哲学直至德国古典哲学为止，确实是认识论哲学。我们知道，这个哲学分经验主义和理性主义两大流派。

近代经验主义哲学是由培根开创的。培根在其著作《新大西岛》中，描述了一个科学技术主宰一切的理想社会。为了这个理想，他锻造了一种"新工具"，即经验归纳法。这本书的全称应该是《新工具或关于解释自然的指导》。可见，如果说古代自然哲学的着眼点在于"解释自然"，那么培根的着眼点则在于"如何解释"；此即哲学从本体论向认识论的转向。然而，与其说在培根心目中"知识就是力量"，不如说在他看来"经验就是力量"，因为在培根看来，"一切自然的知识都应求之于感官"①。经验归纳虽然

① 〔英〕培根著，关琪桐译：《新工具》，商务印书馆1935年版，第22页。

意在提供一种从感觉经验中获得知识的“逻辑”方法，但其本身也是对人心灵的经验感知方面进行深入分析的结果。这就意味着他抓住了科学的两大支柱（即经验与逻辑）之一：经验或实验。正是在这个意义上，培根才被称为“整个现代实验科学的真正始祖”①。然而很有意思的是，培根的经验主义哲学是从批判怀疑论和不可知论开始的，他开创的这个哲学派别后来却以怀疑论和不可知论告终。其实不仅培根本人，就是今天的论者也没有意识到，他的“四假象”说正表明了感觉最终是靠不住的东西。经验主义企图通过感知去把握实在，到头来却发现实在并不买感知的账。这就是从培根开山，中经霍布斯、洛克、贝克莱，直至休谟的近代英国经验主义的滑稽故事。

曾任培根的秘书、后成为经验主义一大代表的霍布斯，继续探索心灵的感知方面。霍布斯在破除其师培根的“二重真理论”方面是彻底的，但在坚持经验论立场方面是不彻底的：他虽然直捣唯理论祖师笛卡儿的先验“自我”，但自己也陷入了几何演绎法的唯理论；他对事物的“名称”之符号论性质的天才觉察，也是偏离经验主义立场的；他对物体性质所作的两种“偶性”（纯客观的广延和形状，带有主观性的感知“影象”）的区分，已预示了经验主义将走向不可知论。不过他基本上还是一个经验论者，例如，他那本著名的论证专制制度之合理性的《利维坦》也是从“经验”出发的（但有一点值得一提，就是他注意到了“意志”问题，认为国家是“由人们的意志和契约造成的”）。

洛克的《人类理解论》是经验主义乃至整个认识论研究领域的空前巨著。他第一次明确意识到了认识论的“问题”所在，是反

① 《马克思恩格斯全集》第2卷，人民出版社1957年版，第163页。

思人的心灵的认识能力,“看看什么物象是我们的理解所能解决的,什么物象是它所不能解决的”。他首先进行“扫清道路”的工作,即对天赋观念论(“普遍同意”论、“理性发现”论)展开批判,由此导出其著名的“白板”说,为把一切知识置于感知经验之上“打定基础”。接下来,他详论自己的经验主义哲学:一切知识都是建立在经验上的;这些知识不外来自“内外两种感觉”;感觉提供“简单观念”,心灵把它们组合成“复杂观念”(从具体的感知到概括的“抽象观念”),进而把它们连接成表现为判断句的“知识”。然而,通过划分知识的三种等级(直觉、论证、感觉)、考察“知识的范围”,洛克不但偏离了经验立场,而且已经打开了通向不可知论的大门:“我们知识底范围不但达不到一切实际的事物,而且甚至亦达不到我们观念底范围。”①我们只能获知事物的“名义本质”,而无法获知其“实在本质”或其“实体”②。这种作为一切性质之支撑者的实体,颇似后来康德所说的不可知的“物自体”。

贝克莱主教那个意在传教的“百慕大计划”虽以失败告终,他通过哲学论证上帝的“百慕大计划”却相当成功;而实现这个“百慕大计划”的思想工具,正是直接继承于洛克的经验论哲学。人们过去总以为他是别有用心地利用了经验论,殊不知他的哲学实乃经验论发展之合乎逻辑的结果。作为宗教神学家,他敏锐地认识到“物质的实体从来就是无神论者的莫逆之友”,“我们如果把这块基石一移掉,则全部结构只有垮台了”③,所以他首先致力于

---

①② 〔英〕洛克著,关文运译:《人类理解论》,商务印书馆 1959 年版,第 530 页、第 286 页。

③ 〔英〕乔治·贝克莱著,关文运译:《人类知识原理》,商务印书馆 1973 年版,第 62 页。

对“物质实体”的解构，证明那不过是一种“假设”；同时作为经验主义者，他进一步证明了“对象和感觉原本是一种东西”“物是观念的集合”等命题；他那著名的“存在即被感知”的命题，最终宣告了由感知经验通达客观实在是不可能的。

贝克莱经验论的直接继承人是休谟。但是，如果说贝克莱的不可知论是要论证上帝的存在，那么休谟的不可知论则是怀疑经验以外的任何“实在”，这是一种彻底的怀疑论，连“上帝”乃至“自我”这样的存在都在怀疑之列。这种彻底的怀疑论，其实正是彻底的经验论；相形之下，过去的经验论都是不彻底的。可以说，休谟才是最早一个“拒斥形而上学”的哲学家。实际上，休谟提出的下面这个问题，从此成为哲学史上最引人入胜、此后哲学发展的一大动力的课题：“我们借什么论证能够证明人心中的知觉定是由和它们相似（如果这是可能的）而实际完全差异的一些外物所引起呢？”①许多哲学家力图回答它并自以为回答了它，其实这个问题至今仍然是一个问题（关于“实践”是否证明“实在”，也是一个值得讨论的问题）。康德后来解决这个问题的方式，其实没有完全超出休谟当初的思路——关于“实在”或者“上帝”之类的问题不是一个认识的问题，而是一个信仰的问题。

从培根到休谟，经验论哲学对心灵的感知能力进行了越来越深入的分析，最终却宣告了由感知经验达至客观实在的不可能。另外一条可能的思路，则是由理性或理智把握实在，那就是唯理论的方式。这一派对心灵的理知能力进行探索，但最终也不能解决把握实在的问题。

---

① 〔英〕休谟著，关文运译：《人类理解研究》，商务印书馆 1972 年版，第 135 页。

近代理性主义哲学由笛卡儿开创。笛卡儿称自己的哲学为“实践哲学”,但他的“实践”不是肯定而是否定自己的意志,“只求改变自己的欲望,不求改变世界的秩序”①。他把这种“形而上学”视为人类知识之树的“树根”,并把它植根于“理性”之中;为此,他对心灵的理性认知方法进行了深入的探究。他用数学式的精确的逻辑演绎法,由“自我”心灵的存在,推演出一切实在的存在,充分展示了人类理性的力量。然而从笛卡儿开始,一切理性主义其实都是建立在非理性的基础之上的,尽管他们未必意识到或愿意承认这一点:他们的逻辑推演确实是很理性、严密、精致的,然而这种逻辑推演的最初前提是一点也不理性的;准确地讲,他们的逻辑前提是直觉的。笛卡儿的“我思故我在”这条所谓“不证自明”的公理,不是不愿“证”,而是无法“证”;它是直觉的产物。他从怀疑一切开始,找到了那条唯一无可怀疑的命题,这说明什么?说明唯有直觉才是无可怀疑的。“除了通过自明性的直觉和必然性的演绎以外,人类没有其他途径来达到确实性的知识。”②(笛卡儿认为“自我”的存在是“清楚明白”无须证明的,但这一点对于正在“梦蝶”的庄子来说则是大成问题的。)由于直觉比演绎更根本,这种理性主义毋宁说是一种直觉主义。这就是一切唯理论的永远不可抗拒的宿命。进一步说,“直觉……而是由澄清而专一的心灵所产生的概念”③。可见直觉的结果其实本是

---

① 北京大学哲学系外国哲学史教研室编译:《十六——十八世纪西欧各国哲学》,商务印书馆 1975 年版,第 146 页。

② 转引自全增嘏主编《西方哲学史》上册,上海人民出版社 1983 年版,第 511 页。

③ 转引自全增嘏主编《西方哲学史》上册,上海人民出版社 1983 年版,第 511 页。

“先验”的东西或曰“天赋观念”。这就需要上帝出场了,难怪笛卡儿首先合乎“理性”地推出了“上帝”的客观实在,这与中世纪神学家安瑟伦的“本体论证明”绝无两样。

斯宾诺莎的唯理论比笛卡儿的更极端。他是用严格的几何学的逻辑演绎法来建立他的“伦理学”体系的。他申明志在“尽力寻求一种医治理智并且纯化理智的方法,使理智可以正确圆满地认识事物”①,并为此首先写成了《理智改进论》。这表明他的哲学是为认识自然而首先认识、改进理性本身。而在他看来,“理性”思维的典范就是几何学的方法。然而就其对心灵的理智能力的考察而言,斯宾诺莎较之笛卡儿并没有根本性的突破。他仍然是把认识建立在理性基础上,进而把理性建立在直觉基础上:“除了真观念(即直觉,引者注)外,还有什么更明白更确定的东西足以作真理的标准呢?”②

微积分和数理逻辑的创始人莱布尼兹对“单子”或“灵魂”的“知觉”和“表象”能力的探究,实际上就是对心灵的理知能力的研究。单子之间的这种“知觉”虽有一定的经验主义色彩(所以他有所谓“大理石纹路”说),但本质上还是理性主义的;例如他称构成人灵魂的“第二级单子”为“理性灵魂”,就是继承了柏拉图以来的理性主义传统;单子之间的那种“前定和谐”,表明理性能力不是经验的结果,也就是说,那是一种先验的能力(此乃是上承笛卡儿、下启康德的观念)。总之,莱布尼兹的思想有如其一篇名文

---

① 北京大学哲学系外国哲学史教研室编译:《十六——十八世纪西欧各国哲学》,商务印书馆 1975 年版,第 232 页。

② 〔荷兰〕斯宾诺莎著,贺麟译:《伦理学》,商务印书馆 1958 年版,第 76 页。

的标题——《以理性为基础的自然和神恩的原则》。所以,他与经验论者洛克展开论战;贬低经验论的“事实的真理”,推崇唯理论的“推理的真理”。然而“单子”作为真正的“实在”,恰好不是“推理的真理”,而是一种预设的“信念的真理”(首先相信实体应具有“能动性”或“力”的能力)乃至“类比的真理”(与当时列文虎克等人的生物学结果类比)。

总之,唯理论对心灵的理知能力进行了精湛的分析;但也同经验论一样,未能通过理性达至客观实在;他们达到的,原来是某种先验自我的直觉(对于理性主义最终必然导致直觉主义,人们尚无明确的意识)。经验论与唯理论对“实在”的证知最终宣告破产,这表明对实在的把握本来并不是一个认识的问题。对此,马克思在《费尔巴哈论纲》中评论道:人的思维是否具有客观的真理性,这并不是一个理论的或者纯粹认识的问题,而是一个实践的问题;离开实践的思维现实性或非现实性的争论,是一个纯粹经院哲学的问题(至于“实践”能否证明或者是否意在证明“实在”的客观存在,那是另当别论的)。

三

康德超群绝伦的“问题意识”,使他意识到了关于心灵的这种经验论与唯理论的“认知分裂”的严重。他要对人心灵的认知能力重新加以“批判”,澄清其起源与界限,既批判经验主义的“怀疑论”,也批判理性主义的“独断论”。康德试图弥合这两大派的对立,为此写了他的《纯粹理性批判》(康德的这种努力,直到后来在现代分析哲学的逻辑经验主义那里才得以“完成”)。他说:“我们这个时代可以称为批判的时代。没有什么东西能够逃避这个批判的。……只有经得起理性的自由、公开检查的东西才博得理性的尊敬的。”①可见他基本上是个理性主义者，试图建立一种“科学的形而上学”。康德首先把问题归结为“先天综合判断是否可能、如何可能”的问题，因为在他看来，数学、自然科学和形而上学的判断都是“先天综合判断”；而只有这种判断才能既提供新知识又保证具有普遍必然性。这种判断或“知识”，正是先天的知性形式与后天的感性材料的统一。

然而康德这种努力的结果仍然归于不可知论，也就是说，不论是分别通过经验论和唯理论，还是通过这两者的综合，都不能解决认识如何把握实在的问题。这是因为，知识虽然是从“经验”开始的，但经验并不是作为客观实在的“自在之物”本身，而只是“现象”，即只是心灵固有的先天形式与自在之物刺激感官之后产生的后天表象共同作用的结果。所以康德的“纯粹理性批判”具有双重意义：一方面对心灵的认知方面进行了更完备的考察（特别是对“知性范畴”的分析，其精密是前所未有的），另一方面进一步宣告了企图由纯粹理性或者“认识”来把握“实在”（灵魂、世界、上帝）确实是不可能的（在康德看来，“本体”这个概念正表示了它是不可认识的）。康德宣布哲学或形而上学是不可能的，其实是宣布那种企图把握实在的“认识论”是不可能的。可以说，康德已经结束了哲学的认识论时代。那么，心灵如何才能把握实在？只能通过“道德”“信仰”“自由意志”，或曰“实践理性”。康德明确提出“实践理性”高于“纯粹理性”，这一点被后来的意志主义哲学奉为先驱。

① 转引自全增嘏主编《西方哲学史》下册，上海人民出版社 1983 年版，第 39 页。

这里,我们应当讨论一下马克思式的解决方案。前面说过,马克思在《费尔巴哈论纲》中提出:认识或思维的客观性和实在性,不是一个理论的问题,而是一个“实践”的问题。按照迄今为止通常的理解,似乎可以得出一个结论:“实践检验真理”或者“实践证明实在”。其实,这是一种“误读”。实践可以把握实在,但是并不“证明”实在。我们说“实践并不证明实在”,因为这里所谓“实在”乃指“不以人的意志为转移”的客观存在,这种纯粹的“客观存在”对于马克思来说恰恰不存在,而实践正好是“要”以人的意志为转移的,也就是说,意志是实践的一个要素;我们说“实践可以把握实在”,仅仅因为对于马克思来说,正是实践或者生活本身,才构成真正唯一的实在。实践就是实在,除此之外别无实在。所以,准确地说,马克思的实践论并不是什么“认识论”,而是一种“实践的存在论”①。这是理解马克思哲学“存在论”的关键所在,舍此便会退回“前马克思哲学”。在心灵如何才能把握实在的问题上,康德诉诸“实践理性”,马克思诉诸“实践”,两者有一致之处;因而,两者也都诉诸自由意志,所以,马克思说:“人的类特性恰恰就是自由的自觉的活动。”②区别在于,“实践理性”指实践活动在心灵上的表现,而且实际仅指“意志”;而“实践”则指这种活动本身,而且在心灵方面也不限于意志,还涉及整个意识。

从意志主义崛起以后,西方哲学进入了探索意志或者意向活动的时代。就此而言,叔本华是一个伟大的标志。然而此前的德国古典哲学已经相当深入地探讨了意志问题。可以说,实际上是德国古典哲学开辟了西方哲学的“意志论时代”。

---

① 但我并不同意八十年代所谓“实践本体论”对“实践”的理解。

② 《马克思恩格斯全集》第42卷,人民出版社1979年版,第96页。

早在康德那里,意向活动就已经被探讨了。他给理性划定界限,却为意志开辟了广阔的空间。他为此又写下了《实践理性批判》。"实践理性"这个概念标示的其实是意向,却被冠以"理性"之名,使得此后的整个德国古典哲学虽然具有强烈的意志主义色彩,却被称作"理性主义"。康德的《实践理性批判》与《道德形而上学探本》是同一母题的两本著作,意在探寻某种普遍必然的道德原则。在他看来,道德主体不是经验存在的人,而是理性存在的人;道德原则不是一种经验的原则,而是一种理性的原则。所以,他称之为"实践理性"。但事实上,这并不是一种所谓"理性",而是一种"意向"的东西,所以康德又称之为"绝对命令";但"命令"并不是一种"实然"的认知陈述,而是一种"应然"的意向要求。我们试看康德列出的这些绝对命令:

1."我一定要这样行为,使得我能够立定意志要我行为的格准成个普遍规律。"①这里所讲的显然是"善良意志"的普遍性。

2."你须要这样行为,做到无论是你自己或别的什么人,你始终把人当目的,总不把他只当做工具。"②这里所讲的乃是人意志的价值终极性,人的意志本身是最高的价值尺度。

3."个个有理性者的意志都是颁定普遍律的意志。"③非常明显,这里所讲的"道德自律"乃是"意志自由"的普遍性。

康德显然把作为认知的"理性"与作为意向的"意志"相混了

① 〔德〕康德著,唐钺重译:《道德形上学探本》,商务印书馆 1957 年版,第 16 页。

② 〔德〕康德著,唐钺重译:《道德形上学探本》,商务印书馆 1957 年版,第 43 页。

③ 〔德〕康德著,唐钺重译:《道德形上学探本》,商务印书馆 1957 年版,第 45 页。

（这是康德的研究者们至今忽略了的一个问题）。不过，这在西方哲学探索人类心灵的意向活动的初期似乎也是在所难免的。（另外，在《判断力批判》中，康德探讨的“目的性”问题，其实也是一个“意向”问题；同时，也是在《判断力批判》中，康德的另一个伟大贡献，就是他已经对心灵意向的“情感”方面进行了相当深入的探讨；限于篇幅，我们这里暂不讨论。）

康德哲学宣告了认识论时代的终结、意志论时代的到来。随后的整个德国古典哲学，一直到黑格尔，都是意志与理性的同一，而不仅仅是理性主义；我甚至认为，德国古典哲学的意志主义倾向要胜过其理性主义倾向；整体来说，德国哲学具有强烈的意志主义意味。例如费希特的“自我”，就纯然是一种“活动”“行动”，也就是意志；“你在这里生存，是为了行动；你的行动，也只有你的行动，才决定你的价值”①。正是这个绝对的“自我”意志首先建立了“自我”，然后建立了“非我”，最后又建立了“自我与非我的统一”。他用“自我创造非我”来标示人的实践，又用“非我限制自我”来标示人的认识；而前者作为意志行为当然是更为根本的。而且最后，他终于提出了“大我意志”来统辖众多分离的“小我”。

谢林的“同一哲学”与其说是自然哲学之客体与先验唯心主义之主体的同一，毋宁说是认知与意向的同一，因为这个“绝对的同一”或“无差别的太一”之创造物质与心灵，正是一种本体意义的意志行动；而他的“天启哲学”，这种所谓“积极的哲学”，更是直接诉诸“信仰”，因而诉诸“意志”（这个意志似乎是神的意志，其实是人本身的意志）。难怪费尔巴哈当时就指出它是“反理智

① 〔德〕费希特著，梁志学、沈真译：《人的使命》，商务印书馆 1982 年版，第 79 页。

主义”的，也就是说，它本质上已不是一种“认识论”。

至于黑格尔的辩证法，确有明显的理性主义性质，他的整个哲学体系，是思辨理性的展开；但这只是表面的东西。在我看来，黑格尔的“绝对精神”与其说是绝对理性，不如说是“绝对意志”；而他的辩证法与其说是理性的展示，不如说是绝对意志的自我展现。绝对精神为什么要自我展开？这里存在一个动力问题。黑格尔以为这个动力就是“矛盾”，“矛盾则是一切运动和生命力的根源”①；这是不对的，矛盾只是辩证运动本身，而非这个运动的动力。黑格尔哲学的最根本特点是：“实体即是主体。”绝对精神之所以要展开运动，是因为它本身就是行动的意志。所以，在我看来，绝对意志是绝对精神的内容，而理性或辩证法不过是绝对意志自我展现的形式。黑格尔强调的“思维的能动性”，本质上正是绝对意志。“理性出现在世界上，具有绝对信心去建立主观性和客观世界的同一，并能够提高这种确信使成为真理。”②然而意欲“建立真理”的这种“绝对信心”不是绝对意志又是什么？马克思曾指出：“在黑格尔的体系中有三个因素：斯宾诺莎的实体，费希特的自我意识以及前两个因素在黑格尔那里的必然的矛盾的统一，即绝对精神。”③然而如上所述，费希特的“自我意识”正是意志。

正因为如此，黑格尔也与康德一样，在其逻辑学中认为“实践的理念”（即意志）高于“理论的理念”，而“绝对理念”乃是理论理

① 〔德〕黑格尔著，杨一之译：《逻辑学》下卷，商务印书馆 1966 年版，第 66 页。

② 〔德〕黑格尔著，贺麟译：《小逻辑》，商务印书馆 1980 年版，第 410 页。

③ 《马克思恩格斯全集》第 2 卷，人民出版社 1957 年版，第 177 页。

念与实践理念的统一；又在其精神哲学中认为“实践的精神”高于“理论的精神”，二者的统一就是“自由的精神”。所以他批评道：“理智与意志的区别往往不正确地被理解为每一方各自具有固定的与独立的存在，好象意志可以没有理智而存在，或者理智的活动可以没有意志而存在。”进而明确指出：“实在的自由的意志是实践的和理论的精神的统一性，自由的意志实现了自己的意志的自由。”①正是在这个意义上，黑格尔的辩证法是理性活动与意向活动的统一；其中绝对意志是最根本的东西（不过，黑格尔本人也未必清楚地意识到了这一点；由于受到法国启蒙思想的强烈影响，他仅对“理性”范畴有明确的意识）。至于整个“客观精神”（法、道德与伦理）阶段，黑格尔更是明确无误地把它们归结为“自由意志”的体现。

探究了心灵的“意志”方面，却又把它与某种“理性”相混淆，这就是从康德到黑格尔的德国古典哲学的一脉相承之处。总起来看，可以说德国古典哲学突出了意志与理性的统一性，这也算得上一种成功；但这种“成功”也可以说恰恰是一种失败，因为意志与理性（意向与认知）的不分，正妨碍了他们对意志本身进行较为透彻的研究。也正因为如此，我们对后起的意志主义哲学应给予足够的历史评价。

叔本华标举的唯意志论，在西方的理性主义传统上打开了一个缺口。他将德国古典哲学当中的意志问题推向极致，使其充分地突显了出来；应该说，这在哲学史上确实是一个伟大的历史事件。这种“唯意志论”起到了一种矫枉过正的作用，使得我们能够

---

① 转引自全增嘏主编《西方哲学史》下册，上海人民出版社 1983 年版，第 286 页、第 295 页。

暂时撇开认知,专心致至地探究心灵的意向。然而叔本华的哲学首先是对康德的继承和发展。他也把世界分为"现象世界"和"自在之物"。根本区别在于,康德把"实践理性"或者意志看作通达自在之物的途径,而叔本华则直接把意志看作自在之物本身。但是无论如何,对意志的探究从德国古典哲学就开始了;换句话说,德国古典哲学是西方哲学从认识论时代到意志论时代转折的枢纽。

拒斥“形而下学”

——论哲学及其与科学的关系*

哲学与科学的关系是一个争论了几百年而至今尚未解决的问题。近代以来,科学开展了一场“民族独立运动”,开始从哲学的母体中解放出来,开疆拓土,地盘越来越大;而哲学仿佛是旧时的宗主国,一退再退,领地愈来愈狭。于是不断有人预言:哲学即将终结;或者干脆断言:哲学已经终结了。与此相应的则是哲学的一些忠贞不渝的卫道者,主要是哲学界的人文主义者,他们针锋相对,捍卫哲学的尊严,然而他们抗争的呼声往往显得那样软弱无力;同时,哲学界还有一派科学主义者,他们实际上已放弃了哲学的立场,他们的所谓“哲学”,实质上已经是科学而非哲学了。

今天,越来越多的人已经强烈地意识到,“哲学与科学之关系”已是一个不可回避、亟待回答的前沿问题。在这个问题上,大致不外两种对立的立场:

一种可谓“取代论”,这是科学主义者的观点,认为科学产生之前,人们对世界的认识水平太有限,太“不科学”,只能聊以传统哲学的方式即以“玄想”的方式去把握世界;而科学既经产生,哲

---

* 原载台湾《鹅湖》2000 年第 2 期。

学的认识方式就该退出历史舞台了。在科玄论战中，邓中夏的观点颇有代表性："自从各种自然科学和社会科学发达之后，哲学的地位，已经被这些科学取而代之了。哲学的所谓本体论部分——形而上学，玄学鬼群众藏身之所——已被科学直接的或间接的打得烟消灰灭了。现今所残留而颇能立足的方法论部分，都是披上了科学的花衣，或是受过了科学的洗礼，如胡先生所信的实验主义，名义上虽则寄籍哲学，实际上科学乃是他的老家；由他们口口声声拿'科学方法'做夸耀骄衿的无价之宝，便可以证明了。所以我的意思，哲学已是'寿终正寝'，索性把哲学这一个名辞根本废除，免得玄学鬼象社鼠城狐一样，有所凭借，有所依据。"①

与此相对立的一种立场则可谓"分治论"，这是许多人文主义者的看法，或者说，是一种无奈的苦衷，是一种"退守"的、略带几分伤感与苦涩的抗辩，认为哲学与科学各有其疆域，应该"大路朝天，各走半边"，井水不犯河水；至于这种疆域具体如何划定，则又各说不一。

在我看来，"取代论"自有它的几分道理。传统的哲学"日不落帝国"对许多领域的统治，确实应该由科学的自治取代——事实上，这种事情早就开始发生并且仍在进行。但这个过程无论进行到哪一天，哲学都不可能最终被逐出精神生活的王国。只要人类存在一天，哲学就会存在一天，因为科学固然可以而且应该"拒斥形而上学"，但人做不到，人不能不与"形而上学"打交道，因为（下文我将说明）"形而上学"是人之行为的思想前提、人之生存的精神条件。所以，"分治论"也有它相当的理由。康德说，他为

① 邓中夏：《思想界的联合战线问题》，见蔡尚思主编《中国现代思想史资料简编》第2卷，浙江人民出版社1982年版，第177页。

理智划定界限是为了给信仰留下地盘。这个说法有充分的理据，因为存在着这样一种论域，它是人之行为的必要前提，但科学或理智永远不可能"证明"它，而它正是哲学的论域。

这种"分治"观如果仅仅停留于此，那还是不充分的。其实，更进一步考察来看，哲学的论域不仅超越了科学，而且从根本上制约着科学；"形而上学"问题不仅为人类日常行为而且为科学提供前提——具体来讲，它提供的，乃是人之任何行为必须以之为前提而又永远不可能被任何科学证明的"信念"。这种信念就是关于"生活""生存""存在"或者"实在"的一种"认定"。没有这种关于实在的信念，人包括科学家，就无法采取任何行动，势必陷于比哈姆雷特的犹豫不决还要严重万分的状态，只能坐以待毙。所以，吴稚晖当年曾指出："即明通的哲人，早已不信上帝，尚坚称宗教可以与宇宙同尽。其实彼所指之同尽物，乃为宗教家久假不归的'信仰心'而已。信仰心自然与宇宙同尽。"(《一个新信仰的宇宙观及人生观》)此"信仰心"即信念，它是与宇宙同始终的。难怪屠孝实评论吴稚晖："唯吴君之主张，仅谓玄学之提倡，无益于今日之中国，初非谓玄学绝对不可谈，此种议论，其所争既不过先后缓急之间，对于玄学之本身，未尝有否认之意。"(《玄学果为痴人说梦耶?》)

在科玄论战中，对于科学家丁文江攻击玄学家张君劢，张东荪曾经评论道："我认为丁先生不是真正拿科学来攻击玄学，而只是采取与自己性质相近的一种哲学学说而攻击与自己性质相远的那种哲学学说。"(《劳而无功》)"经我分析的结果，丁在君先生并没有反对玄学，只是反对张君劢先生的人生观罢了。张君劢先生的人生观是一种哲学……丁在君先生为要反对他，所以不能不急急忙忙采取哲学中的另一种：如詹姆士杜威罗素当然是一种哲学，不是科学。”[1]确实如此。事实上，拿科学来攻击哲学是不可能的事情。丁文江的科学观是建立在某种哲学观念基础上的。这种哲学观念就是近代范畴的经验主义哲学。这里的对立不是科学与哲学的对立，而是哲学的两种预设或关于实在的两种信念的对立。所以，当年屠孝实也指出："然细读丁君前后诸文，对于本体论之研究，亦未尝否认之，且自称为存疑的唯心论者。"（《玄学果为痴人说梦耶？》）

关于实在的信念，确实是人一切行为的前提。举个简单的例子，你感觉肚子饿了，你拿起碗，往食堂去。你此时的行为基于一个不假思索、所谓"不证自明"的信念：确有这样一个食堂存在，它可以解决你的饥饿问题。然而这个食堂的存在是不可证明的，正如任何存在都是不可证明的（不仅经验、逻辑，就是实践也不能"证明"这一点，我们下文将要讨论）。但你认定有这么一个食堂存在，这就是信念。不客气地讲，所谓"客观实在""理念""上帝"等都是一种精神的"食堂"而已。我承认自己是一个"唯物论者"或者实在论者；但我同时承认，这并不是因为我手头已经握有了关于物质世界客观存在的证据，而是因为我拥有这样一种关于客观实在的信念。这种信念之所以叫作"信念"，就在于它的"不可证性"。现代实验物理学已经或多或少地悟出了这一点，这是大家熟知的，无须我在这里唠叨。

不仅科学无法证明实在，哲学本身也不提供这种证明。近代以来的哲学历史已经表明，"实在"实在是"不可知"的。近代以来，哲学企图以两种途径通向实在：一是以培根为代表的经验主义，一是以笛卡儿为代表的理性主义。我们知道，经验主义哲学

---

① 张东荪：《科学与哲学》，商务印书馆1999年版，第56页。

本欲通过“感知”把握实在，到头来却发现，原来感知经验这个东西压根儿就靠不住，结果走向“不可知论”。这并不是因为他们太蠢太笨，而是因为经验或感知本来就无法证明实在。理性主义又如何呢？笛卡儿的理性分析确实令人叹服；但我们都知道，这一切都建立在“我思故我在”这个公设之上。在笛卡儿看来，“我在思考”是不证自明的实在。然而问题就出在这里：你凭什么说“我在思考”？焉知你不是在“庄生梦蝶”或者“蝶梦庄生”？你能拿出证据来吗？如果能拿出来，那个证据肯定就是经验，而经验已经被证明是靠不住的了。那么，你能推出这个结论来吗？纵能推出，既是“推出”的，那就需要逻辑前提，也就是说，“我思”仍然不是原初的前提。其实答案很简单：“我思”正是笛卡儿的一个信念。所谓“不证自明的”，其实就是信念而已。

接下来是康德开创的德国古典哲学。康德对于哲学史的意义就在于：其一，他试图弥合经验主义与理性主义；其二，他意识到这两者都不能把握实在，如果不自量力，势必陷入“二律背反”的困境。既然如此，德国古典哲学就向另外一个方向迈进：“自我意识”的“思辨”——通过思辨的途径来打通主体与对象的限隔，以解决“思维与存在的同一性”问题。但我们应该心知其意：不论“自我意识”，还是“绝对精神”，都既不是经验归纳出来的，也不是理智分析出来的；“思辨”不是“证明”，它只是一种对信念的阐释。说到底，哲学不应该是一种“证明”，而只能是对存在或实在的一种阐释。哲学不可能也不想证明什么，它只是对关于实在的某种信念加以阐释或曰给出一种“说法”。至于你信不信这种说法，那仍然是一个信念问题。

所以，给某种哲学冠之以“科学的”名目，是荒谬的：不是这种“哲学”本身荒谬，就是这种叫法荒谬。至于所谓“科学哲学”（应该不是“scientific philosophy”，而是“the philosophy of science”），我想，如果它是哲学，就绝不是“科学的”；如果它是“科学的”，那就一定不是哲学。

关于“实在”的证实问题，用马克思的话来讲，叫作“思维与存在的同一性”问题。马克思早在《费尔巴哈论纲》中指出，思维与存在的同一性不是一个理论的问题（因为是不可证的），而是一个实践的问题。但人们对马克思的意思往往有一种极大的误解，以为实在问题不是理论可以证明的，却是实践可以证明的。其实，实践同样也不提供关于实在的任何所谓“证明”。一旦以为实践可以提供这种证明，势必陷入理论困境。这道理很简单，实践本是主体性、目的性的活动；实践的成功，正是主观目的的实现，因而你虽然可以说是证明了主观符合了客观，然而同样也可以说是证明了客观符合了主观——这就是说，它证明的正是“意志”以及由意志支配的主体理性的力量。你凭什么敢肯定，实践的成功不是如费希特所说的“自我设定非我”？这仍然是一个不可证明的“信念”。

这正是德国哲学最突出的一个特征——意志主义的倾向。不要说费希特、谢林、叔本华，黑格尔亦如此。例如黑格尔哲学，通常谓之为“理性主义”；但他的“绝对理性”实质上是一种“绝对意志”即绝对主体性，理性不过是它的自我展现形式；换句话说，思辨理性不过是那个绝对主体意志的自我展现。因此，这个过程就表现为知、情、意之同一。所以，思辨是绝对意志通过自我否定达到自我肯定的过程；也就是说，所谓“思辨”只是绝对意志确立关于自我的绝对信念的方式，这种方式，本质上是一种“阐释”。

这就涉及了“如何得到关于实在的信念”这个问题。信念是怎么得来的呢？这种信念既不是经验归纳的结果，也不是逻辑演绎的结论。对一个有头脑的人来说,经验是不能为他提供信念的,因为他很清楚,经验是靠不住的,从个别经验中归纳出一条一般规律,往往是所谓“危险的一跃”(Dangerous Leap);理论更不能为他提供信念,“理论是灰色的,生活之树是常青的”,理论的逻辑前提可以“无穷倒溯”,其终点也就是不可证实的信念。

信念的来源,我称之为“领悟”。领悟既非逻辑演绎法的推论,也非所谓“科学归纳法”的结果。当然,领悟是有经验作为基础的。没有相当的生活实践经验的积累,是谈不上有所领悟的。所以,与其说“实践出真知”,不如说“实践出信念”。但是,从经验到领悟,绝非归纳的过程。无论你有多少经验,你也无法得出“实在”。一个疯子的感官往往特别敏感,但他的“丰富经验”都是虚幻不实的。领悟也与理智有关,没有相当的理性能力也谈不上领悟。例如被人们视为“非理性主义”的柏格森哲学,实际上也大量使用逻辑理智的推导;但是,他对“生命冲动”的领悟绝不是逻辑地推出的。反之,作为西方理性主义鼻祖的柏拉图,其“理念世界”也不是理性逻辑所能推定的。在中国,如冯友兰的“新理学”,人们皆注意到了其新实在论的逻辑分析方法,殊不知他的“天地境界”作为最“形而上”的人生境界,却是不可以“推出”而只能“悟出”的。

所以,领悟的关键就在一个“悟”字。此即海德格尔之所谓“思”,所谓“颖悟”。“悟”是一种非常复杂、玄妙的过程:它长期积累,但瞬间完成;它有演绎而非演绎,有归纳而非归纳;它是经过“经验”的,但最终是“超验的”;它也是经过“理智”的,但最终是“超智”的。所谓“超”就是并不否认感性与理性,而是超越它们。百“感”交集,百“思”莫解,可是“蓦然回首”,“一旦豁然贯通”,于是,我们获得了关于实在的一种信念。

可见这种不可证实的关于"实在"的信念当然不是科学——不论经验科学还是理论科学——所能提供的；而它倒是一切科学的前提，或者说，是一切科学得以出发的观念基础。任何一门具体的科学，总是一个逻辑的系统（包括演绎逻辑、"归纳逻辑"），也就是说，它总是以某种一般的"原理"作为它的逻辑前提，这种前提对于该门科学来说便是所谓"不证自明"的东西，其实也就是它的一种"信念"。一门具体的科学依赖于这种信念，所有科学的总体同样依赖于这种信念；只不过前者是关于某种具体实在的信念，后者是关于实在总体的信念。举例来说，爱因斯坦发现相对论，便是基于他对"时空"范畴进行的新思考。而他对时空范畴的新思考，是既非经验亦非逻辑理智所能处理的，实际上，那是极为典型的哲学思考，或者说，那是一种"领悟"。爱因斯坦谈到自己发现相对论时承认，"对于发现这个中心点所需要的批判思想，就我的情况来说，特别是由于阅读了戴维·休谟和恩斯特·马赫的哲学著作而得到决定性的进展"①。又如现今物理学提出的"超弦"概念，虽然可作所谓10维、12维空间的数学处理，但"超弦"观念本身的产生和提出是哲学领悟的结果，而且这个结果也同样不可"证实"，却正在成为越来越多物理学家的信念。我们记得，胡适曾经嘲笑张君劢，说孙行者（玄学）怎么也不可能跳出如来佛（科学）的手掌。后来张东荪又如法炮制："我现在亦学胡适之先生，把孙行者与如来佛的比喻，用在我所敬爱的丁先生身上：哲学就好比如来佛的掌心，丁先生一个跟斗翻了十万八千里，以为出了哲学的范围，其实还在如来佛掌心里。"（《劳而无功》）

---

① 许良英、范岱年编译：《爱因斯坦文集》第1卷，商务印书馆1976年版，第24页。

所以,科学的基础就是关于实在的信念。对科学基础的追问已是现代哲学一个经常讨论的重大问题了;但最早对科学的基础提出质疑的,则是休谟。休谟对作为科学基本信念的因果律的客观必然性的诘难,是人类思维史的一次革命。他说:“第一,我们有什么理由说,每一个有开始的存在的东西也都有一个原因这件事是必然的呢?第二,我们为什么断言,那样一些的特定原因必然要有那样一些的特定结果呢?我们的因果互推的那种推论的本性如何,我们对这种推论所怀的信念(belief)的本性又如何?”①确实,科学以因果律的客观必然性为前提,却从不问更不可能“证明”这种前提本身的性质如何;其实,这实在是一种信念而已。休谟指出:“我们如果不能指出,没有某种产生原则(productive principle)任何东西决不能开始存在,那么我们同时也永远不能证明,每一个新的存在或存在的每一新的变异都必然有一个原因;前一个命题如果不能证明,那么我们就没有希望能够证明后一个命题。但是前一个命题是绝对不能用理论来证明的。”②到此为止,休谟都是正确的;问题在于,他接下来把这种信念解释为经验的联想,也就是说,把科学的基础从逻辑理性转移到感知经验上。其实,作为科学基础的因果律的客观必然性乃是一种哲学的领悟。

话说到此,我仿佛已听见有人嚷道:“喔,你那是非理性主义、神秘主义!”确实,哲学的“领悟”作为一种特定的把握存在的方式,是“非理性”的。所谓“非理性”,是说它不是一种理性思维或者逻辑思维;但它并不是“反理性”的,也就是说,与其说它是排斥

---

①② 〔英〕休谟著,关文运译:《人性论》,商务印书馆1980年版,第94页、第96页。

理性的,不如说它是包容理性的。它含有理性,却不等于理性,正如它含有感性,却不等于感性。领悟作为一种思维方式或意识形式,其独特性主要在于其对象或内容的独特性:科学所要把握的是存在的有限性,哲学所要把握的则是存在的无限性——不仅是时间、空间上的无限性,还有其"可能性"上的无限性。存在是无限可能的,生活是无限可能的。对此,你可以觉得它"神秘",但神秘感总是出于无知。实际上,应该说哲学的"实在"并不比科学的"超弦"更神秘。

我们还是回到马克思的实践论上去吧。我们所谓的"领悟",也可以叫"实践的领悟"或者"在实践中的领悟"。前面说到,休谟把因果律的客观必然性归结为经验的联想,说到底,其实就是个归纳的问题。然而我们已经知道,事实上任何经验归纳都是不可能得出关于实在的一般命题的。不过,休谟还提到,这是"绝对不能用理论来证明的",却又接近了事实。马克思在《关于费尔巴哈的提纲》里就说过,这类问题不是一个理论的问题,而是一个实践的问题。哲学的领悟,既不是归纳得来的,也不是演绎得来的,而是从生活实践中"悟出"的。这就是我们所说的"实践出信念"。

总之,科学的进行同时需要三样东西作为前提条件:感知的经验,理智的逻辑,关于实在的信念。而后者是哲学提供的。哲学就是:领悟—信念—阐释。

这里我预感到有人将会提出这样的诘难:"如果关于实在的信念不可证明,如何保证此信念的客观普遍性?"这里实际包含着两个相互关联而又完全不同的问题:一是所谓信念的"普遍性",即如何解释人们在信念上具有共通性、"同感"或者"共识"从而能够"交流"的问题;一是所谓信念的"客观性",即如何保证这种信念具有实在性或者可靠性的问题。

人们在信念上的共性或者“共鸣”确实是存在的。例如许多人一致认定“物质”就是绝对的客观实在；另有许多人一致认定“上帝”才是绝对的客观实在。这种“共同信念”的产生，其实是基于主体方面即“人”的共性的（包括生理结构、心灵构造），此即所谓“人同此心，心同此理”。不仅不同的人群各有其共同信念，他们之间，也就是说，整个人类也有共同信念。例如不论是笃信“物质”还是笃信“上帝”，两者有一个共同信念：在“我”之外，存在着一个绝对的客观实在。即便是佛教徒，也未能“超脱”这一点，例如典型的唯识宗的“唯识无境”说，最终也得承认“识”尤其是“阿赖耶识”是实在的。

至于对信念的客观实在性的诘难，不知道读者注意到没有，这种提问方式本身是有问题的，因为它问的正是所谓“主观符合客观”的问题，这个问题事先预设了一个假定，就是“客观实在”；然而“客观实在”这个预设正是我说的那种不可证明的东西——信念。王平陵曾指出：“科学的研究事物，不问其对象之真伪，但依据日常的经验，假定此现象为真有，乃立于假定之上，从而探究其原理罢了。如物理学假定物质为常在，从而究其现象的法则；心理学假定精神为真有，从而叙其作用之变化。至于物质精神为实为妄之讨论，则侵入于哲学之范围，而非科学所能担任的了。”（《“科哲之战”的尾声》）

科学对其研究对象的“真有”“常在”的“假定”，便是我们所说的“信念”。张东荪在谈到智力测验的时候曾说：“讲到智力实验，过达德告诉我们说有一个不因学习而改的先天智力，所测的即是这个抽象的智力而不是具体的学习。我想这个话丁先生听了一定不大高兴，因为不料货真价实的科学方法却背后先有一个玄学的假定。但是削去这个假定，科学的智力实验法亦立不住了。”(《劳而无功》)事实上,某种“玄学的假定”是科学的前提。对此,当年屠孝实曾说过:“科学虽以现实之经验界为对象,然其所用之根本概念,如物力时空因果之类皆不加批评而承认之,是固非知觉之对象,而实玄学思维之产物也。”(《玄学果为痴人说梦耶?》)

关于这个问题,美国哲学家蒯因的“本体论承诺”思想特别值得我们注意。他认为,我们接受一种科学理论,实际上就接受了一种关于存在的约定或者预设,这就是一种“本体论承诺”。“我们之接受一个本体论在原则上同接受一个科学理论……是相似的。……一旦我们择定了要容纳最广义的科学的全面的概念结构,我们的本体论就决定了。”①当然,“这里所考虑的不是本体论的事实,而是对论说的本体论许诺。一般地说,何物存在不依赖人们对语言的使用,但是人们说何物存在,则依赖其对语言的使用”②。但科学在说某物怎样之前,总得说某物存在,即先得有个本体论许诺。

所以,关于“哲学”的界定,我们不得不回到亚里士多德这里。他把哲学贞定为“形而上学”,即“物理学之后”(Metaphysics)③。(这里所谓“物理学”,在很大程度上就是“科学”的代名词。)因此,在亚里士多德看来,哲学是在科学“之后”(也就是“之外”)的学术。有一些问题是科学不讨论也无法讨论的,它们正是哲学的课题。用中国话来讲,科学研究的是“形而下”的问题(“形而下

---

①② 〔美〕威拉德·蒯因著,江天骥等译:《从逻辑的观点看》,上海译文出版社1987年版,第16页、第95页。

③ “物理学之后”虽然不是亚里士多德本人确定的说法,但确是他实际的处理方式。

者谓之器”),哲学研究的是“形而上”的问题(“形而上者谓之道”)。在这个问题上,康德之区分“现象界”与“物自身”是很英明的。

然而现代分析哲学居然提出了“拒斥形而上学”的口号。在我看来,科学确实应该拒斥形而上学,否则便是越俎代庖、不自量力。但那是科学而非哲学的事情。而且所谓“拒斥”,这里只能理解为“不予研究”(科学不能“拒斥”关于实在或者存在的信念,已如上述)。科学不应研究形而上学的问题,那是哲学的领地。可是,哲学怎能拒斥形而上学?恰恰相反,哲学应该“拒斥形而下学”。这里所谓的“拒斥”,当然也是“不予研究”的意思。哲学不应研究形而下的现象界,虽然它可以并应当利用科学或者“形而下学”的成果。

可是,在科学主义的实证主义“时代潮流”的影响下,一些“哲学家”也跟着起哄,以为哲学也应该“拒斥形而上学”。结果他们忘却了自家的责任,跑去鼓捣“逻辑分析”“语言分析”之类本该属于科学的玩意儿。说实话,我经常怀疑所谓“分析哲学”究竟还是不是“哲学”。分析哲学只是在一种意义上还是一种哲学,那就是它自在地隐含着一种本体论或形而上学:这里,世界或存在的本体、本原或本质,就是语言或者思维的逻辑结构。在这个问题上,只有蒯因算是老老实实承认的。可是这样一来,分析哲学本身不也是一种“形而上学”了吗?他们的“拒斥形而上学”,不是拿自己的形而上学去排斥其他的形而上学吗?

总起来说,一方面,哲学由于其“超验”“超智”的特性,它要借助于“形而下”的科学而超越之,从而达到对存在的“形而上”的把握;另一方面,也由于其“超验”“超智”的特性,哲学又为科学提供信念的基础、逻辑的前提。

本此，梁启超对科学派和玄学派的两员主将的一句评语是很公允的："在君过信科学万能，正和君劢之轻蔑科学同一错误。"（《人生观与科学》）仿此，我们也可以说：玄学派的过信玄学（何况只是一种意志主义的玄学），正和科学派的过于轻视玄学同样错误。关于这点，蔡元培先生有一个比较平允的说法："人类自有一种超乎实证的世界观与人生观的要求，不能对实证哲学而感为满足。又人类自有对于不可知而试为可知的要求，不能对不可知论而感为满足。于是更进一步为形而上学，即玄学（Metaphysik）。古代的玄学，是包含科学的对象，一切用演绎法来武断的。现代的玄学，是把可以归纳而得的学理都让给科学了。又根据这些归纳而得的学理，更进一步，到不能用归纳法的境界，用思索求出理论来；而所求出的理论，若演绎到实证界的对象，还是要与科学家所得的公理不相冲突。……所以专治一科学的人，说玄学为无用，不过自表他没有特别求智的欲望，可以听其自由。若是研究玄学的人，说玄学与科学可以不生关系，就不是现代玄学家的态度。"①

当然，我们以上的讨论是从哲学或玄学与科学的差异性或对立性上着眼的；其实，玄学或哲学与科学也具有统一性。这有两层意思：一是两者的互动性，一是两者的同一性或一致性。

所谓互动性，是说哲学与科学总是互相依存的。王平陵曾指出："在希腊时代的科学，全是包括于哲学之内；及科学离哲学而独立以后，哲学依然存在，并没有缩小他的范围，或消灭掉他的痕迹。不但如此，而且有许多科学者，正因为哲学而存在，他的科学

① 蔡元培：《简易哲学纲要》，见蔡元培著《中国伦理学史》，东方出版社 2012 年版，第 182 页。

的创见,才能发挥光大的;就是由科学万能的见地上,所成立的‘实证论’,要亦不过是科学的哲学罢了。更就事实而观,近代的大科学家,由科学的见地而发展,其结局税驾于哲学的境地的,正复不少。例如达尔文(C. R. Darwin)是一位生物学者,然而他的进化论,则超脱科学的领域,而入于哲学的范围了。赫胥黎(T. H. Huxley)黑格尔(E. H. Hackel)①辈,都是进化论者,也渐次接触于哲学问题了。此外由科学方面而接近于哲学问题的,尚是很多。”"科学是哲学的基础,哲学是科学的综合。”“哲学由科学而得材料,以充实其内容,可免踏于空虚的流弊;科学则由哲学而巩固其目的与基础,以获得论理的确实性。是以二者的进步,是相互关联的,科学进步,则哲学亦必进步;哲学发达,则科学亦必有同样的发达,两者各尽其职能,于是人生便得完全的进步了。”可惜他仍然站在一种二元对立的思维立场上,虽然“承认科学与哲学,有并立的可能性”,但是声称“确知其在作用上,为对立的而非一元的”(《“科哲之战”的尾声》)。

所谓同一性,是说哲学与科学在一定程度上原是同质的东西。对此,张东荪曾指出:“我本来亦晓得哲学与科学的界限是难分的:如牛顿的绝对运动论在当时何尝不是科学,然而马赫便说是哲学而不是科学。而马赫的经验论却被发明量子的濮朗克(普朗克)所讥笑,以为仍是哲学而不是科学。马赫攻牛顿,濮朗克再攻马赫,难保不再有人攻濮朗克么?”(《劳而无功》)确实,在很多情况下,我们往往很难简单判定一种理论是科学的还是哲学的。究其原因,在于哲学体系中往往包含有许多经验实证的、逻辑推定的内容,科学理论中往往包含有一些直觉的、领悟的内容。这

① E. H. Hackel,此非德国古典哲学家黑格尔。——引者注。

是因为，如王平陵所说："哲学与科学的关系，非全然同一，亦非全然无别，盖'同中有异'，'异中亦有同'，哲学必俟科学而得完全，科学亦必俟哲学而始得正确；所以说科学哲学为补合的二元论，就是这个缘故了。"（《"科哲之战"的尾声》）对于科学与哲学之间界线的模糊性，波普尔曾指出："现代物理学，特别是爱因斯坦理论（一九一九年曾受到广泛讨论），是高度思辨、高度抽象的，远远离开了可称为其'观察基础'的东西。一切想表明这种理论也多少是'以观察为基础'的企图，都是没有说服力的。"①

① 纪树立编译：《科学知识进化论》，生活·读书·新知三联书店 1987 年版，第 100 页。

论西方近代哲学的转向与德国古典哲学的性质*

关于西方近代以来哲学的历程，现今存在一种普遍的说法：近代发生了“认识论转向”(Epistemological Turn)，现代发生了“语言学转向”(Linguistic Turn)。这种说法虽很流行，但未必十分确切。笔者曾经指出：

> 西方哲学的两次大转向应该是：第一次是近、现代的“意识论转向”(包括近代的“认识论转向”、近现代的“意志论转向”及现代的“潜意识转向”三个阶段)，第二次是现、当代的“符号论转向”(不仅有语言哲学，尤其是有更具一般意义的符号学)。简单说来，古代哲学的基本对象是客观存在，近、现代哲学的基本对象是主观存在(意识、精神)，而现、当代哲学的基本对象则是处于主观与客观之间的一种“中介存在”——符号，尤其语言符号。哲学对象的这种“主体——客体——介体”的演变，可以简要列表如下：
>
> 古代　　　　本体论哲学……以自然客体为对象

* 原载《四川大学学报(哲学社会科学版)》2001年第3期。

近代—现代　　意识论哲学……以心灵主体为对象

(1)近代……“认识论转向”……有意识

(2)近现代……“意志论转向”……有意识

(3)现当代……“潜意识转向”……无意识

现代—当代　　符号论哲学……以符号介体为对象①

本文试对其中从认识论到意志论的转向以及德国古典哲学在其中发挥的作用加以说明。为此,有必要先对“心灵”做一番一般性的分析。我们可以依据心理学范畴二分法,将人的心灵、意识或精神生活分为“认知活动”“意向活动”两类。认知包括感性和理性两种,即“感知”(经验的)与“思维”(逻辑的);意向同样包括感性和理性两种,即“情感”(情感是一种“感”)和“意志”(所以康德称意志为“实践理性”)(详下)。

	认知	意向
感性:	感知(经验的)	情感
理性:	思维(逻辑的)	意志

古代的本体论哲学旨在把握实在,近代的认识论哲学则旨在把握我们的心灵如何把握实在。然而联系到迄今为止的整个西方哲学来看,这种转向与其说是认识论转向,毋宁说是“意识的转向”或者“心灵的转向”,也就是说,哲学研究从外向的对存在的探究,转为内向的对人之自身意识或者精神、心灵的探究。但是,这

① 黄玉顺:《从认识论到意志论》,载《北京理工大学学报(社会科学版)》2000年第2期。

种探究不止于认知方面，还包括意向方面。西方哲学的认识论时代是从培根、笛卡儿开始的。他们研究人类心灵的认知部分，这就是所谓的“认识论转向”。培根着重研究认识的感性一面，发展了经验归纳逻辑，从而在英国开创了经验主义传统。笛卡儿则着重研究认识的理性一面，发展了概念演绎逻辑，从而在大陆开创了理性主义传统。此时哲学尚未顾及心灵的意向方面，只是致力于心灵的认知方面。

一

培根在他的著作《新大西岛》中，描述了一个科学技术主宰一切的理想社会。为了这个理想，他锻造了一种“新工具”，即经验归纳法。这本书的全称应该是《新工具或关于解释自然的指导》。可见，如果说古代自然哲学的着眼点在于“解释自然”，那么培根的着眼点则在于“如何解释”。此即哲学从本体论向认识论的转向。然而，与其说在培根心目中“知识就是力量”，不如说在他看来“经验就是力量”，因为在培根看来，“一切自然的知识都应求之于感官”①。经验归纳虽然意在提供一种从感觉经验中获取知识的“逻辑”方法，但其本身也是对人心灵的经验感知方面进行深入分析的结果。这就意味着他抓住了科学的两大支柱（即经验与逻辑）之一：经验或实验。正是在这个意义上，培根堪称“整个现代实验科学的真正始祖”②。

然而很有意思的是，培根的经验主义哲学是从批判怀疑论和

---

① 〔英〕培根著，关琪桐译：《新工具》，商务印书馆1935年版，第22页。

② 《马克思恩格斯全集》第2卷，人民出版社1957年版，第163页。

不可知论开始的,他开创的这个哲学派别后来却以怀疑论和不可知论告终。其实不仅培根本人,就是今天的论者也没有意识到,他的“四假象”说正表明了感觉最终是靠不住的东西。经验主义企图通过感知去把握实在,到头来却发现实在并不买感知的账。这就是从培根开山,中经霍布斯、洛克、贝克莱,直至休谟的近代英国经验主义的滑稽故事。

霍布斯继续探索心灵的感知方面,但是,他在破除其师培根的“二重真理论”方面是彻底的,在坚持经验论立场方面是不彻底的:他虽然直捣唯理论祖师笛卡儿的先验“自我”,但自己也陷入了几何演绎法的唯理论;他对事物“名称”之符号论性质的天才觉察,也是偏离经验主义立场的;他对物体性质所做的两种“偶性”(纯客观的广延和形状,带有主观性的感知“影象”)的区分,已预示了经验主义将走向不可知论。不过他基本上还是一个经验论者,例如,他那本著名的论证专制制度之合理性的《利维坦》也是从“经验”出发的。

洛克的《人类理解论》是经验主义乃至整个认识论研究领域的空前巨著。他第一次明确意识到了认识论的“问题”所在,是反思人的心灵的认识能力,“看看什么物象是我们的理解所能解决的,什么物象是它所不能解决的”。他首先进行“扫清道路”的工作,即对天赋观念论(“普遍同意”论、“理性发现”论)展开批判,由此导出其著名的“白板”说,为把一切知识置于感知经验之上“打定基础”。接下来,他详论自己的经验主义哲学:一切知识都是建立在经验上的;这些知识不外来自“内外两种感觉”;感觉提供“简单观念”,心灵把它们组合成“复杂观念”(从具体的感知到概括的“抽象观念”),进而把它们连接成表现为判断句的“知识”。然而,通过划分知识的三种等级(直觉、论证、感觉)、考察

“知识的范围”,洛克不但偏离了经验立场,而且打开了通向不可知论的大门:“我们知识底范围不但达不到一切实际的事物,而且甚至亦达不到我们观念底范围。”①我们只能获知事物的“名义本质”,而无法获知其“实在本质”或其“实体”②。这种作为一切性质之支撑者的实体,颇似后来康德所说的不可知的“物自体”。

贝克莱直接继承了洛克的经验论哲学。人们过去总以为他是别有用心地利用了经验论,殊不知他的哲学实乃经验论发展之合乎逻辑的结果。作为宗教神学家,他敏锐地认识“物质的实体从来就是无神论者的莫逆之友”,“我们如果把这块基石一移掉,则全部结构只有垮台了”③,所以他首先致力于对“物质实体”的解构,证明那不过是一种“假设”;作为经验主义者,他进一步证明了“对象和感觉原本是一种东西”“物是观念的集合”等命题;他那著名的“存在即被感知”的命题,最终宣告了由感知经验通达客观实在是不可能的。

如果说贝克莱的不可知论是要论证上帝的存在,那么休谟的不可知论则是怀疑经验以外的任何“实在”,这是一种彻底的怀疑论,连“上帝”乃至“自我”这样的存在都在怀疑之列。这种彻底的怀疑论,其实正是彻底的经验论;相形之下,过去的经验论都是不彻底的。可以说,休谟才是最早一个“拒斥形而上学”的哲学家。实际上,休谟提出的下面这个问题从此成为哲学史上最引人

---

① 〔英〕洛克著,关文运译:《人类理解论》,商务印书馆 1959 年版,第 530 页。

② 〔英〕洛克著,关文运译:《人类理解论》,商务印书馆 1959 年版,第 286 页。

③ 〔英〕乔治·贝克莱著,关文运译:《人类知识原理》,商务印书馆 1973 年版,第 62 页。

入胜的、此后哲学发展的一大动力课题:“我们借什么论证能够证明人心中的知觉足是由和它们相似(如果这是可能的)而实际完全差异的一些外物所引起呢?”①许多哲学家力图回答它并自以为回答了它,其实这个问题至今仍然是一个问题。康德后来解决这个问题的方式,其实没有完全超出休谟的思路——关于“实在”或者“上帝”之类的问题不是一个认识的问题,而是一个信仰的问题。

从培根到休谟,经验论哲学对心灵的感知能力进行了越来越深入的分析,最终却宣告了由感知经验达至客观实在的不可能。另外一条可能的思路,则是由理性或理智把握实在,那就是唯理论的方式。这一派对心灵的理知能力进行探索,但最终也不能解决把握实在的问题。

二

近代理性主义哲学由笛卡儿开创。笛卡儿称自己的哲学为“实践哲学”,但他的“实践”不是肯定而是否定自己的意志,“只求改变自己的欲望,不求改变世界的秩序”②。他把这种“形而上学”视为人类知识之树的“树根”,并把它植根于“理性”之中;为此,他对心灵的理性认知方法进行了深入的探究。他用数学式的精确的逻辑演绎法,由“自我”心灵的存在,推演出一切实在的存在,充分展示了人类理性的力量。然而从笛卡儿开始,一切理性

① 〔英〕休谟著,关文运译:《人类理解研究》,商务印书馆1972年版,第135页。

② 北京大学哲学系外国哲学史教研室编译:《十六——十八世纪西欧各国哲学》,商务印书馆1975年版,第146页。

主义其实都是建立在非理性基础之上的，尽管他们未必意识到或愿意承认这一点：他们的逻辑推演确实是很理性、严密、精致的，然而这种逻辑推演的最初前提是一点也不理性的，准确地讲，是直觉的。笛卡儿的"我思故我在"这条所谓"不证自明"的公理，不是不愿"证"，而是无法"证"；它是直觉的产物。他从怀疑一切开始，找到了那条唯一无可怀疑的命题，这说明什么？说明唯有直觉才是无可怀疑的。"除了通过自明性的直觉和必然性的演绎以外，人类没有其他途径来达到确实性的知识。"①由于直觉比演绎更根本，这种理性主义毋宁说是一种直觉主义。这就是一切唯理论的永远不可抗拒的宿命。进一步说，"直觉……而是由澄清而专一的心灵所产生的概念"②。可见直觉的结果其实本是"先验"的东西或曰"天赋观念"。这就需要上帝出场了，难怪笛卡儿首先合乎"理性"地推出了"上帝"的客观实在，这与中世纪神学家安瑟伦的"本体论证明"绝无两样。

斯宾诺莎的唯理论比笛卡儿的更极端。他是用严格的几何学的逻辑演绎法来建立他的"伦理学"体系的。他申明志在"尽力寻求一种医治理智并且纯化理智的方法，使理智可以正确圆满地认识事物"③，并为此首先写成了《理智改进论》。这表明他的哲学是为认识自然而首先认识、改进理性本身。而在他看来，"理性"思维的典范就是几何学的方法。然而就其对心灵的理智能力

---

①　转引自全增嘏主编《西方哲学史》上册，上海人民出版社 1983 年版，第 511 页。

②　转引自全增嘏主编《西方哲学史》上册，上海人民出版社 1983 年版，第 511 页。

③　北京大学哲学系外国哲学史教研室编译：《十六——十八世纪西欧各国哲学》，商务印书馆 1975 年版，第 232 页。

的考察而言，斯宾诺莎较之笛卡儿并没有根本性的突破。他仍然是把认识建立在理性基础上，进而把理性建立在直觉基础上："除了真观念（即直觉，引者注）外，还有什么更明白更确定的东西足以作真理的标准呢？"①

莱布尼兹对"单子"或"灵魂"的"知觉"和"表象"能力的探究，实际上也是对心灵的理知能力的研究。单子相互之间的这种"知觉"虽有一定的经验主义色彩（所以他有所谓"大理石纹路"说），但本质上还是理性主义的；例如他称构成人灵魂的"第二级单子"为"理性灵魂"，就是继承了柏拉图以来的理性主义传统；单子之间的那种"前定和谐"，表明理性能力不是经验的结果，也就是说，那是一种先验的能力（此乃上承笛卡儿、下启康德的观念）。总之，莱布尼兹的思想有如其一篇名文的标题——"以理性为基础的自然和神恩的原则"。所以，他与经验论者洛克展开论战；贬低经验论的"事实的真理"，推崇唯理论的"推理的真理"。然而"单子"作为真正的"实在"，恰好不是"推理的真理"，而是一种预设的"信念的真理"（首先相信实体应具有"能动性"或"力"的能力）乃至"类比的真理"（与当时列文虎克等人的生物学结果类比）。

总之，唯理论对心灵的理知能力进行了精湛的分析；但也同经验论一样，未能通过理性达至客观实在；他们达到的，原来是某种先验自我的直觉。经验论与唯理论对"实在"的证知最终宣告破产，这表明对实在的把握并不是一个认识的问题。对此，马克思在《费尔巴哈论纲》中评论道：人的思维是否具有客观的真理

---

① 〔荷兰〕斯宾诺莎著，贺麟译：《伦理学》，商务印书馆 1958 年版，第 76 页。

性,这并不是一个理论的或者纯粹认识的问题,而是一个实践的问题;离开实践的关于思维现实性、真理性的争论,是一个纯粹经院哲学的问题。

三

康德超群绝伦的“问题意识”,使他意识到了关于心灵的这种经验论与唯理论之“认知分裂”的严重。他要对人心灵的认知能力重新加以“批判”,澄清其起源与界限,既批判经验主义的“怀疑论”,也批判理性主义的“独断论”。康德试图弥合这两大派的对立,为此写了他的《纯粹理性批判》(康德的这种努力,直到后来在现代分析哲学的逻辑经验主义那里才得以“完成”)。他说:“我们这个时代可以称为批判的时代。没有什么东西能够逃避这个批判的。……只有经得起理性的自由、公开检查的东西才博得理性的尊敬的。”①可见他基本上是一个理性主义者、科学主义者,试图建立一种“科学的形而上学”(为此,他还写了《任何一种能够作为科学出现的未来形而上学导论》)。康德首先把问题归结为“先天综合判断是否可能、如何可能”的问题,因为在他看来,数学、自然科学和形而上学的判断都是“先天综合判断”;而只有这种判断才能既提供新知识又保证具有普遍必然性。这种判断或“知识”正是先天的知性形式与后天的感性材料的统一。

然而康德这种努力的结果仍然归于不可知论,也就是说,不论是分别通过经验论和唯理论,还是通过这两者的综合,都不能

① 转引自全增嘏主编《西方哲学史》下册,上海人民出版社 1983 年版,第 39 页。

解决认识如何把握实在的问题。这是因为,知识虽然是从"经验"开始的,但经验并不是作为客观实在的"自在之物"本身,而只是"现象",即只是心灵固有的先天形式与自在之物刺激感官之后产生的后天表象共同作用的结果。所以康德的"纯粹理性批判"具有双重意义:一方面对心灵的认知方面进行了更完备的考察(特别是对"知性范畴"的分析,其精密是前所未有的),另一方面进一步宣告了企图由纯粹理性或者"认识"来把握"实在"(灵魂、世界、上帝)确实是不可能的(在康德看来,"本体"这个概念正表示了它是不可认识的)。康德宣布哲学或形而上学是不可能的,其实是宣布那种企图把握实在的"认识论"是不可能的。可以说,康德已经结束了哲学的认识论时代。那么,心灵如何才能把握实在?只能通过"道德""信仰""自由意志",或曰"实践理性"。康德明确提出"实践理性"高于"纯粹理性",这一点被后来的意志主义哲学奉为先驱。

在心灵如何才能把握实在的问题上,康德诉诸"实践理性",马克思诉诸"实践",两者有一致之处;因而,两者也都诉诸自由意志,所以,马克思说:"人的类特性恰恰就是自由的自觉的活动。"①区别在于,"实践理性"指实践活动在心灵上的表现,而且实际仅指"意志";而"实践"则指这种活动本身,而且在心灵方面也不限于意志,还涉及整个意识。

从意志主义的崛起开始,西方哲学进入了探索意向活动的时代。不过,早在康德那里,意向活动就已经被探讨了。他给理性划定界限,却为意志开辟了广阔的空间。他为此又写下了《实践理性批判》。"实践理性"这个概念标示的其实是意向,却被冠以

① 《马克思恩格斯全集》第42卷,人民出版社1979年版,第96页。

“理性”之名,使得此后的整个德国古典哲学虽然具有强烈的意志主义色彩,却被称作“理性主义”。康德的《实践理性批判》与《道德形而上学探本》是同一母题的两本著作,意在探寻某种普遍必然的道德原则。在他看来,道德主体不是经验存在的人,而是理性存在的人;道德原则不是一种经验的原则,而是一种理性的原则。所以,他称之为“实践理性”。但事实上,这并不是一种所谓“理性”,而是一种“意向”的东西,所以康德又称之为“绝对命令”;但“命令”并不是一种“实然”的认知陈述,而是一种“应然”的意向要求。我们试看康德列出的这些绝对命令:

1.“我一定要这样行为,使得我能够立定意志要我行为的格准成个普遍规律。”①这里所讲的显然是“善良意志”的普遍性。

2.“你须要这样行为,做到无论是你自己或别的什么人,你始终把人当目的,总不把他只当做工具。”②这里所讲的乃是人意志的价值终极性,人的意志本身是最高的价值尺度。

3.“个个有理性者的意志都是颁定普遍律的意志。”③非常明显,这里所讲的“道德自律”乃是“意志自由”的普遍性。

康德显然把作为认知的“理性”与作为意向的“意志”相混了(这是康德的研究者们至今忽略了的一个问题)。不过,这在西方哲学探索人类心灵的意向活动的初期似乎也是在所难免的。(另外,在《判断力批判》中,康德探讨的“目的性”问题,其实也是一

---

① 〔德〕康德著,唐钺重译:《道德形上学探本》,商务印书馆 1957 年版,第 16 页。

② 〔德〕康德著,唐钺重译:《道德形上学探本》,商务印书馆 1957 年版,第 43 页。

③ 〔德〕康德著,唐钺重译:《道德形上学探本》,商务印书馆 1957 年版,第 45 页。

个“意向”问题；同时，也是在《判断力批判》中，康德的另一个伟大贡献就是他已经对心灵意向的“情感”方面进行了相当深入的探讨；限于篇幅，我们这里暂不讨论。）

总之，康德哲学结束了认识论时代，开辟了意志论时代。

四

随后的整个德国古典哲学，一直到黑格尔，都是意志与理性的同一，而不仅仅是理性主义。我甚至觉得，德国古典哲学的意志主义倾向要胜过其理性主义倾向。整体来说，德国哲学具有强烈的意志主义意味。

例如费希特的“自我”，就纯然是一种“活动”“行动”，也就是意志；“你在这里生存，是为了行动；你的行动，也只有你的行动，才决定你的价值”①。正是这个绝对的“自我”意志首先建立了“自我”，然后建立了“非我”，最后又建立了“自我与非我的统一”。他用“自我创造非我”来标示人的实践，又用“非我限制自我”来标示人的认识；而前者作为意志行为当然是更为根本的。而且最后，他终于提出了以“大我意志”来统辖众多分离的“小我”。

谢林的“同一哲学”与其说是自然哲学之客体与先验唯心主义之主体的同一，毋宁说是认知与意向的同一，因为这个“绝对的同一”或“无差别的太一”之创造物质与心灵，正是一种本体意义的意志行动；而他的“天启哲学”，这种所谓“积极的哲学”，更是

---

① 〔德〕费希特著，梁志学、沈真译：《人的使命》，商务印书馆 1982 年版，第 79 页。

直接诉诸“信仰”，因而诉诸“意志”（这个意志似乎是神的意志，其实是人本身的意志）。难怪费尔巴哈当时就指出它是“反理智主义”的，也就是说，它本质上已不是一种“认识论”。

至于黑格尔的辩证法，确有明显的理性主义性质，他的整个哲学体系，是思辨理性的展开；但这只是表面的东西。在我看来，黑格尔的“绝对精神”与其说是绝对理性，不如说是“绝对意志”；而他的辩证法与其说是理性的展示，不如说是绝对意志的自我展现。绝对精神为什么要自我展开？这里存在一个动力问题。黑格尔以为这个动力就是“矛盾”，“矛盾则是一切运动和生命力的根源”①；这是不对的，矛盾只是辩证运动本身，而非这个运动的动力。黑格尔哲学的最根本特点是：“实体即是主体。”绝对精神之所以要展开运动，是因为它本身就是行动的意志。所以，在我看来，绝对意志是绝对精神的内容，而理性或辩证法不过是绝对意志自我展现的形式。黑格尔强调的“思维的能动性”，本质上正是绝对意志。“理性出现在世界上，具有绝对信心去建立主观性和客观世界的同一，并能够提高这种确信使成为真理。”②然而意欲“建立真理”的这种“绝对信心”不是绝对意志又是什么？马克思曾指出：“在黑格尔的体系中有三个因素：斯宾诺莎的实体，费希特的自我意识以及前两个因素在黑格尔那里的必然的矛盾的统一，即绝对精神。”③然而如上所述，费希特的“自我意识”正是意志。

---

① 〔德〕黑格尔著，杨一之译：《逻辑学》，商务印书馆1966年版，第66页。

② 〔德〕黑格尔著，贺麟译：《小逻辑》下卷，商务印书馆1980年版，第410页。

③ 《马克思恩格斯全集》第2卷，人民出版社1957年版，第177页。

正因为如此,黑格尔也与康德一样,在其逻辑学中认为"实践的理念"(即意志)高于"理论的理念",而"绝对理念"乃是理论理念与实践理念的统一;又在其精神哲学中认为"实践的精神"高于"理论的精神",二者的统一就是"自由的精神"。所以他批评道:"理智与意志的区别往往不正确地被理解为每一方各自具有固定的与独立的存在,好象意志可以没有理智而存在,或者理智的活动可以没有意志而存在。"进而明确指出:"实在的自由的意志是实践的和理论的精神的统一性,自由的意志实现了自己的意志的自由。"①正是在这个意义上,黑格尔的辩证法是理性活动与意向活动的统一;其中绝对意志是最根本的东西(不过,黑格尔本人也未必清楚地意识到了这一点;由于受到法国启蒙思想的强烈影响,他仅对"理性"范畴有明确的意识)。至于"客观精神"(法、道德与伦理),黑格尔更是明确无误地把它们归结为"自由意志"的体现。

探究了心灵的"意志"方面,却又把它与某种"理性"相混淆,这就是从康德到黑格尔的德国古典哲学的一脉相承之处。总起来看,可以说德国古典哲学突出了意志与理性的统一性,这也算得上一种成功;但这种"成功"也可以说恰恰是一种失败,因为意志与理性(意向与认知)的不分,正妨碍了他们对意志本身进行较为透彻的研究。也正因为如此,我们对后起的意志主义哲学应给予足够的历史评价。

叔本华标举的唯意志论在西方的理性主义传统上打开了一个缺口。他将德国古典哲学当中的意志问题推向极致,使其充分

---

① 转引自全增嘏主编《西方哲学史》下册,上海人民出版社 1983 年版,第 286 页、第 295 页。

地突显了出来；应该说，这在哲学史上确实是一个重大的历史事件。这种“唯意志论”起到了一种矫枉过正的作用，使得我们能够暂时撇开认知，专心致至地探究心灵的意向。然而叔本华的哲学首先是对康德的继承和发展。他也把世界分为“现象世界”和“自在之物”。根本区别在于，康德把“实践理性”或者意志看作通达自在之物的途径，而叔本华则直接把意志看自在之物本身。但是无论如何，对意志的探究从德国古典哲学就开始了；换句话说，德国古典哲学是西方哲学从认识论时代到意志论时代转折的枢纽。

第三编
中西哲学比较研究

普遍伦理是先验理性的纯粹形式吗?

——"9.11"事件的伦理学沉思*

今日凌晨,美英终于开始对阿富汗实施大规模轰炸。"9.11"蕴涵的巨大的历史能量,将在何时、以何种方式与何等规模释放出来,这当然是我所关注的;但我更关注由这场冲突凸显出来的伦理学问题。在我看来,这场冲突的本质远不仅仅是所谓"文明的冲突";我愿更明确地指出:这是民族的冲突、利益的冲突。从近代资本主义生产方式出现在世界上以来,我们就身处于一个"民族国家"(Nations)的时代,许多文化的、宗教的冲突,实质都是族际的利益冲突。而族际冲突,与人际冲突一样,其实是一个伦理学问题,即关于"公正"或者"正义"(Justice)的问题。可以预料,这场冲突必将引发学术界对伦理学问题尤其是人们普遍关注的"全球伦理"或者"普遍伦理"问题的新一轮热烈讨论。

人们通常以为,"普遍伦理"应该是具有普适性的伦理原则,因此,要建构这样一种绝对普遍适用的伦理原则,就需要找到一个人类各民族、各利益集团共同承认的"公正"或者"正义"理念(Idea);为此,在学理上,它应该是一种绝对理性的、纯粹形式的

---

* 原载《哲学动态》2002 年第 6 期(发表时文字有删节)。

(Formal)建构,而非那种实质的(Material)、势必导致在伦理问题上的相对主义的东西。例如,人们认为,像"己所不欲,勿施于人"这样的伦理原则,就是一条纯粹形式的正义原则。

我们知道,这其实就是康德(I. Kant)先验理性主义的形式伦理学思路;我们还知道,后来舍勒(M. Scheler)对这种纯粹形式主义的做法进行了反省批判,指出这种形式伦理学抛弃了实质伦理学那种对现实的关怀,成了一种对现实伦理问题无关痛痒的摆设。舍勒试图建构一种既是形式的又是实质的新伦理学原则,但他的思路仍然是先验的,仍然是理性主义的,甚至在某种意义上仍然是形式主义的,因为,即便他对"形式的"给出了一种似乎是新的说法,但他预设的那种直接的"原初所与的"(Primordial Given)"直观经验",仍然还是纯粹形式的。这是先验理性主义思路的一个不可逃避的必然诉求:绝对普遍的必是纯粹形式的。

问题在于,这种先验理性的、纯粹形式的伦理原则是否就能解决问题?进一步说,这样的原则本身在学理上是否无懈可击?对此,我想着重讨论以下几点:

1. 人们总是把"形式的"和"实质的"绝对对立起来,于是把所谓"形式伦理学"和所谓"规范伦理学"绝对对立起来。其结果是,现代伦理学往往堕落成为一种仅供学究之间坐而论道的、近乎麻木不仁的玩意儿。其实,所谓"形式的"和"实质的"之关系,实质上是抽象和具体的关系,因此,它们仅仅具有相对的意义:一个概念对其上位概念来说是实质的,对其下位概念来说则是形式的;一个特称命题对于全称命题来说是实质的,对于单称命题来说则是形式的;如此等等。

例如,假设这里存在着这样三个伦理命题:①"暴力是邪恶的。"②"战争是邪恶的。"(战争是一种暴力。)③"侵略是邪恶的。”(侵略是一种战争。)命题②对于命题①来说是实质的,对于命题③来说则是形式的;而且无论如何,它们都具有现实伦理的“实质”“规范”的性质。在这种意义上,假如我们承认命题①确立的形式陈述或者规范,那么无论“9.11”事件的肇事者还是轰炸阿富汗的军事行动实施者,都是应该受到谴责的。形式命题并不是没有任何实质内容的“空”的命题,而是具有实实在在具体内容的规范命题。反过来说,形式的伦理原则如果没有任何实质的内容,它就不能成为人们行为的规范。这样的“形式伦理”,我们拿它来干什么!

由此可见,所谓“纯粹形式”的,也就是最抽象的,它的外延最大,而内涵最少;具体到伦理学领域,它不过是那种最高而最普遍的一般伦理命题。在精神生活的层级上,科学话语之“类”,对其从属的哲学话语涉及的本质界的“属”范畴来说是实质的,对其研究的现象界的“种”来说则是形式的。所以,虽然形式伦理学的原则是形式的;但是,它对于更高层级的哲学价值论原则来说则是实质的。换句话说,除形而上学的普遍命题、逻辑的纯粹形式命题(如重言式)外,一切陈述都有实质的、规范的性质;而且即便是形而上的命题或逻辑的重言式,也不是“空集”。因此,我们千万不能把“形式的”和“实质的”伦理原则对立起来。

人们在这个问题上的混乱,出于这样一种混淆:把意向性问题跟认知性问题混同起来了(此所谓“意向”即“intention”指心灵的意志情感向度,而不是胡塞尔的作为纯粹先验建构原则的“意向”即“noesis”)。所谓“规范伦理学”往往指体现了意向性的伦理规范体系,所谓“形式伦理学”则往往指对这种伦理规范的认知性分析。在这个意义上,所谓规范伦理学与形式伦理学的区别,其实是伦理学与元伦理学(Meta-ethics)的区别,因为除元伦理学外,任何伦理原则都是实质的、规范的。形式伦理学为了避免意向性“人各有志”的相对主义,往往标榜自己客观不倚的立场;但实际上这是不可能的,因为即便是最具有普适性的“纯粹形式”的伦理学原则,仍然还是伦理学原则,而非元伦理学原则。例如“己所不欲,勿施于人”,除非我们仅仅对它进行纯粹的语义分析,而不试图将它确立为一条道德律令或者伦理原则,否则,它仍然是伦理学的实质的规范的原则。

于是就有了下面的问题。

2. 即便单就所谓纯粹形式伦理原则而言,也有两个问题值得提出讨论:单个的纯粹形式伦理原则是不是必然具有普适性?不同的纯粹形式伦理原则之间是不是必然具有兼容性?

其一,即使单个的形式伦理命题,也未必是绝对普适的。

人们经常爱举的例子,就是康德提出的一条“绝对命令”:“你们愿意别人怎么待你们,你们也要怎么待人。”这个伦理命题用中国话语表达,就是孔子说的“己欲立而立人,己欲达而达人”及“己所不欲,勿施于人”。这个伦理原则确实是纯粹形式的,看起来也似乎确实具有绝对普适性,并且也是相当美妙动听的,所以人们至今津津乐道。但是,这样的普适性假如完全排除了具体性、实质性、规范性,那么,它在逻辑上就是不可“赋值”的,在实际生活中也是不可落实的,因而就是毫无意义的空话。

例如,从正面讲,难道因为我愿意别人把我看作天才,我也就应该把每一个人都看作天才?从反面讲,我们可以设想这样一种情况:我希望自己做一个哲学家,不希望自己做一个科学家;同时相反,我儿子希望自己做一个科学家,不希望自己做一个哲学家。难道这有什么不对?同理,难道因为本·拉登希望所有阿拉伯人永远全心全意地事奉伊斯兰教的真主,他就应该希望所有美国人同样如此事奉伊斯兰教的真主？难道因为本·拉登不愿意信仰基督教，他也就应该同样不愿意西方人信仰基督教？反过来说，布什当然不愿意去朝拜麦伽，那么，难道他也应该不愿意阿拉伯人去朝拜麦伽吗？

显而易见，这样的所谓“纯粹形式”的“绝对命令”，是基于这样的假设：每个人的所有“欲”（意向）都是完全相同的。然而这难道不是一种极其荒谬的假定吗？例如孔子说：“我欲仁。”而《三国演义》中曹操却说：“宁教我负天下人，休教天下人负我。”当然，我们并不排除陆象山、王阳明所说的“人同此心，心同此理”的情况，例如孟子所说的“恻隐之心，人皆有之”；但是我们决不能由此得出结论说，所有人欲皆同，否则，我们势必会犯“以偏概全”的错误。例如汉代乐府诗里有一首爱情诗，女主人公唱道：“我欲与君相知，长命无绝衰！”这里的“君”、这里的爱，乃是针对其心上人而言的，是决不能“普适化”的，否则她就成了人尽可夫的荡妇了。

其二，就一个伦理学系统而言，若干条纯粹形式的伦理命题之间也存在着一个能否自洽的问题。

应该说，哥德尔“不完全性”定理对这个问题已经有了一个具有“纯粹形式”的“普适性”的回答。例如迄今为止最好的悲剧理论，就是建立在纯粹伦理原则之间可能发生冲突的基础上的。从理论上来说，即使单个的纯粹形式伦理原则是普适性的，但当它跟另外一个同样是普适性的伦理原则遭遇时，它们之间就可能发生冲突，从而导致悲剧。在这个意义上，伦理学原则的“普适性”诉求是很值得斟酌推敲的。哈姆雷特的悲剧性，就源于“必须爱母”和“必须为父报仇”这样两条似乎“普适”的伦理原则之间的冲突。同样的，我们可以设想这样两条伦理原则，并且认定它们都是纯粹形式的即同样具有普适性的：“应该为民族之利益而战";"应该反对使用暴力"。前一条是目前(即在这个"民族国家"的时代)人们实际上已接受了的,然而也是当年"十字军东征"实践过的;后一条则是现今越来越多的人所主张的,也是当年圣雄甘地实践过的。但是我们已经看到了,目前美国与阿富汗塔利班的冲突,正是这两条伦理原则之冲突性的一种突出表现:他们都选择了前一条原则,而摒弃了后一条原则。可见,在伦理原则发生冲突时,对伦理原则选择取舍的标准绝不是伦理原则本身,因为它们本身已经陷入了矛盾。

这就引出了下面的问题。

3. 既然伦理原则之间可能发生冲突,那么,由谁来制定原则、根据什么来制定,就成了它们是否被普遍接受的棘手挠头的问题。西方自柏拉图以来的"观念主义"或者"理想主义"(Idealism)传统,设定了普遍超越的理念或者理性。然而即使我们承认这种普遍理性的存在,可是人不仅有理性,还有意志情感;而人和人的意志情感往往不同。例如,对西方人而言,上帝是理性的化身,这并不是理性的逻辑结果;而对阿拉伯人而言,真主是正义的化身,这也不是理性的逻辑结果。"人为自然立法",也为自身立法,立法程序虽然可以是理性的设计,但法本身是意志的体现。如果布什这次采取军事行动完全是按他认可的伦理原则行事的,如"决不向恐怖主义妥协",那么,这样的伦理原则是谁制定的?再说,尽管我们可以相信,西方人在制定这些原则时是完全严格按照理性原则来建构的,但是根本问题在于,理性的建构实际上是一个逻辑的过程,这个过程必定始于一些初始的预设条件(Presupposed Conditions),然而这些预设前提本身恰恰并不是理性的逻辑结果,这一点应该是一个逻辑常识。这又于事何补?

这个事实告诉我们:伦理原则的建构,从根本上来看,不是理性的问题,而是意向(意志情感向度)的问题;而现实中意向问题的实质,主要是利益的问题。即使我们从理论上解决了各伦理原则之间的自洽性问题(这也是不可能的),这也并不意味着我们已经在事实上解决了这个问题。所以,我想说的是,如果说伦理的冲突往往出自实际利益的冲突,那么这类问题的解决就依赖于实际利益的协调。假如存在着建构普遍伦理的可能,那么,这种普遍伦理原则就不能是理性的普遍推导的结果,而只能是意志的普遍协调的结果。这种考虑实际上是有它的哲学依据的:价值论问题的基础乃是存在论问题。

当然,这并不是说理性是百无一用的。假如在伦理建构中完全放弃理性,这样的做法同样是不可取的,因为这样必然使我们陷入伦理的相对主义,最后导致弱肉强食的争斗。"我即正义"跟"朕即国家"是同样可恶的。实际上,利益的协调也需要理性的参与。化解利益冲突的办法,人类已有过许多设计,例如契约就是一种较好的办法(契约理论当然是一种理性的设计,但它的最终目的及根据仍然是意志):冲突各方做出一定的妥协,让渡自己的部分权利,通过建立共同的游戏规则,从而保障自己另一部分更为要紧的权利。当然,可以说契约理论也是西方人的发明,那么好吧,或许我们还能找到某种更好的办法;但是无论如何,再好的办法都是利益的协调,都是某种妥协,这是问题的实质所在,也是解决问题的关键所在。在这里,理性只是工具,而决非建构伦理规则的动因、根据。理性尤其是所谓纯粹形式的理性,远远不是建构伦理原则的绝对基础。总之,国际正义问题的解决,根子不在于先验理性的美妙建构,而在于族际的实际利益的协调。

最后,我希望冲突双方能相互承认对方利益,大家坐下来谈,相互妥协,寻求一个现实可行的化解利益冲突的办法。否则,我可以肯定地讲,从长远的观点看,冲突双方势必会走向两败俱伤的结局。谓予不信,拭目以待。

2001年10月8日初稿
2001年10月16日二稿
2002年1月25日定稿

民主理念及其观念基础的设定问题

——伊拉克战争沉思录*

伊拉克战争只是一个能指，它的所指是深刻的伦理学问题——涵盖了道德哲学原则、政治哲学原则、法哲学原则等的伦理学问题。然而就在美英联军向巴格达挺进之际，人们每天通过媒介全神贯注地倾听着军事专家津津乐道地分析战略战术，关注着战事的瞬息变化，犹如在观看一场精彩的足球赛，却无视或者遗忘了这场战事隐含着的伦理意义。在这种关注中，伊拉克战争已被“能指化”了。

一

让我们从这样一个简单的问题入手：美国究竟凭什么打击伊拉克？

众所周知，美国有一个叫得震天响的口号：“解除萨达姆的武装！”其理由是：伊拉克拥有“大规模杀伤性武器”。我们知道，这只是一个直接的理由，并不是最终的理由，因为稍有常识的人都

---

* 首发中国儒学网(http://www.confuchina.com/)。

能回答:在当今世界上,到底是谁拥有数量最多、效率最高的大规模杀伤性武器?事实上,眼下美英联军正在使用更多更强的大规模杀伤性武器来寻找——而且至少目前尚未找到——伊拉克拥有的大规模杀伤性武器。如果这就是美国打击伊拉克的充足理由,其逻辑前提只能是:谁拥有大规模杀伤性武器,谁就该受到打击。但是这样一来,首先应该受到打击的就不是伊拉克而是其他某些国家了。

由此可见,假定说伊拉克确实理当受到打击,那么,他拥有大规模杀伤性武器这一点并不是其理应受到打击的唯一充分的根据。这里还需要更根本的理由。什么理由呢?根据美国一向的行事逻辑,这个理由显然必须出自对这样一个问题的回答:谁才有资格拥有而谁没有资格拥有大规模杀伤性武器?为此,美国确实有他冠冕堂皇的理论,而且有不少人附和这种理论:只有“民主国家”才有资格拥有大规模杀伤性武器;“无赖国家”不能拥有大规模杀伤性武器。

于是,我们的讨论就可以进入更具实质性的层面了:这涉及了伦理原则问题。我们现在就来讨论上面那个看似堂而皇之的理论。

一方面,所谓“无赖国家”不能拥有大规模杀伤性武器,其逻辑是:因为它“无赖”,它必然会“滥用”大规模杀伤性武器。这里显然需要两个逻辑前提:一是何谓“无赖”,二是无赖与滥用为什么是具有必然联系的。就第一点来说,美国公然指称的“无赖国家”虽然为数不多,但实际上他心目中的所谓“无赖国家”泛指所有“不民主”“不合法”的国家。但他也有双重标准,凡是亲美的国家,即使“不民主”“不合法”,也不计入无赖国家之列。所以,无赖国家的定义还必须加上一个标准——不亲美。这条标准恐怕没有人会认同;但有很多人是认同“不民主就是不合法”这条标准的。我们下文将会证明,这条标准仍然很成问题,这里暂且按下不表。就第二点来说,我们也可以说,即使我们承认无赖与滥用之间确实有某种必然联系,我们仍然不能保证不无赖与不滥用之间就确有必然联系。这就是我们下面要讨论的,即:

为什么说只有民主国家才有资格拥有大规模杀伤性武器?据说因为:只有民主国家的理念及制度,才能保证其不会滥用他所拥有的大规模杀伤性武器。据我所知,有为数不少的理论工作者确实非常赞同这个推论。对于这样的学者,我们能说什么呢?我只能说:这是孟子所谓的“弗思耳”——不动脑筋。我们要问:民主制度及其理念真能保证其不会滥用大规模杀伤性武器吗?我们试想美国这个民主国家的所作所为吧。例如,原子弹就是一种大规模杀伤性武器,然而美国在广岛、长崎悍然投下了原子弹,遗患至今。类似的事例,在美国历来的行为中实在可谓屡见不鲜。对此,全世界爱好和平的人们是记忆犹新的,唯有美国尤其是日本等国显得极其健忘。事实胜于雄辩,于是我们面临这样的逻辑选择:要么否认原子弹是大规模杀伤性武器,要么否认民主国家的理念及其制度能够保证其不会滥用大规模杀伤性武器的假设。但是我想,恐怕没有人会否认原子弹是一种大规模杀伤性武器吧?如此说来,我们首先应该解除美国的武装:既然我们现在已经解除了美国所谓“民主国家的理念及制度能够保证其不会滥用大规模杀伤性武器”的理论武装,那么按照美国自己的逻辑,我们难道不该解除他的物质武装吗?

但我们无法做到这一点,因为如果我们要解除美国的大规模杀伤性武器,我们首先必须拥有比美国更众多、更精良的大规模杀伤性武器。这显然是一个悖论。这个悖论揭示了一个严酷的事实:以某个民主国家为世界警察的当今国际社会,仍是一个弱肉强食的世界。怎么会这样呢!

怎么会这样呢?现实状况迫使我们追问:民主制度及其理念到底如何?

这里我想首先声明:我不反对民主制度,相反,我是赞同民主制度的。但我同时还须声明:我之所以赞同民主制度,并不是因为它完美无缺,只是因为它在现存制度中较好一些而已。问题在于,当年罗马帝国的制度及其理念或许曾是最好的,但绝非永远是最好的。不过,就我们这里的话题而言,我们仍不妨在这样两种假定上进行讨论:一是姑且认为美国的民主制度没有问题;二是承认现存的民主制度确有问题。

就第一种假定来看,问题似乎变成了民主原则的实行问题:民主原则本身是好的,但美国未能真正贯彻。有人告诉我:美国此番绕开联合国自行其是,这是不对的,这违反了他自己主张的民主理念;但是他的动机是没有问题的。什么动机?据说是要从不民主的制度下"解放"伊拉克人民。我们姑且承认这就是美国的动机所在(即假定石油、地缘政治势力等不是他的真实动机),问题依然存在。这使我想起过去在中国大陆流行的一种说法,说某种喜欢用马克思主义原则来批评别人的人"把马克思主义装在电筒里:只照别人,不照自己"。美国所装的当然不是马克思主义,而是他自己标榜的民主理念;他装这个理念的地方也不是电筒,而是炮膛。美国是把民主理念装在自己的大规模杀伤性武器里,用它来打击其他据说拥有大规模杀伤性武器的国家。

而问题在于,上述第一种假定未必是可靠的。美国之所以采取双重标准,是有其必然性的,而这个必然性就深藏在民主理念中。其实,现存民主制度存在的种种问题,早已被许多有识之士尤其是后现代思想家反思检讨了。正如上文已经证明了的，像美国这样的据说是最民主的国家仍不能保证不会滥用大规模杀伤性武器，那么显然，现存民主制度肯定存在着问题。我们还可以举出许多例证来，例如联合国据说就是按民主原则建构起来的，但我们发现它确实存在着严重的问题，这次的无所作为就是一个明证。

二

如果我们承认现存民主制度确实存在着诸多问题，那么我们必须追问这些问题的根源所在。最根本彻底的追问是现代民主制度的建构依据。我们这里要追问的是民主理念得以确立的观念基础。我们知道，这个基础就是启蒙思想尤其是其契约观念。问题在于，究竟是启蒙思想及其契约观念当中的什么因素必然地导致了现存民主制度的种种问题？在我看来，启蒙思想及其契约观念是基于这样几个根本假设的：

1. 实体论假设

民主理念的最根本的观念基础是个体主义原则，个体主义原则的观念基础则是"第一实体"哲学。这可以追溯到古希腊，亚里士多德在《工具论・范畴篇》里告诉我们，世界的真正基础是第一实体，即个体。在这种观念下，个人显然是社会生活中的第一实体，单个的民族国家显然是国际社会中的第一实体。因此，这是一种个体主义的原则：在社会生活中，个人至上；在国际社会中，民族国家至上。

2. 性恶论假设

稍加思考不难发现，个体至上的原则必然存在着这样的问题:要使每个个体的至上性都能在现实中得以落实,其条件是他们之间不会发生冲突,否则你争我夺,结果,只有强者的个体至上性得到了落实。为此,只有两种可能:他们或者老死不相往来——但这是不符合历史事实的,这样就根本无所谓“社会”了;或者他们结成社会生活,且只能假定他们总是与人为善的——但这同样不符合历史事实,我们不可能做这样的假设。因此,实体论假设的结果不可能是性善论;正好相反,启蒙思想及其契约观念的假设前提是——人性恶。这就是一句名言表达的状况:“人对人如豺狼。”然而这样一来,所有个体的至上性都得以落实同样是不可能的了。于是,我们需要下面的假设。

3. 理性论假设

这个假设告诉我们:人是理性的动物。人们为了避免互相残杀而导致个体利益的落空,他们能够运用自己的理性。契约正是理性的设计:每个个体为了保障自己的部分权利,必须让渡出自己的另一部分权利;为此必须制定并且遵守游戏规则即契约,并设置仲裁者。谁都知道,现代民主制度就是这种契约观念在制度建构上的体现。

总而言之,规则包括民主制度,只是实现个体利益的工具。但是,在这种情况下,我们可以提出这样的疑问:当一个个体为实现自己的利益可以不参与或不遵守规则且不会因此受到惩罚时,他为什么必须选择遵守规则?换句话说,性恶论、理性论的设定并不能保证契约原则的贯彻。历史事实告诉我们,比起实力政治来,契约政治往往显得那样虚弱无力。这次美国绕开联合国自行其是,正是一个现成的例证:他没有通过联合国这个契约民主机构授权而实现其目的并不受惩罚,只因为他拥有强大的实力。况且就联合国本身来看,它究竟在多大程度上是一个民主的建制,还是一个问题。

根本的问题在于,民主理念的假设前提本身就是值得质疑的。

首先,理性并不能保证性恶者的为善。人并不是只有理性,还有欲望、情感与意志等。既然假定人性是恶的,那么为善就只能是手段性质的东西。这使我们想起了墨子的观念:“兼相爱,交相利。”这里,由于兼爱成了交利的手段,即爱本身成了工具性的东西,那么,要保证人们总是会兼爱的,就必须证明兼爱是唯一可能的工具选择。但这是不可能的,因为工具是为目的服务的,衡量工具选择的标准只有目的:凡能达到目的的就是有用的工具,凡能更好地达到目的的就是更好的工具。在这种前提下,只要能够达到目的,如果兼爱需要更多的付出或者利益让渡,而不爱需要更少的付出或者利益让渡,那么,人为什么必须选择兼爱这个工具?当一个人做出这样的工具选择时,他恰恰是在运用他的理性。

正如上文所说,理性的设定并受到极端推崇,乃是出自人性本恶之设定的必然要求。因此,我们必须更进一步质问人性本恶这个设定。经验事实告诉我们,人确实有追求自我欲望满足的一面;但当我们把它视为人的本性并且是人的唯一本性时,就陷入了偏颇,而且在事实上必然导致上面谈到的不择手段的局面。按照事情的逻辑来说,如果人性本恶,那么契约、民主制度也都是恶的产物了,因为它们不过是满足这种恶劣人性欲望的工具而已。而不幸的是,这恰恰是我们在当今世界上经常看到的事实。

但正如上文所说,性恶的设定是由“第一实体”观念逼出的。第一实体观念并非毫无真理性可言,何况它是现代性的一个不可或缺的基本观念;并且在某种意义上我也承认,中国的传统中是比较缺乏这种第一实体精神的。我甚至也愿意承认,越是缺乏第一实体精神,越是容易走向专制主义。所以我在很多场合呼吁"重建第一实体"。但是,我也必须指出:归根到底,个体至上的原则与集体至上的原则一样是偏颇的。当个体主义(Individualism)被推向极致的时候,就成了杨朱式的一毛不拔的利己主义(Egoism)了。这就是说,当个体自我的利益被视为绝对的、至上的、唯一的目的时,其合乎逻辑的结果当然是:一切都可以成为他的手段,他人、他国、他族当然也都是他达到其目的的工具了。

三

如果作为民主制度及其理念的基本观念的那些假定都是很成问题的,那么我们该怎么办?显然,我们应该寻求另外的观念设定;在这个基础上,我们才能重新设计我们的制度建构。为此,我们不妨检索一下古今中外一切既有的观念设定。这里,我想谈谈中国儒家的伦理观念及其基本设定。

民主是一种制度建构,或者说是一种"制度"。在儒家词汇中,制度即所谓"礼",它作为社会规范,体现在诸如道德、政治、法律、规则、仪式等诸多领域。从五四运动以来,儒家遭诟病最多的即礼。但那是基于一种严重的误读的:人们把特定时代的专制的礼等同于儒家的礼,完全无视儒家在礼这个问题上的更根本的原则——损益。礼有损益的思想,在孔子那里是有明确表达的,例如,他说:"殷因于夏礼,所损益可知也;周因于殷礼,所损益可知也;其或继周者,虽百世可知也。"简而言之,礼是一种历史地变动的、"与时偕行"的东西。其实如果按照儒家"礼有损益"的原则,那么,假如民主制度是当今最适宜的制度,那民主就是儒家在当今条件下的制度选择；但需要指出的是，即便如此，下文将会表明，这种民主制度的选择根据必定与西方的选择根据大为不同。礼是变易的，而这个原则根据是不易的。

这就是儒家的另外一个更为根本的观念——义。我们知道，道德、政治、法律等方面的制度规范建基于某种更为根本的原则，这里，最核心的问题是关于"正义"原则的问题。正当的或者所谓"合法"的制度，根本上是基于正义原则的制度。在儒家词汇中，这种"justice"（正义）即所谓"义"。义是为礼奠基的观念，即正义原则是为制度建构奠基的观念。众所周知，"义"的基本语义就是"宜"；这就是说，"义"的基本语义与"justice"是一样的：适宜，适当，恰当，正当，正义，公正，公平，合理……一切制度建构的原则，都应该是"义"或"justice"。

这显然是中西之间的一个共同语义平台。但是，如果我们追根究底，那么，中西正义观念的根据之间便表现出极大的差异。前面说到，西方制度建构的根据是契约精神；我们也可以说，契约便是正义的体现。而我们还知道，契约观念是基于理性设定的。而儒家则不然，儒家的"义"即正义观念是基于"仁"这个设定的。什么是仁？"爱人。"这就是说，为正义奠基的是仁爱。前面提到了墨子的兼爱思想，这里我想指出：在爱这个问题上，儒与墨的区别并不在于是否"爱有差等"，而在于爱的性质本身。正如上文分析过的，墨家把爱作为一种工具性的东西对待；而儒家正相反，爱是目的性的。爱没有任何外在的目的，爱就是目的本身。墨子的思想倒是比较接近西方的观念，与儒家拉开了距离。而在儒家看来，如果说正义原则是为制度建构奠基的，那么，仁爱精神则是为正义原则奠基的。于是便有孟子的"仁→义→礼→智"的逻辑序列。

儒家认为:能爱就是人的本性。所以,爱是儒家的最为根本的人性设定。这就是性善论。儒家并不否认现实中的人有恶劣的一面,但不认为这就是所谓人性,认为这恰恰是人性的遮蔽状态;唯其如此,才需要解蔽,所以儒家强调修身明德,即通过修养工夫去体认、澄明、敞现自己固有的仁爱本性(这就是"仁→义→礼→智"序列中"智"的问题:智是一个反思的问题,更确切地说,是一个反身直观的问题)。我们知道,极少有人赞同人性唯恶的观点;就连小布什也至少在口头上不会认同,所以他说他是要"解放"伊拉克人民。确实,现实中的人既有为恶的倾向,也有为善的倾向。关键在于:哪一种倾向是或者应该被设定为所谓"人性"?如果我们承认趋利避害是一切动物的属性,那么它就不是人特有的东西,即不是所谓"人性",否则人性与动物性就会毫无区别了,这也就无所谓人性了。如果我们承认人性不同于动物性,那就会承认孟子的说法:"人之异于禽兽者几希。"这"几希"的一点儿东西正是人性,它的名字叫"仁爱"。

最后,我想表明这样的态度:如果作为现代性的"礼"的民主制度确实是由正义原则奠基的,并且这种作为"义"的正义原则确实是由仁爱精神奠基的,那么,这样的民主建构,我是赞成的。

2003年3月31日

中西思维方式的比较

——对《尚书·洪范》和《工具论·范畴篇》的分析*

中西思维方式的差别很大,这是众所公认的。但这究竟是怎样的差异?这还是一个不甚了了的问题。本文以《尚书·洪范》和《工具论·范畴篇》①为范本,对这个问题进行一些探索。这个问题涉及两个方面:推衍②形式及其范畴基础。任何一种思维都是这样一种格局:⊢。箭头表示思维的推衍进程,体现为某种“逻辑学”③;竖线表示这个推衍的范畴根据,体现为哲学的范畴表。如果说逻辑学提供了思维推衍的规则,那么范畴表就规定了思维的范畴基础。这道理很简单,因为推衍是由判断、命题构成的,而后者又是由概念、范畴构成的。所以,对于中西思维方式的差别来说,我们必须从这两个方面加以考虑。

---

* 原载《西南师范大学学报(人文社会科学版)》2003 年第 5 期。

① 〔古希腊〕亚里士多德著,李匡武译:《工具论》,广东人民出版社 1984 年版。

② 请注意,我用的是“推衍”而不是“推论”或“推理”。我用“推衍”(Inference)来表述一个比西方逻辑的“推理”(Reasoning / Deduction)更广义的思维事实。

③ 并不仅指西方那样的逻辑。

一

这里首先涉及一个问题：思维方式的"合法性"或者"合理性"问题。① 当今世界包括中国，有一种很普遍的观念，就是认为唯有亚里士多德确立的西方逻辑规则才是合法的。问题在于此所谓"理"或"法"指称的是什么？

一般来说，在西方哲学中，此"理"或"法"指思维的可能的进路（Access）。然而在西方思想史上，不同的哲学家对此的理会截然不同：经验论者和先验论者互不承认对方的合法性，例如维特根斯坦的"经验证实"原则和胡塞尔的"先验意识"原则。皮尔士（C. S. Peirce）在著名论文《信念的确立》中，也只承认经验主义的合法性。② 不过，这里仍存在着一个双方都承认的"理"或"法"，谁都明白，那就是亚里士多德（及斯多亚学派）确立的逻辑规范。维特根斯坦和胡塞尔都是从逻辑入手的。另外一种可能的思路则是康德那种超越认知领域"理论理性"从而径直进入意志领域"实践理性"的做法，但它一方面是意志主义哲学思路的前奏，本身已经超越了我们这里所说的"合理"或者"合法"的论域，即与

① "合理"和"合法"，西语有三类表达，语义一致：legal（合法的、法律的，法定义务的）或者 legitimate（嫡出的、正统的，合法的、合理的）；lawful（合乎自然法则的，法定的，合法的）；rightful（合法的，正义、公正、正当的 = just）。这里有四个重要观念联系在一起：正统，正当，合法，合理。

② 确立信念的四种可能方式：固执的方法、权威的方法、先验的方法（理性主义）、科学的方法（经验主义）。皮尔士只承认最后一种合法。

理论理性无关了①；另一方面康德仍然承认，若就对实践理性的批判而论，思维仍然必须合乎逻辑②，这是“因为正是纯粹理性的认识在这里构成了实践应用的基础，所以实践理性批判的布局在大体上仍然必须按照思辨理性的布局来安排”③。总之，逻辑是西方思想的共同平台。

然而我们知道，在中国传统中，并无亚氏逻辑那样的规则，至少没有与之完全一样的规则④；而同时我们也必须承认，中国人是凭自己的一套思维形式来解决生存问题的，我们不能设想，好端端地生活了好几千年的中国人竟然压根儿没有任何思维，或者这种思维没有自己的规则或者形式。于是显而易见的，我们有权提出这样一个问题：亚里士多德确立的逻辑思维形式是否就是唯一可能的思维推衍形式？之所以“有权”，是因为思维可以向它发问：是谁为它提供了合法性？除非我们承认思维根本就没有资格质问亚里士多德，否则我们只能面临这样两种选择：要么承认我们只是宁愿相信亚氏

---

① 康德：“现在通过详细分析理性的实践应用我们就会明白：这里所想到的实在性并不涉及范畴的理论规定和知识向超感性界的拓展……因为这些概念或者包含在先天必然的意志决定之中，或者与意志的对象不可分割地联结在一起。”见〔德〕康德著，韩水法译《实践理性批判》，商务印书馆1999年版，第4页。

② 康德：“当事关决定人类心灵一个特殊能力的源泉、内容和界限时……还有第二个更具哲学意味和建筑学意味的应行注意之点：这就是说，要正确地把握整体的理念，并且从这个理念出发，在所有那些部分的彼此交互关联里面，借助于从那个整体的概念将它们推导出来的方式，在同一个纯粹理性的能力之中考虑这些部分。”见〔德〕康德著，韩水法译《实践理性批判》，商务印书馆1999年版，第8页。

③ 〔德〕康德著，韩水法译：《实践理性批判》，商务印书馆1999年版，第14页。

④ 墨辩逻辑是否也是这样的规则，这是一个尚无定见的公案。

逻辑,换句话说,选择这种逻辑只是我们的一种信仰、信念,甚或只是文化习惯,而无关乎思维①;要么我们就得追问亚氏逻辑,即要求它说明自己的合理性。显然,我们不会采取第一种选择,因为本文的话题正是诉诸思维的事情;我们既向中国儒家哲学提出了这种质疑,也就应对西方哲学提出同样的质疑。于是我们就只能问:西方逻辑是否是唯一可能的思维推衍形式?

但是这个问题目前只能作为一个存而不论的公案,因为我们缺乏或者根本不可能有仲裁者:显然,这不是西方逻辑自己可以做出裁决的,正如在法庭上,控辩双方不能自己为自己出庭作证,否则才是真正的不合法。② 怎么办呢?我们既不能求助于神,也不能求助于任何第三者,更不能求助于当事人,不论西方人还是中国人。我们只好暂时休庭,即暂时不对任何一方的合法或不合法做出判决。这是在中西思维形式问题上的"无罪推定":我们在第一次开庭时能够做出的唯一决定,是承认双方的思维形式是不一样的,至少是不完全一样的。双方在没有仲裁的情况下会无益地争执不休。我们不如看看双方到底如何不同。

二

前面说过,思维形式的基础是范畴表。西方思维本身虽然由来已久,但其自觉的逻辑形式无疑是由轴心期的雅典哲学尤其是

① 对中国人来说,还存在着弱势文化心态上的问题。

② 康德所谓的理性自己为自己设立法庭、自己为自己作证,这样的做法本身仍然可被质疑:是谁赋予了理性这种合法性?在我看来,这跟康德嘲弄的"有人想通过理性证明理性不存在"一样,是荒谬的,理性同样不能证明理性自己的绝对权威。

其集大成者亚里士多德率先确立起来的。在我看来,如果说西方思维形式在于亚氏的《工具论》,那么更根本的范畴基础就在于《工具论》的《范畴篇》(以下简称《范》)。对亚里士多德而言,其形而上学的思维形式基础是逻辑学,而其逻辑学的基础是范畴表。虽然《工具论》尤其是《分析篇》提供了数千年来西方思维的基本形式,但是《范》进一步提供了整个《工具论》的范畴基础。此篇在很大程度上就是整个西方思想的一个秘密所在:西方人眼中的"客观世界",归根到底就是《范》建构的"意义世界";范畴的逻辑构造,就是世界的构造。① 假定没有《范》中"十大范畴"建构的认知心灵结构基础,那么《分析篇》以及整个《工具论》乃至整个西方思想文化的面貌都是不可设想的。

由此我们自然而然地想到:中国轴心期有没有类似亚氏《范》那样的范畴表?这个问题许多人都想到过,而且答案是基本一致的——没有。而我的研究结果是:中国也有这样的范畴表。说中国没有,是因为他们一开始就把亚氏范畴表视为唯一合法的形式了。但是根据上节开庭审判的结果,这样的宣判是很不合法、很成问题的,中国思维的范畴表一开始就成了"有罪推定"的牺牲品。所以,我这里要"提起上诉"。

中国相当于《范》的文献是什么?我认为《尚书·洪范》(以下简称《洪》)就是一个恰当的范本。我预料有人可能会立即做出这样的反应:你是不是因为我们用《洪》的"洪范九畴"来翻译西方的"categories",才做出这样牵强附会的断定?我的回答是:你

① 这使我们想起维也纳学派的经典之一、卡尔纳普的《世界的逻辑构造》(*Der Logische Aufbau der Welt*),西方哲学家一直在自觉或不自觉地做这种工作。

这样的反应既对也不对。说对,是因为《洪》与《范》确为异性异质的东西;说不对,则是因为两者确是同类同等的东西,唯其如此,用“洪范九畴”来对译“categories”才绝不是纯属偶然的巧合。所谓“异性异质”,我是说它们当然是不同的范畴形式,而这正是中西思维差异的根本所在;而我说它们是“同类同等”的,是因为它们都是范畴表(同类),即处于相同的观念等级(同等),这就犹如总统和皇帝当然是异性异质的,然而在某种意义上又是同类同等的。《洪》在相当程度上决定了中国人的思维形式,正如《范》决定了西方人的思维形式。

当然《洪》并不是唯一的,中国相当于西方《范》的还有《周易》,后者也是对中国人心灵认知结构形式的范畴概括。这里,我们应当注意的不是《洪范》《周易》中的那些对象性陈述,而是它们的元结构(Meta-structure)。关于《周易》“两仪”思维与《洪范》“五行”思维之间的具体历史关系,我们搞得还不是十分清楚,但是可以大致肯定:《洪范》是商族的观念结构①,《周易》是周族的观念结构;这两套观念在春秋时期逐渐融合,至战国时形成了作为后来中国思想文化核心结构的“阴阳五行”思维模式。我们下文的讨论势必涉及《周易》的“阴阳”结构,但本文暂不细致深入地分析它。

以上讨论意在说明,将中国的《洪》和西方的《范》加以比较分析是具有“合法性”的,因为它们是享有同等地位而有权当庭对质的“独立法人”。

---

① 虽然许多学者认为《洪范》文本形成的时代很晚,大约是在战国;但也并不否认,“五行”的观念是很原始的。根据《洪范》所载是殷箕子为周武王陈说,应能肯定这是殷人的观念。

三

我们知道，亚氏《范》给出了西方第一个范畴表，它列举了十大范畴：实体，关系，数量，性质，时间，地点，主动，被动，姿势，状态（亚氏重点讨论了前四个范畴）。这实际上就是西方心灵结构中的世界构成。而中国《洪》列举了“五范九畴”：“五范”是水、火、木、金、土；“九畴”是五行、五事、八政、五纪、皇极、三德、稽疑、庶徵、福极（五福六极）。其实，与西方《范》相对应的不是全部“五范九畴”，只是“五范”即“五行”，也就是水火木金土；至于全部“九畴”则是关乎推衍问题的，是与整个《工具论》尤其是《分析篇》相对应的。五行是中国式推衍的范畴基础，正如亚氏的“categories”（范畴）是西方式推衍的范畴基础。所以，严格说来，“categories”只是“范”的意思，并无“畴”的意思。

在亚氏十大范畴中，最要紧的是第一范畴“实体”范畴。他把实体分为两类：“第一实体”（Primary Substance）指个体，而“第二实体”（Secondary Substance）指种、类、属这样的实体。实际上，他认为，只有作为第一实体的个体才是真正的实体，如他经常所举的“苏格拉底”，因为“实体，从这个词的最真实、原始而又最明确的意义说是指既不能被断言于主体又不依存于主体的事物”①；由于“除第一实体外，一切事物都或者能被断言于第一实体，或者依存于第一实体；如果第一实体不存在，其他任何事物也都不可能存

① 〔古希腊〕亚里士多德著，李匡武译：《工具论》，广东人民出版社1984年版，第12页。

在”①;因此“第一实体之所以更恰当地被称为实体,是因为它们是其他一切事物的基础,而一切其他事物或者被断言于它们,或者依存于它们”②。根据亚氏的论述,第一实体具有这样的特征:从存在论的角度看,它是绝对实体(Substantive);从逻辑学的角度看,它是绝对主词(Subject);从语言学的角度看,它是个体名词(Individual Noun)。这三层意思在亚里士多德那里是未作区分且实质上是不可分割的,以至后人误以为这是他的一个疏忽,殊不知这正是西方思维的一个根本特征,即存在、思维、语言的直接同一③,也就是巴门尼德所说的“能被思维者与能存在者是同一的”④;或者如黑格尔所说“任何对象,外在的自然和内心的本性,举凡一切事物,其自身的真相,必然是思维所思的那样”;“思想不仅是我们的思想,同时又是事物的自身(ansich),或对象性的东西的本质”⑤;或者如海德格尔所说“语言是存在之家”。总之,第一实体是绝对自足、不可分割的基础(“实体”的拉丁语词源 sub 有“在……下面”“基础”的意思):“一切实体的共同特点是它们决不依存于某一主体。”⑥

---

① 〔古希腊〕亚里士多德著,李匡武译:《工具论》,广东人民出版社1984年版,第13页。

② 〔古希腊〕亚里士多德著,李匡武译:《工具论》,广东人民出版社1984年版,第14页。

③ 这是我要另文讨论的一个重大问题。

④ 北京大学哲学系外国哲学史教研室编译:《西方哲学原著选读》上卷,商务印书馆1981版,第31页。

⑤ 〔德〕黑格尔著,贺麟译:《小逻辑》,商务印书馆2004年版,第78页、第120页。

⑥ 〔古希腊〕亚里士多德著,李匡武译:《工具论》,广东人民出版社1984年版,第15页。

这种作为个体的实体、纯粹的 singular,在西方思想文化的各个方面都有体现,诸如“元素”“原子”“单子”“基本粒子”“变元”“上帝”“主体”“个人”“公民”“法人”,等等。它们被认为是基础的,是独立自足、不可分割的。然后,第一实体组成第二实体,即种、类、属等。这在西方观念的各个方面也都有所体现:“感知”依存于个别“感觉”,“集合”依存于“变元”,“物种”依存于生物“个体”,“市场”依存于“企业单位”,“国家”依存于“公民”(主体 subject 也有臣民的意思),“组织”依存于“成员”,等等。

这里尤为要紧的,就是逻辑的“集合”(Set / Collective)概念,这是西方逻辑的真正基础,也是西方思维形式的真正的观念基础。我们知道,现代数学与逻辑统一的基础就是集合论。西方逻辑推理的实质就是揭示名词之间的关系,即揭示个体、种、类之间的关系(想想基础逻辑教科书上的那些圆圈),实质上就是揭示个体元素与集合、集合与集合之间的关系。按亚里士多德的说法,个体可以被种类陈述而不陈述种类,因而个体就是种类的基础。按罗素的说法,分子命题可还原为原子命题;而原子命题的主词,就是个体。从现代逻辑的观点看,集合的基础乃是元素(Elements),此元素可以是低级集合,也可以是个体,但归根到底是个体,所以集合又叫作“个体域”(Domain of Individuals)。集合的刻画方法就是列举元素个体(外延法),或者既列举元素又刻画元素的共同特征(内涵法)。集合论创立者康托尔(Cantor)给出的定义是:“一个集合就是我们的直观或我们的思想上那些确定的、能区分的对象的成一整体的汇集;这些对象称为这集合的元素。”①这个定义非常确切地体现了西方的实体观念。

① 转引自《逻辑学辞典》,吉林人民出版社 1983 年版,第 788 页。

但是，中国哲学没有亚氏范畴那样的“实体”观念。这是我们区分中国和西方观念的第一个要领。中国哲学也有“实体”这个说法，但不是西方“substance”的意思。例如朱熹《中庸章句》讲：“道之本原出于天而不可易，其实体备于己而不可离。”但朱熹所谓“实”“体”或者“实体”，说的是“理”。例如他解释“理一分殊”说：“一实万分，万一各正，便是理一分殊处。”（《朱子语类》卷九十四）①“其体，则不过仁义礼智之理而已。”（《孟子或问》卷十四）两层意思合起来说就是：“一理之实，万物分之以为体。”（《通书解》）进一步说，此“理”的“实体”，其实就是《中庸》所谓“诚”、朱熹所谓“性”——“性是（心之）体，情是（心之）用”（《朱子语类》卷九十八）；“心主于身，其所以为体者，性也；所以为用者，情也”（《答何叔京》二十九）。总之，与天理同一之心性，便是儒家所谓“实体”。

中国哲学的“体用”范畴也是常常遭受误解的。人们常把这个“体”理解为西方式的“实体”观念，于是就有了这样一种常见的说法，以为“五行”是相当于西方四大“元素”（Elements）那样的东西，进而断定这是“古代朴素唯物主义”。这实在是大谬不然的。中国哲学之所谓“体”不是西方所谓的“实体”，乃是一种纯粹的关系（详见下文“关系”范畴），正如“體”字透露的消息，是一副纯粹的骨架（框架）。孟子就曾用“四体”来说明仁义礼智“四端”的关系：“人之有是四端也，犹其有四体也。”（《孟子·公孙丑上》）例如“阴阳”（我曾说过，中国哲学的所有范畴、中国文化的

---

① 此说出自周敦颐《通书·理性命》：“是万为一，一实万分，万一各正，小大有定。”

所有观念,都可以归约为阴阳)①,张载说是"一物两体",但是无论"阴"还是"阳"都绝不是实体,两者不可分开来说,它们就是一个纯粹的关系,所以他说:"一物两体,气也。② 一,故神(自注:两在故不测);两,故化(自注:推行于一)。"(《正蒙·参两》)再说中国哲学的"物"这个观念,也不是西方所谓的"实体"。道家讲"道之为物,惟恍惟惚"(《老子·第二十一章》),儒家讲"物犹事也"③,而"事"当然绝非实体概念。一旦把"体""物"讲成西方式的"实体",就会导致"格义"不通之解,这是我们应当慎之又慎的。

所谓"五行"同样不是五个实体,而是一种纯粹的关系框架。五行即"五范",一般把"范"理解为"法","洪范"就是"大法"。"法"当然不是实体性的东西,而是人与人、人与神之间的关系。不过此说是把"范"理解为"笵",许慎《说文解字》就说:"笵,法也。"其实"范"的繁体应作"範",许慎对此另有说法:"範,範軷也。""軷,出将有事于道,必先告其神。立坛四通树茅,以依神,为軷;既祭軷,轹于牲而行,为範軷。"有事告神、立坛依神,均非实体,而是人神之间的关系,这与《尚书·洪范》的观念也是一致的。可见五行不是"实体",而是"纯粹关系";不是"五个"实体,而是"一种"关系。

中国的"五行""两仪"(阴阳)皆数,我这里就谈谈"数"这个观念。这是中国哲学中一个极重要的观念。虽然上述那种纯粹关系是用"五"或"二"来表示的,但这个"五"和"二"并非亚里士

---

① 参见拙文《生命结构与和合精神——周易哲学论》,载《社会科学研究》1998年第1期。

② 此所谓"气"也非西方那样的实体概念,我们千万不能按西方现代科学概念来理解这个"气",以为它是由什么化学元素组成的。

③ 至迟自东汉郑玄以来,儒家都同意此说。

多德范畴表中的“数量”(Quantity)范畴。亚氏的数量范畴仍然以实体为前提,例如“数是一种分离的数量”,各数就是集合的元素;“线是一种连续的数量”①,但按欧几里得几何,线是由点构成的,而点是标准的西方实体观念。这些都是西方数学的常识。而中国之“五行”的关键在于“五”,但这并非西方那样的“数量”概念,纯粹是一种关系,这种纯粹关系的实质,是中国人心灵的基本结构方式,也是心灵“观”此世界的方式,也是这个世界的基本结构。例如《洪》中“五事”本于“五行”,而王安石进一步指出:“五事之本,在人心而已。”可见五行本身是心灵的结构。《洪》陈说的“九畴”就是当时中国人关注到的整个世界,这个世界就是由“五”这种关系结构确定下来的。第一畴“五行”跟其他八畴的推衍关系,可以叫作“关系映射推衍”。这就是中国人的思维形式,可以叫作“映射思维”“投射思维”或者“演射思维”,而决不是西方那样的逻辑思维,即既不是演绎,也不是归纳,甚至不是所谓“类比”,更非所谓“比喻”“比附”。(详见下节)

这里我尤其想说明,这些范畴之间的关系不是并列的、平起平坐的。亚氏《范》的所有十大范畴可以二分,即“实体”和“非实体”,实体范畴是其他九个范畴的基础,这在亚里士多德那里是非常明确的。同理,在中国的五行范畴中,土也是其他八大范畴的共同基础。董仲舒说:“土者,五行之主也。”(《春秋繁露·五行之义》)《洪》的五大范畴也是可以二分的,即“土”和“非土”。例如在空间上,这就是中央和四方的关系;在时间上,“非土”即春夏秋冬“四时”(参见下图)。

---

① 〔古希腊〕亚里士多德著,李匡武译:《工具论》,广东人民出版社1984年版,第19页。

水北冬

金西秋——土中和——木东春

火南夏

上图是中国传统思维的一个基本框架,它同样在五行之“行”字上体现了出来:“行”,甲骨文作“╬”,乃是四通之“道”,它以一个街口作为中枢,亦即“五者,天数之中也”(《洪范传》)。正因为“五行”的五分实际上是“阴阳”二分的,所以它才能跟阴阳观念对接起来,形成中国传统思维“二五之精,妙合而凝”(《太极图说》)的格局。[①] 例如作为五行结构的四时也是阴阳两仪的衍射,“春秋冬夏,阴阳之推移也”(《管子·乘马》)。所以《汉书·五行志》讲“妃(配,二,阴阳)以五成”。中国哲学的几大基本范畴“行”“道”“术”“数”的意义在训诂上都是相通的。这是掌握中国思维形式特征的又一要领。

由此,我们自然想到“关系”范畴。现代汉语的“关系”(Relation)也是一个西来的词语,所以这里我得说明,当我们说五行是一种“纯粹关系”的时候,此“关系”并不是西语说的那种关系。区别何在?按照亚里士多德《范》的观念,关系是由实体、最终是由第一实体决定的:关系就是实体之间的关系,没有实体,哪来关系?对于关系,亚里士多德做了三种区分:(1)相反(Contradiction,矛盾),如美德和罪恶、知识和无知、矛盾命题等。相反关系是相对关系中的一种。(2)相对(Opposition,对立),如大于和小于、主人和奴隶、逻辑对当关系等。但是由于“一切相对者都是相

① 这种“二五合凝”发端于春秋思潮,而完成于战国阴阳家。

关者"[1],所以它们都可以归结为"相关"或者"关系"。(3)相关(Relation,关系)。相应地,作为这三种关系之前提的实体为:相对者(Opposites)、相反者(Contraries)、相关者(Relatives)。亚氏认为,作为实体,"个别的人或牛并不须要参照某种外在事物就可得到说明"[2]。这就是亚里士多德关于关系的规定:实体是其前提。这种观念在西方社会生活中的一种典型体现就是"契约"精神:人与人之间乃至人与神之间的一切关系,归根到底都是契约关系;缔约双方都是实体,契约就是实体之间的关系。

但这恰恰不符合中国的关系观念。中国的关系观念之所以"纯粹",就是因为它不以实体为前提。它是一种"无实体性前提的纯粹关系"。这是把握中国思维的又一要领。这说起来似乎有些玄乎,其实很好理解:大家试想一下我们的宗法观念。宗法就是一种纯粹的人伦关系,这里,不是作为实体的个体决定了这个关系,而是这个关系决定了个体。——甚至可以说"决定了个体"也是不确切的,因为在宗法关系下,作为实体的个体是并不存在的。个体等于零,因为他或她的价值、幸福等,甚至于他或她的存在本身,统统取决于"宗"[3]这个关系。即便他或她不存在了,这个关系仍然存在。这使我想起了 80 年代的一首很别致的朦胧诗,题为《生活》,可是全诗仅一个字——"网"。"宗"就是人伦关系之网,也就是天地万物之网,所以《中庸》指出:"君子之道,造端

---

① 〔古希腊〕亚里士多德著,李匡武译:《工具论》,广东人民出版社 1984 年版,第 24 页。

② 〔古希腊〕亚里士多德著,李匡武译:《工具论》,广东人民出版社 1984 年版,第 25 页。

③ "宗"原意指祭祖的宗庙,它是宗法关系在观念、制度、器物层面上的集中体现。

乎夫妇;及其至也,察乎天地。”这是因为,如李贽《夫妇论》所说:“极而言之,天地一夫妇也。”此“夫妇”即指宗法关系,“天地”、万事万物都是这种关系的映射(张载著名的《西铭》对此有极深刻的理解),天地与夫妇是两个互为映射的纯粹关系。此即所谓“理一分殊”、所谓“月映万川”。所以宋儒把这种纯粹关系称为“理”。“理”非实体而且先于实体,故朱熹认为,在本体论上,“未有天地之先,毕竟也只是理”(《朱子语类》卷一);在伦理学上,“未有君臣,已先有君臣之理;未有父子,已先有父子之理”(《朱子大全》卷九十五)。

“五行”范畴是这种“纯粹关系”观念在中国历史上的第一个文本规范。五行确立了“九畴”推衍的范畴基础,正如十大范畴确立了西方逻辑推衍的范畴基础。

四

从传统上来看,中西思维各有自己的“推衍”①形式:中国思维的推衍形式,我称之为“纯粹关系映射推衍”;西方的推衍形式,我称之为“实体关系套接推衍”。西方这种实体套接方法中最典型的就是“三段式”演绎推理。在一个三段式里,有三个名词或者概念,其实就是三个实体;所谓三段式推理,就是揭示这三个实体之间的关系。例如,三段论最基本的形式就是:因为 A 是 B,B 是

---

① 我不用“演绎”这个词,以免导致误解。“演绎”通常是说的“deduction”,但它本来是个中国的术语,如朱熹在谈到子思作《中庸》时就说:“于是推本尧舜以来相传之意,质以平日所闻父师之言,更互演绎,作为此书。”(《中庸章句序》)此“演绎”与“deduction”的意思大相径庭。《洪范》讲“稽疑”时,说到“衍忒”,意为“推变”。兹用此义。

C,所以 A 是 C。这里的 A、B、C 或者是三个实体,或者是实体的某种属性;它们之间的关系是依次套接起来的:$A > B > C$。按照现代逻辑的观点,这个“>”(即“是”)可能有三种性质的关系:=、∈、⊂。其中“=”读作“等于”,有时也指“定义”关系(通常写作“:=”);“∈”读作“属于”,是元素与集合的关系。这两者是密切相关的:如果 $S:=\{a,b,c\}$,那么 $a \in S$。⊂则表示子集与集合的关系:“$S \subset M$”表示 S 是 M 的子集合。这种关系明显是一种“套接”:$a \in S$ 并且 $S \subset M$,即 $a > S > M$。所以归根到底,其基础是第一实体。例如,如果我们加以赋值,a 指张三,S 指中国人,M 指人,那么我们很容易构造一个三段论:因为张三是中国人,中国人是人,所以张三是人。它们之间显然是一种实体套接的关系。对此,各位不妨再次想想基础逻辑教科书上的那些互相套接的圆圈。

中国的“关系映射”①与之大不一样,它并不是实体之间的关系,而是“纯粹关系”之间的关系。请注意,我这里说的“映射”不是所谓“反映”。反映(Reflection)观念是基于主客二分的(主客都是实体),这恰恰是西方的而非中国的传统观念。② 映射(Projection)或称“投射”,它是一种投影、放映,即儒家所说的心性的“发用流行”;他们借佛学的“月映万川”之喻来说明这种“理一分殊”的映射关系,确实非常形象。映射还有一个重要含义,就是使观念具体化;在中国思维中,则是使心性结构对象化,

① 我这里说的“映射”不是现代数理逻辑讲的那种映射关系。

② 西方哲学从一开始就把“认识”问题设为基本问题,即便在所谓“本体论”时代,认识论也是基础的,本体论问题是在认识论境域中才得以呈现的。“现象”这个观念已经预设了呈现者(谁或什么呈现:现象的本体、本原、本质)、接受呈现者(向谁呈现:认识的主体)。

这表明这种映射的最终根据是人自己的心灵结构。巧得很，《中庸》里也有引孔子的话谈“射”的语句：“射，有似乎君子；失诸正鹄，反求诸其身。”这就是说，在关系映射这种推衍方式上，如果投射不准，问题不在于“射”，而在于“身”（自己）。孟子也说过同样的话：“仁者如射。射者正己而后发，发而不中，不怨胜己者，反求诸己而已矣。”（《孟子·公孙丑上》）所以儒家首先“反求诸身”，要求自己“诚意正心”，“自天子以至于庶人，壹是皆以修身为本”；修身的对象正是心灵，“身修而后家齐，家齐而后国治，国治而后天下平”（《礼记·大学》）。这就是从心灵结构出发进行的关系映射。

《洪》从第一畴“五行”推出其他八畴，就是用的这种“关系映射”推衍方法：如果说五行的“五范”之间是一种纯粹关系，那么“九畴”之间就是这种纯粹关系之间的映射关系（参见表1）。在这九范畴中，虽然并非每个范畴皆“五”之数，但实质上它们是有对应关系的。

表1　《洪范》纯粹关系映射推衍

范（法则）		**结　构**					**畴（领域）**
1. 五行		水	火	木	金	土	元结构
		润下	炎上	曲直	从革	稼穑	
	五味	咸	苦	酸	辛	甘	
2. 五事		貌	言	视	听	思	修身结构
		恭	从	明	聪	睿	
		肃	乂	晢（哲）	谋	圣	

（续表）

范（法则）		结构					畴（领域）
3. 八政		食货	祀	司空 三司：司徒 司寇	师	宾	施政结构
4. 五纪		岁	月	日	星辰	历数	农时结构
5. 皇极						皇极	治国结构
6. 三德		柔克			刚克	正直	行权结构
7. 稽疑	五卜	雨	霁	蒙	驿	克	卜筮结构
	二占				悔	贞	
8. 庶徵		雨	旸	燠（yù）	寒	风	气象结构
	休徵	肃	乂	哲	谋	圣	
	咎徵	狂	僭	豫	急	蒙	
9. 福极	五福	寿	富	康宁	攸好德	考终命	生命结构
	六极	弱	贫	疾、忧	恶	凶短折	
参照结构	五时	冬	夏	春	秋	和	
	五方	北	南	东	西	中	
	五形	目	耳	鼻	口	心	
	五声	宫	商	角	徵	羽	
	五情	喜	怒	哀	乐	怨	
	五经	诗	春秋	礼	书	易	
	五常	仁	义	礼	智	信	
	五伦	父子	君臣	夫妇	兄弟	朋友	
	五教	亲	义	别	叙	信	

1. 五行

五行即水火木金土。这是中国思维的“元结构”，前面说过，它是存在的根本结构，实质是中国人的心灵结构。五行不仅是其余八畴的基础结构，而且本身包含着一种关系映射推衍：

五行：	水	火	木	金	土
五性：	润下	炎上	曲直	从革	稼穑
五味：	咸	苦	酸	辛	甘

从五行到五性、再到五味的映射推衍，显然出自经验的联想。关于中国思维的映射推衍是否以经验联想为基础，这是一个可以讨论的问题，但是无论如何，这种经验联想与西方经验主义哲学是截然不同的，后者的基本方法是归纳法，其实质是抽绎出若干实体的共性来，即仍然以实体为前提。而五行推衍的经验联想，涉及的性、味不是实体；而且五行推衍意不在于这些单个的性、味，而在于其关系：五性是一关系，“稼穑”与“土”相映射而居于中位；五味同样是一关系，“甘”与“土”“稼穑”相映射而居于中位。

这里“五”这种纯粹关系的实质并不在于具体的数字是多少，乃在于“和”，这是中国思维的又一个很基本的特征——求和。五行协和，阴阳和合，这是中国人追求的最高境界，被认为是存在的既本然且应然的状态。西周时期史伯说“和实生物，同则不继”，“故先王以土与金木水火杂以成百物”；他也提及“和五味以调口”(《国语·郑语》)。孔子说：“君子和而不同，小人同而不和。”(《论语·子路》)《中庸》也说：“中也者，天下之大本也；和也者，天下之达道也。”(“中”谓未发之心性，心灵的结构；“和”谓已发之佳境，心灵的映射。)较早提出“和”的思想的晏婴，也谈到过“五味”：“和如羹”“济五味”，“以平其心，成其政也”(《左传·昭公二十年》)。所以,五行之“五”意在于“和”,即意在于确立关系映射推衍的根据。

2. 五事

五事即貌、言、视、听、思,是人君的修身结构。它们不是作为实体的器官本身,而是通过修身达到的“内圣”的五个方面,实际上就是“德”的结构,后来发展为“德治”论。这仍然是一种纯粹关系,其中“思”是“土”的心灵映射,居于中,与其余四者形成二元关系。① 儒家对这种二元关系是非常明确的,例如孟子对“大体”和“小体”的区分(《孟子·告子上》)②,荀子对“天君”和“天官”的区分(《荀子·天论》)。孟子主张“先立乎其大者,则其小者弗能夺也”,特别强调“心之官则思”的优先性,认为许多问题就是源于“不思”(《孟子·告子上》)。这类似于西方所谓“先验进路”。

这里从五行推衍出九畴,首先就是关于人君的问题,这是儒家的一个重要观念——天下以君为本③,人君以心为本。作为人君修身结构的五事,本身包含着内在的映射推衍:

貌	言	视	听	思
恭	从	明	聪	睿
肃	乂(yì)	晢(哲)	谋	圣

这是三层关系映射,其中“睿”“圣”是“思”“土”的映射,居于中。其间有两个观念很重要,与今所谓“哲学”有关,那就是“哲”

① 此所谓“二元”也不是西方的“dualism”,西方之所谓“元”基于 mono(区别于语义学之所谓“元”meta),亦即基于第一实体。

② 朱熹章句云:“大体,心也;小体,耳目之类也。”

③ 这与孟子的“民本”思想并不矛盾,只是其思路的出发点不同而已。

与“圣”的关系:“明哲”就是明视、明察,只是修身成圣的一个条件而已。

3. 八政

八政即食(主管粮食)、货(主管财政)、祀(主管祭祀)、司空(主管民政)、司徒(主管教育)、司寇(主管司法)、宾(主管朝觐)、师(主管军事),这是施政结构,属于职官制度范畴。孔颖达说:“八政者,人主施政教于民,有八事也。”(《尚书正义》)这八政虽然不是准确的表层五行关系,但在一定意义上也可以归结为“五”的结构:食与货是一类,如史书所谓“食货志”;司空、司徒、司寇又是一类,古人谓之“三司”。而且它是五行的深层二分结构(阴阳),其中“宾”是主管诸侯朝觐天子之事的,是“土”和“圣”的映射,显然应居于中。

4. 五纪

五纪即岁、月、日、星辰、历数,是纪时结构。其中“星辰”指时辰,故前四项构成“岁月日时”的时间划分关系结构,沿用至今;“历数”作为历法,是其余四者之综合,其义为“和”,也就是“土”“思”“宾”的映射,应居于中。值得注意的是,在西方,作为“自然”(Nature)看待的时间范畴,在五纪这里只是“人事”(五事、八政)的关系映射。

5. 皇极

皇极即政治准则,是治国结构,属于政治哲学范畴。“皇极”具有两层意思:(1)在本体论层面上,意即“太极”。陆九渊讲,天有太极,地有皇极:“皇极之建,彝伦之叙,反是则非,终古不易。是极是彝,根乎人心而塞乎天地。”(《杂说》)后一句话暗示了这是心灵结构的映射。按照正宗的说法,太极就是阴阳结构,阴阳扩展而完成于五行结构;心灵结构由此推衍于人事,正应了邵雍的书名《皇极经世》。顺便指出，古人称治理国家为“经济”“经营”“经纬”，也说明这是网络性的、流动性的、框架性的，而不是实体性的。(2)在政治学层面上，意指君主确立的政治准则，所谓“惟皇作极”。王安石说：“皇，君也；极，中也。”(《洪范传》)“皇”既为“中”，可见皇极是“土”的映射，隐含着四方，正如韩非所说：“事在四方，要在中央；圣人执要，四方来效。”(《韩非子·扬权》)可见这仍然是潜在的五行关系映射。

6. 三德

三德即正直、柔克、刚克，这是行权结构，是“作威作福”、克制臣民的三种手段，属于政治范畴。这仍然是潜在的五行关系，因为五行中除“土”之外的其余四行，可归纳为阴柔、阳刚“两仪”①：“柔克”属阴，“刚克”属阳；“正直”是其“中和”，又叫“中正”，显然是“土”的映射。“正直”的直接映射根据就是“皇极”：“无反无侧，王道正直。”这是儒家“执两用中”政治哲学的一种体现，如孔子说：“宽以济猛，猛以济宽，政是以和。”(《左传·昭公二十年》)这就是《中庸》所说的“致中和，天地位焉，万物育焉”。

7. 稽疑

稽疑即卜筮结构，是古人决策的依据之一，“谋及乃心，谋及卿士，谋及庶人，谋及卜筮”。此即《周易》所谓“人谋鬼谋，百姓与能”，“吉凶与民同患”(《周易·系辞传》)。稽疑分为龟卜五和蓍筮二。龟卜五(五种兆形)即雨、霁、蒙、驿、克，蓍筮二即贞(内卦)、悔(外卦)。二筮是阴阳结构，五卜是五行结构。“克”指兆形交错，是中和之象，是“土”的映射，应居于中；居于中则为内，即又与内卦“贞”映射。

---

① 邵雍谓之少阳、太阳，少阴、太阴。

8. 庶徵

庶徵即雨、旸(晴)、燠(yù)、寒、风,是气象结构。它有好坏两种表现,好的叫"休徵",坏的叫"咎徵",也是一种内在的关系映射:

庶徵:	雨	旸	燠	寒	风
休徵:	肃	乂	晢	谋	圣
咎徵:	狂	僭	豫	急	蒙

我们不难看出,这里的"休徵"与上文"五事"最后一层的内在映射是完全一样的,这就是说,气象与人君的修养是一致的。这使我们想起了孔子对"风"的一种说法:"君子之德,风;小人之德,草。草上之风,必偃。"(《论语·颜渊》)"圣"与"风"显然是一种映射关系。所以,根据"圣"是映射于"土"的,我们可以把庶徵区分为"风"与"非风"这样的二元结构。

9. 福极

福极即五福、六极,是生命结构。五福和六极是一种内在映射关系:

五福:	寿	富	康宁	攸好德	考终命
六极:	弱	贫	疾、忧	恶	凶短折

福极作为最后一畴,体现了中国哲学的终极生命关怀。

以上九大范畴之间显然都是"纯粹关系映射推衍":这里"映射"就是"推衍";作为其基础的"纯粹关系"就是周敦颐之所谓"二五合凝"(两仪、五行的融通)的范畴结构。

中国这种纯粹关系映射推衍还有一个非常重要的特征,就是"知行合一"。我们知道,西方从古希腊以来,是把关于行为的实践哲学和关于知识的形而上学严格区分开来的,如亚里士多德的《伦理学》和《形而上学》就是互不干涉内政的。直到康德,"实践理性”和“理论理性”仍然是泾渭分明的。[①] 中国哲学思维则不然，王阳明有精辟的言说，“我今说个知行合一，正要人晓得：一念发动处，便即是行了”（《传习录下》）；“知是行的主意，行是知的功夫”；“知是行之始，行是知之成。若会得时，只说一个知，已自有行在；只说一个行，已自有知在”（《传习录上》）。不过，这些都是超出我们话题范围的问题了。

① 现代西方哲学有些变化，伦理学问题已被置于存在论层面上来加以思考。

重建第一实体

——中西比较视野下的中国文化的历时解读*

上篇　神人之际

当西方后现代思潮对他们的“现代性”观念进行反思的时候，我们中国人还没有实现现代化，在这个意义上，我们还不是“现代人”。于是我们面临着一个车尔尼雪夫斯基式的问题：怎么办？彻底抛弃传统、全盘西化？这是五四以来自由主义西化派的主张。但这显然是不行的，我曾专门著文对此加以讨论，指出中国现代自由主义之所以屡屡失败，一个重要原因是他们脱离传统。① 那么，如我们注意到的人们提出的“重建传统”的主张，然而这里的问题在于：如何重建传统？传统不是一成不变的，我们究竟是重建“后轴心期”的传统，还是轴心期的传统乃至于“前轴心期”的传统？这就涉及对“轴心期”观念的评价了。

---

* 原载《泉州师范学院学报(社会科学)》2003 年第 3 期。

① 黄玉顺：《“自由”的歧路——“五四”自由主义的两大脱离》，载《学术界》2001 年第 3 期；人大复印资料《中国现代史》2002 年第 3 期全文转载。

(一)轴心期

我们知道,"轴心期"(The Axial Period)是雅斯贝尔斯(Karl Jaspers)提出的重要概念,认为在公元前数百年的时候,人类至今赖以自我意识的世界几大文化模式(中国、印度、西方)大致同时确立了起来,从此:"人类一直靠轴心期所产生、思考和创造的一切而生存。每一次新的飞跃都回顾这一时期,并被它重燃火焰……轴心期潜力的苏醒和对轴心期潜力的回忆,或曰复兴,总是提供了精神动力。"①

按照这种思路,我们似乎应该彻底地"回归"我们的轴心期传统,或者"复兴"轴心期传统?然而在我看来,雅斯贝尔斯的"轴心期"概念是一种有缺陷的观念。

它确实是一种很好的创新观念,可以相当有说服力地解释历史;但它同时是有缺陷的,主要缺陷有二:一是它容易使人将轴心期与前轴心期割裂开来。例如就西方的情况来看,古希腊哲学时代的传统实际上是此前某种更古老传统的进一步发扬。雅斯贝尔斯自己也说过:"(前轴心期的)古代文化的某些因素进入了轴心期,并成为新开端的组成部分。"②西方之现代性观念的核心精神不仅可以追溯到轴心期的哲学传统,还可以追溯到前轴心期的神话传统。二是轴心期观念并没有注意到轴心期转型的负面。其实不论在东方还是在西方,轴心期大转型的结果都是既建立了某些积极的东西,也失落了某些积极的东西。否则,以西方的情

---

① 〔德〕卡尔·雅斯贝斯著,魏楚雄、俞新天译:《历史的起源和目标》,华夏出版社 1989 年版,第 14 页。

② 〔德〕卡尔·雅斯贝斯著,魏楚雄、俞新天译:《历史的起源和目标》,华夏出版社 1989 年版,第 13 页。

况看,我们就不能理解为什么轴心期大转型之后出现了中世纪"黑暗时代",乃至后来需要"复兴"(Renaissance)。中国的情况亦然,作为轴心期大转型的百家争鸣,既建立了也失落了某些积极的东西。所以,我们不仅要回顾轴心期,还要回顾前轴心期。

(二)现代性

所谓建立了同时失落了某种积极的东西,这当然是以现代性作为衡量标准的。那么,何谓"现代性"?这是我们必须首先搞清楚的一个关键问题。对此,后现代思想者已有许多纷纭淆乱的说法,因为现代性本身有许多方面的呈现。但在我看来,可以一言以蔽之:现代性的根本是"第一实体"(Primary Substance)观念,即个体精神(Individual Spirits)。

西方文化中的第一实体精神是源远流长的,我们可以追溯到前轴心期荷马史诗时代、神话时代的众神生活中。但是,这种第一实体精神的最初自觉的理性表达,无疑是由轴心期的雅典哲学尤其是其集大成者亚里士多德做出的。如果说西方思维形式在于亚氏的《工具论》,那么更根本的范畴基础就在于《工具论》中的《范畴篇》。这个范畴表是什么东西?它就是西方人的心灵结构。假定没有《范畴篇》中"十大范畴"建构的心灵结构基础,那么《工具论》乃至整个西方思想文化的面貌都将是不可设想的。

亚氏列举了十大范畴:实体,关系,数量,性质,时间,地点,主动,被动,姿势,状态。这实际上就是西方人心灵结构中的世界构成。在十大范畴中,最要紧的是实体范畴。他把实体分为两类:第一实体(Primary Substance)指个体,第二实体(Secondary Substance)指种、类、属这样的实体。实体是一切的基础,而第一实体是一切实体的基础。他实际上认为,只有作为第一实体的个体才是真正的实体,因为"实体,从这个词的最真实、原始而又最明确的意义说是指既不能被断言于主体又不依存于主体的事物”；由于“除第一实体外，一切事物都或者能被断言于第一实体，或者依存于第一实体；如果第一实体不存在，其他任何事物也都不可能存在”；因此“第一实体之所以更恰当地被称为实体，是因为它们是其他一切事物的基础，而一切其他事物或者被断言于它们，或者依存于它们”。①

在西方生活中，这种作为第一实体的个体精神确实时时处处表现了出来，诸如元素、原子、单子、基本粒子、变元、上帝、主体、个人、公民、法人，等等。它们被认为是基础的、独立自足的。按亚里士多德的说法，个体可以被种类陈述而不陈述种类，因而个体是种类的基础。然后，第一实体组成第二实体——种、类、属等。这同样在现代观念的各个方面体现了出来：感知依存于个别感觉，集合依存于个体变元，物种依存于生物个体，市场依存于企业单位，国家依存于公民，组织依存于成员，等等。现代集合论作为数学与逻辑统一的基础，从而也是理解“世界的逻辑构造”②的真正基础，是西方第一实体观念的现代科学表达：集合（Set/Collective）的基础是元素（Elements），此元素可以是低级集合，也可以是个体，但归根到底是个体，所以集合又叫作“个体域”（Domain of Individuals）。总之，个体是存在的根基。③

其实我们曾经也有类似的富于个体精神的实体观念，这是下

---

① 〔古希腊〕亚里士多德著，李匡武译：《工具论》，广东人民出版社1984年版，第12～14页。

② 这是维也纳学派的经典之一、卡尔纳普的著作名《世界的逻辑构造》（*Der Logische Aufbau der Welt*）。

③ 拙文《儒家心性论作为伦理学基础是否可能》详细探讨了这个问题，载《恒道》创刊号，吉林人民出版社2002年版。

文将要涉及的问题。这里我想指出：经过轴心期大转型，中国文化失落了类似亚氏范畴那样的“实体”观念（我们也有“实体”这个说法，但不是“substance”的意思）。例如由《周易》哲学确立起来的作为中国哲学最高范式的“阴阳”，并不被理解为实体范畴，而被理解为纯粹关系范畴。由此，我们谈谈“关系”范畴。

现代汉语的“关系”也是一个西来的词语，所以这里我得说明，当我们说“阴阳”被理解为一种“纯粹关系”的时候，此“关系”并不是西语所说的那种关系（Relation）。区别何在？按照亚里士多德《范畴篇》的观念，关系是由实体、最终是由第一实体决定的：关系就是实体之间的关系，没有实体，哪来关系？亚氏认为，作为实体，“个别的人或牛并不须要参照某种外在事物就可得到说明”①。这就是亚里士多德关于关系的规定：实体是其前提。这种观念在西方社会生活中的一种典型体现就是“契约”精神——人与人之间乃至人与神之间的一切关系，归根到底都是契约关系；缔约双方都是第一实体，契约就是实体之间的一种关系。

但这恰恰不符合中国后轴心期的关系观念。中国后轴心期的关系观念之所以“纯粹”，就在于它不以实体为前提。它是一种“无实体性前提的纯粹关系”。这说起来似乎有些玄乎，其实很好理解：大家试想一下我们的宗法观念。宗法就是一种纯粹的人伦关系，这里，不是作为实体的个体决定了这个关系，而是这个关系决定了个体。——甚至可以说“决定了个体”也是并不确切的，因为在宗法关系下，作为实体的独立个体是并不存在的。个体等于零，因为他或她的价值、幸福等甚至于他或她的存在本身，统统取

---

① 〔古希腊〕亚里士多德著，李匡武译：《工具论》，广东人民出版社1984年版，第28页。

决于“宗”①这个关系。即便他或她不存在了，这个关系仍然存在。“宗”就是人伦关系之网，也就是天地万物之网。宋儒把这种纯粹关系称为“理”。“理”当然非实体（Substance），而且先于实体，故朱熹说：在本体论上，“未有天地之先，毕竟也只是理”（《朱子语类》卷一）；在伦理学上，“未有君臣，已先有君臣之理；未有父子，已先有父子之理”（《朱子大全》卷九十五）。这种纯粹关系的观念，显然缺乏作为第一实体的个体精神的基础。

（三）人神之际

中国个体精神的失落与上帝神至高无上地位的失落大有关联。谈到中国的前轴心期文化观念，可将“三代”之一的商代的文化观念作为典型，因为此前的夏代“文献不足征”，此后的周代则已经开始进入轴心期转型。商代文化观念的一个最突出的特征是神学观念。“殷人尊神，率民以事神，先鬼而后礼”（《礼记·表记》），这大概是无须在此做出论证的历史常识。我这里想要特别加以分析的，是这种神学文化的这样两个特征：一是超越性存在者或超越物（Transcendence）的设定，二是超越者（Transcender）的个体性（Individuality）的设定。这两点是我们理解中国文化传统的关键，我们得先从理论上做一番解释。

“超越”问题是目前的一个热门话题，但人们对此的理解存在着很大的混乱。按胡塞尔（Emund Husserl）现象学的解释，超越物是对处于内在意识之外的存在的预设。基督教的上帝、中国商代的帝，都是这种外在超越的设定。这是问题的一个方面，另一方面则是：人似乎天生是追求超越的，所以他总是要设定某种超越

① “宗”原意指祭祖的宗庙，它是宗法关系在观念、制度、器物层面上的集中体现。

存在。人们对胡塞尔的一个极大误解，就是以为他是反对一切超越的。其实胡塞尔反对的只是“外在超越”，因为这种超越的设定会导致“认识论困境”①；但他诉诸“内在超越”②，因为普遍的“本质直观”对于个体的“经验直观”来说仍然是超越的。在这个意义上，先验的现象学(Transcendental Phenomenology)可以译为“超越的现象学”，因为“超越之物”(Transcendence)和“先验的”(Transcendental)其实是同源词。然而当人在追求超越时，这种超越体验必定是个体性的(所以胡塞尔也承认，普遍的本质直观是从个体的经验直观入手的)。唯其如此，神学的观念必然导致个体的观念。这就是亚里士多德的“第一实体”观念为神学的基督教所接受、又经宗教改革而生长出现代性之个体性观念的原因所在。

中国商代的神学观念也是如此，它本质地蕴涵着个体性观念。对神的设定、宗教仪式的举行等，是宗族群体的事情；但对神的体验，则只能是个体的事情。前一情况孕育着群体精神，它是后来儒家文化尤其是理学的群体关怀的文化基因；而后一情况孕育着个体精神，它是后来儒家心学、道家文化的个体关怀的文化基因。当人在体验神或“帝”时，他是单独地面对那个“绝对的他者”的，他知道这个他者随时随地都在关注着自己的言行，他的心灵独自与这个他者对话。他知道自己的善举会赢得这个他者的赞许，并因此产生一种纯粹个体性的崇高感。我们在孟子那里看到的那种高扬的个体独立精神，正是这种崇高感的历史遗产。可

① “认识论困境”是休谟以来的西方哲学面对的一个基本问题：在认识和真理问题上，内在的意识如何能“切合”外在的实在？我常用的一个比喻是：人如何能走出自己的皮肤？

② 近年关于“内在超越”的问题已经成了一个热门话题，但人们对何为“内在超越”尚无一种真确的认识。

惜的是,中国固有的这种个体精神后来失落了或被遮蔽了。

这个重要问题,下文还将论及,这里我想指出的是:中国的现代化,首先是观念的现代化;而观念现代化的核心在于重建第一实体。请注意,我讲的是"重建"。我的意思是,中国的前轴心期不仅有过第一实体的观念,而且这种个体精神虽然在后轴心期的专制时代遭到了削弱,但从来没有丧失尽净,它主要存在于儒家的心学文化与道家文化中。这是中国文化传统的重要根基,是我们的观念现代化的大本大源。

下篇　中国文化的历时解读

很明显的是,中国文化和西方文化的历史发展过程有一些基本的一致之处:它们都经过三个大阶段,中间都经历了两次大转型。这样,中西文化发展的历史都可以划分为五个阶段:前轴心期,轴心期(第一次大转型),中古时代,转型期(第二次大转型),现代。

(一)前轴心期

前轴心期,在西方是古希腊哲学时代之前,在中国则是春秋战国乃至西周之前。在这个时代,中西文化之间有许多相似之处,诸如,这是一个神学的时代、神话的时代、诗歌的时代,等等;文献方面,在西方是《荷马史诗》,在中国是甲骨卜辞、"书"(虞夏商书)、"诗"[1]。但是中西文化在这个时期又各自呈现着自己的

---

① 《诗经》的时代与《周易》的有重叠,经历了春秋前期、西周乃至"商颂"。同时还有大量未收入《诗经》里的"逸诗",时代更早,例如拙著《易经古歌考释》(巴蜀书社1995年版)发掘出来的商周之际的歌谣。

特色，例如在关于神的问题上，西方的“众神”具有相当独立的个体精神，而中国之神的等级更为森严。中西文化形态尽管后来在轴心期发生了转型，但轴心时代精神仍承袭了各自在前轴心期铸成的某些基本精神传统。

中国文化轴心期大转型的一个重要表现，就是神的地位降低、人的地位提高。今天看来，如上所述，前轴心期的人神关系本是一种“健康”的联系。因为人可以两种方式面对神：一是作为群体族类，一是作为个体自我。在西方现代观念中，经过文艺复兴、宗教改革的洗礼，宗教信仰已成为一件纯粹个体性的事务：人可以作为纯粹个体，单独面对神，与神签约。这与中世纪的观念是有所不同的，那时人神之间的事务必须由宗教组织即教会来代理，而宗教组织代表的不是个别的人，而是群体的人，因而不是信徒决定了教会，而是教会决定了信徒。但这已是轴心期大转型之后的事情了。

（二）轴心期（第一次大转型）

前轴心期是世界几大文化形态的酝酿期，轴心期则是世界几大文化形态的定型期，这种定型原是一种“有因有革”的过程，即孔子所说的“损益”的过程。其共同特征则是哲学理性的觉醒，这个共同特征决定了世界几大文明传统的共通性，即它们都有过一个轴心期，那时，哲学理性产生了；但是不同文明传统之间的这种文化转型又有若干不同的特点，正是这种不同，决定了世界几大文明传统之文化类型的区分。中西文化的一个基本区别，在于上述超越观念经过轴心期大转型之后的分道扬镳：西方轴心期转型导致了文化的更进一步神学化，进入了中世纪基督教神学时代；中国轴心期转型则导致了文化的世俗化，进入了中古时代（自秦至清)的儒学时代①,此时的中国文化虽然保留着许多诸如祭天祈神之类的神学孑遗,但基本上是世俗化的。没有统一的宗教,皇家宗教活动与儒、道、释多元并存,这正好表明此时中国人所有的只是古代神学解体以来的宗教"残片"(借 Alasdair Macintyre 语)。

(三)中古时代

在上述文化形态的转型中,中国文化发生了巨大的变迁:一方面,神的地位被削弱了,人的地位被提高了;但另一方面,被提高了地位的人不是个体的、作为"第一实体"的人,而是群体的、只作为"类存在"的人。换句话说,此时的中国人并不是"被解放了的普罗米修斯",即虽然摆脱了神的权威,却被自己的观念束缚。这种转型的结果具有双重意义:伴随着神之地位降低的,是个体精神的失落;伴随着人之地位提高的,是群体精神的强化。在作为绝对实体的神被边缘化了的同时,作为第一实体的人本身也被边缘化了。结果例如道家思想只能作为儒家思想的补充物而获得存在的价值。

但这并不是说在儒家思想中完全没有作为第一实体的个体精神,例如上文提到的,孟子就是儒家中极富于个体独立精神的人物,乃至现代的儒家如梁漱溟、张君劢、徐复观、牟宗三、陈寅恪等也是如此。其实,儒家思想存在着内在的紧张。为说明这一点,我们试来分析一下长期充当了儒学正宗的心学。思孟学派创立的心学,经宋明新儒家(尤其是王阳明)、晚明儒家启蒙运动(尤其是黄宗羲)而至于现代新儒家(尤其是熊十力一系),实际上将外在超越的天命鬼神"悬搁"(Epoché)起来了,而将人自身的心性

---

① 这只是从大势来讲,儒学成了整个中古时代(自汉至清)的主流意识。

设定为绝对自明的“原初所予”。但正是这种类似于现象学的“还原”(Reduction)蕴涵着内在张力,即“道心”与“人心”或“天理”与“人欲”的对立设置导致的自我悖逆:可以通过“经验直观”达到的人心人欲是个体性的,只能通过“本质直观”才能达到的天理道心是非个体性的;但是这种本质直观活动本身,又只能通过个体行为来体证。这一点在宋明理学中的体现,就是“本体”与“功夫”的紧张:本体作为非个体性的存在,作为性、作为理,只能通过本质直观才能领悟;但是这种领悟本身,又必须通过个体经验性的功夫才能完成。这就存在着一个很大的问题:总是非个体性的本体,怎么可能通过总是个体性的功夫来达致?这非常类似胡塞尔对笛卡儿的质疑:个体经验的“我思”怎么可能到达本质的“存在”?这是不论西方还是中国的先验哲学都存在的一个理论困境。

这种被理解为本质、本体的性、理,实质上是对中古专制制度设置的认可,即使之合法化,如黑格尔的“凡是存在的都是合理的”。后来戴震提出的“后儒以理杀人”的批判并不是没有道理的,因为“存天理灭人欲”正是在天理人欲二元对置的基础上对个体精神的压抑乃至扼杀。这是中古精神生活的事实,是我们不能不承认的。但是另一方面,也不能说中古思想文化传统完全彻底地丧失了个体精神,否则,我们无法解释这样的现象:从晚明、明清之际的早期思想启蒙运动直到现代新儒学运动,为什么都跟中古儒学尤其是心学传统有着密切的内在思想关联?

(四)转型期(第二次大转型)

中国思想文化的第二次大转型是一个横跨了所谓“近代”“现代”和“当代”的历史运动,直到今天,我们大家都还身处其中。至少从洋务运动起,这个过程就已开始了,接下来是维新运动、民主革命运动、五四新文化运动……一直到最近80年代的“自由化”、

90年代的“国学热”。这当中虽然一直呈现着自由主义西化派和传统文化派的斗争，但是人们似乎忽视了一个极为重要的现象，就是：个体精神始终是这个历史进程的主旋律。即使是被称为“文化保守主义”的现代新儒家，其实仍然是个体精神及自由、民主精神的阐释者，只不过他们寄希望于个体精神能从我们的文化传统中自然生长出来，而西化派则寄希望于将个体精神简单地从西方文化中移植过来。所以，在我看来，我们今天必须超越这种两派对峙、二元对立的格局。我们确实需要“重建”我们曾经固有的个体精神，但也确实需要引进西方的个体精神作参照。

上述个体精神的张扬导致了另外两种重要的“精神现象”及另外一种紧张关系。有的人感到中国必须重建宗教神学文化传统，有的人则持相反的立场。感到中国迫切需要宗教神学的，又分两种情况：一是引进西方宗教尤其是基督教，这就是目前基督教在中国获得越来越广泛传播的深层原因；一是把儒学改造为作为宗教的“儒教”，这种企图早在五四之前便已表现出来，一直延伸到最近还在激烈进行的关于“儒教”问题的大讨论。① 这种主张的实质，显然蕴涵着对轴心期世俗化转型以来乃至轴心期本身包括《周易》确立的中国文化传统从根本上的否定。我以为这是不可取的。虽如上文所述，神学本质地蕴涵着个体精神，但是显然不能反过来说，个体精神必须以宗教神学为基础。无论从学理上还是从历史事实上来看，在世俗的人文哲学基础上建立现代性的个体性的“第一实体”精神都是可能的，这应该是我们努力的基本方向。

---

① 近一年来在“孔子2000”网站上开展的并且仍在激烈进行的论战就是一个突出的例子。

（五）现代

这里所说的“现代”其实只是一个文化类型观念，因为我们中国人还没有真正进入现代性；如果从时间历史的角度讲，这里的“现代”应该是“未来”。未来中国哲学的方向是个复杂的问题，不是三言两语能说清楚的，但我认为，核心的一点应该是重建第一实体；但是，并非回到那种神学的个体精神，而是建立人文的个体精神。这就是说，我们既要重新激活我们前轴心期的个体精神，又不抛弃轴心期以来的世俗的人文精神遗产。因此，我以为我们的任务是：在先验哲学之儒家心学传统的基础上，吸收道家思想的积极因素，从而重建个体精神。

现代中国"哲学"的困窘

——西方强势话语阴影下的"文化纠缠"*

题名为"中国现代哲学史"一类的著作已经出版了好些种,这种标题本身便预设了"中国现代哲学"的客观存在。但事实上,"中国现代哲学"或者"现代中国哲学"这类短语的实际指称,还是一个值得讨论的问题。其间最突出者,莫过于哲学问题与文化问题的纠缠不清,我称之为"现代中国哲学的文化纠缠"①。这种文化纠缠有其特定的内涵,就是"中西文化优劣比较"②。由于这种纠缠,到现在为止,我们是不是已经拥有了或者在多大程度上拥有了自己的"现代哲学",实在还是一个问题。在我看来,在文化纠缠的作用下,所谓"中国现代哲学",要么不是"哲学",至多是"文化学"或"比较文化学";要么不是"现代哲学",而是中国古代哲学的现代汉语译本;要么不是"中国哲学",而不过是西方哲学的汉译或者转述。前者基本上是一种文化研究,这是出于"显

---

* 原载《天府新论》2004 年第 3 期。

① 这里所说的"现代",实际上包括了所谓近代、现代和当代,因为在我看来,它们本质上是同一历史形态,直到今天依然如此。

② "中西文化优劣比较"本身当然是一个值得讨论的题目,但它跟"哲学"的关系如何则是另外一个问题。

性的文化纠缠”;后者则是西方哲学的简单拷贝,乃是出于一种“隐性的文化纠缠”。这就是为什么我们迄今为止仍然不能在真正哲学的层面上跟西方哲学展开对话的原因所在。

一

本文的标题显然已经预设了这样一个观点:哲学跟文化是截然不同的东西。所以,我们必须先对这个观点有所交代,舍此,本文的讨论也就无法进行下去了。谁都知道,“文化”本来就是一个极为宽泛的概念;而近年来我们发现,它几乎成了一个无所不包的“大全”和“套子”,以至于令我们从侈谈文化到怕谈文化了。

哲学与文化的区分是多方面的,考虑到本文的题旨,这里我只想说明这样一个观点:文化总是具有民族性的,而真正的哲学却没有或者说不应该具有民族性。说文化“有”民族性,大概是没有争议的;但是说哲学“没有”民族性,这就可能引起争议。所以,我们有必要对“哲学无民族性”这个命题加以说明。

可以类比的一个例子就是科学。当然,我是反对把哲学归结为科学的。① 不过,哲学虽然不是科学,但又与科学有许多相通之处,其中之一就是:真正纯粹的哲学与科学一样是没有国界的,不论西方哲学还是中国哲学,都是“研究人生切要的问题,从根本上着想”②的东西。我们当然可以写出《中国科学史》《西方科学史》

---

① 黄玉顺:《拒斥“形而下学”——论哲学及其与科学的关系》,载台湾《鹅湖》2000 年第 2 期。

② 胡适:《中国哲学史大纲》卷上,商务印书馆 1919 年版。导言开宗明义:“凡研究人生切要的问题,从根本上着想,要寻一个根本的解决:这种学问叫做哲学。”

这样的东西，但这并不表明科学本身是具有民族性的东西。我想，读者是会同意这个看法的。另外一个更为切近的可以类比的例子就是逻辑。我虽然也并不赞成某些哲学的逻辑主义倾向，但我相信哲学也跟逻辑一样，是没有民族性之分的。可以有“中国逻辑史”“西方逻辑史”，但无所谓“中国逻辑”“西方逻辑”。真正的哲学本身既没有地域也没有民族之分。至于“中国哲学”“西方哲学”这样的叫法，在我看来，它们指称的也不过是作为“历史”存在的东西，并不表明中国和西方有不同的哲学思维，因为不论归纳、演绎还是直觉或者直观（Intuition），从本质上看，在中国和在西方都是一样的。这一点认识是至关重要的，否则我们势必一开始就会陷入现今常见的一种隔膜心态：我是弄“西方哲学”的，你是弄“中国哲学”的。结果正如有人提出的一种对现状的估计：搞中哲的不懂西哲，搞西哲的不懂中哲，双方自说自话，老死不相往来。所以，虽然我们下文仍将使用“中国哲学”“西方哲学”这样的说法，但它们表示的只是中国和西方的哲学之思的历史结果不同，而不是说它们的哲学之思本身不同。

当然，以上只是一种纯粹的类比，未必真能说明问题。对于“哲学无民族性”这个问题，我们还须加以实质的说明。这首先涉及的就是关于“哲学”的界定问题：何谓哲学？这当然也是一个很大、很复杂的问题，一百个哲学家，就会有一百个“哲学”的定义。因此，如果我也在这里给出一个定义，那就很可能使我自己一开始就陷入一种十分危险的处境。所以我不能下定义。但我又总得有所说。至于我之所说是否为读者认可，也是我无法确定的。

我想说的是，哲学乃是一种特殊的思维方式（更确切地说是思维的“进路”，即 approach）：它与其他意识形式①的区别，既不在对象上，也不在主体上，而是在思维方式本身上。哲学之思的特点在于：哲学所思正是其他所思之所不思。任何一种意识形式，作为一个思维过程，总有它的逻辑起点、话语背景或者语境，而这个起点恰恰是这个思维过程本身所不思的，是被作为不证自明的原则接受下来的观念前提。这个观念前提，其实就是现代语义学、语用学所谓的“预设”（Presupposition）②。所谓预设，作为任何话语的语用条件，就是“关于表达或话语的含意的一种不言自明（含蓄而不言明）的设定”③，亦即“在交际过程中双方共同接受的事实或命题”④。“我们总是试图在谈话与思考中证明我们关于指号的指称的有关陈述是正确的”，所以“我们预先假定了指称的存在”⑤。然而哲学所思的正是这个观念前提、这个预设本身。例如科学要思物，哲学同样要思物，但它们的思维进路是不同的。一切科学之思基于三大基本预设：所思之物是客观实在的，是有规律性的，是可以认识的；但是科学本身并不对这些预设进行考

① 请注意，我这里所说的是“意识形式”，而不是“意识形态”。

② “预设”问题迄今为止只是语义学、语用学的问题，其实它有更为普遍的意义。

③ Hadumon Bussmann, *Dictionary of Language and Linguistics* (English editien), translated and edited by Gregory P. Trauth and Kerstin zzazi (London: Routledge, 1996).

④ 见《哲学大词典·逻辑学卷》“预设”条，上海辞书出版社 1988 年版。

⑤ G. 弗雷格：《论涵义和指称》（*üeber Sinn und Bedeutung*），原载《哲学与哲学批评》，1892 年。肖阳译为《论涵义和所指》（*On Sense and Reference*），见〔美〕A. P. 马蒂尼奇（A. P. Martinich）编、牟博等译《语言哲学》（*The Philosophy of Language*, Oxford University Press 1985），商务印书馆 1998 年版，第 380～381 页。

察,而是把它们作为所谓"自明的"(Self-evident)东西事先接受下来,否则,科学活动也就无从谈起。哲学则不然,它恰恰要对这些作为前提的观念预设本身加以考察。

这使我想起张东荪的一个譬喻:

> 我以为科学好像芭蕉一样,一层一层皮叶长大起来,自然一天一天厚肥了。而哲学则是对于已成的芭蕉来一层一层剥下来。所以科学是顺进的,而哲学是逆进的。科学是经验的堆积与知识的开拓,而哲学则由开拓而逆探其原始,由堆积而返窥其起点。①
>
> ……即以科学的假定而为向后退的返省。……所以这种剥蕉是愈剥愈赤裸,愈赤裸则愈直接。②

在思维进路上,科学的"顺进"是走向"形而下",哲学的"逆进"则是走向"形而上"。所以哲学往往是从批判科学的"公理"开始的。康德说过:

> 当人们看到一门科学经过长期努力之后得到长足发展而惊叹不已时,有人竟想到要提出象这样的一门科学究竟是不是可能的以及是怎样可能的这样问题,这本来是不足为奇的,因为人类理性非常爱好建设,不只一次地把一座塔建成

---

① 张东荪:《科学与哲学:从我的观点批评科玄论战》,见《科学与哲学》,商务印书馆 1999 年版,第 84 页。

② 张东荪:《科学与哲学:从我的观点批评科玄论战》,见《科学与哲学》,商务印书馆 1999 年版,第 55 页。

了以后又拆掉，以便察看一下地基情况如何。①

康德列出了四大问题：

> 1. 纯粹数学是怎样可能的？2. 纯粹自然科学是怎样可能的？3. 一般形而上学是怎样可能的？4. 作为科学的形而上学是怎样可能的？②

这里甚至包含着对哲学或形而上学本身的质疑。当然，哲学本身也是一个思维过程，因而也有自己的观念预设。哲学的魅力之一在于，它不仅考察其他之思的观念预设，而且也考察自身之思的观念预设，例如康德的提问："形而上学究竟是可能的吗？"③中国哲学也是或者也应该是采取这种思维进路的，此即胡适所说的"研究人生切要的问题，从根本上着想"。

所以，我们今天看到各种各样的所谓"分支哲学"或者"应用哲学"，诸如艺术哲学、教育哲学、语言哲学、文化哲学等，这其中的每一门哲学，都是对其相应的科学或意识形式的"公理""原理"之思，这些"原理"正是这些意识形式作为当然前提接受下来的观念预设。这里我们不妨说说现今流行的所谓"文化哲学"。在我看来，如果说真有一门所谓"文化哲学"存在的话，它应该是

---

① 〔德〕康德著，庞景仁译：《任何一种能够作为科学出现的未来形而上学导论》，商务印书馆1978年版，第4页。

② 〔德〕康德著，庞景仁译：《任何一种能够作为科学出现的未来形而上学导论》，商务印书馆1978年版，第37页。

③ 这是康德《任何一种能够作为科学出现的未来形而上学导论》当中的一个标题。

对相应的文化学原理的哲学思考，这些原理作为预设，是文化学本身所不考察的。进一步说，所谓“文化哲学”也不应该是“中国文化哲学”，而应该是对一般文化原理的哲学思考。

然而现代中国哲学的文化纠缠不是对一般文化原理的哲学思考，而是始终处于中西文化孰优孰劣的问题陷阱中，很多时候甚至只是一种情绪化的、“情结”式的话语。就在人们津津乐道于中西文化孰优孰劣时，哲学本身的问题却被遮蔽了、遗忘了。

二

我们发现，现代中国哲学领域的所有思想派别，对中国文化传统无论是持肯定的还是否定的态度，归根到底都有一种“民族文化情结”，只是表现形式不同而已。大致来讲，这种文化纠缠可以分为三种类型：

（一）现代新儒家哲学的显性文化纠缠

中国20世纪思想史上的所谓“文化保守主义”中具有哲学意味的，或许最初应该算是以杜亚泉为代表的“东方文化派”。然而这个派别的名称本身已经说明：他们不是哲学的派别，而是纯粹关于中西文化论争的派别。所以，我们这里姑且存而不论。

现代新儒家更富于哲学意味，甚至有学者说：“现代新儒学是一种文化思潮，更是一种哲学思潮。尽管它在后来的发展中广泛地涉及到不同的思想文化和学术领域，但哲学形而上学始终是它的核心和出发点。”①这确实是事实。但是我想说的是，唯其如此，它才成为我们这里关于“文化纠缠”的一个很好的案例。在我看

① 郑家栋：《现代新儒学概论》，广西人民出版社1990年版，第36页。

来，现代新儒学本质上仍然是一种文化思潮，也正因为如此，他们的哲学思维受到了极大的困扰限制。

现代新儒家哲学的开山人梁漱溟的代表作即《东西文化及其哲学》①，从书名的设题开始就已经陷入了哲学与文化的纠缠中。此书的论题，严格来说根本不是哲学问题；书中当然也涉及了真正的哲学问题，但只是作为论证中国传统文化之优越性的"工具理性"而已：他真正关心的只是纯粹的文化民族性问题，但又不得不为此设置一个宇宙观的话语背景。他的逻辑是"宇宙—生活—意欲—文化"，最后托出中国文化"意欲调和持中"这个最佳的"生活样法"。他的结论是："重新拿出"中国的态度，改造西方的态度，排斥印度的态度。② 梁漱溟的思路实际上是整个现代新儒家共同的根本的思维模式：他们实际上是先有了关于中西文化优劣的价值选择，然后为此寻找形而上学的根据。这样的哲学一开始就已经注定了不是真正的哲学：哲学在这里不是被作为目的本身而是被作为手段。真正的哲学不是这样的：

> 我们说一个自由的人是为自己活着，不是为伺候别人而活着；哲学也是一样，它是唯一的一门自由的学问，因为它只是为它自己而存在。③

---

① 有一种观点认为，熊十力才是现代新儒家的开山祖。此说所指的其实只是狭义的、即熊十力—牟宗三一系的现代新儒家。广义现代新儒家，应是从"二梁"（梁启超、梁漱溟）开始的。

② 梁漱溟：《东西文化及其哲学》，商务印书馆1922年版，第129页。

③ 北京大学哲学系外国哲学史教研室编译：《西方哲学原著选读》上卷，商务印书馆1981年版，第119页。

冯友兰先生的代表作“贞元六书”其实也是如此，其命名本身已经表明了他的文化选择：“贞下起元”预示着中国文化传统的复兴。当然，在文化问题上，冯友兰是有其独到之处的。他把“共时”问题变成了“历时”问题：所谓“西洋化”，其实就是近代化。但是无论如何，他关注的是“旧邦”“新命”的问题。所以，他的哲学创造活动一开始就没有选择哲学问题本身来思考，而是选择了中国传统“新儒家”的理学来“接着讲”。而且，表现为哲学理性的“道问学”也只是其表现为伦理思辨的“尊德性”的工具。他一面承认西方现代化的进步性，一面却又为中国传统文化的伦理道德观念辩护：

> 在基本道德这一方面，是无所谓现代化底，或不现代化底……某种社会制度是可变底，而基本道德则是不可变底。①

这种不可变的道德，也就是儒家文化中的仁义礼智信“五常”。这种结论与其说是真正的哲学思考的结果，毋宁说是文化价值选择的结果。

熊十力被认为是正宗的现代新儒家的开山。他自称其哲学是“归宗《大易》”的：“此《新唯识论》所以有作，而实根柢《大易》以出也。”②这一点对他来说很重要，因为即便给“唯识论”加上一个“新”字，毕竟唯识论原本不是咱们中国人自己的东西。这也是其“文化情结”的必然表现。正如有学者指出的：“他的全部工作，简要地说，就是面对西学的冲击，在儒学价值系统崩坏的时代，重

---

① 冯友兰：《新事论》，商务印书馆 1940 年版，第 227 页。

② 熊十力：《十力语要》卷一，湖北十力丛书印本 1947 年版，第 69 页。

建儒学的本体论,重建人的道德自我,重建中国文化的主体性。”①显而易见,他的哲学是为他重建中国儒家文化传统服务的。这是现代中国哲学学者的一个非常普遍的现象:他们在研究哲学时,心中首先浮现出来的不是哲学问题本身,而是中国传统文化典籍《论语》《孟子》《老子》《庄子》之类。

牟宗三先生在现代新儒家里据说是哲学造诣最深的人,但我们知道,他的宗旨乃是“为往圣继绝学”。因此,他的哲学研究是在中西文化对比的参照下进行的:西方文化精神是“方以智”的,中国文化精神是“圆而神”的。我们且不说这种划分是不是确切,它首先就设定了中西文化天然对立的态势。我们不难看到,牟宗三的“哲学”中处处弥漫着中西文化的判然对立:生命与自然、综合与分解、礼乐型与宗教型、仁的文化系统与智的文化系统、“理性之运用表现”与“理性之架构表现”、“理性之内容的表现”与“理性之外延的表现”、治道与政道、道统与学统,等等。他独断地认定,中国式的前者是可以“转出”西方式的后者来的,是可以转出民主与科学来的。如何能转出?他为此煞费苦心地设计了所谓“曲通”“让开一步”“良知自我坎陷”之类。其实说到底,这些弯弯绕只不过是关于中西优劣比较的文化纠缠的产物。在这种二元对立思维框架下,中西文化各自都被阉割了,哲学问题本身也被遮蔽了。读牟宗三的“哲学”书,我们处处读到的其实都是中国“文化”的优越性。

饶有兴趣的是,这些“文化哲学家”虽然志在阐扬“中国哲学”,却无不用“西方哲学”的话语来表达甚至思维。此即所谓

---

① 郭齐勇:《熊十力评传》,见方克立、李锦全主编《现代新儒家学案》上卷,中国社会科学出版社 1995 年版,第 449 ~ 450 页。

“以西说中”，又所谓“失语症”。对于这种以西说中的做法，我们只可能有两种理解：如果他们坚持以为哲学是有国界的，那么与他们的实际所为便自相矛盾；如果承认哲学没有国界，那么就只可能是暗中承认了西方近代以来的哲学思维水平确实比我们的更先进、更高明。

（二）中国自由主义哲学的隐性文化纠缠

我们不应忘记一个历史事实：中国自由主义哲学的兴起乃是在中西文化优劣之争的历史语境中出现的。产生于新文化运动的中国现代自由主义者，他们的哲学一开始就是与某种“文化情结”纠缠不清的。他们的哲学选择，出于他们的“西化”主张；而其“西化”主张，仍然是一种文化选择的结果。他们实际上持有这样一种逻辑，即：中国的国力落后于西方，是因为中国的文化精神落后于西方；而中国的文化落后于西方，又是因为中国的哲学落后于西方。这种观念在一位更早的自由主义者——严复那里已经具有了。

但中国自由主义者对中国传统文化并不是一味妄自菲薄的。他们甚至认为乾嘉学派的治学方法就是西方实验科学的方法，这正如另一位自由主义者丁文江所说：“许多中国人不知道科学方法和近三百年经学大师治学的方法是一样的。”（《玄学与科学——评张君劢的〈人生观〉》）张君劢曾指出：“适之推崇清代经学大师尤至，称为合于西方科学方法。”（《再论人生观与科学并答丁在君》）这位“适之”便是中国自由主义哲学的最大代表胡适，他虽然主张“全盘西化”，因为“我们必须承认我们自己……不但物质机械上不如人，不但政治制度不如人，并且道德不如人，知识不如人，文学不如人，音乐不如人，艺术不如人，身体不如人”（《介绍我自己的思想》）等，东方文化的特点就是“知足”“保守”“乐天安命”“无知”“安贫守己”等;但令人骇异的是,他又主编《国学季刊》,大力提倡“国学”“整理国故”。这俨然是一副“显性的文化纠缠”的模样了。

不过,总的看,中国自由主义者的哲学更多地表现为一种“隐性的文化纠缠”。所谓隐性文化纠缠,是说他们表面上是贬低中国文化、崇尚西方文化的,但实质上这恰恰是出于其对中国文化未来命运的关切。究其原因在于,中国现代思想史上的各派人物其实具有一种共同的情结,就是民族主义,或曰爱国主义。

> 五四时期的思想精英们无不以民族主义精神为动力;而且不特五四时期,中国近代以来的所有思潮无不贯穿民族主义精神。林毓生曾指出:“中国接受西方的思想和价值观念,主要是以中国的民族主义为基础的。”这是颇有见地的。民族主义,这实在是理解中国近代、现代、当代历史的一把钥匙。①

同理,隐性的文化情结也是理解中国现代自由主义的一把钥匙。

(三)中国马克思主义哲学的或显或隐的文化纠缠

中国马克思主义者在哲学上的文化纠缠有时是很明显的,有时则是隐蔽的。

作为新文化运动旗手的陈独秀早期对中国文化的激烈批判和对西方文化的赞许,是众所周知的。他在运动之初发表的《东

① 黄德昌、冯军、黄玉顺等:《中国之自由精神》,四川人民出版社 2000 年版,第 16 页。

西民族根本思想之差异》是这方面的代表作。他说“五方水土不同，而思想遂因以各异”（注意这里的民族地理主义色彩），“东西洋民族不同，而根本思想亦各成一系，若南北之不相并，水火之不相容也”（“根本思想”是否是哲学）。接下来他列举了三大差别——“西洋民族以战争为本位，东洋民族以安息为本位”；“西洋民族以个人为本位，东洋民族以家族为本位”；“西洋民族以法治为本位，以实利为本位；东洋民族以感情为本位，以虚文为本位”。中西文化两相比较，优劣自见。他次年发表的《吾人最后之觉悟》虽然表面上说的是“伦理的觉悟”，实则指文化的觉悟，所以他在文章中指出：

> 欧洲输入之文化，与吾国固有之文化，其根本性质极端相反。数百年来，吾国扰攘不安之象，其由此两种文化相触接、相冲突者，盖十居八九。
>
> 儒者三纲之说，为吾伦理政治之大原，共贯同条，莫可偏废。……近世西洋之道德政治，乃以自由、平等、独立之说为大原……此东西文明之一大分水岭也。（《吾人最后之觉悟》）

当其转变为马克思主义者之后，陈独秀仍然纠缠于文化问题。当然，他此时的文化观已经有所改变，认为“其实人类之文化是整个的，只有时间上进化迟速，没有空间上地域异同（许多人所论列的中国、印度、欧洲文化之异同，多半是民族性之异同，不尽是文化之异同）”；但是无论如何，这仍然是一种“东西文化优劣比较”的思路，仍然主张“东方现有的农业的文化，家庭手工业的文化，宗法封建的文化，拜物教、多神教的文化……把这不进化的老古董当作特别优异的文化保守起来，岂不是自闭于幽谷!”(《寸铁》)他的态度是:“中国文化到底是些什么，说起来实在令人可笑而且可怕。……像这样的文化，不但没有维护的必要，还应设法令他速死。”(《评太戈尔在杭州上海的演说》)一直到1937年，陈独秀还写了《孔子与中国》，以继续发挥其文化观点。文化问题之于陈独秀，实在如影之随形。

李大钊自1918年开始系统输入马克思主义哲学。批阅他当时的著述，令我们感到惊讶的是，已经成为马克思主义者的李大钊认为:“马克思的唯物史观有二要点:其一是关于人类文化的经验的说明，其二即社会组织进化论。”(《我的马克思主义观》)马克思的历史哲学被他理解为“关于人类文化的经验的说明”，这无论如何是令人费解的。他这里使用的似乎是最广义的“文化”概念;但我们不要忘记，他几乎同期的《东西文明根本之异点》所谈的正是中西文化之优劣比较的问题。这是他文化观方面的代表作。他在这篇代表作中提出了“东洋文明主静，西洋文明主动”的观点。他后来作的《由经济上解释中国近代思想变动的原因》，表面上看是对中国现代思想变迁的历史唯物主义解释，其实是对他此前的《东西文明根本之异点》的一次深度说明，并且跟陈独秀一样，带有相当的民族地理主义色彩。他说，由于民族地理环境的不同:

> 人类文明遂分为南道文明——东洋文明——和北道文明——西洋文明——两大系统。……南道的民族，因为太阳的恩惠厚，自然的供给丰，故以农业为本位，而为定住的;北道的民族，因为太阳的恩惠薄，自然的供给啬，故以工商为本位，而为移住的。……简单一句话，东洋文明是静的文明，西

洋文明是动的文明。

这篇文章的落脚点，仍然是东西文化优劣之争——“中国的学术思想，都与那静沉沉的农村生活相照映，停滞在静止的状态中，呈出一种死寂的现象”；“西洋文明是建立在工商经济上的构造，具有一种动的精神，常求以人为克制自然，时时进步，时时创造”。其结论就非常明显了：竟然跟自由主义者一样是西化派。

这里我想提起一本久已被人们忘却了的书，那就是杨明斋的《评中西文化观》①。此书恐怕应该算是最早一部试图用马克思主义的观点来谈文化问题的专著，批评了梁漱溟的《东西文化及其哲学》、梁启超的《先秦政治思想史》和章士钊的《农国辨》。此书最后一章“西洋是甚么文化之略略的解释”却总结道：“西洋文化……比较中国文化来解释，简单说，是偏于论理及干涉人的文化，不像中国文化那样注重名分、以尊卑上下贵贱等差之义为实行五伦的人情生活。其所以如此者有三原因：（一）地理与经济的关系……（二）种族的先后兴起之遇合……（三）基督教的教义及其组织。”这与上述李大钊的思路其实是一致的：民族地理—民族经济—民族文化。至于这是不是马克思历史唯物论的观点，实在值得讨论。

毛泽东的名著《新民主主义论》通常被视为其哲学代表作之一，但我们知道，它的主题其实并不是哲学问题，而是政治和经济尤其是民族文化问题。此文是发表于 1940 年的一次讲演，原题便是《新民主的政治与新民主主义的文化》；而它的整理刊载，则

① 杨明斋：《评中西文化观》，中华书局 1924 年版。

是“趁着《中国文化》[1]的出版”而试图说明“中国文化的动向问题”的。可见文化问题是它的一个重点所在:“建立中华民族的新文化,这就是我们在文化领域中的目的”;“要把一个被旧文化统治因而愚昧落后的中国,变为一个被新文化统治因而聪明先进的中国”。文章中涉及真正纯粹哲学问题的只有几句:“真理只有一个,而究竟谁是真理,不依靠主观的夸张,而依靠客观的实践。只有千百万人民的革命实践,才是检验真理的尺度。”而这几句话显然是为证明其“新民主主义文化”观的真理性服务的。尤其值得注意的是,“这种新民主主义文化是民族的”,这是他对“新文化”的第一个规定。文中,毛泽东批判了“所谓欧美派的文化人”的“全盘西化”的文化主张,同时树立了鲁迅作为“在文化战线上……的空前的民族英雄”的形象,流露出了在文化问题上的深层民族情结。毛泽东晚年发动的直接针对“文化”的“大革命”,不是偶然的。

三

作为中国“现代”历史起点的五四运动,被称为“新文化运动”,这是意味深长的:从根本上来看,这是一场“文化”运动。这个“文化运动”的出现,被认为是中国人关于中西对比认识的一种历史性的“深化”:从器物层面到制度层面,再到文化层面。这就是陈独秀所谓的“吾人最后之觉悟”。谁都知道,新文化运动最突出的内容就是人们所说的“东西文化论战”;我想说的是,“东西文化比较”其实也是贯穿于近代、现代、当代的一个思想主题。至于

---

① 1940年2月创刊于延安。

哲学,我们不应忘记一个基本的历史事实:中国现代"哲学"的三大派别,即自由主义哲学、现代新儒家哲学和马克思主义哲学,正是在中西文化优劣之争的语境中兴起的。我们甚至可以大胆地说:直到目前为止,中国整个现代的思想文化包括我们的"哲学",都不过是新文化运动内涵的相继释放。那么,这场运动跟哲学有什么关系?陈独秀曾专门写过一篇《新文化运动是什么》(1920),认为:"新文化运动,是觉得旧的文化还有不足的地方,更加上新的科学、宗教、道德、文学、美术、音乐等运动。"这里唯独没有提到"哲学"。

这并不是说新文化运动丝毫没有哲学意味。其实,被学者确定为"近代以来第一次以纯哲学的形式展开的论战""中国现代哲学的真正逻辑起点"①的"科玄之争",正是新文化运动的结果,"科学与人生观论战是始于1915年的新文化运动的继续和终结"②。但是我们同时必须指出,科玄论战的实质仍然是中西文化优劣之争;至少,这场论战的"哲学"维度仍然是跟中西"文化"之争难分难解地纠缠在一起的。

新文化运动注定的思想走势,造就了现代中国知识界的"文化情结"。知识界有一种相当普遍的看法,其表现是这样一种逻辑:中西国势强弱的不同,是其文化的不同;而文化的不同,根本上是其哲学的不同。这种思维逻辑在严复那里已初露端倪。冯友兰也说过"东西文化不同,因为其根本思想不同。它们的根本思想,就是它们的'哲学'",并谈到梁漱溟:

---

① 郑家栋:《现代新儒学概论》,广西人民出版社1990年版,第39页。

② 许全兴等:《中国现代哲学史》,北京大学出版社1992年版,第204页。

> 他作了一个“东西文化及其哲学”的讲演，在当时引起了广泛的兴趣，因为，无论他的结论是否正确，他所讲的问题，是当时一部分人的心中的问题，也可以说是当时一般人心中的问题。①

其实这远不止是“当时”的问题，而是从近代到当今中国知识界之普遍的“文化情结”，唯其如此，中西文化比较以及一般文化问题一再成为学术热点。20 世纪 80 年代兴起的“文化热”至今不衰，在很大程度上只是重复了当年五四新文化运动的话题。李泽厚曾指出：五四运动“这次论战涉及问题颇多……其中好些还正是今天‘文化热’讨论中经常涌现的问题和论点；这次论战提出问题的敏锐度和讨论问题的深度，在某些地方也并不比六十年后的今天逊色，其争论焦点（能否有科学的人生观、应该建立什么样的人生观）便是至今并未解决的问题”②。诚哉斯言！我们记得，伴随 20 世纪 80 年代“文化热”的，还有一股“哲学热”，当时的青年无不侈谈萨特、弗洛伊德、海德格尔等。可是，我们仍然未能产生自己的纯粹的“哲学”。

总之，这是一个迫切需要被明确意识到的问题：现代中国哲学受到的或隐或显的文化纠缠，一直严重地困扰着、限制着我们的真正的哲学思考；新世纪中国哲学能否健康生长，取决于我们能否以及在多大程度上摆脱这种文化纠缠。

---

① 冯友兰：《三松堂自序》，见黄克剑、吴小龙编《冯友兰集》，群言出版社 1993 年版，第 38 页。

② 李泽厚：《中国现代思想史论》，东方出版社 1987 年版，第 53 页。

中西自然价值观念比较*

在这个环境危机、生态危机如此严重的时代里,人们都充分意识到:自然界是有它的价值的。但我们的问题是:自然为什么是具有价值的?或曰:自然何以具有价值?这里对两种典型的关于自然价值的传统观念加以比较和分析:西方的自然价值观念(古希腊传统的自然价值观念、基督教传统的自然价值观念及马克思主义的自然价值观念)、中国传统的自然价值观念(道家的自然价值观念及儒家的自然价值观念)。

上篇　西方的自然价值观念

谈到西方关于自然价值的观念,我们至迟得从古希腊早期的自然哲学说起;而且这种观念的萌芽,孕育于更早的希腊文化尤其是作为古希腊早期重要宗教观念的荷马史诗中。不过,尽管希腊哲学起初源于宗教、后来归于宗教,但是,罗素(Bertrand Russell)在评述荷马史诗时指出:"在荷马诗歌中所能发现与真正宗教感情有关的,并不是奥林匹克的神祇们,而是连宙斯也要服从的'运命'、'必然'与'定数'这些冥冥的存在。运命对于整个希

---

* 原载《理论学刊》2004年第3期。

腊的思想起了极大的影响，而且这也许就是科学之所以能得出对于自然律的信仰的渊源之一。"[①]这种观念当然基于另外一种信念，那就是自然世界的统一性。这就是我们知道的米利都派自然哲学的基本动机：寻求这种统一性。阿那克西曼德表达了这种观念与"命运"或"自然律"之间的关系："万物所由之而生的东西，万物消灭后复归于它，这是命运规定了的，因为万物按照时间的秩序，为它们彼此间的不正义而互相偿补。"[②]这就同时为作为认知范畴的规律观念与作为价值范畴的正义观念提供了一个共同的基础。这两个方面后来为柏拉图（知识论）和亚里士多德（伦理学）所发挥。

按照这种观念，当我们谈及人和自然界的价值关系时，就必然逻辑地得出这样的结论：无论是人还是自然界，双方都"不正义"；它们之间充满着争斗、扩张，唯有命运或自然律才能维持一种平衡亦即正义。这种作为正义化身的命运或自然律，体现在阿那克西曼德的所谓"无限"（τσαπειρον）上，它是中立的，从而既是一切存在的源泉，也是一切价值的源泉。它其实就是逻各斯。值得注意的是，这里一方面已经蕴涵着人和自然界的二元对置，另一方面也透露着寻求一元归宗的动机。希腊自然哲学对后来整个西方文化的意义正体现在这里，而不在于那些类似"经验科学"的具体猜测。这种二元对置乃是我们理解西方自然价值观念的关键，它是一种"双重二元对置"：首先是造物者与造物的二元

---

① 〔英〕罗素著，何兆武、李约瑟译：《西方哲学史》上卷，商务印书馆1963年版，第33～34页。

② 〔英〕罗素著，何兆武、李约瑟译：《西方哲学史》上卷，商务印书馆1963年版，第52页。

对置，诸如本体实在与现象的对置、神与万物的对置之类，例如柏拉图的理念世界与现象世界的对置；然后是人与自然界的二元对置。这是整个希腊思想也是整个西方文化的基本构架。

不过，在典型的希腊思想中，“这种正义的观念——即不能逾越永恒固定的界限的观念——是一种最深刻的希腊信仰。神祇正象人一样，也要服从正义。但是这种至高无上的力量其本身是非人格的，而不是至高无上的神”①。但是最终，“希腊哲学象它开始一样，乃归结于宗教”；希腊哲学最终与东方宗教相结合，“它发展的最高形式是新柏拉图主义，它力图把世界说成是从超绝的上帝流出的，而上帝则是万物的根源和归宿”②，当然也就是一切价值的根源和归宿。这就通向了中世纪基督教的价值观念。

所以，中世纪的观念继承着古希腊的观念，例如亚里士多德在谈到哲学时说：“于神最合适的学术正应是一门神圣的学术，任何讨论神圣事物的学术也必是神圣的；而哲学确正如此：（1）神原被认为是万物的原因，也被认为是世间第一原理。（2）这样的一门学术或则是神所独有，或则是神能超乎人类而所知独多。”③但是中世纪观念与古希腊观念也有所不同，这里，作为体现自然律或命运的“无限”已与上帝合为一体，上帝即逻各斯。在基督教传统观念中，自然的价值显然并不是内在自足的，因为一切都是上帝创造的，上帝便是一切价值的终极源泉。换句话说，最终是上

① 〔英〕罗素著，何兆武、李约瑟译：《西方哲学史》上卷，商务印书馆1963年版，第53页。

② 〔美〕梯利著，伍德增补，葛力译：《西方哲学史》（增补修订版），商务印书馆1995年版，第8页、第9页。

③ 〔古希腊〕亚里士多德著，吴寿彭译：《形而上学》，商务印书馆1995年版，第5～6页。

帝赋予了自然以价值。这种观念由《圣经·旧约·创世纪》传达了出来,直接影响到了后来的西方价值观念。

大家知道,从目的论角度看,上帝信仰有两个基本方面。一方面,自然物被创造出来是为了互相满足需要的(有一个流行的说法是:老鼠被创造出来是为了让猫吃掉的),而整个自然被创造出来是为了满足人的需要的,这里,人的地位是崇高的。这就是后来所谓"需要价值论"的最初版本(详见下文)。从这里便导出了人类中心主义。另一方面,作为总体的世界被创造出来,是为了表明上帝自身的伟大的,这里,人的价值与任何其他自然物的价值是一样的,都缺乏自足性。

《创世纪》的有关文字是:

> 1:26:神说,我们要照着我们的形像,按着我们的样式造人,使他们管理海里的鱼、空中的鸟、地上的牲畜和全地,并地上所爬的一切昆虫。
>
> 1:28:神就赐福给他们,又对他们说,要生养众多,遍满地面,治理这地;也要管理海里的鱼、空中的鸟,和地上各样行动的活物。
>
> 1:29:神说,看哪,我将遍地上一切结种子的菜蔬和一切树上所结有核的果子,全赐给你们作食物。
>
> 1:30:至于地上的走兽和空中的飞鸟,并各样爬在地上有生命的物,我将青草赐给它们作食物。事就这样成了。①

---

① 钦定英译本的中文和合本(King James Version, Chinese Union Version)。

西方关于自然的价值观念，都跟这个神学价值观念的传统密切相关。例如西方近代以来的“启蒙”思想中的关于自然的价值观念，就是与此相关的。启蒙的或现代性的自然价值观念认为人与自然界是对立的，人作为“主体”去“认识自然”“改造自然”，自然因此（对人来说）是有价值的。这被概括于著名的“知识就是力量”的命题及“征服自然”的口号中。根据上文可知，这种二元对置其实早已蕴涵于基督教神学传统甚至更早的古希腊传统之中了。一方面，在这种二元对置中，自然的价值取决于人：自然之有价值，在于能满足人的需要，即能被人认识、改造、征服、利用。但是另一方面，这里还有一种更为根本的二元对置：造物与造物主的二元对置。自然物是上帝的造物，人也如此，这里，人的价值跟自然一样是取决于上帝的。上帝才是老板，握有所有权；而人只是经理，只有经营权。因此，上帝乃是一切价值的根本基础。

可是我们忽然想起了尼采的话：“上帝死了！”这显然已不仅仅是尼采自己所说的“重估一切价值”，而是“颠覆”一切价值了，因为既然上帝是一切价值的唯一终极根据，那么上帝之死就意味着一切价值从根本上的彻底崩溃。这不仅对于自然，而且对于人来说也是一样的：即便我们曾经具有价值，但是上帝之死使我们彻底丧失了自己的价值。这并不仅仅是西方哲学家的耸人听闻，在很大程度上确实也是西方普通人的现实状况。

然而，事情仿佛还不至于这么糟糕。上帝死了，人还活着。上述最终层次的二元对置（造物与造物者）被解构掉之后，第二层次的二元对置（自然与人）依然存在着，因此关于价值，我们仍然有话可说，即我们仍然可以说：自然之有价值，乃在于满足人的需要。

在这个问题上，最典型的莫过于马克思主义的价值观。人们通常认为，马克思有两个层面的价值观念：一个是经济学层面的劳动价值论，另一个是哲学层面的一般价值论。但实际上，这两个层面的价值论是一以贯之的：它们都是劳动价值论。真正值得深究之处在于，马克思对“劳动”进行了二重分析：一方面，任何劳动总是某种“具体劳动”，其结果是创造了某种“使用价值”；另一方面，任何劳动都是“抽象劳动”，即都是“人”的劳动力的支出，是“人的本质力量的对象化”，其结果是创造了一种抽象的一般的“价值”。正是这两方面的存在，使得劳动产品的交换不仅必要而且可能。

显而易见，在这里，劳动者即人自身取代了上帝的地位，人充当了造物者；换句话说，上述两个层次的二元对置“合二为一”了。对于物、自然来说，结果都是一样的，它的价值是外在地赋予的；但是，对于人来说，关于“劳动”的二重分析导致的价值论的结果大不一样。这里存在着一个很大的疑问：人本身何以有价值？

按前一种思路，人并不是作为人，而是作为“劳动力”，作为一种“物”或一种“人化的自然”，他的价值显然是外在地赋予的。人被“创造”为一种“劳动力”，即一种劳动产品，它是人对自身的、自然的一种认识、改造、征服、利用；而人之所以要生产劳动力这种劳动产品，乃是人的“生命生产”的需要。① 这就是所谓“需要价值论”：物的价值取决于人对它的需要；那么，同理，人的价值亦然，取决于他人对他的需要。我们中国人在很长一段时间里见惯不惊、习焉不察的许多说法，诸如人人都需要“自我改造”、甚至婚姻都根据“工作需要”而由组织安排之类，都是这种思路的后果。这就是前些年人们常说的“人学的空场”。

但是如果按后一种思路，人是到场了的，人作为“人本身”，作

① 参见马克思、恩格斯《德意志意识形态》第一章。

为人的“本质力量”的天然占有者,正应该是价值的源泉或者价值的根据所在。这里,人的价值显然是自足的,也就是说,人的价值根据就是人本身。

然而以上两个方面很明显是互相矛盾的。且以恩格斯的名言“劳动创造了人本身”为例。我们可以发问:创造了人的这种劳动究竟是谁的劳动?如果是上帝的,那就是《创世纪》的故事了;如果是人的劳动,也就是说,人的劳动创造了人本身,这显然是一种人们所谓“吊诡”(Paradox)的说法。人本身被分裂了。它们是如何统一起来的呢?奥妙在于马克思发明的一个概念——“类存在”。作为“类存在”的人既不是资本家,也不是雇佣劳动者,而是一个抽象。作为个体的人的价值是外在地由他人的需要赋予的,因而个体是没有自足的价值的;人的自足的价值,只有在他作为“类存在”的时候才能拥有。具体的人的价值不是自足的,只有抽象的人的价值才是自足的。

这个抽象的人究竟是谁?就是上帝——但这是一个新的上帝。结果我们看到:在马克思那里,代替了上帝的不是任何个人,而是抽象的、作为“类”的“人”。这就是后现代主义批评的、作为启蒙话语的“大写的人”。不仅自然本身没有自足的价值,人——作为活生生的个体的人——也没有自足的价值;人只有作为类存在,才能创造世界,才能赋予自然及个人以价值。

这个观念在自然上的应用就是:未经劳动改造的自然即不是作为劳动产品的自然,是毫无价值的;我们越是改造自然,自然也就越有价值。这个结论也适用于作为“人化的自然”的人本身:人越是受到改造,就越有价值。这实际上是说:个人越是没有个性,就越有价值——即对他人或抽象的“类”越有价值。

以上分析充分表明,马克思的价值观确确实实还是西方的启蒙的价值观念。

但是正如尼采宣布“上帝死了”一样，后现代思想家福柯进一步宣称：“人也死了！”他的意思是，那个在“宏大叙事”中存在的作为“类存在”的“大写的人”已经死了。只有边缘化的人、个人还活着。按照上述基督教传统中的需要价值论的思路，人确实只是“苟活着”的行尸走肉了。这也不是危言耸听，在很大程度上是一种现实状况，即所谓“后现代状况”。

下篇　中国的自然价值观念

到目前为止，我们的讨论都没有涉及“自然”这个概念本身。其实，这是非常值得讨论的。一般来说，现代汉语的“自然”是一个外来语，它对应于西语的 nature。这就是说，现代中国人所说的“自然”其实是一个西方观念，即通常是指的“自然界”。这意味着什么？意味着我们在谈论中国文化传统时，一谈到“自然”，可能一开始就已经偏离了中国思想传统，陷入了上述西方话语的二元对置之中。实际情况正是这样，我们经常看见学者们这样谈论道家和儒家的“自然”观念。

但是“自然”这个词语本身原不是外来语，而是汉语固有的。道家和儒家都把“自然”作为重要的概念使用，而且他们的用法有一个共同的语义平台，那就是“自然”这个短语的最基本的含义：自己如此。① 道家认为一切存在者本来是自己如此的，这就是所谓“道”，反之便是“不道”“失道”。例如对于牛马来说，“穿牛鼻、

① 自：自己，自身；然：如此，这样。中国佛教的“真如”“如如”也有这层意思。

落(络)马首”(庄子语)便是不道,“不道早已”(老子语)。道家这个观念对人来说当然同样适用,人的本性就是人的自己如此的东西。所以,人对于物,应该“物物而不物于物”(庄子语);反之亦然,物例如牛马对于人,应该“人人而不人于人”;总之,就是各守自己如此的东西。其实儒家也这样看,例如生来具有仁义礼智“四端”,就是人心的自己如此,反之便是孟子所谓的“放心”(放失了本心),乃至“丧心病狂”。儒家这个观念当然也适用于自然界,即自然界也是自己如此的。唯其如此,才有可能达到天地万物“一体之仁”。正是在这个共同的语义平台上,儒、道才进一步分殊。

当然,我们用中国固有的“自然”(自己如此)这个词语来翻译西语的“nature”不是全然没有一点道理的。在西方观念中,“nature”也是自己如此的;同样的,人的本性也是自己如此的,所以人性就是“人的自然”(Human Nature)。但是,西方观念跟中国观念有一个根本区别,那就是对人和自然界(这样两大类自己如此的东西)之间的关系的理解存在分歧。如上所述,在西方传统中,这种关系乃是人与自然的二元对置。稍加思考不难发现,这种二元对置蕴涵着一种悖谬:一方面,对人来说,能够认识自然、改造自然、征服自然,是人“自己如此”的本性。我们知道,这是启蒙思想的一个基本内容。这里,“自然”或者“自己如此”是好的。但另一方面,被认识被改造了的那个大自然或者自然界已经不能称为“自然”了,已经是“不自然”的了,是所谓“文明”的了,而这对人来说仍然是好的是应该的;反之,则是“不文明”的、“野蛮”的、不好的。这里,“自然”或者“自己如此”显然就是不好的了。综上所述,有的自然是好的,如“人的自然”(Human Nature);有的自然则是不好的,如“不文明”的自然状态(Nature)。这就是西方观念导致的悖谬,这悖谬便源于人与自然界的二元对置关系。

然而中国传统观念并非如此。这里我们着重谈谈儒家的观念。

在儒家观念中，“自然”即“自己如此”的重大意义，略相当于胡塞尔现象学中“自身所予”(Self-given)的观念：唯其自身所予，它才是无须前提的、自明的(Self-evident)；唯其具有无前提的自明性，它才是存在论的最高范畴，故既是自然界的价值的终极根据，也是人的价值的终极根据。唯其为存在论的最高范畴，它既是知识论的基础，也是价值论的基础，并且也是实践论的基础，当然也是我们今天解决环境问题、生态问题以及其他所有问题的观念基础。从价值观念看，儒家既不认为自然界的价值取决于人，也不认为人的价值取决于自然界，而是认为人与自然界各自具有价值自足性，因为两者都是“自己如此”的“自然”。

这里的关键在于，在儒家观念中，“自然”并不被理解为与人对立的“nature”。这里既没有人与自然的二元对置，更没有造物与造物主的二元对置。在儒家观念中，人性也是自然，并永远是自然。当然，上文说过，在西方观念中，“human nature”也是一种“nature”。但是，西方启蒙观念的逻辑后果及其实践后果，正如上文说过的，是人对自然界的背叛。只有改变了“自然状态”的，才是所谓“文明”的。所以，人是自然的逆子：他原本是自然之子，但后来通过认识自然、改造自然，对自然加以利用、征服，成了自然的不肖之子甚至自然的敌人。人类生存环境的破坏、生态的破坏，就是明证。

儒家思想则不然。人不仅是自然之子，而且还应该是自然的孝子。这个思想在张载的《西铭》里有很透彻的表达：“乾称父，坤称母，予兹藐焉，乃混然而中处……”什么叫作自然的孝子？所谓孝，《中庸》说：“夫孝者，善继人之志，善述人之事者也。”述者，循也，循父母之道也。这就是说，孝子就是善于继承发展父母未竟事业的人;同理,自然的孝子就是善于继承发展自然未竟事业的人。这也就是《周易》所说的“干父之蛊”“干母之蛊”(《周易·蛊卦》)①。人之于自然,也就是继其志、述其事的问题。这里蕴涵着儒家一个极为深刻伟大的思想:自然是未完成的,需要人这个自然之子去继续完成。人凭什么继志述事、完成自然未竟的事业?《周易》指出:“继之者善也,成之者性也。”(《周易·系辞传上》)凭着善性去继述、继成,亦即凭着自身的自然去继述、继成,因为善性正是自身的自然。这也就是《中庸》所说的“天命之谓性,率性之谓道”的意思。“天命之谓性”也就是《周易》所说的“乾道变化,各正性命”(《周易·乾彖》)。乾道就是天道。此处之“天”即“自然”,亦即“自己如此”。人得天为性,是说人性自己如此;物同样得天为性,是说自然界自己如此;而人率性为道,则是说的人继志述事、继善成性。

在这种观念下,人与自然界就不是对立的关系,而是亲和的关系。一方面,视自然为父母,你就不会想到要去利用它、征服它,而愿意去顺从它、孝顺它。另外一方面,人对自然也并不是无所作为,恰恰相反,正因为人应该孝顺自然,所以他也就应该去继其志、述其事,这样才能有所作为。

所以,在儒家观念中,人的使命绝不是利用自然、征服自然,而是通过“赞天地之化育”(《礼记·中庸》),完成自然、完善自然——既完善人自己的自然,也完善大自然的自然。就人与自然界的关系来看,人之完成、完善自然界是人之自然,而自然界之被完成、被完善是自然界之自然,这两方面乃是一个统一的和谐的自然过程。

---

① 《周易·序卦》:“蛊者,事也。”

第四编

马克思主义哲学研究

一个"世纪之问"的探索

——读张允熠博士的《中国文化与马克思主义》*

真正的学术研究是从能够提出"真正的问题"开始的，其价值也根本是由这个"真问题"来确定的。所谓"真正的问题"，就人文社会科学而言，通常有三个特质：一是有重大的社会现实意义，二是有深广的思想理论蕴涵，三是同时还有高难的学术功力要求。最近由山西教育出版社推出的张允熠博士的新著《中国文化与马克思主义》（国家社会科学规划基金项目，以下简称"张著"），我感觉就是这样的一种学术研究。张著之入手，是提出下面这样一个真问题。面对即将过去的20世纪，这确实可以说是一个真正的"世纪之问"。当你回首从鸦片战争到五四运动的中国思想文化的历史潮流，想到当时西方各种思想学说如何纷至沓来、古今中外各种思想派别如何交锋斗胜的情景之际，你立即会感到张著提出的正是你久欲提出的疑问：

为什么在万卉纷呈的西方思想的园地中，中国人最终选择了马克思主义？为什么近代中国意识形态的丛林，最后皆遮蔽于马克思主义的思想大树之下？

---

* 原载《学术界》1999年第4期。

问题是提出来了，它的解答却是不大易的。其实过去也不是没有人提出过类似的问题，答案也可谓五花八门。可以说，这是一个至今仍然有待于回答的问题。这个问题之难在于人们一直没有找到一个观察理解这个问题的适当角度。然而20世纪80年代"文化热"以来的时代思想文化氛围，为这种恰当角度的发现提供了可能。张著的独异之处在于把它确定为"文化—意识形态"，并为此对"意识形态"范畴进行了一番颇有创获的探究耙梳。

作者显然力图通过寻求作为一种外来文化—意识形态的马克思主义与作为中国传统主流文化—意识形态的儒学之间的某种"可通约性"，来回答这个"世纪之问"。这个问题因此在张著中获得了更为具体化的表达，这是问题的深化，由此表现出作者强健的"问题意识"：

儒学与马克思主义究竟是一种什么关系——二者有无思想和理论上的渊源联系？二者孰同孰异？二者有无会通、是如何会通和向什么方向通的？21世纪马克思主义与儒学关系的前景如何？

这当然是一种比较研究，但已不是一般意义上的"中西比较"了，因为作者不仅进行了静态的逻辑的比较，而且进行了一种动态的历史的追索。张著的成功之点不仅表现在其在这两个方面都有超过前人的地方，尤其表现在两个维度之间结合得相当妥帖——我发现，作者为追寻和确认马克思主义与儒学的关系事实，颇为娴熟地运用了"逻辑与历史相一致"的辩证方法。这贯彻和体现在全书的结构线索中。

作者首先通过对"意识形态"进行的可以说是一种"文化学"的分析，确认了马克思主义与儒学是两种根本对立的意识形态：历时地（历史地）讲，两者是不同时代的意识形态；共时地（逻辑地)讲,两者是不同阶级的意识形态。那么,马克思主义与儒学又怎么能够相容相通呢?关键在于作者同时又对“意识形态”的另一特性进行了揭示,那就是意识形态的“相对独立性和能动性”。这里就已经为全书的中心思想张本了。当然,这还只是一种理论的“逻辑”。

接下来的一章,作者便进入了真正“历史”的领域:研究和分析历史上儒学与外来文化(佛教、基督教、犹太教和伊斯兰教)的和合融通情况。然而这种似乎纯粹“历史”的讨论,正提供了“逻辑”的基地:作者的意图在于从中抽绎出“中外文化会通的前提条件和内在机制”,从而为说明马克思主义与儒学的“会通”确立一般法则。这种一般规律本身也包括了静态的理论逻辑和动态的历史程序两个方面,这正是作者在下面两章——“哲理上的异同”“学脉的渊承”——里分别探讨的课题。

这两方面的课题都是真正的“前沿”,具有相当的理论难度;尤其是后者,即对马克思主义与儒学之间的文化历史背景中的内在联系进行科学的实证的发掘整理,这更是需要学术功力的。我不能说作者在这点上已经非常成功,这毕竟是一种开拓性的工作。

作者在接下来的几章里研究了自现代以来马克思主义与儒学之“对立、碰撞、交往和融合”的历程。作者评述了中国马克思主义者与自由主义者和文化保守主义者之间的相对互动,分析了中国马克思主义者本身的“心路历程”,初步总结了正反两个方面的经验、教训。贯穿其间的一个中心,就是“马克思主义的中国化”问题。这实在是理解中国现代史、现代思想文化史的钥匙,也是理解马克思主义尤其是中国之马克思主义的一个关键。为此,作者“逻辑”地分析了现实的历史,“历史”地引出了理论的逻辑。

研究历史是为了认识今天,把握今天是为了面向未来。怎样创造中国新世纪的新文化?这才是我们萦怀不已的"终极关怀",对此,作者明确表示:应该遵循"古为今用,洋为中用,批判继承,综合创新"的文化方针。这是由张岱年先生最早提出、由方克立先生加以具体充实的、创造具有中国特色的马克思主义新文化的方针,是毛泽东"批判继承论"及"古今中外法"精神的体现。根据这个方针,作者在最后一章里探索了中国传统文化的现代转换问题,瞻望了新世纪中国新文化的前景:"未来的21世纪的中国文化将是马克思主义指导的具有中国特色的社会主义新文化,这种文化的有机构成,乃是对中西传统在新时代的会通和超越。"

最后,我们还是回到文章的开头:读完张著,那个"世纪之问"得到了解答与否?其实,我这里提出的问题本身是存在问题的。记得马克思在《费尔巴哈论纲》里说过,思维与存在的同一性问题不是一个理论的问题,而是一个现实的问题;理论应该在现实的实践中去证明自己的真理性。这对张著当然也是适用的。

对于我们来说,值此新旧世纪之交,这个"现实的实践"就是我们的社会主义现代化建设,包括社会主义新文化建设。

实践主义:马克思哲学论*

马克思主义哲学作为一个开放的思想体系,是随时代而发展的。应当承认,在我国关于马克思主义哲学原理的研究中,“实践唯物主义”确实达到了一个新的高度;但同时也应看到,从那以后,“实践唯物主义”研究再也没有取得实质性的进展。我们认为,正如“实践唯物主义”何以取得成功一样,当前问题的关键仍在于对“实践”范畴及其在马克思主义哲学中之地位的理解上。为此,本文提出一些初步的思考。

我们这里打算讨论的是“马克思的哲学”而不是“马克思主义哲学”,这是因为:不论俄国马克思主义、中国马克思主义,还是西方马克思主义,虽然与马克思本人的思想有一脉相承的渊源关系,但无论如何并不是一回事;甚至恩格斯的思想,虽然我们反对将其与马克思的思想截然对立起来,但事实上两者也并非毫无差别。为了使论题更为集中,我们这里限于讨论“马克思的哲学”。

我们认为,马克思的哲学应该被径直称为“实践主义”(Practicalism)①。所谓“主义”(-ism),就是一种学说或信念;所谓“实践主义”,就是一种关于实践的哲学学说和对于实践的理论信念。

---

* 原载《学术界》2000 年第 4 期。

① 这是我们新创的一个词,英文无“Practicalism”。

虽然马克思、恩格斯在《德意志意识形态》中一度自称他们的哲学为“实践的唯物主义”，但今天，“实践唯物主义”实际上已成为20世纪80年代以来中国马克思主义哲学原理研究当中的一个特定流派的称谓，为了以示区别，我们用“实践主义”来标示我们对马克思哲学的理解；而更为根本的考虑是，不论就当代哲学的思维水平还是就马克思哲学本身固有的基本性质特征来看，今天只有把马克思哲学径直理解为“实践主义”，才有可能在马克思主义哲学原理的研究上取得实质性的突破。这首先是因为，“实践”范畴在马克思哲学中第一次取得了存在论意义。这一点长期为人们所忽略，正如有学者指出的，直到“在后现代语境中，马克思主义哲学的拒斥‘形而上学’性、实践的存在论意义以及马克思主义哲学的当代意义这些被人们所忽略的方面得以凸现”①。

一、实践即存在

不论哲学还是科学，抑或日常思维，任何思维活动都必须从某种“观念预设”开始，以此作为自己的逻辑起点。此种预设乃是整个思维“不证自明”的前提。亚里士多德将其“第一哲学”或“形而上学”界定为关于“存在之为存在”的学问，即预设了“存在”。此“存在”是一个不可超越的设定，这意味着：任何哲学，无论采取怎样的怀疑主义立场，最终都得从“存在”预设开始，即以“存在”为逻辑起点；也就是说，任何哲学最终都逃不出“存在预设”。

---

① 杨耕：《马克思主义哲学与后现代主义在当代的相遇》，载《学术界》2000年第2期。

自从古希腊哲学家巴门尼德确立了“存在”范畴,哲学就从来没有超出这一点。思想可以从怀疑一切开始,但唯独不能怀疑“存在着”,否则人就无法思想言行、无法生存下去。例如,笛卡儿可以算是最典型的怀疑论者,他首先把一切存在都悬置起来,然后从“我思”开始,推出“我在”。所谓“我思故我在”,还原成三段论式则为:

凡思考着的,必定是存在着的;
我思考着;
所以,我存在着。

这里的大前提便是他的一种信念:会思考的,必定是存在的。但我们要问他:你何以如此执着,非得要证成某种存在?显然,他有一个更为在先的信念前提:总得存在着什么。这就是其最后的存在预设。他那个大前提本身就是以两个观念预设为前提的:思考着的存在着、存在着的存在着。必定“存在着”——这就是他的“存在预设”。

再如,佛学以“空”为其最高教条,但中国最典型的佛学理论唯识宗,其基本教义“唯识无境”,仍肯定“识”尤其是“阿赖耶识”的存在。至于道家之所谓“无”,更不是“不存在”的意思。道家以“道”为“无”,是说“道”是“存在”本身而非任何“在者”(海德格尔语)。此“无”其实类似于黑格尔所谓“纯有”,纯有或纯存在是没有内涵的,故谓之“无”;换句话说,“道”是尚未展开其内容的纯存在。最彻底的怀疑论者要算是古希腊智者派的高尔吉亚,他说:无物存在;即使有物存在,也不可知;即使可知,也不可说。但事实上高尔吉亚的思想是经验主义的,他的意思只是说:认识不能超越感知经验。就此而论,他的思想是近代经验主义哲学的最早前驱。经验主义的不可知论,并不否认经验本身的存在,所以,高尔吉亚的"无物存在"与贝克莱的"存在就是被感知"是一个意思。换句话说,"经验"是其存在预设。

所以,如果以为哲学可以从怀疑存在本身开始,这便是一种误解;哲学可以怀疑的不是存在,而是某种具体的"存在者"。海德格尔第一次严格区分了"存在"和"存在者",是很了不起的。在某种意义上,存在本身是不可言说的;一旦你指出某种存在,例如自然、物质、理念、上帝等,它就已经不是"存在"本身,而只是某种具体的"存在者"了。然而海德格尔认为,苏格拉底以来的哲学所说的都不过是某种"存在者",而不是"存在";而他要追问的是"存在"本身。其实,马克思的哲学所要研究的也不是某种"存在者"(如"物质"),而是存在本身;只不过他理解的存在是"社会存在""社会生活",就是人的"实践""活动";换句话说,马克思早在海德格尔之前就"追问存在本身"了,只不过他们对"存在"做了不同的阐释。①

在马克思看来,实践是唯一的存在或者实在。实践即存在,实践之外别无存在。

西方古代的本体论哲学曾经试图追寻世界的"本体",即某种终极的"实在"(Reality)。然而,这种努力导致了怀疑主义,并以中世纪对"上帝"的论证而告终。于是近代认识论哲学开始检讨我们对本体的这种"认识"本身的问题;但其前提仍然是对"本体"的承诺或者预设。认识论的任务是解决意识或者心灵能否、

① 关于海德格尔的"存在"范畴与马克思的"实践"范畴的关系,是个尚待深入研究的课题。

如何通达客观实在的问题，即所谓“思维与存在的同一性”问题；然而这种作为本体的客观实在不是被设想为某种“实体”，便是被设想为这种实体的某种“本质”属性；一言以蔽之，“实在”是可以离开人的存在来谈论的某种纯粹“客观存在”的实体。然而我们看到，由此出发，无可避免地，近代经验主义走向了不可知论，理性主义则走向了先验主义，这表明不论古代本体论还是近代认识论都是“此路不通”的。自从康德宣布这种“物自身”的不可知，认识论时代便宣告结束了。后来的所谓“逻辑实证”的思潮，就其对“认识”的探索而言，不过是“认识论时代”的挽歌。此后哲学发生了“转向”——所谓“语言学的转向”，其积极意义是承接了康德的“纯粹理性批判”，把经验主义与理性主义结合了起来，并通过语言分析，深化了对认识或意识的认识；其消极意义是从“形而上”退缩到了“形而下”，从“经验”退缩到了“语言的外壳”里。于是，关于“实在”的存在论问题就被“拒斥”或搁置起来了。

但马克思决不回避“形而上学”问题，他要回答关于“实在”的存在论问题。马克思在哲学史上最伟大的贡献，是从人的“实践”来理解一切“存在”或者“实在”。在他看来，实践是唯一的实在；离开人的实践的所谓“客观存在”，对人来说是不存在的。我们认为，这是马克思的存在论及其整个哲学的最高原理或终极预设。这里，马克思的一段话值得我们反复咀嚼：

> 只有在社会中，自然界对人说来才是人与人联系的纽带，才是他为别人的存在和别人为他的存在，才是人的现实的生活要素；只有在社会中，自然界才是人自己的人的存在的基础。只有在社会中，人的自然的存在对他说来才是他的人的存在，而自然界对他说来才成为人。因此，社会是人同

自然界的完成了的本质的统一。①

我们尤其要注意马克思的这样一个表述:"只有在社会中,自然界……才是……存在。"此处所谓"社会""现实生活",不是说的任何实体或者社会性的"存在者",而是"社会存在"本身,就是实践。所以,"实践"决不仅仅是所谓马克思的"历史唯物主义"的初始范畴,而是马克思全部哲学的初始范畴。有鉴于此,如果我们仍然试图在那里寻求所谓"马克思主义哲学本体论",乃至将此"本体"规定为所谓"不以人的意志为转移"的某种纯粹客观存在的"物质"抽象,那绝对不是马克思的哲学,而不过是某种"前马克思的"东西而已。

因此,那种将马克思哲学分解为"唯物论"加上"辩证法"的做法是很不妥当的。这种说法源于列宁,列宁认为在哲学上,马克思同时"扬弃"了费尔巴哈的唯物主义和黑格尔的唯心主义辩证法,从而实现了哲学的革命。事实上,其一,不论是对唯物论的改造,还是对辩证法的改造,抑或两者的结合,都不足以实现马克思式的"哲学的革命";马克思之实现哲学的革命,乃在于他的"实践"范畴。"实践"范畴当然不是马克思最先提出的,例如康德为解决意识如何穿透"现象界"通达"物自身"的问题,即已提出"实践理性";康德的"实践理性"其实是主观的自由意志,而马克思的"实践"范畴则是客观的存在或者活动。后来黑格尔和费尔巴哈也都重视实践,但他们至多把实践视为存在及其发展的一个环节、一个方面而已。

其二,马克思的"唯物论"与一切旧唯物论的区别并不在于重

① 《马克思恩格斯全集》第42卷,人民出版社1979年版,第122页。

新把“本体”归还给“物质”或者“自然”，即不是回到十八世纪法国唯物主义；而是把“存在”或者“实在”设定为人的“现实生活”，即“实践”。马克思在《关于费尔巴哈的提纲》中指出：

> 从前的一切唯物主义——包括费尔巴哈的唯物主义——的主要缺点是：对事物、现实、感性，只是从客体的或者直观的形式去理解，而不是把它们当作人的感性活动，当作实践去理解，不是从主观方面去理解。①

这就是说，作为哲学之思的前提的，不应该是直观的“主体/客体”那样的实体，不论这个“主体”是“人”还是其他什么东西；而应该是“实践”“活动”。凡是“主体”，必是某种“实体”——机械唯物主义以“物质”“自然”为主体，黑格尔以“绝对观念”为主体，莫不如此。这并不是说我们不能使用“主体/客体”范畴，而是说：只能由实践来说明主体和客体，而不能反过来由主体和客体来说明实践。

“唯物主义”（Materialism）一语源于“Matter”和“Material”，其含义是物质实体；换句话说，“唯物主义”一语带有强烈的实体主义色彩。所以，这里我们想要指出：“实践唯物主义”一语不足以表征马克思哲学的性质，它容易使人把“实践”理解为某种实体性的存在。事实正是如此，实践唯物论者在实践域中找到了人这个实体性的“主体”，并把他视为先在于实践的实体性存在（这样，就必然合乎逻辑地导向了现今所谓“人学”的马克思主义）。此乃是对马克思的“人本主义”理解，即其实质仍然是“前马克思”的。

---

① 《马克思恩格斯全集》第3卷，人民出版社1960年版，第3页。

在马克思看来，作为终极预设，实践才是唯一的存在或者客观实在，而此客观实在不是任何意义上的实体，而是一种“存在状态”。

其三，马克思的“辩证法”固然不是黑格尔的绝对观念的辩证法，但也不仅仅是“历史辩证法”，更不是所谓“自然辩证法”或者“思维的辩证法”；马克思的辩证法就是“实践的辩证法”。这就是说，离开了实践，既无所谓孤立的“自然的辩证法”，也无所谓孤立的“思维的辩证法”。辩证法乃是实践本身的辩证法。

所以，那种做法显然也是很成问题的，就是认为在“辩证唯物主义”这个“普遍规律”下，有三大分支：自然辩证法、历史辩证法（历史唯物主义）和思维辩证法（辩证逻辑）。此说出自恩格斯。他写了《自然辩证法》。然而在马克思那里，并不存在那种从所谓“三大领域”中抽象出来的“唯物辩证法”或者“辩证唯物论”，因为这种“本体论的辩证法”与黑格尔的辩证法是属于同一思维方式的，就是设定了一个外在于、先在于实践的抽象本体——在黑格尔那里是“绝对精神”，在这里则是“物质”或者“自然”。可是，在马克思看来，如果说存在着某种“本体”，它绝非“思维”“历史”“自然”或者“物质”抽象，而只能是实践活动。同样，那种将“辩证唯物主义”与“历史唯物主义”并列起来、用以指称马克思主义哲学的做法，也是很不可取的。何况即便我们承认有所谓在实践辩证法之外的“历史辩证法”或者“历史唯物主义”，它也跟所谓“辩证唯物主义”处在不同的层次上。它们是不可能这样不伦不类地并列起来的。这种做法出自苏联的哲学教科书，早已受到了应有的批评。

二、实践即本质

说到“存在”尤其是“人的存在”,我们知道,西方存在主义哲学也关注“人的存在”,因此,我们不妨考察一下存在主义的“存在”概念。对存在主义的“存在”的理解,可以从萨特“存在先于本质”这个著名的命题上来考察。关于“存在”与“本质”的关系,迄今为止的哲学,有三种“说法”:

1. 存在主义出现以前的哲学尤其是古代“本体论”哲学,在一定意义上可概括为“本质先于存在”。这里所谓“本质”既指人的本质,也指世界的本质,即“本体”含义的一个基本方面。古代形态的哲学总是要去寻找某种“本体”,以之作为一切存在的形而上学基础、依据。这种本体具有两种基本含义:或为一切存在的“本原”,或为一切存在的“本质”。不论哪种含义,都是基于同一的预设:此本体为一种实体或其属性。这种本体预定了一切存在的本质,从而决定了一切存在的存在。在中国哲学中,《周易》讲“天道变化,(人、物)各正性命”(《周易·乾彖传》),儒家讲“天命之谓性”(《礼记·中庸》),道家讲“朴(即道)散则为器”(《老子·第二十八章》),都是一种“天道”的本体预设。在西方,这种本体预设则是“上帝”“理念世界”“自在之物”“物质”之类。总之,“人”与“物”的本质是由这种本体来预定的。

2. 存在主义提出了“存在先于本质”。这就是说,是人自己造成了自己的本质,进而创造了自己的生活世界。换句话说,人之本质是其意志的自由选择及其行动的结果。其实不特存在主义,意志主义以及生命哲学早已确立了这个基本精神:人的生命意志不仅是人自身的主宰,而且是世界之存在与本质的主宰。这就抛开了人之外的形而上假设,“上帝死了”(尼采语),“理念”也死了;唯有人自己独立自主地生活着。这是很了不起的;但是,这里也存在问题:其一,人是何由、被谁“抛入”存在状态的?这个问题被存在主义者悄悄地悬置起来了。其二,先有人和世界的“存在”,然后才有人和世界的“本质”;这就是说,曾经有过一个时候,人和世界有存在而无本质,即存在着一种“无本质的存在”。这是荒谬的、不可设想的。

3. 在马克思看来,既非“本质先于存在”,也非“存在先于本质”,而应当说“存在即是本质”。实践既是人的存在,亦即人的本质。人们爱引用但常常误解的马克思的一句话就是:“人的本质并不是单个人所固有的抽象物,实际上,它是一切社会关系的总和。”①这里的“社会关系”是指的“社会存在”,亦即社会实践、社会生活。(马克思说:“社会生活在本质上是实践的。”②)马克思的意思是说,人的本质就是社会实践。所以,严格来讲,说“人造成了自己的本质”,那是不对的,因为这里预设了一个先在于、外在于实践的“人”,但这是不可能的;应当说“实践作为人的存在而造成了人的本质”。所以,与其说“实践是人的实践”(似乎人是先于实践的),不如说“人是实践的人”(人与实践“同在”)。可是,通常的理解是,先有一个主体即人,然后他对一个对象或者客体采取行动,此即实践。其实这是大谬不然的。实践不是某种在先的主体和客体亦即某种二元分析结果的综合的结果,而主体和客体是我们对原初的实践进行分析的结果。人以实践的方式存在,没有实践便没有人。离开了实践,休谈人,也休谈世界的存

---

① 《马克思恩格斯全集》第3卷,人民出版社1960版,第5页。

② 《马克思恩格斯选集》第1卷,人民出版社1972年版,第18页。

在。一方面,通过实践创造人本身;另外一方面,“通过实践创造对象世界”①。所以,实践既是一切存在包括人的存在的现实起点,也应当是一切哲学包括马克思主义哲学的逻辑起点。我们从“实践”出发,是因为我们深信:“社会生活在本质上是实践的。凡是把理论导致神秘主义方面去的神秘东西,都能在人的实践中以及对这个实践的理解中得到合理的解决。”②

三、实践主义与“本体论”

对于马克思的哲学,人们通常仍然按照传统的方式,把它分为三个部分:本体论或存在论,认识论,价值论。这种划分固然有它的道理,也很方便,但割裂了马克思的哲学,使人看不出它的整一性。而且,这种并列是一种混乱的排列:存在论是关于包括意识在内的整个“存在”问题的;而认识论、价值论则只是关于“意识”或者“心灵”问题的——认识论关乎意识的认知方面,价值论关乎意识的意向方面。依照这种思路,既然把意识作为一个独立的哲学领域,那么就必须确定与之相对的哲学领域,这就是在人的实践之外的“自然辩证法”之类的东西得以产生的原因。但是我们认为,马克思哲学作为一种整一的哲学理论,就是实践主义;实践主义既是存在论,也是认识论、价值论。这是因为,实践即所谓“本体”(“本体”是个很不确切的概念,详见下文);认知(认识论的对象域)与意向(价值论的对象域)是实践的内在要素或“涵项”。这就是说,只说实践主义,便已经涵盖了存在论、认识论和

① 《马克思恩格斯全集》第42卷,人民出版社1979年版,第96页。

② 《马克思恩格斯全集》第3卷,人民出版社1960年版,第5页。

价值论。这并不是说不能对认识问题或者价值问题进行专门的分析研究,而是说只能把它们作为实践域内的要素或涵项来看待——离开了对实践的存在论阐释,不论认识问题还是价值问题都不可能得到确切的说明,因为它们都是实践的自返观照、实践的心灵呈现。在这个意义上,过去把"实践"仅理解为"物质活动"是不确切的,因为种种精神活动——属于认知活动的事实判断、属于意向活动的价值判断——都在实践域内发生。

我们知道,"存在论"是西语"Ontology"的汉译,过去多译为"本体论"。其实,这两种译法是大有区别的。"本体论"的汉译,深受中国古典哲学"本末"和"体用"范畴的影响。传统"本体"(Noumenon)范畴有两种基本含义:世界的"本原"和"本质"。"本末"范畴突出的是其本原论、发生论性质:"本"指本原的存在,"末"指派生的存在;"体用"范畴突出的是其本质论、功能论性质:"体"是实体、实质,"用"是效用、功能。可见中国传统的本体观念与西方古代的本体观念是一致的,在这个意义上,"本体论"的译法是很有道理的。这就是说,中西传统"本体"观念一致认为:

(1)本体乃是某种外在于人的客观实在;

(2)这种客观实在乃是某种实体或其属性;

(3)这种实体乃是世界万物以及人的本原和本质。

这就是古典式"本体"观念的全部内容。可是我们看到,传统理解的"辩证唯物主义"正是如此的:

(1)"物质"就是"不以人的主观意志为转移"的客观存在;

(2)任何"物质存在"不是物质实体就是物质实体的属性;

(3)这种"物质"实体乃是一切现象包括精神现象的基础及本质。

这显然是一种典型的传统"本体"观念。这种传统观念又被演绎到历史领域中,形成传统理解的"历史唯物主义"观念:历史也是由"不以人的主观意志为转移"的"物质条件"决定的,"物质生活条件"就构成了人的本质。这就是我们拥有的机械的历史决定论——物质决定论。

然而现代哲学已经超越了这种传统观念,认为:所谓"本体"或"实在"乃是人自身的存在;这种存在不是一种实体,而是一种状态;这种状态既决定着人自身的本质,也决定着一切存在者的本质。在这个意义上,今天将"Ontology"译为"存在论"是适宜的。存在论要研究的不是任何"在者之为在者"的实体性质,而是一切"存在之为存在"的过程状态,即人之生存的一切现实的、可能的存在状况。

在这方面,马克思的哲学是非常典型的。在马克思看来,唯一的存在或实在是人的实践,"物质"与"意识"不过是实践的内在要素;那种在人的实践之外、"不以人的意志为转移"的所谓"客观存在",不论"自然"还是"物质",对人来说都是不存在的或者说是没有意义的;不仅客体,而且主体即人本身,也是实践的内在要素;实践不是任何一种既成的实体或者"在者",而是一种"活动"或者存在本身;这种实践活动不仅决定着人自身的本质,而且在一定意义上决定着世界的本质;意识或者精神活动——感知、思维、情感、意志,都是这种实践活动的内在因素;实践中的感知与思维决定了人是一种认知性存在,所谓"认识论"问题由此产生并由此得到说明;实践中的情感与意志决定了人是一种意向性、目的性、评价性存在,所谓"价值论"问题由此产生并由此得到说明。这就是马克思的存在论。

在某种意义上,物质自然界是实践的产物。在马克思看来,实践"这种活动、这种连续不断的感性劳动和创造、这种生产,正是整个现存的感性世界的基础”①。这里的“整个现存的感性世界”当然是包括物质自然界在内的，所以，马克思说：“整个所谓世界历史不外是人通过人的劳动而诞生的过程，是自然界对人说来的生成过程。”②这就是说，对人来说，自然界不是自在存在的，而是在人的实践中、由人的实践活动“生成”的。借用萨特的话讲，离开了人的存在，“存在即虚无”。所以，马克思说：“被固定为与人分离的自然界，对人说来也是无。”③这并不是说自然界不存在，而是说它不是人的存在，不是为人的存在。从科学的观点看，自然界是从来就存在的；然而从哲学的观点看，从真正的人的“透视”观点看，如果没有人，自然界就不存在了——“对人来说是无”。这就正如古希腊的普罗泰戈拉所说：“人是万物的尺度，是存在的事物存在的尺度，也是不存在的事物不存在的尺度。”④关于这一点，列宁曾说过：“人给自己构成世界的客观图画；他的活动改变外部现实，消灭它的规定性（=变更它的这些或那些方面、质），这样，也就去掉了它的假象、外在性和虚无性的特点，使它成为自在自为地存在着的（=客观真实的）现实。”⑤这就是说，客观世界乃是“人给自己构成”的，这种“构成”过程也就是“他的活动”——实践；正是实践“去掉”了纯粹自在的客观世界的“外在性”“虚无性”。

---

① 《费尔巴哈——唯物主义观点和唯心主义观点的对立》，人民出版社 1988 年版，第 21 页。

② 《马克思恩格斯全集》第 42 卷，人民出版社 1979 年版，第 131 页。

③ 《马克思恩格斯全集》第 42 卷，人民出版社 1979 年版，第 178 页。

④ 北京大学哲学系外国哲学史教研室编译：《古希腊罗马哲学》，生活・读书・新知三联书店 1961 年版，第 138 页。

⑤ 《列宁全集》第 38 卷，人民出版社 1988 年版，第 235 页。

但是,我们并不称马克思的哲学为“实践存在论”。无论译为“本体论”还是“存在论”,只不过是汉译的问题;它们毕竟本来是一个词“Ontology”。如果我们称马克思的哲学为“实践存在论”,那跟称之为“实践本体论”是没有实质区别的;然而我们知道,“实践本体论”今天也已经是对中国马克思主义哲学研究中的一个特定流派的称谓了。所以我们才说马克思的哲学是“实践主义”,而不说它是“实践存在论”。

四、实践主义与“认识论”

实践主义不仅涵盖了存在论,而且涵盖了认识论。这是因为,认识是实践的内在要素。我们既不能离开实践来谈论认识,也不能离开认识来谈论实践。在这个意义上,“实践—认识—再实践—再认识”这样的公式并不确切,似乎认识是在实践之外、之后的事情。而事实上,认识是内在于实践的。一切都在实践域之内,都是在人的存在背景上呈现出来的。

认识之内在于实践亦即作为实践的内在要素,可以从以下几个方面来考察:

其一,无认识的实践是不可想象的。实践活动必然同时也是一种认识活动,认识过程是实践过程的一个侧面。离开了认识,实践就成了纯粹机械的动作。而事实上,实践作为人的活动,是身心两个方面的协调行为。有身无心的活动不是实践,不过是机器的运转。

进一步说,实践不仅必然包含认识活动,而且必然包含整个心灵活动——认知活动(感性的,理性的)、意向活动(情感,意志)。心灵是实践活动的控制中心,这就是说,在实践过程中,不仅认识，而且情感、意志自始至终都在发生作用。实践作为本原性、目的性活动，是真、善、美的创造。如果没有意志，实践就不能创造"善"；如果没有情感，实践就不能创造"美"。我们过去注意了狭义认识论或知识论，然而大大地忽略了意志论或价值论。

其二，认识是实践系统的内在信息反馈机制。从系统的观点看，实践活动是一种动态控制系统，也就是说，是一种信息控制和信息反馈的过程。而实现其控制与反馈的关键机制正是认识及整个心灵活动(下图只是一种粗浅的描写)。

心灵

①需要　②认识　③设计　④行动

实践活动：——————————目标

⑤再需要　⑥再认识　⑦再设计　⑧再行动

反馈

心灵作为实践活动的控制中心，其机制为：一方面，根据自己的需要意向，进行认识；再根据意向与认识的统一，进行设计，形成目标；根据目标采取行动。另一方面，在这个过程中，心灵始终随时根据目标来调整实践活动：修正意向，修正认识，修正设计，修正行动。"需要"显然是实践中最本原的东西。① 需要是一种意向活动，也就是说，它是意志性的(目的性的)、情感性的(倾向性的)。

其三，实践的结构只能通过心灵的结构呈现。"实践的结构"还是一个有待研究的重要课题。"实践"概念的笼统模糊正是造成许多理论困难的重要原因之一。但是，揭示实践的结构是个非

① 参见马克思、恩格斯《德意志意识形态》第一章。

常困难的课题,因为实践的结构既非人体活动的结构,也非人之工具操作的结构;我们的研究表明,企图离开"心灵的结构"去揭示实践的结构,那是不可能的事情。我们发现,实践结构只有通过心灵结构才能呈现出来。打个不甚恰当的比方,树的动态乃是风的动态的一种呈现。这是因为,对实践的反思,作为一种认识,其实是心灵的自我反思。这里,实践成为一种"现象"、一种"呈现",即对心灵的呈现。心灵结构乃是实践结构的一个"镜象"、一个"映射"。

那么,心灵的结构又是如何的?其实,我们上面关于实践系统信息机制的图示已经包含了这个内容:在那个图示中,实践的结构已经被表现为心灵的结构了。这表明,实践的结构确实是不能离开心灵的结构来呈现的。

五、实践主义与"价值论"

实践存在论不仅涵盖了狭义认识论,而且涵盖了广义认识论(应该称之为"意识论"),即包括了价值论。换句话说,实践不仅决定了一切存在的事实,而且决定了一切存在的价值。近代以来,哲学家们区分了认识与评价、知识与价值,这是一个很大的进步;然而与此同时,又造成了知识与价值的紧张、科学主义与人文主义的冲突。今天,不少人已经意识到应该超越这种对立,但问题至今没有得到解决。我们认为,解决这个问题的关键在于"回到实践中去"。胡塞尔倡导"面向事情本身",而马克思则主张面向实践本身。

今天,人们都在津津乐道哲学的"语言学转向",却没有看到另外一种重要的转向,那就是"意志论转向"。这个转向是从意志主义哲学开始的,却可以追溯到康德哲学以及整个德国古典哲学。近代哲学是认识论哲学,这种哲学是经验主义与理性主义的齐头并进,但都未能解决认识如何把握客观实在的问题。康德的《纯粹理性批判》则宣告了认识论时代的结束。他为了解决心灵如何通达实在的问题,转而诉诸"自由意志"或者"实践理性";《实践理性批判》的问世,可以说开辟了意志论时代。由此,德国古典哲学成为意志主义的前驱:费希特的"自我"本质上是自我意志;黑格尔的"绝对观念"其实也是一种绝对意志,所谓"思辨理性",只不过是绝对意志的自我展现形式。在我看来,德国古典哲学的真正意义,在于揭示了这样一个事实:理智乃是意志的自我展开。但德国古典哲学作为意志主义与理性主义的直接同一,是不足以充分揭示自由意志的,于是才有意志主义以及生命哲学的崛起。然而,这也就造成了现代知识论与价值论的紧张对立。

这个问题由来已久。康德想要通过"判断力"解决"现象界"与"物自身"的分离和"纯粹理性"与"实践理性"的脱节,但其努力不能说是成功的。德国古典哲学的解决办法则是把两者看作是直接同一的,而其结果,则是未能逃出理性主义的藩篱。后来新康德主义的马堡学派跟弗莱堡学派(价值学派)的对立,将知识与价值、"物质科学"与"精神科学"严格区分开来,这是一个很重大的进步;然而已经注定了现代哲学的科学理智主义与人文意志主义的分道扬镳:一方面是从意志主义到存在主义的注重"意志—价值意义"的路线,另一方面则是从实证主义到分析哲学的注重"经验—逻辑知识"的路线。这种状况,我们称之为现代西方哲学的"精神分裂";此种精神分裂在价值论研究中同样表现了出来。两派都重视对价值问题的研究,但其理路都是偏颇的:一派可称之为"意志论的价值论",其极端是唯意志论或者唯我主义;

另一派则可称之为“知识论的价值论”，其极端是用语词的意义来取代存在的意义。

20 世纪 80 年代以来，中国马克思主义哲学家对哲学价值论的研究取得了巨大的进展。他们把价值问题建立在马克思主义实践论的基础上，意在通过对“实践”范畴的分析来得出并且厘清“价值”范畴。① 这种努力不仅填补了马克思主义哲学价值论的理论空白，而且本身在一般价值理论上也是一大发展：以实践范畴为基础，本身已经具备了克服在价值论问题上的上述“精神分裂”的理论可能性。但是，我们也注意到，这种“实践唯物主义价值论”作为一种“价值关系说”，其前提仍然是传统的“主体/客体”二元对立思维模式。而其结果，仍然是知识论与价值论的分离。一种典型的表现就是对“真理”与“价值”的区分：真理是主体或主观符合客体或客观（规律），而价值则是客观或客体符合主观或主体（需要）。事实上，我们不得不指出，这不仅未能超越现代哲学的“精神分裂”，而且其基本思维方式仍然属于“前马克思”的西方传统。这是自“轴心时代”柏拉图、亚里士多德以来就奠定了的致思方式：“主体”及其意识——“客体”及其规律（或逻各斯）——两者之间的符合“关系”。

这里，作为实体的“关系项”（即主体和客体）必是先于“关系”的；所以，“主体与客体”的划分与存在是实践的前提。实践是主体对客体采取行动的结果。其实，这并不符合马克思的意思。说到底，这种实践唯物主义价值论的关系说，其形而上学基础乃是对“实践”范畴的误读。在马克思看来，事情恰恰相反：实践作为唯一客观实在的存在，乃是主体与客体存在的前提。先有实

① 参见李德顺《价值论》，中国人民大学出版社 1987 年版。

践，然后才有主体以及客体。不是主体决定了实践，而是实践决定了主体存在。离开了实践，既谈不上主体的存在，也谈不上客体的存在。因此，我们应该用实践来说明主体和客体及其关系，而不是用主体和客体及其关系来说明实践。用实践来说明主体，说明主体的存在和意识，说明意识的属于知认方面的认识活动和属于意向方面的评价活动，这就是马克思之实践主义的要求。只有用实践说明人的评价活动、说明价值问题，即把价值论建立在马克思之实践主义的基础上，才能避免迄今为止在价值问题上的种种混乱。

例如关于“价值”概念的定义，我们认为这里首先应该区分两对相关的范畴：“价值”和“知识”，“认识”和“评价”。“知识”（Knowledge）和“价值”（Value）是名词性的，表征实践中某种活动过程的结果；而“认识”（Understanding）和“评价”（Evaluating）是动词性的，表征这种活动过程本身。因此，与作为活动过程的实践直接相对应、作为实践的内在要素的，不是作为活动结果的价值和知识，而是作为活动过程的认识和评价。由此可见，理解“价值”与“知识”的区别，前提在于理解“评价”和“认识”的区别。认识活动作为实践活动的一个侧面，是要使同样作为实践要素的事物呈现出其对于实践的真实（Truth）、真相、实在，而其呈现的结果便是所谓“知识”；而评价活动作为实践活动的另外一个侧面，则是要使这个事物呈现出其对于实践的意义（Meaning），而其呈现的结果便是所谓“价值”。换句话说，价值就是通过评价活动呈现出来的事物对于实践的意义；与此相对，知识就是通过认识活动呈现出来的事物对于实践的真实。这里所谓“呈现出来”，就是为心灵所意识到；但心灵所意识到的真实或者意义，并非对于人或“主体”抑或“客体”的，而是对于整个实践活动的。这就是说，无论认识还是评价、知识还是价值,都既非主体(主观)符合客体(客观),也非客体(客观)符合主体(主观),毋宁说是事物符合实践,亦即符合实践本身的内在要求。

总而言之,极而言之,对于实践主义来说,实践就是一切。

“实事求是”命题的存在论意义

——依据马克思“实践主义”哲学的思考*

“实事求是”本是中国古代哲学的一个命题①，毛泽东、邓小平等中国马克思主义者，对它进行了实践论的重新解说，使之成为一个集中表述马克思主义哲学基本精神的命题。

然而迄今为止，对“实事求是”的理解通常都是从纯粹认识论的角度进行的。人们即使将“实事求是”跟“实践”联系起来，但“实践”本身仅仅被理解为一个纯粹认识论范畴。例如毛泽东对此有一个著名的解说：“‘实事’就是客观存在着的一切事物，‘是’就是客观事物的内部联系，即规律性，‘求’就是我们去研究。”②据此，“实事求是”就是去研究客观存在着的事物的规律性。按照传统的理解，这里所谓“客观存在着的”就是所谓“不以人的主观意志为转移的”，也就是说，“实事”可以是在人

---

* 原载《广西民族学院学报（哲学社会科学版）》2001 年 6 月“人文社会科学专辑”。

① 初见于《汉书·河间献王传》：“修学好古，实事求是。”颜师古注：“务得事实，每求真是也。”后来儒家尤其是宋儒对它进行了充分的讨论。

② 毛泽东：《改造我们的学习》，见《毛泽东选集》第 3 卷，人民出版社 1966 年版，第 759 页。

类实践之外存在着的,如纯粹的自然界;“是”就是这种纯粹客观事实的纯粹客观的“规律性”。先有了这种“客观存在”,然后才有人对它们的认识,再后才有人对它们的改造亦即实践。于是就有了“实践、认识、再实践、再认识”这样将认识和实践割裂开来的公式。这里,作为纯粹认识的“实事求是”是在实践之前、之外进行的。

之所以产生这样一种观念,是因为:“实事”不是被人们理解为实践本身,而是被理解为实践之前、之外的作为纯粹认识对象的东西;因而“求是”也就不在实践之内,而在实践之外。显然,“实践”范畴仅仅被理解为一个用以界定“认识”的参照或者逻辑工具,换句话说,“实践”仍然仅仅是一个认识论范畴。例如列宁说过:“生活、实践的观点,应该是认识论的首要的和基本的观点。”①与此相关的另外一种说法,就是流行的“实践是检验真理的标准”这样一种说法。这里,实践显然失去了作为改造世界的本质力量的存在论意义,而仅仅只具有认识论的功能。这种纯粹认识论的“反映论”的理解,其实并不符合马克思的实践观。

这里,我们尝试以一种新的理论视角——马克思哲学的存在论视角,亦即“实践主义”②哲学的视角,对“实事求是”做出一种新的阐释。

作为马克思哲学存在论的“实践主义”,我们的理解有以下基

① 《列宁选集》第2卷,人民出版社1972年版,第142页。

② 参见拙文《实践主义:马克思哲学论》,载《学术界》2000年第4期。

本特征：它是对马克思哲学“本体论”①的一种新的理解，这种理解认为，“物质”并不是马克思哲学的“本体”，因而也不是它的逻辑起点；在马克思哲学看来，实践才是唯一的“存在”或“实在”，实践之外别无存在。

马克思这种“实践主义”哲学，必然要求对“实事求是”的命题做出存在论层面上的阐释：如果说“实践”是马克思存在论的初始范畴，那么“实事求是”作为对实践范畴的中国式表述，就是人自身的存在论事实。“实事”作为生活实践，并不是外在于人的存在的什么东西，而是人之存在即人的生活实践本身；“是”也并不是所谓“不以人的意志为转移”的“客观规律”，而是关于人自己的存在或者生活实践的真理；“求”作为对这种存在论真理的追求，本身也属于人自己的生活实践，因而也是一种存在论事实。因此，“实事求是”不仅是一种认识论意义上的活动，它首先是一种存在论意义上的活动。

一、实事：生活实践

人们通常易于持有的那种朴素的“自然视点”（胡塞尔语，

---

① “本体论”和“存在论”在西语中本是同一词，即“Ontology”。但据海德格尔考察，“Ontology”本应是对作为一种状态的“存在”（On / Sein）本身的探究，但是从古希腊以来，人们即已误入歧途，成了对“存在者”（Ousia / Seiende）亦即某种实体的研究。据此，我们理解，传统意义的本体论可译“本体论”，因其本体乃是某种实体（Substance，这可以跟中国古代的实体性本体论的“本末”“体用”范畴联系起来考察）；而今理解的本体论尤其是马克思主义哲学本体论，当译“存在论”，因其“本体”例如“实践”，已非某种实体，而是某种存在“状态”。

Natural Viewpoint）促使他们去寻求所谓“不以人的意志为转移的客观实在”，例如古希腊的本体论哲学追寻世界的“本体”。这种“离人而言天”的企图，已被哲学的历史证明是失败的。近代认识论哲学虽然开始检讨我们对本体的这种“认识”本身的问题，但其前提仍然是对这种“本体”的承诺。这种本体被设想为某种“实体”，或者被设想为这种实体的某种“本质”属性；总之，那是可以离开人的存在来谈论的某种纯粹“客观存在”的东西。结果，经验主义走向了不可知论，理性主义则走向了先验论，这表明“离人而言天”的本体论和认识论都是“此路不通”的。自从“物自身”被康德宣布为不可知，认识论时代便结束了。现代哲学发生了所谓“语言学转向”，关于“实在”的问题被视为“形而上学”而被“拒斥”或搁置起来。

之所以如此，是因为他们无法找到真正实在的“实在”。马克思在哲学史上最伟大的贡献，就是找到了通往真正的“实在”的道路，那就是“实践”。在马克思看来，实践即实在，实在便是实践；实践乃是唯一的实在，实践之外别无实在。如果我们仍然试图在那里寻求所谓“不以人的意志为转移”的某种纯粹客观存在，例如“物质”抽象，那不过是“前马克思”的法国唯物主义水平的东西而已，对于这种“马克思主义哲学”，正用得上马克思自己说过的：我只知道我自己绝不是一个马克思主义者。

在马克思看来，唯一的存在或者实在只能是人的实践。胡塞尔要求“面向事情本身”，马克思要求面向实践本身。前者只是一种纯粹先验理性的存在，后者则是现实生活实践的存在。而此实践乃是人自己的“事”。这种“事”是唯一的“实在”，故称“实事”；而离开了人的实践的东西只是“虚无”，所以马克思说：“被固定为与人分离的自然界，对人说来也是无。”①因此，中国马克思主义者所说的“实事”，即马克思的“实践”概念。这种作为唯一实在的“实事”，不是任何一种类型的“实体”，而是人的“活动”本身，人的“事情”本身、“生活”本身。“事情”乃是离不开人的“事”，而非与人无关的“物”。

说到“事”与“物”之区分，我们似有必要讨论一下宋明理学关于“格物致知”之“物”的辩论。“格物致知”是《大学》中的一个著名命题：“致知在格物，物格而后知至。”这就是儒家的认识论纲领。此所谓“知”，就是知识或者真理；此所谓“物”，就是存在或者实在。但儒家理学各派对“格物致知”的理解是不同的，其焦点集中在对“物”的理解上。程朱的理解是“物犹理也”（程颐语），主张“即物穷理”（朱熹语）；此处之“物”具有“实体”的意味，是在实践之前、之外的预设。心学家的理解则是“物犹事也”（王阳明语），此处之“物”殊非离人而在的实体，而是人的实践活动。心学家讲“格物便是致知”，也就是讲“实事求是”，讲“理在事中”，讲“知行合一”。此说由来久远，东汉郑玄《礼记注》就说过：“物犹事也。”后来清代颜元《四书正误 · 大学》把“格物”解释为“犯手实做其事”②。这与“实事求是”的观念是吻合的，是很有道理的。心学把“物”理解为“事”，此“事”具有双重含义：狭义地、历史地看，指道德践履之事；但是如果推扩开来、超越地看，则可以泛指人的实践活动或现实生活。

这种“实事”作为唯一的实在，就是马克思的实践主义哲学所理解的“存在”，即人的存在。“实事”不是那种与人无关的东西，

① 《马克思恩格斯全集》第42卷，人民出版社1979年版，第178页。
② 海德格尔所谓“上手的”，与此义近。

而是那种"of people, by people, for people"①的东西。"实事"作为人的存在,也就是实践。实践就是存在,实践之外别无存在。因为对人来说,人的存在也就是世界的存在。这就是说,世界是存在于人的实践域之中的,是内在于人的存在、内在于实践的。一切实体——自然、物质、理念、上帝等,都在实践的"视域"(Horizon)之内,都在人的存在背景上呈现,因而都是人自己的"事"。

二、是:存在论真理

人们通常的理解是,"是"即真理、客观规律。然而"真理"和"规律"其实是大有区别的:一般认为,前者是认识论范畴,后者是存在论范畴,不能混为一谈;然而同时,它们又都在人的存在论背景上呈现,因而都具有存在论意义。下面分别加以考察。

一是关于"客观规律"的问题。

"实事"作为实践,既然本身就是客观存在,就有一个去认识和把握它的问题,亦即所谓"实事求是"的问题。但严格说来,这里的"是"不是指的规律本身,而是指的对它的认识,亦即真理。规律作为我们认识的对象,本身是一种存在论性质的东西。规律不是"是",而是"事"。而且,这里作为认识对象的规律,并非存在于人的实践"实事"之外的。我们所预设的认识对象,与传统意义上的认识对象已有根本的不同:原来的认识对象"规律"实际上是被预设为纯粹的所谓"不以人的意志为转移的"东西,认识就是

① 美国总统林肯的名言:"government of the people, by the people, for the people."("民有,民治,民享的政府。")出自"*A Few Appropriate Remarks*",1863年。

对这种“客观规律”的把握;而马克思哲学所预设的认识对象则是人的存在本身、实践活动本身的规律,亦即“实事”的内在联系。此事乃是人自己的事,因而其中之规律本质上是实践活动本身的规律。“求是”不是寻求那种纯粹自在的所谓“客观规律”(近代哲学史和科学史均已表明,这是不可能的),而是对人的实践活动内在联系本身的反思。

根据马克思的实践主义存在论,客观存在是实践的内在要素,相应地,客观规律是实践的内在联系。这是因为人的任何认识活动所面对的任何“客观对象”实际上都已经处在实践的“域内”,因而都总是已有人的“主体能动性”参与其中了。这不仅是一个认识受认识主体的意识主观性影响的问题,而且是认识的对象包括“规律”本身就是人的活动的问题。我们确实可以在认识过程中尽量去排除不同认识主体的意识主观性的干扰,努力争取“主观符合客观”,把握客观规律;但我们无法将人的存在、为满足其需要的活动从客体对象中排除,因为任何客体对象都只能在人的自为存在背景上面呈现出来。因此,当我们谈到任何一个客观对象时,它的所谓“客观性”,只是相对于我们“当下的”意识而言,即它是独立于“这一次”的意识、先于“这一次”的认识而存在的;但它仍然是在实践域内。而意识同样是实践的内在要素,因而客观对象仍在此前的意识域内,即最终不可能独立于意识、外在于意识。于是无论如何,在一定意义上,我们所寻求的客观规律就已经具有了某种“实践的规律”甚至“意识本身的规律”的意义了。

然而,我们强调人的认识对象与人的存在的不可分离性,这并不会影响客体对象及其规律的客观实在性。恰恰相反,我们是把“客观实在性”从旧哲学所想象的纯粹自在的领域归还于人的现实实践之中。人的存在、人的实践活动本身就是最根本的而且唯一的“实在”。既为“实在”,就有一个需要也能够对之加以认识和把握的问题,也就有一个认识是否符合对象、能否正确地呈现对象的问题。因而作为“求是”对象的规律,也同样表现为本质特性、客观联系等,也同样具有普遍性与必然性。但这里的“本质”,是人的存在、人的实践活动的内在特性;这里的必然性、规律性,是人的活动内部以及不同活动之间的内在必然关联。中国哲学中有所谓“理在事中”,强调的就是规律乃是人之“实事”中的“理”。马克思哲学的规律论的实质其实也在于此:他对社会本质、历史规律的揭示,实际上就是对人自身活动的本质与规律的揭示。

二是关于“真理”的问题。

如上所述,严格说来,实事求是所求之“是”,所指并非客观规律,而是真理。人们通常把“真理”范畴与“规律”范畴等价看待,那是不对的。“规律”是一个存在论范畴,而“真理”则是一个认识论范畴。换句话说,所谓真理并非客观规律本身,亦即并非某种客观存在的东西,而是认识的结果、“求是”的结果。由于这种真理或“是”乃是认识——更确切地说,是意识——的结果,它只能是主观性(意识)与客观性(客观规律)的统一。

但是正如上文谈到的,所谓“客观规律”其实是在人的实践域内的。如果说规律的所谓“客观性”是在“上一次”的“事”或实践域内,从而是在“上一次”的意识域内;那么关于客观规律的“是”或“真理”也就总是处在“当下”的、“这一次”的实践域内,从而总是处在“当下”的、“这一次”的意识域内。事实上,这一点已经为现代科学所证实。例如现代物理学已表明,企图寻求完全独立于实验者的实验意识和实验手段之外的所谓纯粹客观的物理规律,是不可能的事。因此,我们所“求”之“是”即真理,是实践的产物,因而在一定意义上也是实践的内在要素——意识的产物。

关于这个问题,通常存在的一个误区在于:把真理的客观性理解为在人的实践之外的对象的客观性;换句话说,即看不到实践本身的客观性及其意识本身的客观性。其实,实践本身就是客观的,在马克思看来,甚至只有实践才是“客观存在”的;因此,作为实践的内在要素,意识本身也是客观的。在这个意义上,所谓“真理就是主观符合客观”的说法并不确切。如果说真理必须符合什么东西,那么这个东西只能是实践本身。真理其实不是关于对象本身“客观规律”的镜像似“反映”,而是关于实践及其内在意识规律的自返性意识,因为,所谓客观对象及其规律也不过是实践的内在要素。在马克思的实践主义存在论看来,实践和意识都是一种存在论事实。如果说“实事”或实践是存在论的全部事实,那么“是”就是在这种存在论意义上的真理。

三、求:作为一种存在论事实

实事求是,“求”是关键。怎样去“求”?这不仅是个方法论问题,同样也是一个存在论问题。“求”当然是一种“认识”活动,但它本身也是人的实践的一个内在环节,因而也具有存在论意义。根据实践主义的观点,任何认识都是“反思”——对人自己的“实事”即人的实践活动本身的反思;同时,这种认识或者反思活动本身,也是人的“事”即人的实践活动的一个环节。我们不能像康德那样把“理论理性”和“实践理性”截然对立起来,更不能把它们都归结为“理性”。它们都是实践,都内在于实践。换句话说,“求是”本身也是一种“实事”。撇开王阳明思想的伦理狭隘性,那么,认识和实践的这种内在而非外在的关联性,也就是他所说的“知行合一”。“知”就是“是”,“致知”就是“求是”;“行”就是“事”,“格物”就是推行“实事”;“知行合一”就是“是事统一”,亦即认识和实践在存在论层面上的同一性。

科学(自然科学、社会科学)和哲学就是我们在“实事”中“求是”的两种极典型的方法。自然科学是“求”实践域内客体方面之“是”,社会科学是“求”实践域内主体方面之“是”,哲学则是“求”实践域内主体和客体两个方面的整体根本之“是”。它们都具有存在论意义,从而都具有实践性品格。

科学的目的在于揭示关于人之“实事”即实践活动当中的经验层面之“是”即事实真理。经验原则无疑是科学的第一位原则。尽管经验原则本身在现代哲学中早已受到质疑,但我们不能不承认,它在很大程度上仍然具有普遍有效性。这就是说,经验实证原则作为科学的根本原则,虽然在今天被发现是有限的、非绝对的,但这丝毫不等于说它就是无效的、没有意义的。因为从根本上看,经验世界本身就是人的实践活动这种“客观实在”的一个层面,只要承认实践活动是客观实在的,就不能不承认经验世界是客观实在的。科学就是在经验世界范围内“求”具有普遍性的“是”,它揭示的就是关于经验事实的普遍真理。但是经验本身也是实践的一个层面,“实践经验”这个常用短语充分地表现出了这一点。当然,实践并不等于经验;①但是,“原初给与”(The Primor-

① 现今教科书中的马克思主义实践观普遍带有某种经验主义的性质,这是一种值得检讨的倾向。

dial Given)作为人在实践中求得认识的基础,无疑是经验。①

社会科学更直接鲜明地表现出了认识作为人自身的实践活动的内在自返性。譬如伦理学、政治学、社会学、经济学,它们反映的无不是人的活动"实事"的内在的相互作用之"是"。其实,现代自然科学也发展到了这样一步:那种关于纯粹"自在"自然界的预设显然已经为愈来愈多的自然科学家所抛弃,他们不再以这种纯粹自然主义为预设,他们的活动越来越成为对人的活动与被观察的对象之间相互作用关系的反思与描述。这样一来,自然科学的人的自我反思性质也更加突显了出来。

但人对自己存在的把握又不能仅仅停留于经验层面。经验实证的方法确实可以解决许多具体问题,但并不能解决所有的问题。任何认识活动都必以一个关于存在的预设或存在的观念为前提,而恰恰就是这个关于存在的预设本身不是经验可以给出的。换句话说,恰恰是作为经验之前提的人的一般"存在"观念,在经验世界中没有对应物,它是思想的直接对象,属于"超验"的领域。这个领域就是哲学的对象。借用亚里士多德的话语,哲学是关于"存在之为存在"的学问。哲学要反思的就是人们关于存在的观念本身;而在马克思的实践主义视域中,存在本身就是实践本身、"实事"本身。哲学所求之"是"类似海德格尔所求之"是",也就是说,不是"在者之为在者",而是"在之为在";而在马克思实践主义视域中,此"在之为在"也就是"实事(实是)之为真是"。

---

① 理性主义,例如胡塞尔现象学,以先验意识为原初所与,只是片面地体现了科学的另外一个方面的原则——逻辑原则。但从发生学角度看,逻辑其实也是经验的所与。

显然,哲学提出的这些问题不是经验实证的方法可以解决的。哲学所求的不是"存在者"而是"存在"本身,不是"实践者"而是"实践"本身,即不是"是者"及"求者"而是"是"本身及"求"本身。存在意义的揭示要靠哲学的方法。而所谓哲学的方法,在中国哲学中所能找到的最恰当的名称就是"体悟"。人不可能在"存在"之外把握存在的意义,只有"亲临"存在,才能把握存在。"亲临存在"意味着他总是亲身地体验着自己的"事"、自己的存在、自己的实践、自己的生活。这种"亲身体验"不是经验意义上的,而是体察意义上的。哲学当然需要经验的基础、理性的基础;但它本质上是"超验"(超越经验)、"超智"(超越理智)的。唯其如此,马克思的哲学存在论超越了经验主义、理性主义、包括现代逻辑实证主义的所谓"分析哲学"。

顺便指出,哲学所"求"之"是",即其关于存在意义的把握,不仅统摄着关于事实的认识论问题,而且统摄着关于价值的评价论问题。在马克思那里,关于人的存在之"实事"的事实真理与价值真理是完全统一的。在经验科学的范围内,从一个事实判断确实推不出一个价值判断;但在马克思实践主义存在论的基础上,关于存在的真理与关于价值的真理是直接同一的。"实事"按其本真意义"是"怎样的,也就"应当是"怎样的;也就是说,人之"在"的事实直接规定着人之"在"的价值;或者说,价值的真理乃是直接从存在的真理上生长出来的。正是在这个意义上,我们说价值与事实在根本上是不可分的,人们在获得存在观念的同时,也就获得了价值根据的观念。

总而言之,"实事求是"就是在人的生活实践这个存在论事实中去求得具有存在论意义的真理。

第五编

其他

追寻“现代性”之根*

一

1999年是一个很特别的年份:这是20世纪的最后一个年头,又是五四运动80周年。翻开历史,那是怎样的一个世纪、怎样的一场运动!

我被这种强烈的历史意念抓住,是在1997年的夏季。一天,我和几个朋友在成都锦江畔的一间茶馆品茗聊天,座中有我的挚友、四川人民出版社的张鹏先生。我们谈到了中国20世纪的历史风云,谈到了五四运动,不禁浮想联翩,感慨良多。大概是出于职业的敏感,他邀我为此设计一套丛书,并约定于1999年出版。

我由此沉入了对五四运动、对20世纪中国、对历史、对传统的反思。

确实,“五四”不是一天的事件,甚至不是一月、一年、十年的问题,而是百年的问题。“五四”就是一个世纪!而且——我实在

---

* 此文是我为自己主编的“追寻中国精神丛书”所写的导言《主编琐语》。这套丛书总共四种:《中国之自由精神》(黄德昌等著)、《中国之科学精神》(鞠曦著)、《中国之民主精神》(张小平著)、《中国之伦理精神》(林存阳、刘中建著),四川人民出版社2000年版。张岱年先生为这套丛书作序,令人感铭于心。

不知道是幸还是不幸——“五四”还要跨越我们这个即将过去的世纪。

啊，跨世纪的“五四”！

到了北京，我开始了这项工作。其间电话联系，信件往返，诸如此类，自不必说。需要特别说明的是，本丛书选题的策划，虽是我们二人共同商讨的结果，但许多具有关键性的意向是张鹏先生提出的，不仅表现了其编辑职业的敏锐，而且表现了其文化反思的卓识。可以说是我们共同确定了丛书的学术立场、文化品位、体例结构、文体风格等。

接下来是许多具体工作，诸如订计划、拟纲目、找作者、说意图、报选题、签合同……这些工作主要由我来做，因为张鹏先生远在成都，多有不便；但他还是一度为此专程赴京，敲定细节，会见作者。

现在摆在各位读者面前的，就是张鹏先生、几位作者和我共同努力的结果。我不知道它们能否令读者满意或者令读者感兴趣；我只知道：我们确实是努力了的。

借此机会，我想谈谈几个有关的问题。

二

本丛书对历史的文化反思，选了这样几个点：自由、民主、科学、伦理。这种选择主要出于以下考虑：这几个问题可以说是“五四”及20世纪中国文化思潮的要点。抓住了它们，也就抓住了中国现代思想文化的要领。

我们知道，五四文化运动的两面大旗，就是民主、科学。何以然？只因为：现代中国的最大历史课题，一言以蔽之，就是“现代化”;民主与科学,可以说是现代化的双翼,无此双翼,现代民族国家无以腾飞。如果说科学是器物层面的现代化的体现和保障,那么民主就是制度层面的现代化的体现和保障。

然而精神层面的现代化的体现和保障是自由。自由精神不仅是民主的基础和前提,而且是科学的基础和前提:没有自由精神就没有民主,也没有科学。说到底,科学与民主都不过是现代人类自由意志的工具而已。

但自由又与伦理有密切联系,或者说,在社会关系上,自由问题同时是一个伦理问题。自由涉及人与自然界的关系、人与人的关系、人与自身的关系。其中人与人的关系,就是社会关系。这是最复杂的一种关系,恰恰是伦理学的课题。难怪陈独秀当年在宣扬自由主义时,在其《吾人最后之觉悟》一文中,把“伦理的觉悟”视为“最后觉悟之最后觉悟”。他所谓“伦理的觉悟”,“乃以自由、平等、独立之说为大原”。由此观之,伦理的根本问题还是自由问题。所以,自由精神乃是现代精神之核心与灵魂。

三

我们从自由、民主、科学、伦理四个方面来反思“五四”以及整个20世纪中国文化思潮。几位作者在编写这套丛书时应持有什么样的共同学术立场呢?

我们的共同立场是打通现代与传统。

“五四”最早充分体现了现代精神,但它的缺陷也是显而易见的,就是“传统的断裂”。“五四”以来,人们普遍认为,中国缺乏民主传统,缺乏科学传统,缺乏自由传统;中国的传统伦理缺乏任何现代价值(这种看法,近来已有改变)。总之,中国的传统与现代性格格不入;因此,中国的现代化必须与传统"彻底决裂"。而我们的看法正相反:中国的现代化必须植根于中国的传统;因此,我们必须重新认识现代性,重新认识传统;我们的最终目的是实现现代与传统的"对接"。

除此而外,我们几位作者并不在思想观点上强求一律,因为我们知道,这不符合现代学术精神。所以,我们这几位作者已准备好为自己的著作承担责任。

我们唯一的共同立场不过是——充分意识到传统的现代价值。

四

为此,我们的基本方法是对文化进行"二重分析"。这就是说,对于任何民族任何时代的文化传统,我们都认定它包含至少两个层面的内容:一是特殊的形而下的历史层面的内容,它是"器",是"变易"的;一是一般的形而上的超越层面的内容,它是"道",是"不易"的。这种不易之道便是我们的文化精神的"太极"。否则,我们就无法说明文化的继承性;然而我们都承认,文化是有继承性的。倘无"继承"的观念,必无"发展"的观念:试想,一切旧东西都要弃若敝屣,一切新东西都要另起炉灶、从头来过,人类如何能进步、如何能发展?必有继承,始有发展。抛弃的只是特定性的历史性的东西,继承的则是普遍性的超越性的东西。

这种"二重分析"当然也是一种"一分为二"的思想方法,但与划分"精华与糟粕"的方法有别。"精华与糟粕"分析法是一种价值分析法,而价值分析涉及价值尺度的主体问题,不同的主体对同一现象会做出不同的价值判断。事实上,我们在研究工作中经常遇到这种情况:在分析文化传统时,哪些是“精华”,哪些是“糟粕”,往往难以给出确切的判定。而“历史层面与超越层面”的分析不是一种“价值分析”,而是一种“事实分析”:它只注意文化传统当中哪些因素不能超越其历史条件,哪些因素可以超越其历史条件。

用这种方法来观察分析中国文化传统,你会发现,我们的传统文化中,有可以适应于现代化的东西:我们的文化传统自有其自由的精神、民主的精神、科学的精神,自有其因时而易、顺天应人的伦理精神。

我们今天的使命,就是去发现、去发掘这些精神。

“士不可以不弘毅,任重而道远!”

五

当然,我们并不是说,一切现代性的好东西都是我们“古已有之”的。近代以来,确实有那么一些人,以为西方现代的先进东西,咱家古书里早就有了;咱们古有的宝贝东西甚至比西方的还要好得多,洋鬼子只不过学到了一点皮毛。这种阿 Q 式的“精神胜利法”,是我们所不取的。

但我们也不赞成走到另一个极端,即走向民族历史文化的虚无主义。

这里,问题的关键还是在于如何分析评判传统。

我们的意见前面已经说过,就是要对文化传统进行“二重分析”。我们认为,这个方法可以解答现代性的“古已有之”与“古来无之”的矛盾。且以“自由精神”这个问题来说,不论说它“古已有之”还是“古来无之”，都对，也都不对。

要说中国古代没有自由精神，那肯定是太不了解中国文化传统了！例如，他肯定没有读过、至少没有读懂庄子的《逍遥游》。庄子追求的是一种绝对的精神自由。至于老子，则追求一种相对的生存自由。如果说老子哲学是一种“生存的智慧”，那么庄子哲学就是一种“生命的超越”；两者都是对自由的追求，区别在于，老子更重外在的“身”之自由，庄子更重内在的“心”之自由。此二者都属于“忘世的自由”，这是道家自由理念的特征。

儒家的自由理念则可以叫作“入世的自由”。过去人们总以为儒家思想是扼杀自由的，所以才有了《狂人日记》，才有了“吃人的礼教”之说。其实这是绝大的误会。孔子追求的自由，就是“从心所欲不逾矩”的境界：一方面，他承认、接受、遵守甚至捍卫现世的规范、“礼”，从而主张“不逾矩”；另外一方面，他追求一种“从心所欲”的境界，即在现世的种种礼法规矩中仍然感到自由自在。因为他们相信，这些外在的社会规范只不过是内在心性的外化形式。此即所谓“我欲仁”“仁义礼智根于心”。他们追求的大自由境界，是“与天地参”，“上下与天地同流”，但其实现仍然是在现世的日常生活中。

但是要说中国古代固有自由精神，也是需要解释一番的。中国的文化传统中，具有古代形态的自由理念，而非现代形态的自由理念（“五四”以来，事实上也已有了现代形态的自由理念）。然而我们认为这两种自由是既有异质性也有同质性的。也就是说，在形而下的历史性层面上，它们是截然不同的；然而在形而上的超越性层面上，它们是相通的。换句话说，它们都体现了人对自由的追求，属于相同的精神向度，是在具体历史条件下的不同表现。

所以,理解自由传统的现代价值的钥匙在于:超越性的自由精神的历史性转换。自由是人永恒的追求,但它是有条件的;自由的追求是绝对的,而自由的实现是相对的。

自由问题如此,其他问题亦然。关键在于二重分析、精神传统的现代转换。

六

话说到这里,就牵涉对"五四"的评价问题了。真是说不尽的"五四"!

在中国近代以来的历史上,可以说,"五四"是空前伟大的一场运动,同时也是空前偏激的一场运动。它的伟大,正由于它的偏激;它的偏激,正成就了它的伟大。伟大出于偏激,偏激造成伟大,这就是历史的逻辑、"矫枉过正"的辩证法。

"五四"之伟大在于它空前地突显了现代自由精神——作为现代民主与科学之前提的自由精神,作为现代伦理之核心的自由精神。所谓"五四精神"的核心,就是自由精神:"五四"倡导民主,是为了向社会争自由;倡导科学,是为了向自然争自由;"五四"既为个人争自由,更为民族争自由。

"五四"之偏激则在于它那种同样是空前的反传统立场。"五四"之反传统,可谓直捣中国文化传统的根蒂。例如对于儒学,"五四"不仅否定宋明理学,而且彻底否定周孔儒学传统,否定所谓尧舜禹汤文武成周孔孟一脉相传的"道统"。其实它否定的哪里是儒家一家的道统?这是我们整个中华文明的道统啊!

与此相应的,就是"五四"偏激的另一方面表现——全盘西化。这个时期虽也不无维护传统的声音,但是,整体来看,"五四"

就是一派“西风压倒东风”。在当时的代表人物心目中，中国文化传统已经糟透了，烂透了，腐朽不堪了！必须全盘西化！

“五四”的这种偏激自有道理，自有其历史必然性。因为当时的反动势力，无不以传统文化尤其是儒学为安身立命之基。想想袁世凯吧！想想那场“孔教会”的闹剧吧！这就使得当时的进步人士必然以猛烈攻击传统文化尤其是孔子儒学相标榜，此所谓“其势不得不然也”。问题是数十年之后的今天，我们还应该像“五四”先驱那样偏激吗？我想是不应该的了。岁月逝矣，时代变矣，情形殊矣！我们理当对文化传统有冷静的思考、公允的评析了。

七

行文至此，该来具体说说中国的文化传统了。

中国的传统文化，照“传统”的说法，主要就是儒、道、释三家。之所以分为三家，当然在于它们各有其特点。在我看来，儒家是“入世”的，道家是“忘世”的，释家则是“出世”的。这些特征在自由精神、民主精神、科学精神、伦理精神上都有体现。例如在自由的追求上，儒家追求“入世的自由”，道家追求“忘世的自由”，释家追求“出世的自由”。儒家更重群体关怀，但也自有其个体追求；道家更重个体问题，但也不能说没有群体意识；释家既有“自度”的个体精神，亦有“普度”的群体精神。儒家积极介入、干预现世的生活；道家反是，但也不能说是“消极”的；而释家则是否定现世的生活，然而仍不能简单视之为“消极”（但凡有追求，就不能说是消极的态度）。儒家是要在在世的人伦常态中实现其价值，道家是要在避世的自然状态中实现其价值，释家是要在超世的智慧境地中实现其价值。它们各有其价值，本身无所谓孰高孰低；它们互补互成，共同构成了中华民族传统文化的主体部分。

既然儒、道、释共成一中华文化传统，它们就必然是互通互入的。儒、道、释各自达到其最高境界时，就浑然打成一片了。最高境界的儒学、道学和佛学是相通的，犹如最高境界的哲学和最高境界的艺术是相通的——它们都是“生命之悟”。难怪冯友兰先生晚年讲，再称他为“儒家”或“新儒家”已经没有意义了。所以，我们面对的乃是浑然一体的中华文化传统。

但传统本身是开放的、流动的。现今许多人有一种错觉，一提“传统”就想到“古代”。我们所谓的传统，不仅包括先秦诸子的传统、汉学的传统、玄学的传统、佛学的传统、宋明理学的传统、清代朴学的传统等，还包括近代以来的传统，例如“五四”的传统。

“五四”总体上是反传统的，但它本身也形成了自己的“五四传统”。应该说，“五四传统”也是所谓“中国文化传统”的一部分（而且在我看来，还是最重要的一部分）。其一，任何一种典型的历史文化形态，本身就会形成一种传统。就“五四传统”来说，它直到今天仍在发挥着强大的作用。其二，它虽然是彻底地反传统的，但本身又是非常传统的：“五四”之反传统，正是基于它的某种传统性。至于这种传统性是什么，那是见仁见智的问题。例如林毓生就认为，“五四”那种“借思想文化以解决问题的途径”，就是非常传统的。所以，严格讲，说“五四”是“传统的断裂”，是相对而言的。“五四”之于中国古代文化传统，既有断裂的一面，亦有一脉相承的一面。例如“五四”的民族主义精神，就与古代的“非我族类，其心必异”、近代的“驱除鞑虏，恢复中华”的所谓“华夷之辨”关系甚大。

总之，所谓“传统”不是某种单一的、一成不变的东西；然而在这种“变易”中,又有某种“不易”的东西存在。对中国文化传统也应当作如是观。说到底,这又涉及对文化传统进行“二重分析”的思想方法问题了。

八

关于“二重分析”,我们已在前面讨论过它历时性的一面即历史的差异性和超越的贯通性问题;现在我们该来讨论它共时性的一面即民族的差异性和人类的共通性了。这关系到近代以来的“中西比较”这个持久的热门话题。

“中西比较”这个题目,其实应该包括两个向度的“二重分析”。一个是时间的向度,就是我们已经讨论过的,对于一个民族来说,其不同历史时代的不同文化形态之间有一种超越历史的一以贯之的精神;另一个则是空间的向度,即我们现在将要讨论的,对于不同的民族来说,他们的文化传统之间既有民族个性,亦有人类共性。历久不衰的“中西文化比较”研究就同时涉及这两个向度的二重分析。过去的种种分歧争执都是与此相关的:有的认为中西文化是时代的差异,有的认为是民族的差异;有的只见其异不见其同,有的只见其同不见其异。结果众说纷纭,莫衷一是。

不同的民族文化之间确实既有人类共性,又有民族个性。对此,我们可以这样观察:两个民族之间既不可能完全互不理解,也不可能完全互相理解。如果完全互不理解,我们当今这个国际社会就是难以想象的,不同的民族国家之间居然能够对话、交往;如果完全互相理解,这个国际社会同样是难以想象的,不同的民族国家之间纵然有对话和交往,可是误会与冲突不断发生。这种现象在语言上表现得特别充分,因为文化的载体正是语言:“外语”

可学，而不可学；文学可译，而不可译。越是高级的意识形式，越是具有民族个性。科学技术、逻辑思维这类工具层面的东西，在不同的民族之间，很容易沟通交流；然而诗可译，亦复不可译。至于哲学、宗教，则更难互相迻译、理解。例如，佛教从东汉就传入中国了，我们真的理解了原汁原味的佛教吗？唯识宗是最原本的，但同时也是最难在中国传播的。至于得到广泛传播的禅宗，我经常怀疑它还是不是所谓的“佛教”。

对中国和西方的文化比较，亦当作如是观。中西文化既有人类的共性，亦有民族的个性。至少从“轴心时代”以来，世界文化格局就分立为几大传统，它们分别独立发展，虽交流日夥但仍旧自成系统。中国人真懂了苏格拉底吗？西方人真懂了孔夫子吗？但话又说回来，正是在日见其繁的交流、互动中，我们见出了人类文化的可通约性。中国人毕竟要研究苏格拉底，西方人毕竟要研究孔夫子。人类不同的文化传统之间，正是可通约性与不可通约性的共存。

在自由、民主、科学、伦理这些问题上，中西文化之间也是既互异又互通的。我曾说过，这种现象可以叫作“同类异性”，有如男女、夫妇之间。倘非同类，那就是“风马牛”了；倘非异性，则成了所谓“二女同居”。此二者均是大悖于生命法则的。

九

最后我似乎该谈谈自己了，虽然“认识你自己”是颇不容易的。

学有师承，术有专攻。我在中国社会科学院攻读博士学位，师从的是著名中国哲学史家蒙培元先生，“一不小心”竟成了冯友兰先生的再传弟子。不过，应该承认，虽然冯先生的“三松堂”是我素来心仪神往的圣地，但我对冯先生的“新实在论”方法并未“书诸绅”。虽然我用过相当一段时间，去研究形式逻辑、辩证逻辑、符号逻辑，甚至发过宏愿，想要把形式逻辑和辩证逻辑统一起来，为此浪费了许多时光、纸张，但我真正的兴趣还是在形上领悟、人文关怀上。在我看来，逻辑是“理智”的，而真正的哲学是“超智”的。所谓“超智”，当然是说不能绕过理智，但不能停留于此，还必须超越理智。

冯先生的哲学中，我最喜欢的是“境界说”。我认为这才是他真正“形上”的、“超智”的东西，是不论经验主义的“经验”还是理性主义的“逻辑”都不能把捉的东西。所以，我觉得自己似乎更接近于蒙培元先生的致思方式。真正的哲学不是“思”，而是“悟”（当然，按照现今的译法，海德格尔之所谓“思”，正是一种“悟”）。人们往往注意了冯先生的逻辑之思的层面，忽略了他的生命之悟的层面。在这个问题上，蒙先生才是冯先生真正的传人。

然而这还不仅是个思维方法的问题，蒙先生最令我立雪从风之处，在于他并不把自己的研究仅仅视为一种“学问”；他的“学问思辨”，当下直接就是他的“行”、他的生命存在方式了。现今有那么一些“学者”，其“为人”与“为学”是分裂的。而在蒙先生那里，“道问学”与“尊德性”是打成一片、浑然无间的。对此，我私下常说：“虽曰不能，愿学焉。”

我为什么追寻?*

关于"追寻中国精神丛书"的由来,我已经在丛书的《主编琐语》中有所交代,不过,这里我还想再披露一点"个人隐私"。

德国社会学家马克斯·韦伯的两本书(《新教伦理与资本主义精神》《儒教与道教》)近年来在中国大陆非常走俏。一时间,许多人成了"韦伯热"中的"韦伯迷"。书中,这位韦伯先生认为:西方从"新教伦理"传统中自然生长出了现代"资本主义精神",而中国的儒教和道教传统则无此殊荣。这使我想起近年来国际政治舞台上的一个时髦词——"双重标准"。韦伯先生对西方和中国文化传统的判断,就是这种双重标准在民族文化问题上的流露:中国之不配拥有现代化,一如西方之理当享有现代化,是其民族文化基因决定了的,有何话说?

但我实在感到"有话可说",乃至耿耿于怀、不吐不快。这才是我组织编写这套丛书的真正隐秘动机所在。坦率地讲,我并不赞同所谓"重建传统"的主张,因为这个说法哪怕仅仅在语义上也是不通的。但是我实在不能想象,有哪个民族国家的资本主义化、现代化,真能割断传统的脐带?或者纵然割断了,又真能去除其母体的血脉?西方现代文化就是如此,无须去做"血亲鉴定"。

---

* 原载《文汇读书周报》2000 年 12 月 9 日。

这出自我的一个信念，一个关于文化历史的信念：在文化的历史变革中，根本就不存在所谓“彻底决裂”的可能。假如历史的发展表现为一系列的“彻底决裂”，人类必须不断地从头开始，那么可以肯定地说，你我今天都还是猴子。

这就使我产生了另外一个信念：任何时候、任何地方的文化传统，无论怎样地只是历史的暂时的存在，但它必定含有某种或者某些可以超越历史的恒定的东西。否则，我们还是逃不过永远做猴子的命运。对于导致了现代资本主义的西方“文艺复兴”运动，我们不妨从“复兴”二字上好好地品味。因此，必须对任何文化现象做一种“二重分析”。汉代学者讲《周易》，认为“易”具有三个意思：变易、不易、简易。文化总是变易的，但变易中必有不易的东西；这不易的东西又必是简易的。真理具有简易性也是许多伟大科学家秉持的一种信念。

当然，从文化传统中捕捉这种简易的真理，这件事本身却不是那么简易的。我不敢说这套丛书就已经逮住了它。但这没关系，关键在于：我相信它存在。所以我将继续追寻，怀着一种梦想：

众里寻他千百度，
蓦然回首，
那人却在灯火阑珊处！

“五蕴”与“十二因缘”之关系及其哲学意义*

如果不理解作为世界三大宗教之一、中国传统文化三大支柱之一的佛教,就既不可能全面理解世界文化,也不可能透彻理解中国文化。这里首先要求的是理解佛教的“五蕴”说和“十二因缘”说,因为它们构成了全部佛学的基础理论。但是迄今为止,我们对五蕴和十二因缘各自的宗教哲学意义尤其是这两套理论之间究竟是一种什么样的关系,都还不是十分清楚。这里所说的“关系”既指它们之间的共时的逻辑关系,亦即两者是否在同一层次上一一对应的问题,也指两者之间的历时的启承关系,亦即孰先孰后的问题。

这里的分析将从“佛教哲学—宗教哲学—哲学”的角度入手,因为五蕴说和十二因缘说都属于“佛教哲学”这个理论层面。佛学较之其他宗教理论的特点之一在于其哲学理性思维特别发达,因为它之追求解脱的道路在于“佛”(Buddha)即“觉”或者“觉悟”。如果说基督教是“因信称义”的,那么佛教就是“因觉称义”的:真正的佛教并不是“信仰了才能理解”,而恰恰

* 原载《国学论衡》第三辑,兰州大学出版社2004年版。

是“理解了才能信仰”。[①] 而需要理解或“觉悟”的，正是佛教“哲学”告诉人们的东西。

我们的研究结果[②]表明，五蕴说和十二因缘说之间的关系是复杂的。它们之间具有逻辑结构的关联，但不是在同一层次上的一一对应关系。实际上，五蕴是十二因缘中各支的共同基础。它们之间具有源流的关系，即五蕴是比十二因缘更原始的理论。从五蕴到十二因缘的传承不是一种直线的发展，其间发生了视角的某种根本转换。

<table>
<tr><th colspan="2">五蕴</th><th colspan="4">十二因缘</th></tr>
<tr><th>名色</th><th>蕴</th><th colspan="2">十二支</th><th>三世</th><th>人生</th></tr>
<tr><td rowspan="2">名</td><td>3. 想蕴</td><td colspan="2">1. 痴支①</td><td rowspan="2">过去因</td><td></td></tr>
<tr><td>4. 行蕴</td><td colspan="2">2. 行支②</td><td></td></tr>
<tr><td rowspan="2">名</td><td>5. 识蕴</td><td colspan="2">3. 识支①</td><td rowspan="6">现在果</td><td></td></tr>
<tr><td></td><td rowspan="2">4. 名色支②</td><td>名</td><td rowspan="2">胎儿结生</td></tr>
<tr><td>色</td><td>1. 色蕴</td><td>色</td></tr>
<tr><td rowspan="3">名</td><td rowspan="3">2. 受蕴</td><td>5. 六入支③</td><td></td><td>胎儿将生</td></tr>
<tr><td>6. 触支④</td><td></td><td>幼年</td></tr>
<tr><td>7. 受支⑤</td><td></td><td>童年</td></tr>
<tr><td rowspan="3"></td><td rowspan="3"></td><td colspan="2">8. 爱支①</td><td rowspan="3">现在因</td><td>青年</td></tr>
<tr><td colspan="2">9. 取支②</td><td>成年</td></tr>
<tr><td colspan="2">10. 有支③</td><td></td></tr>
</table>

---

① 这是借用西方中世纪神学家安瑟尔谟(Anselmus)的说法，见其《宣讲》(*Proslogium*)。当然，此所谓佛教的“理解”，乃是以人生是苦是痴为预设前提的。

② 参见下表，表中所列的五蕴和十二因缘的对应关系是相对的，文章将说明两者并不是同一层次的一一对应关系。另外，对五蕴的“1. 2. 3……”的排序也是按照惯例而已，这种排列实际上是没有实质意义的。

（续表）

五蕴		十二因缘		
		11. 生支①	未来果	
		12. 老死支②		

五蕴（Pañcaskandha）又译为“五阴”“五众”，指一切现象作为“积聚”结果的五种类别，这种积聚构成了万事万物尤其是“我”或“人”。五蕴把一切现象归结为“名色”的积聚集合的结果，以说明事物现象作为“名色”本身是没有自性的。这种观念类似于马赫（Ernst Mach）“物是感觉的复合体”的说法；但是五蕴把复合体或集合体分为五类，即色（略相当于物质现象）、受、想、行、识（略相当于精神现象），这与马赫不同。十二因缘（Dvādasāngpratītyasamutpāda）则进一步把一切现象归结为“痴”或“无明”，即未能觉悟，这又跟马赫的把一切都归结为“感觉”不同。十二因缘意在说明世俗事物的缘生轮回，划分为“三世二重因果”，共含“十二支”，如下：

过去二因：　无明→行

↙

现在五果：　识→名色→六入→触→受

↙

现在三因：　爱→取→有

↙

未来二果：　生→老死

三世之间乃是二重因果关系，三世内部则是线性因果关系；总起来看，则是一个因果链条。此所谓“因果”并不是逻辑学意义上的，而是发生学意义上的，亦即所谓“缘生”或者“缘起”

(Pratītyasamutpāda):一切现象的产生、变化,都不是自有自足的,而是一定原因、条件的结果。这就是《杂阿含经》卷十二所讲的:"此有故彼有,此生故彼生。"这与中国哲学的"自然"(自己如此)观念大异其趣。

即便仅仅从名目看,五蕴和十二因缘之间也是具有明显对应性的:如"色蕴"与"名色支"、"受蕴"与"受支"、"行蕴"与"行支"、"识蕴"与"识支";研究表明,"想蕴"与"痴支"或"无明支"也是对应的。这种对应性表明两者之间是具有某种传承关系的。但是问题并非如此简单,如果从三世轮回的角度来看,这两套理论之间又明显具有某种非对应性,因而具有不同的哲学意义。具体分析如下:

(一)"色蕴"与"名色支"

所谓"名色"(Nāmarūpa)是"名"(Nāman)和"色"(Rūpa)的连称,一般认为指一切精神现象(名)和物质现象(色),而在人则指心(名)与身(色)。十二因缘中的名色支与五蕴中的色蕴明显具有对应关系:"名色"包含着"名"与"色"两方面,其中"名"对应于"无色四蕴"(受、想、行、识),"色"对应于"色蕴"。《俱舍论》卷五说"'名'谓作想,如说色、声、香、味等想",都是主观的;卷十又说:"无色四蕴何故称'名'?"因它们都是内心主观的东西而"相隐难知","随所立名,根境势力于义转变,故说为'名'"。可见无论是色蕴还是名色支,"色"都是指的人或我的根和境本身,"名"都是指的"根境势力于义转变""随所立名"的主观"作想"。

但是五蕴中的色蕴与十二因缘中的名色支显然并不是完全对应的。

(1)名色支不仅涉及"色",还涉及"名",亦即包含了五蕴的"无色四蕴"(受、想、行、识)。比如《大乘义章》卷四说:"以'名'

宣说无色四阴，故说为‘名’。”这里，十二因缘的“名色”似乎已经包括了全部的五蕴；但实际上十二因缘既有“名色支”，也有“受支”、“行支”和“识支”，可见五蕴之“名”（受、想、行、识）并不等于名色支中“名色”之“名”。这里问题的关键在于，两者并非处在同一层次的概念：下文的分析将进一步说明，不仅是名色支，几乎十二因缘的每一支都蕴涵着五蕴；换句话说，五蕴乃是十二因缘中十二支的共同基础（参见下图）。

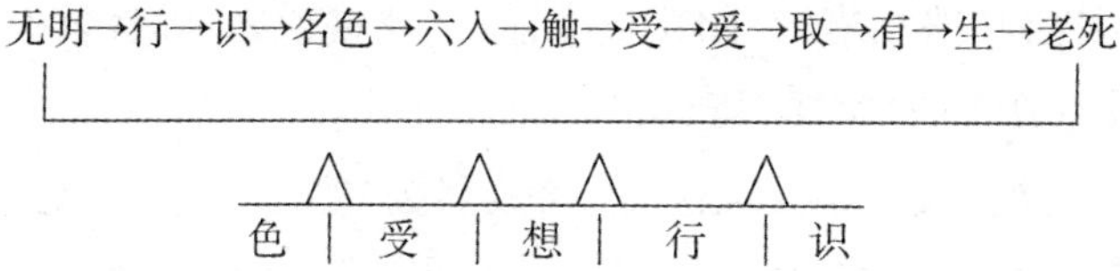

我们仅根据这一点也可以断定，十二因缘理论是由五蕴理论发展而来的。

（2）色蕴作为五蕴之首，遥遥地排在识蕴之前；而十二因缘的名色支，直接排在识支之后。这是因为识支乃是今世八支的总因，而识蕴只是并列的五蕴之一。十二因缘的排列是有因果意义的，而五蕴的排列顺序并无因果意义：五蕴之间并不是因果关系，五蕴与现象之间才是因果关系。

（3）十二因缘之名色支指人生的第一阶段，亦即“结生”于母胎的一刹那而“有身”，此时身（色）、心（名）得到初步发育；此后身心得到进一步的发展，而有人生的其他各个阶段。由此可见，十二因缘说是典型的人生哲学。而五蕴说则不然，它更具有一般存在论的意义。但这种“存在论”（Ontology）还是一种非常朴素的理论，类似于古希腊哲学初期的那种自然哲学，即基本上是一种“宇宙论”（Cosmology）性质的东西，意在说明一切存在现象的本原乃是“名色”的“积聚”；它对“色”的理解还带有朴素唯物主义的色彩，即理解为“地水火风”；虽然其根本目的还是说明人生，但其人生观是建立在朴素的自然哲学宇宙论基础上的。而十二因缘说是直接说明人生的，无意于说明自然现象的本原。

这里有一个问题需要讨论：即便在五蕴说中，“色”也并不完全等于“物质”概念。色蕴固然属于与“心法”相对的“色法”，可以说大致相当于物质现象，所以《百法明门论忠疏》说：“质碍名‘色’。”质碍就是具有不可入性的事物，这相当于物质概念。但是“色”只能说“略相当于”物质概念而已，严格说来，佛教哲学一开始就没有真正的“物质”概念：

(1)《俱舍论》卷一说：“变、碍故名为‘色’。”具有“变”的性质的事物决不仅仅是物质。又说：“色者，唯五根、五境及无表。”五根指眼耳鼻舌身，这是人体的感觉器官，似乎类似物质范畴（准确说是生理范畴）；但五境指的是色声香味触五种感觉对象，这种对象乃是心理对象，类似于康德所谓“现象界”，亦即并不是客观实在的“物自身”。尤其是其中的“无表色”（Avijñāpti），乃指身、口发动的善、恶二业，这是一种不能表现于外的内在现象；它是与“五境”一样性质的东西，为“六境”之一。

(2)归根结底，根据佛教哲学的根本原则，“色”本身包括五根、五境、无表，甚至包括“四大”（地水火风），也都是“缘起性空”的；换句话说，“色”本身毕竟只是一种“蕴”，亦即积聚缘起的东西，此即所谓“五蕴皆空”“色即是空”（《般若波罗蜜多心经》）。康德虽然讲“现象界”，毕竟还设定了“物自身”；佛教哲学既讲“人无我”，也讲“法无我”。佛教哲学的根本要义就在于证明“一切唯心”，并以此说明解脱也是“唯是一心”的问题。不过，五蕴和十二因缘对“色”的理解程度还是有所区别的：十二因缘之“名色”更具心理性，亦即在佛教哲理上更为彻底；而五蕴之“色”更近物质性，即更具有早期朴素自然哲学的性质。

（二）"受蕴"与"受支"

五蕴的受蕴和十二因缘的受支也具有明显的对应关系。"受"（Vedanā）本义是"领纳"，即对现象的主观感受。受蕴和受支都是对这样一类现象的解释：它们只不过是痛痒、苦乐、忧喜、好恶之类情绪感受的积聚。感受的对象即"境"，分为顺境、违境（逆境）、俱非境（非顺非逆）。《百法明门论忠疏》说："受谓领纳顺、违、俱非境相为性，起爱为业，能起离、合、二非欲故。"亦即"受"所生起的一类现象即爱欲分为三类：离欲（远离逆境）、合欲（追求顺境）及"二非"欲。另一种说法是"受"也分三类，即苦、乐和不苦不乐。《俱舍论》卷一说："受蕴谓三领纳随触，即乐及苦、不苦不乐。此复分别成六受身，谓眼触所生受乃至意触所生受。"这类"境"所生现象之"性"非实，不过是"受"即"领纳"的结果。这是因为"境"本身就是非实的，所以对"境"之"受"即主观感受也是非实的。境分六境，即色、声、香、味、触、法六种感知对象；又称"六尘"，即如尘埃一样的染污；又称"六妄"，即虚妄。尤其是六境中的"法"，泛指一切认识对象，也都是虚幻不实的，如《俱舍论》卷二所说："十八界中，色等五界如其次第，眼等五识各一所识，又总皆是意识所识。""受"作为对"境"的主观感受是非实的，这在五蕴和十二因缘中是一致的，均属"心所"范畴。

但是十二因缘的受支与五蕴的受蕴并不是同一层次的概念，亦即不是完全对应的。

（1）受支是承接"识""名色""六处""触"等而来的，大致属于心理现象；受蕴则直接承继色蕴，这多少具有早期哲学朴素的唯物反映论色彩。这再次表明五蕴是较早的朴素理论。

（2）就其具体含义来看，十二因缘的六入、触、受三支，实际上都跟五蕴的受蕴有某种意义的关联:“受”指生理、心理、伦理方面的情绪感受;“触”是产生这种感受的前提,即身心与物境的接触,“令心、心所触境为性,受、想、思等所依为业”(《百法明门论忠疏》);“六入”则又是“触”的前提,即指感触器官“六根”。

(3)受支是今世“现在果”之一,它又引生作为“现在因”之首的“爱”。而受蕴是由想蕴承接的(其实这种排列顺序并无实质意义);与想蕴大约对应的痴支却属于前世“过去因”,涉及现在、过去两世。这再次说明五蕴和十二支并不是同一层次的概念。

(4)受支是由触支直接引生的,是“六触”的结果。触支(幼年)引生受支(童年),受支引生爱支(青年),这是关于人生阶段的因果序列,涉及时间范畴;而受蕴则不然,它并不是一个人生哲学的时间范畴。下文还将说明,五蕴之间并无十二因缘那样的发生学的时间观意义。

(三)“想蕴”与“痴支”

虽然五蕴的想蕴在十二因缘中没有明显的对应分支,但实际上可以讨论如下:

想蕴略相当于心理范畴的“认知”,包括感觉、知觉、表象、概念、语言等。想(Samjñā)谓“于境取像”,如《百法明门论忠疏》所说:“‘想’谓于境取像为性,施设种种名言为业;谓要安立境分各相,方能随起种种名言。”这是纯粹认识论(狭义)的解释。另一种解释则涉及价值论,例如《俱舍论》卷一说:“想蕴谓能取像为体,即能执取青黄、长短、男女、怨亲、苦乐等相。”其中“青黄、长短、男女”属于认知范畴,“怨亲、苦乐”属于意向范畴。那么,这两种说法哪一种正确呢?我们不妨回顾上文:那里的受蕴也谈及“苦乐”,这里的想蕴也谈及“苦乐”,这两种“苦乐”的意义肯定是不同的。仔细分析不难看出,前者是说的“苦乐”感受本身,是属于意向心理范畴的;这里所说的"苦乐"则是被"执取"为"相"的,亦即对苦乐的认识,而非苦乐本身,所以是属于认知心理范畴的。

现在把五蕴的想蕴跟十二因缘中的各支相比较,有没有对应者?我们显然可以采取两条标准加以衡量:一是采取上面论证了的"纯粹认知"这个尺度;二是它不能与五蕴中既有的任何一个"蕴"重复,亦即不可能是行支、名色支、受支或识支。除此以外,我们就可以用逐一排除的办法解决问题。第一支"痴"意为"无明",显而易见与"想"是有关系的,《大乘起信论》说:"以一切法本来唯心,实无于念;而有妄心,不觉起念,见诸境界,故说'无明'。""当知世界一切境界,皆依众生无明妄心而得住持。"这就是说,"诸境界""一切法"都是"妄心""起念"的结果,亦即错误认识的结果,也就是"想"的"于境取像为性"的结果。《成唯识论》卷六也说:"云何为'痴'?于诸理事迷暗为性。"

至于其余各支,第五支"六入"或"六处",《俱舍论》卷九说:"如是名色渐至成熟时,具眼等根,说为六处。"意即胎儿将生之时,眼等感觉器官分化成熟。这显然还谈不上什么"认知",因而与"想"无关。第六支"触",《俱舍论》卷十说:"谓根、境、识三和合故,有别,触生。"这似乎是属于认知问题的了,但是《百法明门论忠疏》说:"'触'谓三和、分别、变异,令心、心所触境为性,受、想、思等所依为业。"既然这里明确把"触"列为"想"之"业","触"当然就不是"想"本身了。第八支"爱"、第九支"取",显而易见地与作为认知范畴的"想"无关,因为爱欲和贪欲、追求和执取都属于意向心理范畴(情感、意志)。第十支"有"其实是对作为"现在因"的"爱"和"取"的总括,其着眼点在于说明它是招致后世果报的原因,《俱舍论》卷九说:"由取为缘,积集种种招后有业,说名为'有'。"至于第十一支"生"和第十二支"老死",显然更与认知之

“想”无关了，因为生死问题根本不是认识问题，而是生命存在本身的问题。

于是我们可以得出结论：五蕴的想蕴与十二因缘的痴支是对应的。想是痴想，而痴是想之痴，亦即“无明”。

五蕴的想蕴和十二因缘的痴支虽然大致具有这种对应关系，但也不属于同一层次的概念。

(1)想蕴仅仅是对一类现象的原因的说明，在五蕴中并不具有特别的意义；而痴支是对人生的一切“苦”的总根源的说明，在十二因缘中具有决定一切的根本意义。《成唯识论》卷六：“云何为痴？……一切杂染所依为业。”《大乘起信论》说：“当知世界一切境界皆依众生无明妄心而得住持。”换句话说，整个的十二因缘其实就是痴支的展开化、具体化，具体来说就是时间化、轮回化。可见十二因缘是比五蕴更为成熟的理论，更能彻底地体现佛教哲学的精神实质。

(2)十二因缘的痴支既是总根源，就不是由某支所缘生的(本文最后还将说明，这是佛教哲学存在的一个问题)；而五蕴的排列顺序如果是有意义的(笔者认为这种排列并无实质意义)，那么想蕴就是由受蕴缘生的，这就等于说人生的感触引生了人生的认识。我们说痴支或无明支更为彻底地体现了佛教哲学的精神，在于它把不得解脱的最终原因归结为无明，而把得到解脱的最终原因归结为“明”即“佛”(觉悟)。

(3)在十二因缘中，受支是现在果，痴支是过去因，这不仅涉及不同于五蕴的两世，而且其顺序也是跟五蕴正好相反的。这似乎也再次说明，早期佛教理论的五蕴，在排列顺序上显然并无特别的意义，也不能很彻底地体现佛教哲学以“无明”为一切烦恼根源的思想。

(四)“行蕴”与“行支”

五蕴的行蕴也可以跟十二因缘的行支对应。“行”与作为纯粹认知活动的“想”相比,属于纯粹的意向活动。“想—行”的关系,类似中国哲学的“知—行”关系。仅此而言,五蕴的“想蕴—行蕴”这种排列似乎也是多少具有一些实质意义的(但是其他各蕴之间的排列仍无实质意义)(这种不一致正好表现出早期佛教哲学的某种逐渐演变的痕迹)。“行”(Samskārā)的基本意思是“造作”“迁流”,《俱舍论颂疏》卷一称“造作、迁流二义名‘行’”,即指一切现象的生起、变化,尤指人的一切“造业”的身、心活动。但“行”尤指造作,亦即意志行为,所以《杂集论》卷一说:“造作相是行相,由此行故,令心造作。”“心”之“造作”即动机、筹划、目的、意愿等,都是属于意向心理活动的。行支与行蕴还有一点相通之处,即都有“业”(Karma)的意思。业正是行的造作的结果。如《俱舍论》卷九说:“于宿位中福等业位至今果熟,总得名‘行’。”造作之“业”分为“三业”(身业、口业、意业),而起决定作用的是“意业”,“三业皆是意等起故”(《大毗婆沙论》卷一百一十三),有了意志的造作,才会有身、口的造作。这也表明“行”是属于意向活动范畴的。“意”又称“思”,所以《俱舍论》卷九说:“思即是行。”但此“思”不同于作为认知的思维之思,而是思谋之思:作为认知的“思”是“思想”(Thought),作为意向的“思”则是“意欲”(Will)。把现象归结为意志行为的造作的积聚,这也是五蕴与十二因缘的一致之处。

但是行蕴和行支也不在同一层次上,即不是完全对应的。

(1)行蕴只是并列的五蕴之一,即只是对一类现象的原因的说明;十二因缘的行支却是对现在果的过去因的一个总体性说明:今世的一切都是直接由前世的“行”造成的,都是前世的“意”

所造之“业”的结果。这也说明五蕴只是“散点”的非时间性的因果,十二因缘则是“线性”的有时间性的因果。

(2)十二因缘的行支直接是由痴支缘生的,《俱舍论》卷九说:“谓诸愚夫于缘生法不知、唯行。”“于缘生法不知”即“痴”“无明”,从而有“行”。而五蕴的平列关系并没有明确指出想蕴和行蕴之间的这种因果联系,想与行的这种“知—行”联系乃是由十二因缘明确揭示出来的。

(3)在十二因缘里,前世的“行”所造之“业”,直接引生今世的“识”,这是一种涉及两世时间的因果关系;而五蕴之间没有明显的因果关系,更不涉及前世、后世之间的时间范畴问题。五蕴与十二因缘的重大区别之一就在于是否含有“时间”这个维度:十二因缘的十二支全是“无明”的时间性的展开。

(五)“识蕴”与“识支”

五蕴的识蕴与十二因缘的识支显然也具有对应关系。“识”(Vijñānā)一般解释为与物质现象相对的“精神现象”,其实这是不确切的,上文说过,不仅受、想、行都是精神现象,而且色在本质上也是精神现象。在早期佛教哲学中,“识”也是对一类现象的原因的揭示。《俱舍论》卷四说,这类现象“心、意、识体一”,“集起故名‘心’,思量故名‘意’,了别故名‘识’”,它们“义虽有别,而体是一”,总之是“随义建立种种名相”。识分“六识”(Sadvijñānā),是依据“六根”(眼耳鼻舌身意)对“六境”(色声香味触法)所生的六种作用:见、闻、嗅、味(尝)、触、思虑。这是六种心理功能。有“行”而后有“识”,这似乎带有一点“实践论”的味道。但是一种观点认为,种种名相不过是“识”的产物,这一点后来被发展为“万法唯识”说,这就跟“实践论”无关了。另一种观点则认为,根、境、识三者,“根”是其根本,“由眼等根有转变故,诸识转异,以识随根不随境故”(《俱舍论》卷二),这就是把物质性的感知器官视为根据了,与后来大乘瑜伽行派的“唯识”说法不同,更具早期哲学的朴素色彩。

但是十二因缘的识支与五蕴的识蕴也不是完全对应的。

识蕴是解释一切现象的,不过只是揭示现象的五类原因之一;识支则是直接解释人生问题的,它是对生命形成的说明,而且把“识”视为现在果的第一支,即今世人生的一个总因。换句话说,识支已经决定了今世的一切;进一步说,人在母胎中“结生”的一刹那,便已注定陷入了三世轮回之中。这就再次表明,五蕴和十二因缘并不是一一对应的关系。《俱舍论》卷九说:“于母胎等正结生时一刹那位五蕴名识。”这里有两点是需要特别注意的:

(1)在十二因缘里,这是对个体灵魂形成的解释,也就是说,今世的灵魂即“识”为“果”,是由前世的意志行为即“行”所造作的“业”决定的。而五蕴的行蕴和识蕴之间则没有这种两世时间问题。

(2)此论明确指出“五蕴”皆“识”,这就是说,五蕴的识蕴与十二因缘的识支并不是对等的,识支包含了全部五蕴。这也再次表明,五蕴乃是十二因缘中全部十二支共同的基础,可见其为十二因缘理论的渊源。

综合上述,五蕴和十二因缘的着眼点颇为不同:虽然都意在说明现象的因果关系,但是,一个是横向的“共时”的因果,一个是纵向的“历时”的因果。以哲学的观点看,这里的关键在于有无“时间”这个维度:五蕴说是没有时间维度的,它是一种纯粹逻辑的因果关系,所以,五蕴之间实质上是并没有先后顺序问题的,它们只是并列的五种因素;十二因缘说则不然,这十二支乃是一个时间序列,“三世”(过去、现在、未来)及其内在因素之间的顺序是不可改变的。这是因为五蕴只是关于现象的一种逻辑分类,仅仅旨在说明现象成立的五类因素而已;而十二因缘则更进一步,意在说明这些因素在时间顺序上的因果关联,从而才能成为其“轮回”说的理论基础。

总观五蕴,它是对一切现象的解释,因而更具有一般存在论的意义。《俱舍论》卷一说:“诸有为法和合聚义是‘蕴’义。”可见五蕴乃是对“有为法”即对一切具有“生住异灭”特征的现象的解释,包括了物质现象、精神现象。(一般认为,“色”主要指物质现象;“受想行识”主要指精神现象,谓之“名”。通谓“名色”。《般若心经》:“色不异空,空不异色;色即是空,空即是色。受想行识,亦复如是。”)所谓“有为法”(Samskrtadharma)其实也是对一切现象的概括,只不过是突出了它们“造作”的一面:“因缘造作名‘为’;色、心等法从因缘生,有彼为故,名曰‘有为’。”(《俱舍论光记》卷五)亦即色法、心法、心所有法、心不相应行法都是有为法。所以,“蕴”和“有为法”在外延上是对等的,泛指一切现象。这与十二因缘集中考虑人生现象是明显不同的。当然,这是对“蕴”的一种广义的理解。五蕴属于“三科”(五蕴、十二处、十八界)之一,三科意在破除“我执”而立“无我”之理。《俱舍论》卷一说:“所化有情有三品,故世尊为说‘蕴’等三门。传说有情愚有三种:或愚心所总执为‘我’,或唯愚色,或愚色、心。根亦有三,谓利、中、钝。乐亦三种,谓乐、略、中,及广文故。其次第,世尊为说蕴、处、界。”早期小乘旨在通过对五蕴的分析得出“人无我”的结论,亦即破除“我执”,其关怀的重心仍在于“人”本身。所以《俱舍论》卷二十九说:“总依诸蕴,假施设有‘补特伽罗’(Pudgala,即‘我’或‘人’)……是假非实。”《成唯识论述记》卷二本说:“补特伽罗,数取趣也。”(“数”读如“硕”,意为“屡屡”。)意谓“我”不过是屡往五趣轮回的主体,然而这种主体只是为宣传教义之需要而“假施设”的而已。故《杂集论》卷十三说:“补特伽罗虽非实有,由四种缘是故建立,谓:言说易故,顺世间故,离怖畏故,显示自他具德失故。”这是因为一切现象的成立都取决于人心的执定。“人无我”既是“法无我”的充分必要的逻辑条件,也是后者的旨归:归根到底,是要解决人生的问题。不过,虽然大乘和小乘都是要解决人生问题,但是十二因缘说毕竟更精致、更明确地针对人生问题;而五蕴说则更朴素、更模糊。佛教早期的五蕴理论试图揭示一切现象的原因,它对“色”究竟是物质性的还是精神性的并没有明确的说明,还是一种接近自然哲学的朴素的但是具有一般存在论意义的世界观;而十二因缘说则是标准的人生哲学。所以,从五蕴说到十二因缘说,佛教哲学显然发生了一种致思进路(Approach)的转变:从朴素存在论向精致人生论的转向。

十二因缘是比五蕴更为精致的理论,把人生三世看作一个因果系列:“现在五果”对于“现在三因”来说是原因,但对于过去来说是结果,故称为“果”;“现在三因”对于“现在五果”来说是结果,但对于“未来二果”来说是原因,故称为“因”。又进而把今世人生划分为两大阶段,即针对过去的“现在五果”和针对未来的“现在三因”。其中除“现在”的第一支“识”和第八支“有”外,今世人生被划分为六个阶段,四个阶段(名色、六入、触、受)为“现在果”,两个阶段(爱、取)为“现在因”。前者又划分为出生之前的名色、六入及出生之后的触、受。就出生后的情况来看,又可分为四个阶段:幼年(触)、童年(受)、青年(爱)、成年(取)。这种因果关系如表所示:

<table>
<tr><td>过去</td><td colspan="5">行</td><td colspan="2">因</td></tr>
<tr><td rowspan="8">现在</td><td colspan="3">识</td><td>因</td><td rowspan="5">因</td><td rowspan="8">果</td><td rowspan="8">因</td></tr>
<tr><td>名色(胎儿结生)</td><td>因</td><td rowspan="2">因</td><td rowspan="4">果</td></tr>
<tr><td>六入(胎儿将生)</td><td>果</td></tr>
<tr><td>触(幼儿)</td><td>因</td><td rowspan="2">果</td></tr>
<tr><td>受(童年)</td><td>果</td></tr>
<tr><td>爱(青年)</td><td colspan="2">因</td><td rowspan="2">因</td><td rowspan="3">果</td></tr>
<tr><td>取(成年)</td><td colspan="2">果</td></tr>
<tr><td colspan="3">有</td><td>果</td></tr>
<tr><td>未来</td><td colspan="6">生</td><td>果</td></tr>
</table>

这种复杂的重重因果关系，对于五蕴理论来说是不存在的，五蕴只是区分了现象的五种类别，并把它们视为积聚的结果而已。所以五蕴说更具有朴素“唯物”色彩，十二因缘更具“唯心”色彩。就世界几大文明在轴心时期的哲学发轫情况来看，基本上是始于某种“自然哲学”的。就佛教与其产生的宗教文化背景来看，五蕴说比十二因缘说距原来的婆罗门教、沙门思潮的教义更近。可以肯定，五蕴是比十二因缘更为古老的理论。可以想见，佛陀创教之初是不可能有像“十二因缘”这样精细缜密的理论的；当初很可能只有一种类似“五蕴”的朴素说法。就理论系统的发展完善规律来看，更精致的理论总是晚于更粗略的理论。

图书在版编目(CIP)数据

走向生活儒学 / 黄玉顺著. -- 济南 ：齐鲁书社，2017.12

ISBN 978-7-5333-3894-7

Ⅰ.①走… Ⅱ.①黄… Ⅲ.①儒家—关系—生活—研究 Ⅳ.①B222.05

中国版本图书馆 CIP 数据核字(2017)第 316012 号

走向生活儒学

黄玉顺 著

主管单位 山东出版传媒股份有限公司
出版发行 齊魯書社
社　　址 济南市英雄山路 189 号
邮　　编 250002
网　　址 www.qlss.com.cn
电子邮箱 qilupress@126.com
营销中心 (0531)82098521　82098519
印　　刷 日照日报印务中心
开　　本 880mm×1230mm　1/32
印　　张 16
插　　页 3
字　　数 388 千
版　　次 2017 年 12 月第 1 版
印　　次 2017 年 12 月第 1 次印刷
印　　数 1–1000
标准书号 ISBN 978-7-5333-3894-7
定　　价 **58.00 元**